最新不動産の法律シリーズ

借地
借家法の
解説

5訂版

住宅新報出版

まえがき

　本書は、コンメンタール方式（逐条解説方式）による借地借家法の解説書です。平成22年4月に初版を発行して以来、実務でご活躍するみなさまと、これから借地借家法を学ぶみなさまの両方にご利用いただき、今般5訂版を上梓する運びとなりました。感謝の念に堪えません。

　今般の5訂版は、従来どおり記述水準の高さとわかりやすさの両立を目指したうえで、4訂版発行後の新たな情報を取り入れ、次の3つの特色を持たせました。

1. 法改正の反映

　デジタル情報が私たちの生活のすみずみまでが浸透しており、あらゆる分野でペーパーレス化が求められています。2021年（令和3年）5月にはデジタル社会形成整備法が制定され、借地借家法においても、従前書面による契約や説明が必要だった分野（一般定期借地、定期建物賃貸借、取壊し予定の建物の賃貸借）につき、法改正がなされました。2022年（令和4年）5月から施行されています。本書では、この最新の改正を解説しました。

2. 数多くの新しい裁判例の追加、検討

　借地借家法に関するさまざまな問題について、日々刻々と新たな判断が公表されています。本書では、第4版までに紹介した1,339件の裁判例に加え、最近公表された裁判例を中心に、新たに409件の裁判例を検討し、追加しました。その結果として、本書で紹介する借地借家法に関する裁判例は合計1,748件に及んでいます。本書は借地と借家に関する類をみない裁判例のデータベースともなっています。

3. 特約についての分析検討

　近年では、土地・建物の利用方法の多様化や契約に対する意識の高まりか

ら、賃貸借契約に特約が設けられることが多くなりました。しかるに、特約に関しては、借地借家法には一方的強行規定という考え方が取り入れられており、借地権者と建物の賃借人に不利な特約は効力が認められません。そのため、借地借家法を学び、運用していくためには、特約がどのように取り扱われるのかを知らなければなりません。本書では、一方的強行法規を定めた条文における特約の効力に関する記述を充実させました。

さらに、これら3つの特色に加え、今般の5訂版では、従前の記載についても整理をしたうえで、関連する記述の参照箇所を明記し、借地借家法を、より効率的に、かつ深く理解することができるように工夫しています。

本書をもって読者のみなさま方が借地借家法の理解を深め、適正な賃貸住宅管理の実務を実現していただくことを祈念いたします。

令和6年7月

山下・渡辺法律事務所

弁護士　渡辺　晋

本書の利用法

●法改正への対応について

本書は、2024（令和6）年4月1日現在で施行されている法令を基準として、編集しています。なお、本書で対応している直近の法改正は、以下のとおりです。

> 2023（令和5）年2月20日施行（令和4年法律第48号「民事訴訟法等の一部を改正する法律」による改正）

●条番号等の表記について

解説中、法令名称の表記がなく条番号のみ記載している箇所は、原則として借地借家法の条番号を示します。

●アイコン等について

本書の解説中に登場するアイコンには、以下の役割があります。

＊1 ＊2……	注釈番号を示します。各解説項目（小見出し単位）での登場順に連番で付しています。なお、注釈には本文解説の補足説明を記載しています。
○条、👍No.○	解説と関連する内容を掲載している参照箇所を示します。

●略語凡例

大判	大審院判決	下民集	下級裁判所民事判例集
東京控訴院判	東京控訴院判決	訟月	訟務月報
最判	最高裁判所判決	東高時報	東京高等裁判所判決時報
最決	最高裁判所決定	判時	判例時報
○○高判	○○高等裁判所判決	判タ	判例タイムズ
○○高決	○○高等裁判所決定	金商	金融・商事判例
○○地判	○○地方裁判所判決	金法	金融法務事情
○○地裁 ○○支部判	○○地方裁判所 ○○支部判決	WLJPCA	ウエストロー・ジャパン㈱ オンラインサービス
民集	最高裁判所民事判例集	LLI	判例秘書
集民	最高裁判所裁判集民事	D1-Law	第一法規法情報総合データ ベース
高民集	高等裁判所民事判例集		

目 次

まえがき

本書の利用法

第1編　法制度の全体像

第1章　民法と借地借家法 ……………………………………… 2

３つの視点 ……………………………………………………… 2

法制度全体の流れ ……………………………………………… 4

第1条（趣旨） …………………………………………………… 6

意　義 …………………………………………………………… 6

一般法と特別法 ………………………………………………… 6

建物所有目的の要件 …………………………………………… 7

借地上の工作物（建造物）が、建物であること ……………… 8

建物所有が主たる目的であること …………………………… 9

第2章　地上権 ………………………………………………………13

権利の内容 ………………………………………………………13

地上権と賃借権 …………………………………………………14

借地借家法による地上権者の保護 ……………………………15

第3章　賃貸借 ………………………………………………………17

基本的な法律関係 ………………………………………………17

賃貸借性（有償性等）……………………………………………17

鉄道高架下の利用関係 …………………………………………18

v

目　次

第2編　借地の法制度

第1章　借地の法制度 ……………………………………………22

第2章　借地の定義規定 …………………………………………24

第2条（定義） ……………………………………………………24

意　義 ………………………………………………………………24

借地権 ………………………………………………………………24

借地権者 ……………………………………………………………25

借地権設定者 ………………………………………………………26

転借地権・転借地権者 ……………………………………………27

第1節　借地権の存続期間等 …………………………………28

第3条（借地権の存続期間） …………………………………28

30年ルール ………………………………………………………28

民法との関係 ………………………………………………………29

借地権設定の時期による存続期間に関する適用ルールの違い

…………………………………………………………………29

旧借地法の定め（設定時の存続期間） ………………………30

第4条（借地権の更新後の期間） ……………………………32

借地契約の更新 ……………………………………………………32

20年・10年ルール ………………………………………………33

民法との関係 ………………………………………………………33

旧借地法の定め（更新後の存続期間） ………………………34

借地上建物の消失 ………………………………………………35

借地権設定時期によるルールの違い …………………………36

旧借地法の定め（朽廃） …………………………………………36

vi

目　次

第5条（借地契約の更新請求等） ……………………39

　2つの法定更新 ……………………………………39

　異　議 ………………………………………………43

　借地契約における更新料 …………………………44

　更新後の法律関係 …………………………………47

第6条（借地契約の更新拒絶の要件） ……………48

　正当事由ルール ……………………………………48

　正当事由の意味 ……………………………………49

　正当事由の判断材料 ………………………………50

　立退料 ………………………………………………54

　正当事由の基準時 …………………………………56

第7条（建物の再築による借地権の期間の延長） ……57

　意　義 ………………………………………………57

　借地権設定時期によるルールの違い ……………58

　滅失と朽廃 …………………………………………58

　7条と8条の考え方の違い ………………………59

　最初の借地契約の期間内の建物滅失 ……………60

第8条（借地契約の更新後の建物の滅失による解約等） ………63

　更新後の建物滅失 …………………………………63

　借地権者からの契約解消 …………………………64

　借地権設定者からの契約解消 ……………………65

　契約解消を認める理由 ……………………………66

第9条（強行規定） …………………………………68

　一方的強行規定 ……………………………………68

　存続期間（3条・4条） …………………………69

vii

更新請求・法定更新（5条）　　………………………70

更新拒絶（正当事由ルール）（6条）　………………71

建物の再築による借地権の期間の延長（7条）　…………71

借地契約の更新後の建物の滅失による解約等（8条）　………72

期限または条件を付けた借地契約の合意解約　……………72

更新料支払合意の有効性　………………………73

そのほかの特約　………………………………74

第2節　借地権の効力　………………………………75

第10条（借地権の対抗力等）　………………………75

意　義　……………………………………………75

2つの要件　………………………………………78

対抗力の範囲　……………………………………82

建物滅失の場合の暫定的対抗力　………………84

第11条（地代等増減請求権）　………………………87

意　義　……………………………………………87

要　件　……………………………………………88

効　果　……………………………………………90

相当賃料　…………………………………………90

権利行使の手続きと権利行使後の取扱い　………91

不増額特約と不減額特約　………………………97

地代等改定の特約　………………………………98

地代等改定の特約と賃料増減請求　……………99

第12条（借地権設定者の先取特権）　………………101

先取特権の意味………………………………………101

先取特権による借地権設定者保護………………101

目　次

先取特権の順位と効力 ……………………………………103

第13条（建物買取請求権） ………………………………104

意　義 ……………………………………………………104

主　体（買取請求権者） ………………………………106

適用範囲 …………………………………………………106

要　件 ……………………………………………………107

目的物（買取請求の対象）と相手方 …………………110

効　果 ……………………………………………………111

権利行使の方法と時期 …………………………………114

転貸借の場合の建物買取請求 …………………………114

建物の権利者との関係 …………………………………116

第14条（第三者の建物買取請求権） ……………………118

意　義 ……………………………………………………118

主　体（買取請求権者） ………………………………119

適用範囲と権利行使 ……………………………………120

成立要件 …………………………………………………120

目的物（買取請求の対象） ……………………………123

数筆の土地にまたがる建物（またがり建物）の買取請求 ……123

第15条（自己借地権） ………………………………………125

混同の原則 ………………………………………………125

混同の例外 ………………………………………………125

第16条（強行規定） ………………………………………128

意　義 ……………………………………………………128

借地権の対抗力（10条） ………………………………128

建物買取請求権（13条） ………………………………129

ix

目 次

建物買取請求権（14条） ……………………………………129

地代等増減請求権（11条） …………………………………130

第3節　借地条件の変更等 ……………………………………131

第17条（借地条件の変更及び増改築の許可） ………………131

借地非訟手続の制度 …………………………………………131

17条の意義 ……………………………………………………133

許可の判断 ……………………………………………………134

財産上の給付など ……………………………………………136

転借地権者 ……………………………………………………138

決定に基づく建築 ……………………………………………138

第18条（借地契約の更新後の建物の再築の許可） ……………139

意　義 …………………………………………………………139

許可の判断 ……………………………………………………141

付随処分 ………………………………………………………142

存続期間 ………………………………………………………142

第19条（土地の賃借権の譲渡又は転貸の許可） ………………144

意　義 …………………………………………………………145

許可の申立てと許可の裁判 …………………………………147

付随処分（財産上の給付などの命令） ……………………150

優先譲受の申立て ……………………………………………150

転借人の申立て ………………………………………………152

第20条（建物競売等の場合における土地の賃借権の譲渡の許可）

………………………………………………………………153

意　義 …………………………………………………………153

許可の申立てと許可の裁判 …………………………………154

土地賃貸人からの明渡し請求 ······························157

付随処分 ···158

優先譲受の申立て ···158

転借地権者からの競売・公売による建物取得 ············159

19条と20条の比較 ···160

第21条（強行規定） ······································162

一方的強行規定 ···162

借地条件の変更および増改築の許可（17条） ··············162

更新後の建物の再築の許可（18条） ·····················163

土地の賃借権の譲渡または転貸の許可（19条） ············163

建物競売・公売に伴う土地の賃借権の譲渡の許可（20条） ···163

第4節　定期借地権等 ·····································164

第22条（定期借地権） ····································164

意　義 ···164

一般定期借地権の特色 ·····································166

要　件 ···166

デジタル社会に対応する法整備 ·····························168

一般定期借地権の設定に関する法改正 ·····················168

効　果 ···169

普通借地から定期借地への切替え ·························169

第23条（事業用定期借地権等） ·······················170

意　義 ···170

要　件 ···171

効　果 ···174

平成19年改正 ···175

目　次

第24条（建物譲渡特約付借地権）……………………………177

　意　義…………………………………………………………177

　要　件…………………………………………………………178

　建物譲渡後の法律関係………………………………………179

第25条（一時使用目的の借地権）……………………………182

　意　義…………………………………………………………182

　適用範囲………………………………………………………182

　効　果…………………………………………………………187

第 3 編　借家の法制度

第 1 章　借家……………………………………………………190

　建物の賃貸借…………………………………………………190

　建物への該当性………………………………………………191

　賃貸借への該当性……………………………………………193

　旧借家法の適用関係…………………………………………196

第 1 節　建物賃貸借契約の更新等……………………………197

第26条（建物賃貸借契約の更新等）…………………………197

　建物賃貸借の更新……………………………………………197

　借地借家法の 2 つの法定更新………………………………198

　民法の法定更新との比較……………………………………200

　更新後の賃貸借………………………………………………201

第27条（解約による建物賃貸借の終了）……………………204

第28条（建物賃貸借契約の更新拒絶等の要件）……………207

　正当事由ルール………………………………………………207

　正当事由の意味………………………………………………208

xii

正当事由の判断の時点 …………………………………………210

正当事由の判断材料 ………………………………………………211

賃貸人の事情（賃貸人が建物の使用を必要とする事情） ……212

賃借人の事情（賃借人が建物の使用を必要とする事情） ……215

建物の賃貸借に関する従前の経過 ……………………………216

建物の利用状況 ……………………………………………………217

建物の現況 …………………………………………………………218

老朽化と耐震性 ……………………………………………………219

サブリースにおける正当事由 …………………………………220

立退料の趣旨と算出方法 ………………………………………222

不動産鑑定評価基準における借家権の考え方 …………………226

第29条（建物賃貸借の期間） …………………………………228

第30条（強行規定） ……………………………………………230

意　義 ………………………………………………………………230

借地人に不利なものであること ………………………………231

更新拒絶・解約申入れに関する特約 …………………………231

期限付き・条件付きの合意解約 ………………………………233

社　宅 ………………………………………………………………234

更新料支払合意 ……………………………………………………235

公営住宅 ……………………………………………………………236

債務不履行に関する特約 ………………………………………237

賃借人に不利な特約であることが否定された例 ………………237

期間の定めがある場合の賃貸人からの期間内解約の特約 ……239

第2節　建物賃貸借の効力 …………………………………240

第31条（建物賃貸借の対抗力） ………………………………240

目　次

意　義 ………………………………………………………240

賃貸人の地位の移転 ………………………………………241

民法の定め …………………………………………………242

第32条（借賃増減請求権） …………………………………244

意　義 ………………………………………………………244

共益費（管理費） …………………………………………245

売上歩合 ……………………………………………………246

賃料増減額請求の時期 ……………………………………246

民法611条との比較 ………………………………………247

要件（賃料増減額請求の判断要素） ……………………248

効　果 ………………………………………………………254

権利行使 ……………………………………………………255

相当賃料（適正賃料） ……………………………………261

不増額特約・不減額特約 …………………………………268

自動改定特約 ………………………………………………269

解約禁止特約 ………………………………………………271

特殊な賃貸借（サブリースとオーダーリース） ………271

調停前置主義 ………………………………………………275

第33条（造作買取請求権） …………………………………276

意　義 ………………………………………………………276

成立要件 ……………………………………………………277

権利行使とその効果 ………………………………………280

転借人の造作買取請求 ……………………………………281

特　約 ………………………………………………………282

第34条（建物賃貸借終了の場合における転借人の保護） ………283

目　次

第35条（借地上の建物の賃借人の保護） ……………………285

　意　義…………………………………………………………285

　許可の要件……………………………………………………286

第36条（居住用建物の賃貸借の承継） ………………………289

第37条（強行規定） ……………………………………………291

　意　義…………………………………………………………291

　権利の公示制度と対抗力（31条） …………………………291

　建物賃貸借が終了する場合の転借人の保護（34条） ………292

　借地上の建物の賃借人保護（35条） ………………………292

　32条、33条、36条に関する特約……………………………293

第3節　定期建物賃貸借等 …………………………………295

第38条（定期建物賃貸借） ……………………………………295

　意　義…………………………………………………………296

　成立要件………………………………………………………297

　建物譲渡特約付定期借地契約における利用 ………………306

　終了通知………………………………………………………306

　効　果…………………………………………………………309

　居住用建物の解約申入れ ……………………………………309

　一方的強行規定………………………………………………310

　不増額特約と不減額特約 ……………………………………310

　再契約…………………………………………………………312

　切替え…………………………………………………………313

第39条（取壊し予定の建物の賃貸借） ………………………316

　意　義…………………………………………………………316

　要件と適用範囲………………………………………………317

目　次

効　果 ……………………………………………………319

第40条（一時使用目的の建物の賃貸借） ……………321

意　義 ……………………………………………………321

適用範囲 …………………………………………………321

効　果 ……………………………………………………323

裁判例 ……………………………………………………323

第4編　借地非訟の制度

第1章　借地条件の変更等の裁判手続 ………………328

第41条（管轄裁判所） ……………………………………328

第42条（非訟事件手続法の適用除外及び最高裁判所規則） ……328

第43条（強制参加） ………………………………………330

第44条（手続代理人の資格） ……………………………330

第45条（手続代理人の代理権の範囲） …………………330

第46条（事件の記録の閲覧等） …………………………331

第47条（鑑定委員会） ……………………………………332

第48条（手続の中止） ……………………………………333

第49条（不適法な申立ての却下） ………………………333

第50条（申立書の送達） …………………………………333

第51条（審問期日） ………………………………………334

第52条（呼出費用の予納がない場合の申立ての却下） …………334

第53条（事実の調査の通知） ……………………………334

第54条（審理の終結） ……………………………………334

第55条（裁判書の送達及び効力の発生） ………………335

第56条（理由の付記） ……………………………………336

第57条（裁判の効力が及ぶ者の範囲）‥‥‥‥‥‥‥‥‥‥‥‥336

第58条（給付を命ずる裁判の効力）‥‥‥‥‥‥‥‥‥‥‥‥‥336

第59条（譲渡又は転貸の許可の裁判の失効）‥‥‥‥‥‥‥‥336

第60条（第一審の手続の規定の準用）‥‥‥‥‥‥‥‥‥‥‥‥337

資料編

第6条の裁判例（借地―正当事由）‥‥‥‥‥‥‥‥‥‥‥‥‥340

第11条の裁判例（借地―賃料増減額）‥‥‥‥‥‥‥‥‥‥‥355

第28条の裁判例（借家―正当事由）‥‥‥‥‥‥‥‥‥‥‥‥376

第32条の裁判例（借家―賃料増減額）‥‥‥‥‥‥‥‥‥‥‥430

裁判例索引‥‥‥‥‥‥‥‥‥‥‥‥‥‥‥‥‥‥‥‥‥‥‥‥487

第 1 編

法制度の全体像

第1章

民法と借地借家法

No.001

3つの視点

わが国の法体系において、私人間の法律関係は、民法が一般的に規律しています。

しかし、土地・建物は生活や営業の基盤です。民法の一般的な規律だけでは、他人の土地・建物を利用し、生活や営業を営む人々を十分に保護することができません。そこで、土地・建物の利用者保護を目的として、借地借家法が制定されています。他人の土地・建物の利用に関しては、民法が一般法、借地借家法が特別法です。

借地借家法を理解するには、①保護の対象（誰を保護するのか）、②保護の方法（どのようにして保護するのか）、③過度の保護の見直し（いきすぎた保護をどのように修正しているのか）、という3つの視点が必要です。

① 保護の対象

借地借家法が保護する対象は、借地権者（借地権を有する者）と建物の賃借人です。借地権者は、建物の所有を目的とする地上権者と土地の賃借権者との両方を含む概念です（2条2号。参照👉No. 020）。

民法上、財産に関する権利は、物権と債権に分けられています[*1]。物権は、物を直接的排他的に支配する権利、債権は、特定の人に対して一定の行為を求める権利です。地上権は物権であり、賃借権は債権です。

そこで、権利の分類という観点からみると、借地借家法は、(i)建物所有目的の地上権者の権利（物権の性格をもつ）、(ii)建物所有目的の土地の賃借人の権利（債権の性格をもつ）、(iii)建物の賃借人の権利（債権の性格をもつ）の3つを保護しているということになります。

借地権 ((i)および(ii)。参照👉No. 019) については、権利の対象は土地、権利設定の目的は建物所有であり、建物の賃借権（参照👉No. 184）については、権利の対象は建物、権利設定の目的は問われません。

【保護の対象】

	保護の対象	権利の内容		権利の分類	保護する権利の対象と権利設定の目的	
(i)	借地権者	借地権	地上権	物権	権利の対象は土地、権利設定の目的は建物所有	借地
(ii)			土地の賃借権	債権		
(iii)	建物の賃借人	建物の賃借権			権利の対象は建物、権利設定の目的は問わない	借家（建物賃貸借）

② 保護の方法

　借地借家法は、(i)権利の存続（契約の存続）の保証、および(ii)対抗力の付与に関し、特例を定めて借地権者と建物の賃借人に保護を与え、さらにあわせて、(iii)投下資本の回収にも配慮しています。投下資本回収については、借地権者に譲渡性付与の仕組みと建物買取請求を、建物の賃借人に造作買取請求を、それぞれ認めています。

【保護の方法】

	借地権者	建物の賃借人
(i) 権利の存続（契約の存続）の保証	あり（3条〜9条）*2	あり（26条〜30条）
(ii) 対抗力の付与	あり（10条）	あり（31条）
(iii) 投下資本の回収への配慮	譲渡性あり（19条、20条）*3 建物買取り請求できる（13条、14条）	譲渡性なし*4 造作買取り請求できる（33条）

③ 過度の保護の見直し

　ところで、従来の法制度のもとでは、土地の利用者保護がいきすぎて、土地はいったん貸したら実際上返してもらえなくなるため、土地の所有者が他

第1章 民法と借地借家法

人に土地を利用させないという現象が起こってしまいました。利用者保護の制度が、逆に土地・建物の利用を阻害していると指摘されるゆえんです。

そこで、借地に関しては、借地借家法制定に際し、一定期間経過後、必ず土地が所有者に戻される制度が創設されました。これが、定期借地の制度です。定期借地には、一般定期借地・事業用定期借地・建物譲渡特約付定期借地の3つがあります（22条～24条。参照👉 No. 157、No. 166、No. 174）。

事業用定期借地は、平成19年12月に長期の上限についての法改正がなされ、より利用しやすい制度になっています（平成20年1月施行）。

また、建物の賃貸借に関しても、かねてより賃借人の権利が強すぎるとの指摘がなされていました。借地借家法制定時には見直されませんでしたが、平成11年12月の法改正[5]により、定期建物賃貸借の制度（38条。参照👉 No. 283）が導入されています（平成12年3月施行）。

---

[1] 現民法典は、最初に一般的・抽象的な規定をおき、その後に個別の事項ごとの規定をおくというパンデクテン方式を採用しており、財産法に関する部分も、「第1編 総則」「第2編 物権」「第3編 債権」と編纂されている。

[2] 17条・18条も、土地の賃借権存続の保証を図る制度である。

[3] 譲渡性へ配慮がなされているのは、土地の賃借人だけである。地上権者については、もともと譲渡性があるから、借地借家法による修正はない。

[4] 建物の賃借人については、借地借家法による譲渡性への配慮はないが、信頼関係不破壊の法理によって、ある程度の保護を受けている（最判昭和39.11.19）。

[5] 定期建物賃貸借制度は、良質な賃貸住宅等の供給の促進に関する特別措置法に基づいて借地借家法の一部改正がなされることによって、創設された。

No.002 **法制度全体の流れ**　わが国における土地・建物の利用者保護の制度は、明治・大正以来、明治42年制定の建物保護ニ関スル法律（建物保護法）、および大正10年制定の借地法と借家法という3つの特別法によって、規律され[1]、強固な仕組みがつくられてきました。建物保護法は借地の対抗力、借地法は借地の存続保証等、借家法は借家の対抗力・存続保証の観点から、利用者を保護していました。

4

借地借家法は、3つに分かれていたこれらの特別法を統一し、それまでに積み重ねられた判例法理を立法化した法律です。平成3年10月に公布、平成4年8月に施行されています。

【法制度全体の流れ】

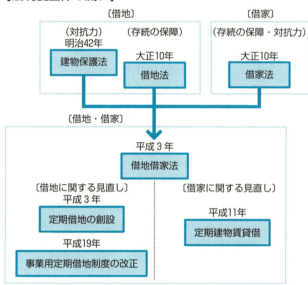

＊1　以下、建物保護法、借地法、借家法は、本書において、旧建物保護法、旧借地法、旧借家法ということがある。

第1章　民法と借地借家法

第1条（趣旨）

　この法律は、建物の所有を目的とする地上権及び土地の賃借権の存続期間、効力等並びに建物の賃貸借の契約の更新、効力等に関し特別の定めをするとともに、借地条件の変更等の裁判手続に関し必要な事項を定めるものとする。

No.003

意　義　　　本条は、借地借家法の趣旨を明らかにする条項です。借地借家法において、保護の対象が、建物所有目的的の地上権・土地の賃借権を有する者、ならびに建物の賃借人であり、保護の方法が、建物所有目的的の地上権・土地の賃借権の存続期間、効力等、建物の賃貸借の契約の更新、効力等の確保であることを定めています。またあわせて、借地条件の変更等の裁判手続を定めることも示しています。

No.004

一般法と特別法　　より広い適用領域をもつ法を一般法、一般法の適用領域の一部を適用領域とするものを特別法といいます。特別法は一般法に優先します。

　民法は、私人間の法律関係全体を適用領域とする一般法であり、借地借家法は、私人間の法律関係のうちの借地借家に関する事項を適用領域とする特別法です。

　借地借家法の適用領域は、借地契約（建物所有目的的の地上権設定と土地の賃貸借）、および建物賃貸借契約に関する存続期間保証、対抗力、譲渡性の付与等です[*1]。

　借地契約と建物賃貸借以外の法律関係、および借地契約と建物賃貸借契約のうち、存続期間保証、対抗力、譲渡性の付与等を除く事項については、借地借家法ではなく、一般法である民法が適用になります。

＊1　借地借家法の適用されない土地の賃貸借契約の更新が問題なったケースとして、東京地判平成27.9.8乙がある。

建物所有目的の要件

土地利用契約において、土地の利用者が借地権者に該当して借地借家法が適用されれば、存続期間・対抗力・投下資本回収等に関して保護を受けますが、借地権者に該当しなければ、これらの保護を受けず、民法の原則がそのまま適用になります。

土地利用者の借地権者への該当性は、権利の強さに大きな影響があり、そのために、利用者の権利が借地権に該当するか否かが、しばしば問題となります。

土地利用者が借地権者となり、借地借家法が適用されるためには、地上権・賃借権が建物所有目的で設定されていなければなりません（建物所有目的の要件）。建物所有目的の要件については、(1)借地上に所有する工作物（建造物）が建物であること、(2)建物所有が主たる目的であること、の2つを検討することが必要です[*1][*2][*3]。賃貸借の開始時には建物所有目的ではなかったとしても、後に建物所有目的とすることが合意されれば、土地の利用権は借地権となります（東京地判平成28.1.14甲）。

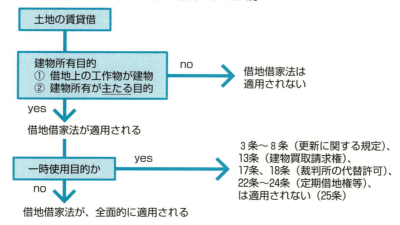

【土地利用契約についての借地借家法の適用】

＊1　東京地判平成21.5.25では、賃貸借契約書に、賃貸借の目的として「建設資材置場」と記載された事案において、資材置場では建物の存在が必須ではないことなどにかんがみると、建物の所有を主たる目的とする賃貸借契約ということができないとされた。

第1章 民法と借地借家法

＊2 　岐阜地判令和2.2.26では、土地の賃貸借がゴルフ場の経営を目的とすることから、借地法または借地借家法は適用されず、民法が適用されるとしたうえで、土地の所有者からゴルフ場経営者に対する期間満了に伴う土地の明渡し請求が、権利濫用にあたるとして否定された。

＊3 　賃貸借の目的が建物所有であっても、一時使用目的の賃貸借であれば、3条～8条（更新に関する規定）、13条（建物買取請求権）、17条、18条（裁判所の代替許可）、22条～24条（定期借地権等）の規定は適用にならない（25条。参照👍 **No. 177**）。

No.006 | **借地上の工作物（建造物）が、建物であること**　建物所有目的で設定されたといえるには、まず、借地上に所有する工作物（建造物）が、建物であることを要します。

　建物とは、土地に定着し、周壁・屋根を有し、住居・営業・物の貯蔵等の用に供することができる永続性のある建造物です（建物賃貸借に関して、大阪高判昭和53.5.30、東京地判平成19.12.20甲）。工作物（建造物）よりも狭い概念ですが、登記されているかどうかは問われません（東京地判昭和36.12.4）。

　建物に該当するか否かは、物理的構造が主な判断の基準とされます（大分地判昭和34.9.11）。例えば、バスの待合所兼切符売場であっても、柱を組み、屋根を葺き、囲壁を完備していれば、建物です（東京地判昭和47.7.25甲）。広告塔についてみると、多くの場合、建物には該当しませんが、物理的構造によっては、建物になる場合もあります（東京地判昭和36.12.4）。

　これに対して、周壁・屋根を備えておらず、あるいは、永続性がないとされると、建物性が否定されます。建物と認められなかった施設として、土地に丸太を立て、周囲の一部をトタンで囲ったにすぎないバラック構造の農産物集荷場（大阪高判昭和37.9.20）、ガソリンスタンドの地下タンクとキャノピー（東京高判平成14.4.3）、駅のホームに築造されたプレハブ造りの、嗜好品・新聞・雑誌の売店（東京地判昭和28.6.23）、土地上に直接戸板を周囲にめぐらし、トタンやテントを屋根とした露店設備（京都地判昭和60.10.11）があります。

　当初、建物所有目的であっても、後日、建物所有目的ではなくなることもあります。東京地判平成17.3.14甲は、当初は建物所有目的の賃貸借であっ

たけれども、その後、土地上の工場の壁が取り外されて躯体だけとなり、その跡地は駐車場として利用されていたケースであり、工場取壊しの後、建物が建築されていないとして、建物所有を目的とする賃貸借は終了したとされました。

【建物所有目的の要件】

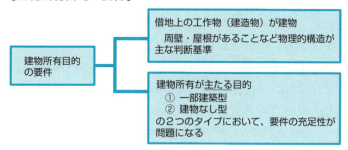

建物所有が主たる目的であること　建物所有目的の要件を満たすには、次に、地上権・賃借権設定の主たる目的が建物所有であることを要します（最判昭和42.12.5）。借地契約の目的に建物所有が含まれているとしても、建物所有が、主たる目的ではなく、従属的付属的な目的であるときは、借地権には当たりません。

　主たる目的か否かが問題となる事案は、(1)一部建築型（借地の一部だけに建物を建築する場合、参照☞No.008）と、(2)建物なし型（借地上には建物がない場合、参照☞No.009）に分けられます。

(1) 一部建築型（借地の一部だけに建物を建築する場合）

　自動車運転教習所、作業場、ゴルフ練習場、バッティングセンター、ガソリンスタンド用地、露天造船所、養鱒場・釣堀、中古自動車展示販売場などを経営・運営するために土地を借り、土地の一部に建物を建築することがあります。

第1章　民法と借地借家法

　このようなケースにおいては、借地の一部だけに建物を建築する（大部分の借地上には建物が存在しない）ことになるため、建物所有が主たる目的か否かが問題とされます。

　建物所有が主目的とされた事案として、自動車運転教習所（最判昭和58.9.9、東京地判平成2.6.27）、木材貯蔵および製材のための作業場（大阪地判昭和26.6.26）、運送事業の営業所（東京地判平成19.9.20）、仮設建物を建築する鉄道高架下（東京地判平成22.2.23）、駐車設備設置のための土地利用（東京地判平成23.2.15）があります。

　他方、建物所有が主目的ではないとされた事案として、露天造船所（大判昭和15.11.27）、ゴルフ練習場（最判昭和42.12.5）[1]、バッティングセンター（最判昭和50.10.2）、中古自動車展示販売場（東京高判昭和50.5.19）、養鱒場・釣堀（東京高判昭和57.9.8）、植木植込場、仮店舗（広島高判平成5.5.28）、ガソリンスタンド（東京高判平成14.4.3）、駐車場（東京地判平成21.4.24甲、東京地判平成27.9.15甲（借地の一部））、鋼材置場および駐車場（東京地判平成22.3.25乙）、鉄道高架橋下の敷地（東京地判平成24.8.10）、自動車修理場（東京地判平成24.11.30乙）があります。

＊1　ゴルフ練習場であっても、名古屋高判令和2.9.30判時2500号61頁では、建物所有目的であるとして借地借家法の適用が肯定されている。この判例については、渡辺晋「不動産鑑定59巻10号」31頁、住宅新報出版で解説した。

No.009 (2) 建物なし型（借地上には建物がない場合）

　借地上に建物は存在しないけれども、隣接地に建物があって、借地も隣接地の建物の利用に便益を供しているケースにおいて、土地の利用契約について、法適用の有無が問題になることがあります。土地の利用が建物にとって必要不可欠であれば借地借家法の適用が肯定され、必要不可欠でなければ否定されることになります。

　建物所有が主目的とされ、法適用が肯定されたケースとして、大阪地判昭

和26.6.26（工場の借地の隣地で荷揚げ・荷積みを行うための土地の賃貸借）、東京地判昭和52.12.15（百貨店の仕入センターへの進入路であり、駐車場や物品置場として使用するための土地の賃貸借）、東京地判昭和55.1.30（建物のある土地と公道を結ぶ通路としての土地の賃貸借）、東京地判平成20.3.24（信用金庫の支店用駐車場としての支店の隣地の賃貸借）、公道に通じるための通路（東京地判令和2.10.27-2020WLJPCA10278018）があります。

　他方で、例えば、住宅所有目的借地（本件宅地）の隣地駐車場に関する東京地判平成4.9.28は、『本件駐車場は本件宅地の使用とは独立に専ら駐車場として使用されているものであるから、本件宅地に本件建物を所有する上で特に本件駐車場が必要とは認められず、本件駐車場については借地法の趣旨からして同法の適用はないものといわざるを得ない』として、旧借地法適用が否定されました。建物所有が主目的ではないとされ、法適用が否定されたケースとして、最判平成7.6.29（幼稚園園舎の隣接地の運動場として使用するための賃貸借）、東京地判平成2.5.31（事務所用敷地の隣地の資材置場、駐車場）、東京地判平成3.11.28（タクシー会社の事務所等の存在する借地の隣地の駐車場）*2、東京地判平成27.5.25（マンション隣接地の駐車場）があります。

　借地上に建物がないゴルフ場の土地の賃貸借について、建物所有目的ではないとされた事案として、東京地判平成21.2.27があります。もっともこの裁判例では、借地借家法の適用は否定されたものの、土地賃貸人から土地賃借人に対する明渡し請求は、権利濫用に当たるとして否定されています*3。

＊2　東京地判平成3.11.28は、借地借家法の適用は否定したけれども、利用面での一体性から、建物の存在する土地の借地期間が存続する限り、駐車場の賃貸借契約も継続させるとの合意があったと認定されている。

＊3　東京地判平成21.2.27は、『本件各土地は、ゴルフ場の敷地のうち、クラブハウスの直近及び18番ホールの直近かつ練習用グリーン上、10番、17番、18番ホールのフェアウェイ上などに位置しており、ゴルフ場がこれを欠くと、多大な不利益をもたらすものといえる。他方、賃貸人は土地について返還を受けた後の利用方法について具体的な計画を有してお

第1章 民法と借地借家法

らず、これを現時点で特に必要とする事情を有していない。また、本件各土地はいずれも公道には接していないうえ、市街化調整区域となっていることからすれば、これらの返還を受けた賃貸人において土地を利用する方法の選択肢は相当に限定されている。以上に照らせば、本訴請求は、権利の濫用というべきである』と判示している。

ほかにゴルフ場の土地の明渡し請求が権利濫用として否定されたケースとして、岐阜地判令和2.2.26がある。

第2章

地上権

第1編 法制度の全体像

No.010

権利の内容　　民法上、財産権は、物権と債権に分かれます*1。

物権には、他人の物の利用を目的とするものと、債権担保を目的とするものがあります。他人の物の利用を目的とするのが、地上権と永小作権、債権担保を目的とするのが抵当権や先取特権などです。地上権は、他人の土地上に工作物または竹木を所有するために、土地を使用する権利（民法265条）、永小作権は、小作料を支払って他人の土地において耕作または牧畜をする権利です（同法270条）。

地上権と永小作権を比較すると、永小作権は、小作料の支払いが要件なのに対し、地上権は、法律上、地代の支払いが要件とはなっていないという相違はありますが、通常は、無償の地上権が設定されることはなく、地上権設定契約において地代の支払いが取り決められています（地上権と賃借権の比較について、参照👉 No. 011）。

＊1　一般に、物権は物を排他的絶対的に支配する権利であり、債権は特定の人がほかの特定の人に対して、特定の行為をすること（あるいはしないこと）を求めることができる権利とされている。物権と債権を比較すると、次の5つにまとめることができる（中田裕康「債権総論新版」岩波書店、17頁）。

① 物権には排他性があり、1つの物について、同一内容の物権は1つしか成立しない（一物一権主義）。債権であれば、複数の同一内容の権利が成立しうる。

② 物権には絶対性があり、誰に対しても主張できる。債権は債務者に対してしか主張できない（この債権の特性は、不動産賃借権については、修正されている）。

③ 物権は、その種類・内容が法によって決まっている。債権は当事者が自由に内容を決めることができる。

④ 物権は自由に譲渡できるが、債権は自由に譲渡できない（この債権の特性も、修正が加えられている。民法466条）。

⑤ 同一の物に物権と債権がある場合には、物権が優先する（この関係も、不動産賃借権について、修正されている）。

13

第 2 章 地上権

【物権と債権】

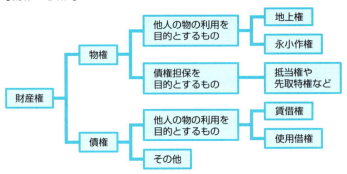

No.011 地上権と賃借権

債権のうち、他人の物を利用する権利が、賃借権と使用借権です。賃借権は有償、使用借権は無償です。

地上権も、通常は有償とされており、建物所有を目的として有償で権利を設定する点において、地上権と賃借権は似ています。

しかし、地上権は物権であり、賃借権は債権です。そのため、地上権は、次の点で、賃借権と異なっています。

(i) 地上権には、登記請求権があるが、賃借権は、賃貸人の協力がない限り、登記できない。
(ii) 地上権は、自由に譲渡ができるが、賃借権は、賃貸人の承諾がなければ、譲渡することができない。
(iii) 地上権には、抵当権を設定することができる。これに対し、賃借権については、賃貸人の承諾の有無を問わず、抵当権を設定することができない。
(iv) 地上権は有償の場合と無償の場合があるが、賃借権は有償である（地上権と永小作権の比較について、参照 No.010）。

> **借地借家法による**
> **地上権者の保護**

借地借家法は、物権については、地上権で、かつ、建物 No.012
所有目的のものに関し、特例を定めています。

　借地借家法が定める特例は、存続の保証と対抗力です。

　譲渡性については、土地の賃借人については特例がありますが（参照👉
No. 137）、地上権者はもともと権利を譲渡することが可能なので、借地借家
法による特例の必要はなく、借地借家法に特別の定めは設けられていません。

(1) 存続の保証 No.013

　民法の原則によれば、地上権の設定期間に下限はなく、どのような短期の
地上権設定でも可能です*1。存続期間の定めのない地上権も設定できること
になっています*2。

　これに対し、借地借家法は、借地権の存続期間について、30年ルールを設
け（3条。参照👉No. 023）、最初の期間について、30年を下回る期間設定
を無効としました。また、更新後の期間設定も、20年・10年ルールが適用に
なり、更新後の期間について、最初の更新後は20年、2回目以降の更新後は
10年として、存続が保証されます（4条。参照👉No. 028）。

(2) 対抗力 No.014

　地上権は、物権であって、登記請求権がありますから、地上権設定者が登記
手続に協力しないとしても、訴えによって、登記を取得することができます。

　しかし、訴えを提起し、判決を得て、判決に基づく登記を実行するには、
手間と費用がかかります。

　これに対し、借地借家法は、借地権者について、その登記がなくても、土
地の上に借地権者が登記されている建物を所有するときは、これをもって第
三者に対抗することができる、と定めました（10条1項。参照👉No. 071）。
この定めによって、土地の賃借人は、対抗関係について、保護を受けること
ができます。また、地上権者も、この条項に基づく対抗力を取得できますか
ら、借地借家法の特例に基づく対抗力を、簡易に取得することができるよう

になったわけです。

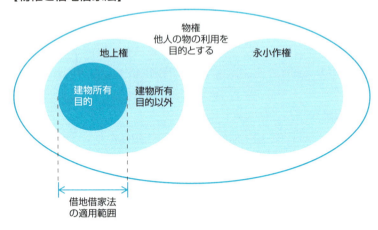

【地上権と賃借権】

	地上権	賃借権
権利の性格	物　権	債　権
登記請求権	○ あり	× なし
譲渡性	自由に譲渡できる	賃貸人の承諾が必要
抵当権設定	○ あり	× なし

＊1　地上権の存続期間の定めには、上限の制約もない（大判明治36.11.16）。
＊2　存続期間の定めがない地上権については、民法には、「設定行為で地上権の存続期間を定めなかった場合において、別段の慣習がないときは、地上権者は、いつでもその権利を放棄することができる。ただし、地代を支払うべきときは、1年前に予告をし、又は期限の到来していない1年分の地代を支払わなければならない」（民法268条1項）、「地上権者が前項の規定によりその権利を放棄しないときは、裁判所は、当事者の請求により、20年以上50年以下の範囲内において、工作物又は竹木の種類及び状況その他地上権の設定当時の事情を考慮して、その存続期間を定める」（同条2項）と定められている。

第3章

賃貸借

基本的な法律関係 No.015

賃貸借は、賃貸人がある物を賃借人に使用収益させることを約し、賃借人がこれに対して賃料を支払うことおよび引渡しを受けた物を契約が終了したときに返還することを約する契約です（民法601条）。特定の人が特定の人に対して一定の行為を請求できる債権として構成されています。

賃貸借は、土地と建物のいずれについても利用できます。物権関係として他人の不動産を利用する仕組み（地上権・永小作権）が土地だけしか対象にできないのに対し、債権関係としての賃貸借は、土地だけではなく、建物についても対象とすることが可能です。そのため、人々の社会生活の基礎をなす法律関係として、極めて多くの場合に利用され、重要な役割を果たしています（建物の賃貸借について、参照👍 No. 184）。

賃貸借性（有償性等） No.016-a

賃貸借は、対価を支払う有償契約です。この点において、無償の使用貸借と区別されます。親族間で土地を無償で貸与するケースが、使用貸借の典型的な例です（東京地判平成21.12.7、東京地判令和4.4.27甲−2022WLJPCA04278004）。土地の使用に関し、公租公課を土地の借主が支払っていたケースにおいて、『使用収益に対する対価の意味をもつものと認められる特段の事情がない限り、借主の貸主に対する関係を使用貸借と認める妨げとはならない』（東京地判平成22.1.28乙）とされています[1][2]。

ほかに、土地の利用関係について、その利用の対象や利用状況から賃貸借であることが否定された例として、京都地判平成24.5.30（寺の境内での茶店の営業）があります。

なお、賃貸借であるかどうかは、当事者の意思で決められるわけではありません。建物の賃貸借であるかどうかが、借地借家法適用の有無との関連で

第 3 章　賃貸借

重要な意味をもつことから、契約書において借地借家法の適用を排除するために、賃借権であることを否定する条文が設けられることがありますが、東京地判平成26.11.11は、『借地借家法の強行法規定の適用を合意によって排斥することができないことはいうまでもない』としています。

【他人の不動産を利用する仕組み】

		土地	建物
他人の不動産を利用する仕組み	物権	○ あり （地上権・永小作権）	× なし
	債権	○ あり （賃借権・使用借権）	○ あり （賃借権・使用借権）

＊1　東京地判平成24.3.15では、『建物を明け渡すまでという将来の不確定な時期まで賃料支払義務を一切免除するという約束』の趣旨を合理的に解釈のうえで、使用貸借とされた。

＊2　東京地判令和元.8.6では、支払額が土地の固定資産税等の額と金員の支払額が近似しているとしても、使用の対価としての性格があれば、賃貸借になるとされ、東京地判令和2.3.17-2020WLJPCA03178019では、『当初に支払っていた金額が公租公課を下回っており、その後の支払金額が公租公課を大幅に上回るものでない』としても賃貸借であるとされ、東京地判令和4.4.14-2022WLJPCA04148023では、地域の住宅地系における公租公課に対する倍率4.60倍を基準にするとその約3分の1の支払額にすぎない場合であっても、賃貸借とされた。

No.016-b **鉄道高架下の利用関係**　鉄道高架下や鉄道施設内の土地の利用契約に借地借家法が適用されるかどうかが、しばしば問題にされています。しかし、鉄道高架下については、上空および地中を自由に使用できる状況にはなく、契約に基づき利用することのできる空間は限定されます。また鉄道会社は、法令の定めに基づき、定期的に高架橋の点検を行わなければならず、それに伴い高架下である本件各土地内に立ち入ることも必要です。そのため一般に建物所有を目的とする賃貸借契約とは扱いを異にします。大阪高判令

和4.5.27-2022WLJPCA05276012では『一般の土地賃貸借契約とは異なる特殊な契約であって、借地借家法が適用対象としている建物所有を目的とする土地の賃貸借契約とはいえない』と判断されました（最決令和4.11.22-2022WLJPCA11226009でも、上告棄却、上告審として不受理とされた）[1]。ほかに東京地判平成7.7.26、東京地判平成19.9.28、東京地判平成21.7.31甲、東京地判平成22.3.11、東京地判平成23.8.22、東京地判平成24.2.13甲、京都地判平成24.5.30でも同様に、鉄道高架下の土地利用契約について旧借地法の適用が否定されています。

　なお、東京地判平成9.6.26は土地上に建物を建築し建物において営業をすることを承認していたとして、東京地判平成17.4.27は契約書の文言から、それぞれ建物所有目的が肯定されていますが、いずれも借地借家法の適用を肯定したものの、あわせて同法25条に定める一時使用目的の賃貸借に該当するものと判断されました（鉄道高架下施設物の店舗について旧借家法の適用があるかどうかについて、参照👍 No. 186）。

---

[1]　大阪高判令和4.5.27の原審である神戸地判令和2.2.20については、渡辺晋「不動産判例100」200頁、日本加除出版で解説した。

第2編

借地の法制度

第1章

借地の法制度

No.017　平成3年10月、明治・大正以来、わが国における土地・建物の利用関係を律してきた旧建物保護法・旧借地法・旧借家法が廃止されるとともに（附則2条）、これら3つの法律がまとめられて、借地借家法が制定されました[*1]。現在、借地借家法は、わが国における土地建物の利用関係の基本ルールとなっています（参照👉 No. 002）。

　借地借家法は、平成4年8月1日施行です[*2]。この施行日以後は、原則として、土地・建物の利用関係には、旧建物保護法・旧借地法・旧借家法ではなく、借地借家法が適用になります。

　もっとも、土地・建物の利用関係は、継続して長期的に借地権者、建物賃借人の生活や営業に深くかかわるものであり、従前の法律の下で保証されていた権利、利益に重大な変更が生ずることは、法的安定を害することになって、望ましくありません。

　そこで、借地借家法は、施行日より前からの賃貸借にも遡及適用されることを原則としつつも（附則4条本文）、旧建物保護法、旧借地法、旧借家法の規定により生じた効力を妨げないと定め（同条ただし書）[*3]、さらに、遡及適用に関する多くの例外を認め、借地権者、建物賃借人を保護し、法律関係の安定を図っています。

　借地契約に関し、例外的に、遡及適用が否定される規定は、次のとおりです。

① 施行前に設定された権利について、借地借家法の適用が全面的に排除される規定

　　・借地契約の更新に関する条項……3条～6条　（附則6条）

② 借地借家法によって新たに設けられた制度であるために、施行前に設定された権利に関しては、借地借家法の適用が排除される規定

　　・借地上の建物が滅失した場合の条項……7条、8条　（附則7条）

・建物買取請求権に関する条項……13条２項・３項　（附則９条）

・建物の再築許可に関する条項……18条　（附則11条）

③ **借地借家法によって制度が変更になったため、施行前に設定された権利については、借地借家法ではなく、旧借地法が適用されるもの**[*3]

・借地上の建物の朽廃による借地権の消滅（附則５条）

【旧借地法と借地借家法の適用関係】

原則　借地借家法の条項は、遡及適用（旧借地法は適用されない）	
例外 （旧借地法 が適用され る条項）	① 更新に関する条項……３条〜６条　（附則６条）
	② 借地借家法により制度が新設された条項 →借地上の建物の滅失……７条、８条　（附則７条） 　建物買取請求権……13条２項・３項　（附則９条） 　建物の再築許可……18条　（附則11条）
	③ 借地借家法により制度が変更された条項 →借地上の建物の朽廃による借地権の消滅　（附則５条）

[*1] 　借地借家法は、旧建物保護法・旧借地法・旧借家法を、ほぼそのまま引き継いでいるが、次の点については、内容あるいは条項表現の改正がなされている。

(ⅰ) 借地権の存続期間等の変更（３条〜８条、18条）

(ⅱ) 正当事由の明確化（６条、28条）

(ⅲ) 定期借地権の導入（22条〜24条）

(ⅳ) 期限付借家（38条、39条）（その後法改正され、定期建物賃貸借）

(ⅴ) 地代等・賃料増減額紛争での調停前置主義・調停条項裁定制度（民事調停法24条の２、24条の３）

(ⅵ) 建物が滅失した場合の借地権の対抗力の確保（10条２項）

(ⅶ) 自己借地権（15条）

(ⅷ) 借地条件変更の裁判の範囲の拡大（17条）

(ⅸ) 造作買取請求権の任意規定化（33条、37条）

(ⅹ) 借地上の建物の賃借人の保護の規定の新設（35条）

[*2] 　附則１条、平成４年２月21日政令25号。

[*3] 　例えば、借地上の建物が朽廃した場合については、旧借地法の下では借地権は消滅するとされていたが、借地借家法は、借地権は原則として消滅しないものとして仕組みを組み立て、考え方を大きく変更している。このように大きな変更があった部分については、法改正がなされても、ルールに変更がないものとするのが適当といえる。

第2章

借地の定義規定

第2条（定義）

この法律において、次の各号に掲げる用語の意義は、当該各号に定めるところによる。

一　借地権　建物の所有を目的とする地上権又は土地の賃借権をいう。

二　借地権者　借地権を有する者をいう。

三　借地権設定者　借地権者に対して借地権を設定している者をいう。

四　転借地権　建物の所有を目的とする土地の賃借権で借地権者が設定しているものをいう。

五　転借地権者　転借地権を有する者をいう。

No.018
意　義

借地借家法は、民法の特別法ですから、民法にある用語はそのまま利用されます。建物の賃貸借、賃借人、賃貸人、転貸借、転借人などの用語は、民法の用語をそのまま用いており、特段の定めは置かれていません。

これに対し、民法で使われていない用語は、借地借家法みずから定義づけをしておく必要があります。本条では、民法で用いられていない5つの用語について、定義を規定しました。もっとも、借家に関しては特段の用語の定義はなされず、借地に関する用語の定義だけが置かれています。

No.019
借地権

1号は、借地権を、建物の所有を目的とする地上権または土地の賃借権、と定義づけました[1][2][3]。単に土地の賃借権というときには、地上権は除外されます(19条について、参照👉No.137。20条について、参照👉No.144)。

借地権は、建物所有目的の権利です。借地上の工作物（建造物）が建物で

24

あり、かつ、建物所有が主たる目的であることを要します（1条、「建物所有目的の要件」について、参照 👉 No. 005）。

地上権については、有償無償を問わないので、地代を支払わない無償の場合にも、借地権になります。これに対し、賃借権は、賃料支払いを伴う有償の権利です。賃料を支払わないで他人の物を使う契約は使用貸借であり、使用貸借に基づく利用権（使用借権）は、借地権にはなりません。

＊1　借地借家法では、「借地権」という用語は用いられているが、「借家」「借家権」という用語は用いられていない。
＊2　借地権の定義は、旧借地法を踏襲している。
＊3　旧借地法13条2項、14条では、「借地権」ではなく、「地上権又ハ賃貸借」という言葉が使われていた。これらは登記が問題になる場面であって、不動産登記法上「借地権」の登記が認められていないためであった。

借地権者　　借地権を有する者が借地権者です（2号）。　　No.020

借地権者の意味するところとしては、直接に土地所有者から地上権設定を受け、あるいは土地を賃借した者（一次的な借地の権利者）に限定されていません。一次的な借地の権利者から転借によって権利の設定を受けた二次的な借地の権利者（転借地権者）も、借地権者になります。

【借地権】

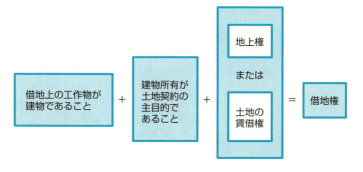

第2章 借地の定義規定

No.021 **借地権設定者** 　借地権者に対して借地権を設定している者が、借地権設定者です（3号）。

　借地借家法では、借地権を設定している者について、借地権設定者という言葉で統一しています[*1]。地上権では地上権設定者、土地の賃借権では土地の賃貸人が、それぞれ借地権設定者となります。

　土地所有者が借地権設定者になり得るのはもちろん、地上権者や土地の賃借人が借地権設定者の場合もあります[*2]。土地所有者Aが、Bのために地上権・賃借権（原借地権）を設定したうえで、Bが、第三者Cに転貸した場合、Bとの関係ではAが借地権設定者、Cとの関係ではBが借地権設定者となります。借地権設定者は、借地権を有する者が誰なのかとの関係で、相対的に決まる概念です。

【借地権と転借地権】

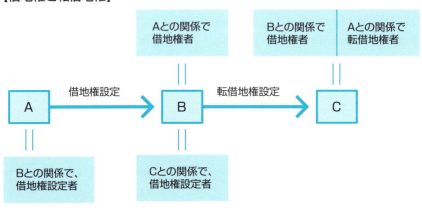

---

*1　建物の賃貸借においては、条文上「建物の賃貸人」という用語が用いられている。
*2　旧借地法では、借地契約における借地権者の相手方を土地所有者と表現していたが（同法4条1項ただし書、6条、7条）、借地借家法は、借地権者の相手方について、借地権設定者という言葉で統一している。

転借地権・転借地権者　4号は、転借地権について、建物の所有を目的とする土地の賃借権で借地権者が設定しているものと定義しました[*1]。土地の賃借権者がさらに土地の賃借権を設定した場合に加えて、地上権者が土地の賃借権を設定した場合も、転借権に該当します[*2]。また、転借地権を有する者が、転借地権者です（5号）。

No.022

AがBに借地権を設定し、BがCに転借地権を設定した場合には、Cは、Bとの関係では借地権者、Aとの関係では転借地権者です。

借地借家法には、土地の転貸借（転借地権）および建物の転貸借に関する法律関係を明確にするために、多くの規定が設けられています（5条3項、6条、7条1項・3項、8条5項、12条3項、13条3項、16条、17条5項、18条2項、19条7項、20条5項、21条）。

【転貸に関する借地借家法の定め】

	用語	条文	定めの内容
借地	転借地権・転借地権者	7条③	再築による期間延長（最初の期間）
		8条⑤	再築の場合の解約の申入れ（更新後の期間）
		13条③	建物買取請求権
		16条	強行規定
		19条⑦	土地の賃借権の譲渡または転貸の許可
		20条⑤	強制競売等の場合における賃借権譲渡の許可
建物の賃貸借	建物の転貸借・建物の転借人	26条③	賃貸借契約の更新
		28条	正当事由
		33条②	造作買取請求権
		34条①	原賃貸借契約終了の場合における転借人保護
		37条	強行規定

＊1　借地借家法において、また貸しを表す言葉としては、借地関係では転借地権、借家関係では転借人となる。

＊2　土地所有者が自己借地権（15条。参照 No. 115）を設定したときには、土地所有者が転借権の設定者となる。

第2章 借地の定義規定

第1節 借地権の存続期間等

第3条（借地権の存続期間）

　借地権の存続期間は、30年とする。ただし、契約でこれより長い期間を定めたときは、その期間とする。

No.023

30年ルール

(1) ルールの内容

　本条は、借地権の最初の存続期間を30年とするルール（30年ルール）を採用しました。30年ルールの内容は次の①〜③のとおりです。

【30年ルールの内容】

ルール①	存続期間を定めなかった場合		存続期間は30年
ルール②	存続期間を定めた場合	30年未満	約定は無効 →存続期間の約定がなくなり、存続期間は30年
ルール③		30年以上	約定は有効（存続期間の定めについて、長期に上限はない）

　本条は、一方的強行規定です（9条。参照👉No. 063）。借地権者に有利な特約は効力を有しますが、借地権者に不利な特約には効力はありません。

(2) ルールの適用範囲

　30年ルールは、借地契約締結当初の、借地権の最初の存続期間にだけ適用があります。更新後の存続期間は、最初の更新で20年、2回目以降の更新では10年です（4条。「20年・10年ルール」について。参照👉No. 028）。30年ルールにも20年・10年ルールにも、借地上の建物の種類による区別はありません。

28

民法との関係 借地権には、地上権の借地権と、賃借権の借地権がありま No.024 す。本条は、いずれの場合にも、存続期間に関し、民法の原則を修正しています。

(1) 地上権の場合

民法の原則によれば、地上権には存続期間の制限はなく（上限・下限ともに制限がない）、期間を定めないことも可能です。

これに対し、本条は存続期間の下限を30年としました。当事者が設定時に存続期間を定めなかったときも、その存続期間は30年です。

地上権に関しては、民法上、存続期間を定めなかった場合、地上権者は、いつでもその権利を放棄することができるとの規定もありますが（民法268条1項本文）、借地権ではこの規定の適用は排除されます。

(2) 賃借権の場合

民法の原則によれば、賃借権の存続期間は、短期については下限はなく、長期については、50年が上限です[*1]。契約でこれより長い期間を定めたときであっても、その期間は50年とされます（民法604条1項）。賃借期間を約定しなかったときは、期間の定めのない賃借権となります（同法617条）。

これに対し、借地借家法は、存続期間の短期についての下限を30年とし、存続期間の長期についての上限を撤廃しました。賃借期間を約定しなかったときも、存続期間は30年です。

---

*1　令和2年4月施行の民法改正により、民法上、賃貸借期間の上限は20年から50年となった。

借地権設定の時期による存続期間に関する適用ルールの違い 本条が適用されるのは、借地借家法施 No.025 行日（平成4年8月1日）以降、新たに設定された借地権です。同法施行日の前に設定された借地権には、旧借地法の存続期間のルールが適用になります（借地借家法附則6条）。

第2章 借地の定義規定

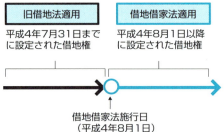

No.026 旧借地法の定め（設定時の存続期間）

旧借地法では、当初借地権設定時における借地権の存続期間につき、堅固建物所有目的とその他の建物所有目的（非堅固建物所有目的）に分け、次のとおり区別していました（旧借地法2条1項本文・2項）[*1][*1の2]。

【旧借地法の当初借地権設定時の存続期間の定め】

	借地期間を定めないとき	借地期間を定めたとき	
堅固建物所有目的	60年	30年以上と定めたとき	有効
		30年未満と定めたとき	無効（60年となる）
非堅固建物所有目的	30年	20年以上と定めたとき	有効
		20年未満と定めたとき	無効（30年となる）

これに対し、借地借家法では、建物の堅固・非堅固の別による期間の差異および合意による存続期間の下限と法定の存続期間の下限の区別を、いずれも廃止し、存続期間を統一しています[*2]。

---

*1 契約に建物の種類および構造を定めないときは、非堅固建物目的とみなされていた（旧借地法3条）。

*1の2 旧借地法のもとでは、建物の所有を目的とする土地の賃貸借契約において期間を20年未満と定めたときは、これを定めなかったものとみなされ（旧借地法11条）、賃貸借の存続期間は契約の時から30年になるものとされていた（同法2条1項本文）（東京地判昭和44.11.26判時578号20頁、最判昭和45.3.24判時593号37頁）。

＊2　旧借地法は、堅固・非堅固を区別していたが、堅固と非堅固の区別は困難であって、紛争を招きがちであり（東京地判平成24.11.15）、さらに、必ずしも非堅固建物が堅固建物よりも耐用年数が短いとは限らないことも考慮し、借地借家法は、両者の区別をなくした。また、現実的には期間の定めのない借地権が設定されることがないことを考慮し、当事者の合意による存続期間の下限と法定の存続期間の下限の区別も撤廃した（参照👍 No. 031、No. 033、No. 034）。

第2章 借地の定義規定

第4条（借地権の更新後の期間）

　当事者が借地契約を更新する場合においては、その期間は、更新の日から10年（借地権の設定後の最初の更新にあっては、20年）とする。ただし、当事者がこれより長い期間を定めたときは、その期間とする。

No.027
借地契約の更新

　期間満了後に同一の契約を引き続き存続させることを、更新といいます。

　借地契約は、期間満了後更新になると、通常、同一内容で継続しますが[*1]、期間はすでに満了していますので、更新後、期間がどのようになるのかが、問題になります。

　本条は、借地権の更新後の期間について、1回目の更新は20年、その後の更新は10年とするルール（20年・10年ルール）を定立しました。

　本条は、一方的強行規定です（9条。参照 👍 No. 063）。借地権者に有利な特約は効力を有しますが、借地権者に不利な特約には効力はありません[*1の2]。

　本条の更新の定めは、借地借家法施行日（平成4年8月1日）以降、新たに設定された借地権の更新についてのみ適用されます。

＊1　更新には、当事者の意思に基づく場合（合意更新）と、当事者の意思によらずに法律の規定による場合（5条、法定更新）がある。法定更新については、更新後の契約の条件が従前の契約と同一の条件になるという明文がある（5条1項本文。参照 👍 No. 041）。これに対し、合意更新については、当事者が自由に契約内容を決めることができるが、合意更新でも、通常は、期間の点を除けば、従前と同一条件とされることが多い。従前の条件と比べて借地権者に不利な内容の合意がなされたとしても、その効力は否定されない。

＊1の2　22条（一般定期借地権。参照 👍 No. 157）および23条1項（1項事業用定期借地権。参照 👍 No. 166）の適用がある場合には、本条を排除する特約の効力が認められる。

20年・10年ルール	4条が採用した20年・10年ルールは、次の①〜③の３つの No.028 内容をもちます。

【20年・10年ルールの内容】

ルール①	更新に際して、更新後の存続期間を定めなかったとき		存続期間は１回目の更新で20年その後の更新で10年となる
ルール②	更新に際して、更新後の存続期間を定めたとき	定められた存続期間が１回目の更新で20年未満その後の更新で10年未満であれば	存続期間の定めは無効（９条）存続期間は、ルール①と同様になる
ルール③		定められた存続期間が１回目の更新で20年以上その後の更新で10年以上であれば	存続期間の定めは有効（４条ただし書）

（注）存続期間の定めについて、長期に上限はない（３条。参照👍No. 023）。

民法との関係	本条も、３条と同様、借地権が地上権である場合と賃借権 No.029 である場合の両方について、更新後の存続期間に関する民

法の原則を修正しています。

① 地上権の場合

民法の原則によれば、更新後についても、地上権の存続期間に制限はありません。

これに対し、本条は、20年・10年ルールにより、更新後の地上権の短期についての下限を設定しています。

② 賃借権の場合

民法の原則によれば、更新後についても、賃借権の存続期間は、長期について50年が上限、短い期間を定めることに制約はありません（民法604条２項）[1]。

これに対し、本条は、20年・10年ルールにより、長期についての上限をな

第2章 借地の定義規定

くし、短期についての下限を設定しています。

＊1　令和2年4月施行の民法改正により、民法上、賃貸借期間の上限は20年から50年となった。

No.030
旧借地法の定め（更新後の存続期間）　旧借地法では、更新後の借地権の存続期間につき、堅固建物所有目的と非堅固建物所有目的に分け＊1、

堅固建物	・更新後30年、30年以上の約定は有効 ・30年未満の約定は無効
非堅固建物	・更新後20年、20年以上の約定は有効 ・20年未満の約定は無効

としていました（旧借地法5条1項前段・2項）。

　借地借家法施行前（平成4年7月31日まで）に設定された借地権の更新後の存続期間については、同法施行後に更新されても、借地借家法（4条〜6条）は適用がなく、旧借地法に従います（借地借家法附則6条）。

　現在も実際上、更新に関する法的な問題の検討が必要となるのは、借地借家法施行前に設定された借地権ですから、旧借地法の更新に関する定めは、いまなお実務的に重要なルールです。

借地権の存続期間、更新、借地上建物の朽廃については、平成4年7月31日までに設定された借地権には、旧借地法が適用になる

	旧借地法		借地借家法
設定時の存続期間	●期間の定めがなければ 60年（堅固）・30年（非堅固） ●期間を定めたときには 30年以上（堅固）・20年以上（非堅固）の約定があれば、これによる（旧借地法2条1項本文・2項） 30年未満（堅固）、20年未満（非堅固）の約定であれば、期間の定めがない場合と同じ	堅固・非堅固の区別撤廃	●30年ルール 一律30年 *1 ●30年以上の約定があれば、これによる（3条）
更新後の存続期間	●期間の定めがなければ 30年（堅固）・20年（非堅固） ●期間を定めたときには 30年以上（堅固）・20年以上（非堅固）の約定なら、これによる（旧借地法5条1項前段・2項） 30年未満（堅固）、20年未満（非堅固）の約定であれば、期間の定めがない場合と同じ		●20年・10年ルール 最初の更新20年・2回目以降の更新10年 *2 それぞれ20年・10年以上の約定があれば、これらによる（4条）
建物消失の扱い	●朽廃の場合の借地権消滅 （旧借地法2条1項ただし書、5条1項後段、6条1項後段）		●滅失のルール 滅失（朽廃を含む）しても借地権が当然消滅することはない（7条、8条）

＊1　借地借家法は、最初の期間設定の場合と同様に、建物の堅固・非堅固の別による期間の差異をなくした。
＊2　借地借家法は、合意による存続期間の下限と法定の存続期間の下限の区別を廃止した。

借地上建物の消失　旧借地法では、借地上建物が消失し、なくなってしまうケースのうちのひとつの状況である朽廃について、借地期間満了前に借地上建物が朽廃したときは、借地権は消滅するという定めがありました（旧借地法2条1項ただし書、5条1項後段、6条1項後段）。

No.031

しかし、朽廃という用語は、必ずしも明確な意味内容をもつものではありません。そのため旧借地法の下では、老朽化した建物が、朽廃にまで至ったか否かが、頻繁に争われていました。

そこで、借地借家法は、借地上建物の消失に関する考え方を、大きく転換し、新たな仕組みを組み立てています。

まず、朽廃の概念を法律に取り入れませんでした。そのうえで、借地上建物が消失し、なくなってしまうケースのすべてを「滅失」として、消失の原因を問題にせず、当然には借地権の消滅事由にならないものとしました。朽廃であってもその他の理由に基づく建物の消失であっても、「滅失」として同様の取扱いがなされます（7条。参照👍No. 051。8条。参照👍No. 058）。

No.032 借地権設定時期による ルールの違い　借地借家法による借地上建物滅失の定めは、同法施行日（平成4年8月1日）以降、新たに設定された借地権についてのみ適用されます。同法施行日前に設定された借地権における借地上建物滅失には、旧借地法の定めが適用になります（借地借家法附則5条）。また、借地借家法施行前に設定されていれば、借地借家法施行後に借地契約が更新されていても、借地借家法ではなく、旧借地法の規定が適用になります。

No.033 旧借地法の 定め（朽廃）　**(1) 朽廃による借地権消滅**

旧借地法は、借地権について、存続期間を定めなかった場合には、設定時の存続期間を、堅固建物60年・非堅固建物30年としたうえで、「建物カ此ノ期間満了前朽廃シタルトキハ借地権ハ之ニ因リテ消滅ス」と定め（旧借地法2条1項ただし書）、また、更新後の存続期間を、堅固建物30年・非堅固建物20年としたうえで、「此ノ場合ニ於テハ第2条第1項但書ノ規定ヲ準用ス」と定めていました（同法5条1項後段）[1][2]。これらの規定により、借地上建物が期間満了前に朽廃したときには、設定時の借地期間であれ、更新後の借地期間であれ、いずれの場合にも借地権が消滅することになります。

【朽廃の取扱い】

		存続期間を定めた場合	存続期間を定めなかった場合
旧借地法	設定時（更新前）	存続期間が堅固30年以上、非堅固20年以上であれば、有効。	期間満了前に朽廃すれば、借地権は消滅する（旧借地法2条1項ただし書）^{注1}
	更新後	存続期間中に朽廃しても借地権は存続する（旧借地法2条2項、5条2項）	期間満了前に朽廃すれば、借地権は消滅する（旧借地法5条1項後段、2条1項ただし書）^{注2}
借地借家法		滅失のひとつの態様として取り扱う（7条、8条）。ほかの理由による滅失と区別をしない	

（注1） 堅固60年、非堅固30年未満と定めた場合も同じ。
（注2） 堅固30年、非堅固20年未満と定めた場合も同じ。

(2) 朽廃の意味

No.034

　朽廃とは、『経年変化等の自然の推移により、建物が既に建物としての効用を全うすることができない程度に腐朽頹廃し、その社会的効用を失うに至った』ことです（大判昭9.10.15、東京地判平成24.11.28）。自然に生じた腐食損傷等により、建物としての利用に耐えず、全体として建物としての社会経済上の効果効用を喪失した状態を指す旧借地法上の用語であり、『部分的な廃損があるだけでは朽廃とはいえないし、通常の修繕によって建物の効用を全うし得る場合にも朽廃にはあたらない』（東京地判平成21.5.7。同旨の例として、東京地判令和2.1.17甲）、『朽廃の状態に達したか否かは、建物を全体的に観察すべきであり、また自然的に達したことが必要であって、火災、風水害や地震により一挙に建物としての効用を失うに至ったり、取壊しのように人為的に建物の効用を失わしめられた場合は「朽廃」に当たらない』（東京地判平成24.11.28）とされています。

　賃貸人が、賃借人に無断で借地上建物を取り壊すようなことがあっても、朽廃となったわけではありませんから、借地権は消滅しません（旧借地法7条）（東京地判平成21.5.15）[*3]。

第2章 借地の定義規定

No.035 **(3) 存続期間を合意で定めたときの朽廃**

　旧借地法では、存続期間を定めなかったときには、堅固建物60年・非堅固建物30年となり（旧借地法2条1項本文）、その期間経過前に朽廃したときの借地権消滅を定めます（同法2条1項ただし書）。

　しかし、存続期間を、堅固建物30年以上・非堅固建物20年以上と合意したときには、その合意は有効です（同法2条2項）。そして、朽廃が借地権消滅事由となるのは、存続期間を定めなかった場合の1項です。存続期間を合意し＋合意が有効な場合の2項には、朽廃が借地権消滅事由となるというただし書は定めがなく、準用もされません。その結果、存続期間を合意し＋合意が有効な場合の2項に該当するときには、期間満了前に地上建物が朽廃しても、借地権は消滅しないということになります。

　この点は、更新後の存続期間についても同様です。すなわち、更新後の存続期間は、存続期間を定めなかったときには、堅固建物30年・非堅固建物20年となり（同法5条1項前段）、その期間経過前に朽廃したときの借地権消滅を定めます（同法5条1項後段）。しかし、存続期間を合意し＋合意が有効な場合の2項には、朽廃が借地権消滅事由となるというただし書は定めがなく、準用もされません。その結果、更新後についても、存続期間を合意し＋合意が有効な場合の2項に該当するときには、期間満了前に地上建物が朽廃しても、借地権は消滅しないということになります（最判昭和37.7.19、東京地判平成23.4.25）。

＊1　旧借地法では、6条1項後段（借地権消滅後の土地使用継続による法定更新後の契約期間）でも、5条1項を準用している。

＊2　旧借地法のもとでも、朽廃以外の理由によって借地上建物が消失したときには、借地権が消滅するわけではない。

＊3　老朽化した建物が朽廃したか否かは必ずしも明確ではなく、朽廃したかどうかの争いが頻発している（朽廃が否定されたケースとして、東京地判平成20.10.28）。また修繕すれば朽廃しなかったが、修繕しなかったために朽廃した場合の取扱いも定まっていなかった。そのため、借地借家法では、朽廃を借地権の消滅事由と取り扱わないこととした。

> **第5条**（借地契約の更新請求等）
> 1　借地権の存続期間が満了する場合において、借地権者が契約の更新を請求したときは、建物がある場合に限り、前条の規定によるもののほか、従前の契約と同一の条件で契約を更新したものとみなす。ただし、借地権設定者が遅滞なく異議を述べたときは、この限りでない。
> 2　借地権の存続期間が満了した後、借地権者が土地の使用を継続するときも、建物がある場合に限り、前項と同様とする。
> 3　転借地権が設定されている場合においては、転借地権者がする土地の使用の継続を借地権者がする土地の使用の継続とみなして、借地権者と借地権設定者との間について前項の規定を適用する。

2つの法定更新

(1) 概説　　　　　　　　　　　　　　　　　　　　　　　　　No.036

　借地契約は合意に基づくものであり、借地権の存続期間が満了したときにも、更新の合意をすれば、契約は終了せず、継続します（合意更新）。

　これに対し、借地権の存続期間満了に際し、借地契約が合意更新しないときには、本来、契約は終了するはずです。

　しかし、借地権は、土地を継続的に利用して、土地上に建物を所有することを目的とする権利であり、期間終了とともに直ちに権利を消滅させるのは、必ずしも適当ではなく、土地利用者保護のため、契約の継続性を尊重する必要があります。

　そこで、本条は、借地契約の契約期間が満了しても、借地権は当然には消滅せず、期間満了に加え、一定の事由があれば、更新が生じるものとしました。これが、法定更新（広義の法定更新）です[1][2]。

第2章 借地の定義規定

（広義の）法定更新には、

> **A. 更新請求による法定更新**（請求更新。5条1項本文）（参照 👍 No. 037）
> **B. 使用継続による法定更新**（使用継続更新。5条2項）（参照 👍 No. 038）

の2つがあります。

本条によって、契約期間が満了したときの契約の帰趨に関し、契約終了ではなく、契約更新が原則になりました[3]。

2種類の法定更新ともに、土地上に建物が存在することが要件になっています。建物が不存在なら、法定更新は否定されます（東京地判平成24.10.19)[4]。この場合の建物は、借地権者の所有でなくともかまいません。転借人が建物を所有する場合のように、借地権設定者との関係で適法に土地を使用できる者が建物を所有していれば足ります。

期間満了時に建物が滅失しているときは、法定更新はありません（したがって、6条の正当事由ルール（参照 👍 No. 042）が問題にされることもなく、借地契約は終了することになる）。もっとも、借地権設定者の妨害によって建物を再築できなかった場合は、借地権の更新請求権がないと主張することが信義則上許されず、建物がなくても更新請求が認められるという裁判例（最判昭和52.3.15）もあります。

本条は、一方的強行規定です（9条。参照 👍 No. 064）。借地権者に有利な特約は効力を有しますが、借地権者に不利な特約には効力はありません[4の2]。

---

* 1　本条は、旧借地法4条1項を引き継ぐ条項である。ただし、旧借地法4条1項が、借地権消滅の場合の更新請求の定めであったのに対し、本条は、借地権の存続期間が満了する場合の更新請求という定めになっており、想定される場面について、明示的な限定が加えられている。
* 2　（広義の）法定更新は、みなし更新ともいわれる。
* 3　期間満了時に建物が存在せずとも、借地権者からの更新請求に借地権設定者が任意に応じたり、借地上に建物を再築することを借地権設定者が許諾したりすることは、可能で

ある（7条。👉 No. 055）。

＊4　期間満了時点で建物が存在しなかったため、更新請求に理由がなく、賃貸借契約は期間満了により終了したとされた事案として、東京地判平成13.5.30がある。

＊4の2　22条（一般定期借地権。参照 👉 No. 157）および23条1項（1項事業用定期借地権。参照 👉 No. 166）の適用がある場合には、本条を排除する特約の効力が認められる。

(2) A. 更新請求による法定更新（請求更新）

No.037

　借地権者が更新を請求したときは、建物が存在していれば、従前の契約と同一の条件で更新したものとみなされます（1項本文）＊5＊6。

　更新を請求できる者は、借地権者です。転借地権者は、借地権設定者と直接の契約関係がないので、更新請求をすることはできません。甲が乙に土地を賃貸し、乙が丙に転貸している場合、甲乙間の借地契約について更新請求できるのは乙であり、丙は更新請求できないということになります＊7。

　更新請求の相手方は、更新請求時の借地権設定者です。

　更新請求の時期について、法文に規定はありませんが、期間満了に近接した前後の時期でなければなりません。更新請求が早すぎると借地権設定者は更新の諾否を決定することができませんし、また更新請求が遅すぎるときには法定更新（2項）の問題となります。

　更新請求は、借地権設定者からの存続期間満了を理由とする明渡し請求を拒絶する方法によって意思表示されるのが通常です。明渡し拒絶の意思表示の中には更新請求の意思表示が含まれており、あらためて更新請求の意思表示をする必要はないと解されています。

　借地権設定者が異議を述べ、異議に正当事由（6条。参照 👉 No. 042）があれば、法定更新することはなく、借地契約が終了します。異議は遅滞なく述べなければなりませんが、借地契約では、契約締結が遠い過去に属し、その時期が賃貸人・賃借人の双方にとってあいまいになっていることが少なくありません。そのため、東京地判昭和39.10.16判時397号37頁では、『訴訟における審理の結果判明した契約締結の時期から起算すると、賃貸借の期間満了後約1年半を経過した後に述べられたことになるとしても、この異議をも

第2章 借地の定義規定

つて借地法6条にいう遅滞なく述べられた異議にあたると解することができる』とされました。

　土地が共有であって賃貸人（借地権設定者）が複数である場合、『更新拒絶は、単に、現状を維持・保全することにとどまらないから、保存行為には該当せず、少なくとも管理行為に当たる』ので、持分の価格の過半数によって行わなければなりません（民法252条1項）（東京地判令和3.8.25-2021WLJPCA08258012）。

＊5　「みなす」とは、第1の事柄について、一定の法律関係において、性質の異なる第2の事柄と同一にみることをいう。みなされる場合には反証は認められない。これに対し、「推定する」の場合には、第1の事柄があっても、第2の事柄への推測を否定するための反証が認められる。

＊6　民法においては、賃貸借が期間満了により終了し、賃借人が使用を継続しているときには、賃貸人の異議がない限り更新が推定されることとなっており（民法619条1項）、これと比較して、借地借家法では、借地権者の保護が厚くなっている。

＊7　乙丙間の借地契約（転借地契約）については、丙が更新を請求できることは、当然である。

No.038 (3) B.　土地使用継続による法定更新（使用継続更新）

　借地権の存続期間満了後、借地権者が土地の使用を継続するときも、建物が存在していれば、更新請求があったときと同じく、従前の契約と同一の条件で契約を更新したものとみなされます（2項）。借地権者が明示的に更新を請求しなくとも、土地の継続使用という事実行為によって更新請求の態度を表明しているものとみているわけです。

　本項による契約更新が認められるためには、借地権者自身が存続期間満了後も土地の使用を継続していることが必要ですが、借地権者が土地を転貸している場合は、3項により転借地権者の使用が借地権者の使用とみなされます。

異　議　法定更新A（請求更新）につき更新請求、法定更新B（使用継続更新）につき土地使用継続があったときにも、借地権設定者が、遅滞なく異議を述べれば、当然には更新の効果は生じません（5条1項ただし書）*1。異議は、『借地権消滅後の使用継続により借地人の土地使用が適法化することに対する反対の意思表示』です。遅滞なく述べる必要がありますが、その表示方法は特に制限されていません（東京地判平成22.6.29）。期間満了7か月後になされた場合に効力が認められた例もあります（横浜地判昭和57.12.24）。期間満了の2年9か月後になされた異議については、遅滞なくなされたものとはいえないと判断されています（東京地判令和2.1.31甲）。訴訟において無断増改築禁止違反による解除だけを主張していたケースでは、異議と認められませんでした（東京地判平成21.6.30）。

　借地権設定者からの異議があったとき、更新が妨げられるか（更新の効果が生ずるか）どうかは、正当事由の有無次第となります（6条。参照 No. 042）。

　転借地権者がいる場合にも、借地権設定者が異議を述べる相手は原則として借地権者ですが、借地権者に対して異議を述べることが困難なときは転借地権者でもかまわないと考えられます。

【2つの法定更新】

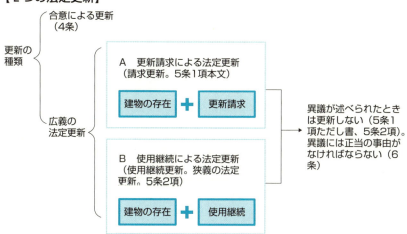

第2章 借地の定義規定

＊1 存続期間の途中に異議を述べても、無効である（東京地判平成17.5.18）。

No.040 **借地契約における更新料**

借地契約において、当事者間に更新料支払いの合意（更新料支払合意）があれば、更新に際し、借地権者には、更新料の支払義務が生じます（参照👍No.069）。合意に基づく更新料支払義務がある場合には、更新料の支払いは、賃料の支払いと同様、賃貸借契約の重要な要素として組み込まれ、賃貸借契約の当事者の信頼関係を維持する基盤をなしているものとして、その不払いは、賃貸借契約の解除原因となり得ます（最判昭和59.4.20、東京地判平成22.5.17甲）。なお、更新料支払義務があっても、支払額が明らかではない場合には、更新料が支払われなくても、解除原因とはなりません（東京地判令和元.10.29）。

更新料支払合意は、賃借人に賃料債務のほかに別途経済的負担を負わせるものなので、有効であるためには、『更新料の額を算出することができる程度の具体的基準が定められていることが必要』です（東京高判令和2.7.20-2020WLJPCA07206001。基準が決められていたケースとして、東京地判令和3.11.24-2021WLJPCA11248022、東京地判令和4.7.19甲-2022WLJPCA07198019）。

ただし、基準が決められているかどうかという点については、実際の事案では検討が必要になることが少なくありません。

東京高判令和2.7.20では「相当の更新料」を支払うと取り決められているケースに関し、『抽象的で、裁判所において客観的に更新料の額を算出することが出来る程度の具体的基準ではない』として更新料支払請求が否定され（東京地判令和2.2.6乙-2020WLJPCA02068011も同旨）、東京地判平成21.2.23では、「更新料を支払うことによって、更新できるものとする」との条項に基づく更新料の請求が、一義的に明確な定めとはいえないとして、東京地判令和2.2.19では、「平成8年の賃貸借契約を更新するときは更新料を支払うことを約する。更新料の金額は協議して定めるものとする」との条項に基づく更新料の請求が更新料の金額の合意に至った更新の場合に発生することを

想定しているとして、それぞれ否定されています（ほかに、契約書に明記がないことや合意があいまいであったことなどを理由として更新料の請求が否定された例として、東京地判令和元.10.25甲）。

他方、東京地判令和2.7.31-2020WLJPCA07318009では、相当額の更新料を支払うとの合意について、『当事者の意思を合理的に解釈すれば、相当額とは、当事者間に争いが生じた場合には、裁判所が定める額と解すべきである』として更新料請求を肯定しています[*1]。

過去の更新の際に更新料が支払われていたとしても、『前回の更新の際に更新料として200万円が支払われたというだけでは、前回の更新の際に同更新に係る更新料として200万円を支払う旨の合意が成立したことを推認させるにとどまり、次回の更新の際にも更新料を支払う旨の合意の存在を当然に推認させることにはならない』とされています（東京地判令和3.1.18乙-2021WLJPCA01188015。同旨の裁判例として、東京地判令和2.11.5乙-2020WLJPCA11058004、東京地判令和3.4.13甲-2021WLJPCA04148004、東京地判令和3.11.29甲-2021WLJPCA11298009、東京地判令和4.9.27-2022WLJPCA09278020がある）。

更新料支払合意がない場合に、慣習法や事実たる慣習に基づいて更新料支払義務が生ずるかどうかも問題になりますが、更新に際して借地権者に対して支払義務を負わせるための慣習法や事実たる慣習は存在しない、というのが、確立した判例法理です（最判昭和51.10.1、東京高判昭和55.5.27、東京

【更新料の支払義務】

高判昭和58.12.23、東京地判平成7.12.8判タ918号142頁、東京地判平成19.3.29、東京地判令和元.11.28甲）。合意がなければ、更新料支払義務は生じないことについて、東京地判平成19.3.29は、『そもそも、借地について借地借家法が適用される場合には、賃貸人に更新拒絶・異議の正当な事由が認められない限り、借地人は賃貸人の承諾なく更新をすることができるのであり（借地借家法5条1項2号、同法6条）、また、その場合には借地人に何らかの金銭的負担を負わせることもなく更新を認めることが借地借家法の趣旨であると解すべきであるから、更新料について当事者間に何らの合意もないにもかかわらず、これを借地人に負担させることは、同法の趣旨に反することになりかねない。そうだとすれば、当事者間に合意がないにもかかわらず、賃貸借契約の更新にあたり更新料を支払うことが事実たる慣習となっているということは容易には認められない』、東京地判平成7.12.8判タ918号142頁は、『土地の賃貸借契約の更新に際して、賃料を補完するものとして更新料の支払いがなされる事例の存することは否定し得ない……更新料の支払いが一般的に行われているとしても、更新料の支払いが、慣習あるいは慣習法に基づいてなされているという事実を認めることはできない』と判示しています[2][3]。

更新料支払合意が、法定更新の場合に適用になるかどうかも問題となります。肯定した例として、東京地判平成20.3.28丙、東京地判平成24.11.30甲があり、否定した例として、東京地判平成21.9.18、東京地判平成23.3.10丁、東京地判平成23.7.25甲、東京地判平成25.5.14、東京地判令和2.2.19、東京地判令和4.6.17-2022WLJPCA06178016があります。

---

[1]　東京地判平成25.2.22乙では、「合意更新するときは、協議により新たな更新料を定める」とだけ定められていた事案において、『協議の結果、賃料の額等の賃貸借契約の内容の一部について合意に達することができなくても、賃貸借契約を存続させること自体について意思の不一致がないような場合には、更新料を支払うことを定めたものであると解するのが相当である』として、更新料請求が肯定された（更新料の額は、借地権価格の6％程度）。ほかに、裁判所が更新料の額を定めた例として、東京地判平成30.2.28甲（更地価格

の2.5％)、東京地判令和元.10.29（前回の更新時から土地価格の下落分を考慮して決定）、東京地判令和2.7.15-2020WLJPCA07158001（土地の価格に借地権割合（70％）を乗じて算出した借地権価格に５％を乗じた）、東京地判令和2.10.7甲-2020WLJPCA10078008（更地価格６％）がある。

＊2　商慣習などを根拠になされた更新料請求が、合意がないことを理由に否定された地裁の判断として、東京地判平成5.9.8、東京地判平成7.12.8、東京地判平成19.3.29、東京地判平成20.4.9甲、東京地判平成20.4.25甲、東京地判平成20.8.25、東京地判平成20.12.25甲、東京地判平成21.3.13、東京地判平成21.10.23、東京地判平成24.4.26乙、東京地判平成24.9.21、東京地判平成24.12.20、東京地判平成25.2.8甲、東京地判平成25.3.14、東京地判平成25.5.15がある。また、東京地判平成22.4.15、東京地判平成22.9.2、東京地判平成24.1.20乙では、過去に更新料が支払われたことを理由に更新料請求がなされたが、認められなかった。

＊3　一般に、更新料支払いの合意が書面に記載されていないときには更新料請求は否定されるが、書面の記載がないにもかかわらず、更新料支払請求が肯定された稀なケースとして、東京地判平成24.5.17があり、『少なくとも本件土地が所在する東京都葛飾区付近の土地の賃貸借契約においては、更新時に更新料の支払が合意されている事例があり、Cはそれが一般的であると認識していた事実が認められる』とされている。

更新後の法律関係　法定更新されると、従前の契約と同一の条件で契約を更新 No.041 したものとみなされます（１項本文）。法定更新後の契約条件のうち、存続期間だけは、20年・10年ルールに従いますが（４条。旧借地法の適用がある借地権の場合には、堅固建物30年、非堅固建物20年。参照 👉No. 028)、その他、弁済方法や賃料増減の特約などの条件は更新後も従前のとおりであり、また、敷金や保証金などの担保も同様に引き継がれます。

第 2 章 借地の定義規定

> **第 6 条**（借地契約の更新拒絶の要件）
>
> 　前条の異議は、借地権設定者及び借地権者（転借地権者を含む。以下
> この条において同じ。）が土地の使用を必要とする事情のほか、借地に
> 関する従前の経過及び土地の利用状況並びに借地権設定者が土地の明渡
> しの条件として又は土地の明渡しと引換えに借地権者に対して財産上の
> 給付をする旨の申出をした場合におけるその申出を考慮して、正当の事
> 由があると認められる場合でなければ、述べることができない。

No.042

正当事由ルール　借地権設定者（地上権設定者・土地賃貸人）が、期間満了
にあたり、法定更新を妨げ、賃貸借を終了させるには、遅
滞なく異議を述べなければなりません（5条1項・2項。参照👉 No. 039）。
しかし、異議を述べただけでは不十分です。異議に正当事由がある場合に限
り、法定更新とならず、賃貸借が終了します（正当事由ルール）。正当事由
が異議の有効要件です。

　正当事由ルールを定めた本条は、旧借地法4条1項ただし書を引き継ぐ規
定です*1*1の2*2。

　本条は、一方的強行規定です（9条。参照👉 No. 065）。本条の内容と異
なる特約は、借地権者（地上権者・賃借人）に有利なものは有効ですが、不
利なものは無効です（以下、本条では、借地権設定者は賃貸人、借地権者は
賃借人として、解説することがある）。

48

【正当事由ルール】

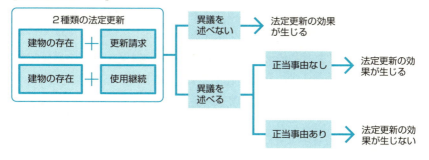

* 1　借地借家法施行前に設定された借地権の契約の更新には、旧借地法が適用になるので（借地借家法附則6条）、法形式上は、正当事由も旧借地法下の裁判例に沿って判断がなされる。ただし、実質的には、正当事由についての考え方は、旧借地法と借地借家法とに違いはない。
* 1の2　22条（一般定期借地権。参照 No.157）および23条1項（1項事業用定期借地権。参照 No.166）の適用がある場合には、本条を排除する特約の効力が認められる。
* 2　賃貸借が25条に定める一時使用の場合、本条など更新に関する規定は適用されない（法定更新の適用はない）が、一時使用であっても更新に関する特約がある場合には、賃貸人が更新を拒絶するには正当事由が必要とされている（東京高判昭和57.12.22、岐阜地判昭和27.3.24、東京地判昭和55.4.4。参照 No.183）。

正当事由の意味　正当事由の存否は、さまざまの要因を考慮して、総合的に判断されます。No.043

　旧借地法では、条文上、正当事由判断の要因につき、土地所有者自らが土地を使用する必要性が示されるだけでした（旧借地法4条1項ただし書）。

　これに対し、裁判所によって、土地所有者が使用する必要性だけではなく、多くの要因を考慮して正当事由を判断するという判例理論が築き上げられていました。最判昭和37.6.6は、『土地所有者が自ら使用することを必要とする場合においても、借地権者側の必要性をも比較考量の上、土地所有者の更新拒絶の適否を決定する』と判示しています。

　本条は、借地借家法の制定に際し、それまでの判例法理が類型化され、明

第2章 借地の定義規定

確化された規定です。

　正当事由判定において考慮されるべき要因には、基本的な要因（中心的・主要な要因）と補充的な要因（補完的・副次的な要因）があります。

　当事者双方の土地使用の必要性（借地権設定者が土地の使用を必要とする事情と、借地権者が土地の使用を必要とする事情）が、基本的な要因です。正当事由は、まずは、この基本的要因を比較衡量して、その存否が判断されます。

　基本的な要因以外のものが、補充的な要因です。基本的要因によって正当事由の有無の判断が決められないとき（主たる要因の比重が同等であるとき）にはじめて、基本的要因にその他の要因をあわせて、正当事由の有無が判断されることになります[1][2]。

　立退料も補充的な要因のひとつですが、正当事由の不足分を補完するための要因にすぎません。立退料さえ提供すれば、ほかに理由がなくても正当事由が認められるというものではありません（参照 👍 No. 049）。

---

[1]　本条の条文において、「借地権設定者及び借地権者が土地の使用を必要とする事情のほか」と書かれた後、「借地に関する従前の経過」などが列挙されていることは、法が正当事由の要因を、基本的な要因と補充的な要因に分けていることを示している。

[2]　東京地判平成19.1.29は、異議後に借地上建物が競落されたケースにおいて、正当事由の存否の判断について、訴訟承継人の事情も含め、総合勘案している。

No.044 **正当事由の判断材料**

（1）**概説**

　正当事由の判断要因は、

> ① 賃貸人が土地の使用を必要とする事情（参照 👍 No. 045）
> ② 賃借人が土地の使用を必要とする事情（参照 👍 No. 046）
> ③ 借地に関する従前の経過（参照 👍 No. 047）
> ④ 土地の利用状況（参照 👍 No. 048）
> ⑤ 立退料（賃貸人が土地の明渡しの条件として、または土地の明渡

> しと引換えに賃借人に対して財産上の給付をする旨の申出をした場合におけるその申出）（参照 👉 No. 049）

です。これらを総合的に考慮し、正当事由の存否が決められます。

ここで「総合的に考慮する」とは、まず、賃貸人と賃借人にどのような建物使用の必要性があるかを個別具体的に検討し、それぞれを比較し、相対的により必要性が高いのはどちらかを判断するという方法で判定します。

賃貸人と賃借人の建物使用の必要性の比較衡量だけでは判断できないときに、補充的な要因を加えて比較考慮し、社会通念上明渡しが妥当といえるかどうかが判定されます。

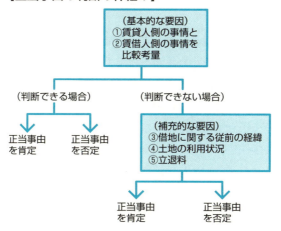

【正当事由の判断の枠組み】

(2) ① **賃貸人が土地の使用を必要とする事情**　　　　　　　　　　　No.045

賃貸人が、自分の居住のため建物を建てること、家族のために建物を建てること、土地上の建物を事業・営業に利用することなどが、賃貸人が土地の使用を必要とする事情です。再開発によって高層化を図ることなど、借地の

第2章 借地の定義規定

経済的な利用の必要も含まれます（東京地判昭和35.1.29判時227号28頁、東京地判平成25.3.14）。正当事由判定における基本的で重要な要因です。もっとも、建替えや再開発は、具体的であることを要します。建替えや再開発を主張しても、計画が具体的でない場合には、賃貸人の使用の必要性は認められません（東京地判平成22.10.4-2010WLJPCA10048013）。

賃貸人が、『借地権の負担があることを知りながら、通常の借地権が存在するという前提で減価された価格で購入している』ことについては、『自己使用の必要性を検討する際には、賃貸人に不利に斟酌すべき事情である』とされています（東京地判平成20.3.25）。

賃貸人の必要性には、賃貸人の家族など、賃貸人側の事情も含まれます。東京地判平成21.4.23では、同族会社である賃貸人の実質的な経営者個人の事情が、考慮の対象となっています。

No.046 **(3) ② 賃借人が土地の使用を必要とする事情**

賃借人が、自分の居住のため建物を利用すること、家族のために建物を利用すること、土地上の建物を事業・営業に利用することなどが、賃借人が土地の使用を必要とする事情です。例えば、東京地判平成27.9.29乙は、『Yは、本件建物において居酒屋を経営しており、それによって生計を立てていることが認められ、本件建物と異なる場所で同等賃料で同様に居酒屋を経営することが可能とも認め難い』として、正当事由を否定しています（東京地判昭和32.3.29判時115号11頁同旨）。土地上の建物を使用していないことは、正当事由を否定する要因となります。正当事由において、基本的で重要な要因です。

転借権が設定されているときは、転借権者の事情も、借地権者側の事情として考慮されます（本条かっこ書）。

借地上の建物の賃借人の事情を、借地関係における更新拒絶の正当事由判断の要因として斟酌できるかどうかも問題となりますが、最判昭和58.1.20は、借地契約が当初から建物賃借人の存在を容認したものであるか、または実質上建物賃借人と借地人とを同一視することができるなどの特段の事情の

存する場合のほかは、建物賃借人の事情を借地人側の事情として斟酌することは許されないとして、原則的にこれを否定しています（最判昭和56.6.16判時1009号54頁同旨。例外的に建物の賃借人の必要性が土地の賃借人の必要性になるとされたケースとして、東京地判令和2.9.8-2020WLJPCA09088010）。

賃借人に使用の必要性がなければ正当事由は肯定されます（東京地判平成14.5.14-2002WLJPCA05149008）。

⑷ ③ 借地に関する従前の経過

No.047

借地に関する従前の経過とは、借地契約成立から存続期間満了までの間に当事者に生じた事情です。権利金や更新料の授受、賃借人の利用期間、賃料の支払状況、契約期間中の不信行為などが、これに該当します。

まず、権利金についてみると、東京地判昭和63.5.31は権利金の授受がなかったことが正当事由肯定の要因、東京地判昭和53.5.31では、契約締結時に更地価格の7割に相当する権利金の授受があったことが正当事由否定の要因として扱われています。

更新料については、東京地判昭和63.5.30、東京地判平成20.4.25甲が、更新料の支払いを正当事由否定の要因としています。建物増改築時の承諾料支払いも、正当事由否定の要因となり得ます。東京地判昭和46.4.28判タ265号157頁[*1]では、期間満了の際に建物を買い取るという約定は、そのとおりの効力は生じないものの、正当事由存否の判断資料とすることは何ら差支えないとされました。

賃借人が土地を利用してきた期間が長期間であること、賃料の不払いがなかったことは、正当事由否定の要因です。

東京地判平成27.9.7では、地代が低額であることが正当事由の積極要因として主張されましたが、『賃貸借契約に係る賃料額は低額であるとの点については、本来、増額請求により対応すべきであって、これをもって正当事由があるとはいえない』とされています（東京地判平成14.12.26LLI05731713

第2章 借地の定義規定

同旨）。

　他方で、賃料不払い、無断転貸（東京地判昭和32.3.29判時115号11頁）、無断増改築（東京地判平成7.9.26）などの不信行為は、正当事由肯定の要因になります。東京地判平成25.3.14は、『従前の経過からすれば、今後更なる長期間にわたって、Xに対し、信頼関係が悪化しているYとの間の本件賃貸借契約の継続を強いることは酷な面もある』として、従前の経緯を正当事由肯定の理由のひとつに捉えています。「更新しない」との取決めは借地人に一方的に不利な特約として無効ですが、そのことは正当事由の判断における積極要因としての考慮の妨げにはなりません（東京高判昭和52.6.20判時862号27頁）。

＊1　東京地判昭和46.4.28は、旧借地法のもとの事案であり、借地借家法では、建物譲渡特約付借地権という制度が創設されている（参照👉No.174）。

No.048 (5) ④ 土地の利用状況

　土地の利用状況としては、建物の存否、種類・用途、構造・規模、建物の老朽化の程度、法令違反の有無、賃借人の建物の利用状況などが検討されます。

　このうち実際上重要なのが、建物の老朽化であり、借地契約の正当事由が争われる場合、ほとんどすべてのケースにおいて老朽化の程度が問題になっています。

> 　借地における正当事由の有無および財産上の給付（立退料）に関する裁判例の一覧表を、資料として340頁以下に掲載しました。ご参照ください。

No.049 立退料

　正当事由は、さまざまな要因を複合的に考慮して、その有無が判断されるところ、ある程度正当事由肯定の要因はあるものの、土地賃貸借を終了させるに十分ではないというケースも多くなります。このようなケースにおいて、正当事由の不足分を補強するのが、立退料

です。

　本条にいう「借地権設定者が土地の明渡しの条件として又は土地の明渡しと引換えに借地権者に対して財産上の給付をする旨の申出をした場合におけるその申出」は、一般に、この立退料を意味します。

　正当事由の不足分の補強は、金銭でなくともかまいません。本条の財産上の給付の申出には、金銭支払いのほか、代替土地や代替建物の提供も含まれます（建物賃貸借に関する、最判昭和32.3.28)[*1]。

　なお、立退料は、正当事由における補完的な要因にすぎません。立退料の提供のみによって正当事由が具備されることになるわけではありません（東京地判平成19.9.5)。

　立退料の額は、正当事由の補完要因としての適正な額がいくらなのかが裁判所によって判断されますが、例えば、東京地判令和3.8.6-2021WLJPCA08068010では、立退料は、自用の借地権付建物の価格から名義書換料相当額を控除し、さらに30％減価した額とされています（建物賃貸借における立退料の趣旨と算出方法に関し、参照👍No. 216、No. 217)。

　裁判所が、賃貸人の申し出た立退料の金額を増額して正当事由を認めることもあります（東京地判平成8.5.20)。この点について、東京地判昭和47.7.25乙判タ285号262頁では、『恰も全部の給付を求める訴に対し、その一部のみの給付を命じ、その余の請求を棄却することが許されるのと同様である』と説明されています。

　ただし、賃貸人が立退料の支払いを申し出ていても、適正な立退料の額を大きく下回っている場合には、正当事由が否定され、更新拒絶の効力は認められません（東京地判令和2.2.6甲-2020WLJPCA02068013、東京地判令和2.3.27-2020WLJPCA03278038)。

[*1]　東京地判平成25.3.14は、立退料の算定において、建物の価格との関係に言及しており、『建物の価格については、建物買取請求権の行使によって、その補償が図られるべきであり、立退料の金額には含めていない』と述べている。

第2章 借地の定義規定

No.050 正当事由の基準時

正当事由を具備するか否かの判断基準となる時点は、賃借人の更新請求・土地使用継続に対して、異議を申し出た時です。この基準時の後に生じた事実を正当事由として斟酌することはできません（最判昭和39.1.30、最判昭和49.9.20）[*1]。

もっとも、立退料の提供は、異議申出時の後であっても可能です（最判平成6.10.25、東京地判昭和49.9.30）。東京高判昭和58.3.10判タ497号120頁では、期間満了後10か月を経過してから立退料の申出をした場合に、この申立てが正当事由の補完事由たり得るものとされました。

東京高判昭和51.2.26は、期間満了時から4年10か月余の経過後になされた金員給付の申出をもって正当理由を補強し得るとされています。

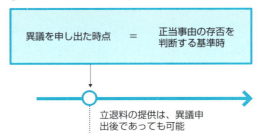

【立退料の提供の時期】

[*1] 東京地判平成25.1.25甲は、東日本大震災によって建替えの必要性が具体化したケースにおいて、『早急な建替えの必要性が生じている等の事情は、東日本大震災を契機にした調査の結果明らかになったものではあっても、本件賃貸借契約の期間満了日（平成22年7月31日）当時、既に客観的に存在していたものということができるから、その限度で、これ（注：東日本大震災を契機とする調査によって判明した構造上の問題）を正当事由の考慮要素とすることに妨げはない』としている。

第7条（建物の再築による借地権の期間の延長）

1　借地権の存続期間が満了する前に建物の滅失（借地権者又は転借地権者による取壊しを含む。以下同じ。）があった場合において、借地権者が残存期間を超えて存続すべき建物を築造したときは、その建物を築造するにつき借地権設定者の承諾がある場合に限り、借地権は、承諾があった日又は建物が築造された日のいずれか早い日から20年間存続する。ただし、残存期間がこれより長いとき、又は当事者がこれより長い期間を定めたときは、その期間による。

2　借地権者が借地権設定者に対し残存期間を超えて存続すべき建物を新たに築造する旨を通知した場合において、借地権設定者がその通知を受けた後2月以内に異議を述べなかったときは、その建物を築造するにつき前項の借地権設定者の承諾があったものとみなす。ただし、契約の更新の後（同項の規定により借地権の存続期間が延長された場合にあっては、借地権の当初の存続期間が満了すべき日の後。次条及び第18条において同じ。）に通知があった場合においては、この限りでない。

3　転借地権が設定されている場合においては、転借地権者がする建物の築造を借地権者がする建物の築造とみなして、借地権者と借地権設定者との間について第1項の規定を適用する。

意　義

本条と次の8条は、建物が滅失したときの借地権の取扱いに関する規定です。No.051

　本条は、最初の借地契約の期間内における建物滅失に関する規定です。最初の借地契約の期間内に建物が滅失したときは、借地権が解消されることはなく、借地権は存続し、建物は再築されるものとして取り扱われます。5条が借地権の存続期間終了時の法定更新の定めであるのに対し、本条は借地権の存続期間内の法定更新の定めです。

第2章 借地の定義規定

　本条は、一方的強行規定です（9条。参照 No. 066）。借地権者に有利な特約は効力を有しますが、借地権者に不利な特約には効力はありません*¹。

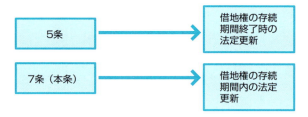

【借地権の存続期間内の法定更新】

---

*1　22条（一般定期借地権。参照 No. 157）および23条1項（1項事業用定期借地権。参照 No. 166）の適用がある場合には、本条を排除する特約の効力が認められる。

No.052　借地権設定時期によるルールの違い

　借地権の存続や借地期間に関する法律関係は、借地借家法の施行日（平成4年8月1日）以降設定された借地権には借地借家法が、同法施行日前（平成4年7月31日まで）に設定された借地権には旧借地法が、それぞれ適用されます。建物の消失が借地権の存続期間に及ぼす影響などのルールは、借地借家法と旧借地法とで異なっており、本条・次条は、借地借家法の施行日以降に設定された借地権に関するものです。同法施行日の前に設定された借地権については、本条・次条は適用されず、旧借地法のルールに従います（借地借家法附則7条1項。借地上の建物の朽廃による借地権の消滅に関して、同法附則5条）。

No.053　滅失と朽廃

　旧借地法では、建物がなくなってしまうケースのうちのひとつの状況である朽廃について、借地契約に存続期間の合意がなければ、借地期間満了前に借地上の建物が朽廃したときは、借地権は消滅するものと定められていました（旧借地法2条1項ただし書）。

　借地借家法は、旧借地法とは異なり、朽廃の概念を法律に取り入れず、す

べての建物消失について、当然には借地権の消滅事由にならないものとして、建物滅失の原因を問題にせず、朽廃であってもその他の理由に基づく建物の消失であっても、法律上「滅失」という用語の下に、同様の取扱いをすることとしました。本条と8条のいずれの条文においても、滅失には、経年の老朽化による建物消失と、火災や台風による建物消失のいずれをも含み、さらに、借地権者や転借地権者が自ら取り壊して建物がなくなることも含みます。現行の借地借家法では、どのような理由によって建物が消滅した場合にも、借地権は当然には消滅することはないという前提のもとに、法律関係が組み立てられています。

　借地人が旧建物を一時に全部取り壊すのではなく、新建物の建築工事を行いつつ、並行してその進行状況に応じて順次取り壊し、新建物完成の時に全部取り壊したという状況であっても、旧建物の取壊しは、滅失にあたります（最判昭和50.9.11）。

　再築でなく大修繕なら、その態様が残存借地期間を超えて存続させるような改築同然であっても、本条は適用されないものと解されます（札幌高決昭和39.6.19）。

　建物滅失と再築の取扱いは、滅失したのが最初の借地契約の期間内なのか（本条）、更新後の期間内なのか（次条）で分かれ、さらに、再築について借地権設定者が承諾しているのかどうかによって分かれます。

7条と8条の考え方の違い　7条（最初の借地期間）は借地契約期間中の建物の滅失について、建物の滅失後も借地権契約を存続されることを当然の前提として条文を構成しています。これに対して、8条（更新後の借地期間）は、借地契約の解消を念頭に置いています。更新の前後で取扱いが相違しているのは、借地借家法が、最初の借地期間によって、本来的に建物所有の目的を達し、更新後の借地期間は、借地契約が目的を果たした後の付加的な権利（残余効）と考えているからです。なお、7条は主に最初の契約期間内に関する規定ですが、更新後の契約期間であっても、借地権設定者の承

第2章 借地の定義規定

諾または裁判所の許可によって再築が可能になるときは、7条が適用されます。

No.055 最初の借地契約の期間内の建物滅失

(1) 概説

借地借家法は、最初の借地契約の期間内は、借地契約で予定されている範囲において、借地権者が土地を利用することを当然の前提としています。したがって借地権者は、建物が滅失しても、最初の借地契約の期間内であれば、従前の建物と同一の建物を再築する権利を有します[*1]。

借地権者が一方的に借地関係から離脱することは、認められていません[*2]。

しかし、期間がある程度経過した後になってから建物を再築するのですから、同一の規模や構造をもつ建物を再築すれば、再築建物の存続期間は、従前の建物の存続期間とは異なり（耐用年数が経過する時点が遅くなる）、残存期間がよほど長期でない限り、再築建物の耐用年数は、残存期間を超えるものになります。

そこで本条は、再築による借地権設定者への制約加重と、建物を再築する借地権者の利益の均衡を図り、借地権の残存期間を超える建物が再築された場合に、借地権設定者の意向を反映しつつ、借地権の存続期間が延長され得ることを定めました。

本条は、建物の滅失だけではなく、再築もまた借地権の存続期間満了前に行われている場合の規定であり、存続期間満了時に建物の建築中であっても、未完成[*3]なら本条の適用はないと解されます。存続期間満了時には建物がある程度完成していることが必要です。

【建物滅失の取扱い】

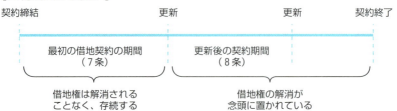

60

(2) 借地権設定者の承諾がある場合

No.056

　借地権は、借地権設定者が承諾した日または建物が築造された日のいずれか早い日から20年間存続します（1項本文）。ただし、残存期間が20年より長いとき、または、当事者が合意によりそれ以上の期間を定めたときは、その期間が存続期間となります（1項ただし書）。

　借地権者が借地権設定者に対し残存期間を超えて存続すべき建物を新たに築造する旨を通知し、借地権設定者がその通知を受けた後2か月以内に異議を述べなかったときも、存続期間が延長されます（2項、黙示の承諾）。

　転借地権が設定されている場合には、転借地権者が原借地権の残存期間を超える建物を再築したときも、原借地権の存続期間が延長されます(3項)。

(3) 借地権設定者の承諾がない場合

No.057

　この場合には、期間の延長は、借地権設定者に不測の不利益をもたらします。そこで、原則どおり、期間は延長されません。

　もっとも、借地権設定者の承諾なく建物が築造された場合にも、期間満了に際して法定更新（5条。参照 👍 No. 036）の規定は適用されますから、当初の存続期間をもって借地契約が終了するかどうかは、法定更新に関する一般原則によります。したがって、存続期間満了の際に借地権者が更新の請求をしたときは、借地権設定者が異議を述べない限り契約が更新され、異議が述べられたとしても、正当事由がなければ、法定更新します。借地権設定者の承諾なく、当初予定されていた建物とは異なる建物が借地上に存在することは、正当事由の判断の中で斟酌されることになります。

　また、期間満了によって借地権が消滅する場合の建物買取請求権の行使においては、買取代金の額は再築建物の評価額によることとされていますが、借地権設定者の代金支払いについては、裁判所は期限の猶予を認めることができるとして（13条2項。参照 👍 No. 100）、借地権設定者に対して高額の買取代金の一括即時払いの不利益を緩和することが定められています。

第2章 借地の定義規定

【再築と存続期間】

	残存期間	存続期間	
借地権設定者の承諾がある場合	20年より長い	残存期間がそのまま存続期間 （期間の延長はなされない）	
	20年より長くはない	承諾　築造 ├──┼──────▶ の順序のとき	承諾日から20年間 存続する
		築造　承諾 ├──┼──────▶ の順序のとき	築造日から20年間 存続する
	以上によって決められる存続期間より長い期間を合意したときは、合意による期間が存続期間		
借地権設定者の承諾がない場合	残存期間がそのまま存続期間 （期間の延長はなされない）		

＊1　借地権者に認められるのは、従来の建物と同一の残存期間を有する建物の再築である。建物を再築できるといっても、従来の建物と異なる残存期間の建物の再築は、当然には認められない。

＊2　大規模な災害の被災地における借地借家に関する特別措置法（被災借地借家法）3条が適用されるときには、借地権者の意思だけによる借地関係から離脱が認められる。

＊3　ここで未完成とは、ある程度完成した段階にまで達していないことを意味する。

第8条（借地契約の更新後の建物の滅失による解約等）

1　契約の更新の後に建物の滅失があった場合においては、借地権者は、地上権の放棄又は土地の賃貸借の解約の申入れをすることができる。

2　前項に規定する場合において、借地権者が借地権設定者の承諾を得ないで残存期間を超えて存続すべき建物を築造したときは、借地権設定者は、地上権の消滅の請求又は土地の賃貸借の解約の申入れをすることができる。

3　前二項の場合においては、借地権は、地上権の放棄若しくは消滅の請求又は土地の賃貸借の解約の申入れがあった日から3月を経過することによって消滅する。

4　第1項に規定する地上権の放棄又は土地の賃貸借の解約の申入れをする権利は、第2項に規定する地上権の消滅の請求又は土地の賃貸借の解約の申入れをする権利を制限する場合に限り、制限することができる。

5　転借地権が設定されている場合においては、転借地権者がする建物の築造を借地権者がする建物の築造とみなして、借地権者と借地権設定者との間について第2項の規定を適用する。

更新後の建物滅失　前条が最初の借地契約期間内に建物が滅失した場合の取扱 No.058 いを定めるのに対し、本条は、更新後に建物滅失があった場合の取扱いを定めています。借地借家法は、建物が滅失しても借地権は消滅しないという原則に立っていますが、1項・2項は、例外として、建物滅失が契約更新後の期間中であるときには、建物滅失により借地権が消滅する場合があることを認めています。

　ここでの更新には、合意による更新、法定更新（5条。参照👉 No. 036）、建物の再築による期間延長（7条1項。参照👉 No. 055）のいずれをも含みます。どのような更新であっても、更新後の建物滅失については、本条が適用になります*1。

63

第2章　借地の定義規定

【7条と8条による建物滅失の取扱い】

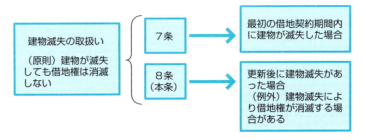

本条は、一方的強行規定です（9条。参照 No. 067）。借地権者に有利な特約は効力を有しますが、借地権者に不利な特約には効力はありません。

＊1　定期借地の場合、借地契約が更新されることはない（参照 No. 157、No. 166）。したがって、借地上の建物が滅失しても、本条が適用されることはない。

No.059 **借地権者からの契約解消**　借地権者は、更新後であっても、借地権の残存期間内は、契約によって予定された建物を所有することができます。よって建物が滅失しても、借地権の残存期間を超えない建物であれば、承諾を得ずに建物を建築することは、可能です。

ところで、20年・10年ルールによって更新後の借地期間はそもそも短く設定されており、またさらにその期間途中で建物の滅失した時点からの残存期間なので、残存期間は短期間です。そのため建物を再築するといっても、残存期間を超えない存続期間の建物再築は現実的ではありません。仮に建築するとしても再築できる建物には制約があり、多額の負担をしても、経済的効用からみて、投資の採算が合わず投資の合理性を欠き、借地権者が建物の新築を断念することもないとはいえません。

しかし、建物を再築せず、建物が滅失したまま放置しておいても、借地契約は続きます。借地契約が続けば、借地を利用せずとも、対価としての地代支払義務は残ります。借地を利用しないのに、地代の支払いを強いられるの

は、借地権者にとって不利益であって、不合理です。

そこで、1項は、このような不利益を回避して借地権者を救済するため、契約更新後に建物が滅失した場合には、借地権者に対し、借地契約を終了させる権利を付与しました。借地権者は、本項に基づき、地上権を放棄し、あるいは土地賃貸借の解約を申し入れることによって、借地契約から離脱することができます。更新後の建物滅失に際しては、借地権者に、借地関係の継続か、借地契約からの離脱かの選択権を認めているわけです。

借地権は地上権放棄あるいは解約申入れの意思表示が借地権設定者に到達した日から3か月を経過することによって、残存期間の満了を待つまでもなく当然に消滅します（3項）。

この借地権者の権利は、2項における借地権設定者の借地契約の解約権が制限される場合でなければ、制限することはできません（4項）。

借地権設定者からの契約解消

更新後は、最初の借地契約期間内とは異なり、建物が滅 No.060 失した場合、借地権設定者の承諾*1がなければ、残存期間を超えて存続する建物の再築は許されません。これに反し、残存期間を超えて存続する建物を無断再築されることは、借地権設定者にとって不利益です。

そこで、2項は、借地権者が、借地権設定者に無断で、残存期間を超える建物を建築した場合に、借地権設定者に借地契約の解消を申し入れる権利（地上権消滅請求、賃貸借の解約の申入れの権利）を認め、借地権を消滅させる手続きを定めました。

地上権消滅請求・賃貸借の解約申入れがなされると、残存期間の終了をまたずに、請求・申入れの日から3か月を経過することによって、借地権は消滅します（3項）。

転借地権が設定されている場合、転借地権者がする建物の築造は借地権者がする建物の築造とみなされます。転借地権者がいて、その者が残存期間を超えて存続すべき建物を築造したときも、同様に借地権設定者は借地権者に対して借地契約の解約を申し入れることができます（5項）。もっとも、こ

第2章 借地の定義規定

れらの場合でも、残存期間を超えて存続すべき建物を築造したことについて、信頼関係を破壊しない特段の事情があるときは、借地権は消滅しません。

　また、借地権者が借地権設定者の承諾を得ずに残存期間を超えて存続すべき建物を築造したときであっても、借地権設定者が借地権を消滅させる申入れをしなければ、借地権は消滅しません。

＊1　借地権設定者の承諾が得られなくとも、借地権設定者の承諾に代わる裁判所の許可（18条1項前段）があれば、残存期間を超えて存続する建物の再築が可能となる（参照👉No.131）。この場合の借地権設定者の不利益は、裁判所が財産上の給付その他相当の処分を命令することによって、調整が図られる（同項後段。参照👉No.133）。

No.061　**契約解消を認める理由**　本条が借地権者・借地権設定者の両方に解約申入れを認めているのは、

> ① 最初の借地期間によって建物所有の本来的目的は達している
> ② 最初の借地期間満了後に借地関係を継続させるのは、借地期間満了時の建物の存在が、その根拠である
> ③ したがって、2回目以降の借地期間については、その期間内に建物が存在しなくなれば、借地関係を終了させても差し支えない

という基本的認識に立っているからです＊1。

＊1　①および②の考え方は、最初の借地期間よりも2回目の借地期間を短期とし、さらに2回目の借地期間よりも3回目の借地期間を短期としていることの基礎ともなっている。

【建物滅失の場合の取扱いの全体像】

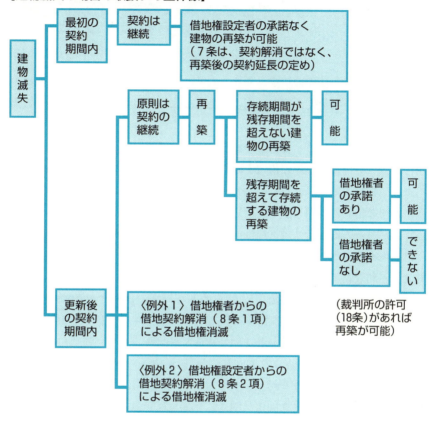

第2章　借地の定義規定

第9条（強行規定）

この節の規定に反する特約で借地権者に不利なものは、無効とする。

No.062

一方的強行規定

法律の規定と異なる内容の特約が定められたとき、法律の規定の趣旨・内容によって、特約の効力が、肯定される場合と否定される場合があります。

特約の効力が肯定される場合の法律の規定を任意規定といい、特約の効力が否定される場合の法律の規定を強行規定といいます。

また、強行規定には、特約の効力がすべて認められないものと、一方当事者に不利な特約の効力に限って否定されるものがあります。後者を、一方的強行規定（一方的強行法規、片面的強行規定）といいます。

借地借家法では、多くの条文が、借地権者・建物の賃借人に有利な特約は有効、不利な特約は無効となる一方的強行規定とされています（本条、16条、21条、30条、37条、38条6項）[*1]。一方的強行規定に抵触する条項は、裁判上の和解（最判昭和45.7.21判時601号57頁、大阪高判昭和30.5.30判時57号8頁、大阪地判昭和60.3.29判タ588号78頁）や調停（東京高判昭和38.5.6東高時報14巻5号117頁、東京高判昭和51.4.13判時819号43頁）によるものであっても、効力はありません。

本条は、借地権の存続期間等に関する3条から8条について、一方的強行規定であることを宣言する規定です。これらの条文と抵触する特約は、借地権者に有利なものは有効、借地権者に不利なものは無効です。

本条によって無効となるのは、「一方的に」借地権者に不利な条項ですが、借地権者に一方的に不利かどうかは、『特約自体を形式的に観察するにとどまらず特約をした当事者の実質的な目的をも考察することが、まったく許されないものと解すべきではない』とされています（最判昭和44.10.7）。「賃料増額及び承諾料の請求を控える代わりに、B（賃借人）の死亡により解約する合意」は、『借地権者に一方的に不利益なものではないので、借地法11

68

条により無効にはならない』とされました（東京地判平成25.9.17丙-2013WLJPCA09178020）。

　旧借地法には「第２条（借地権の存続期間）、第４条（借地権者の契約更新の請求・建物等の買取請求権）乃至第８条ノ２（裁判所による借地条件の変更等）、第９条ノ２（第９条ノ４ニ於テ準用スル場合ヲ含ム）及前条（建物等の取得者の賃貸人に対する買取請求権）ノ規定ニ反スル契約条件ニシテ借地権者ニ不利ナルモノハ之ヲ定メサルモノト看做ス」と定められていました（旧借地法11条）。本条は、旧借地法のこの定め（の一部）を承継する規定です。

＊１　一方的強行規定に反し賃借人に不利な特約は無効だが、無効となるのは特約部分だけであり、契約そのものが無効になるものではない。

存続期間（３条・４条）　借地借家法は、３条で当初の存続期間を（30年ルール。参照👍No.023）、４条で更新後の存続期間を（20年・10年ルール。参照👍No.028）、それぞれ定めています。当初の借地契約で存続期間を30年未満とする特約、更新後の借地契約で存続期間を10年未満とする特約は、いずれも無効です。普通建物所有目的的の土地の賃貸借での期間３年とする定め（最判昭和44.11.26判時578号20頁）、期間10年とする定め（最判昭和45.3.24判時593号37頁）、および期間15年とする定め（裁判への和解による名古屋地判昭和47.12.21判時698号98頁）は、いずれもこれらを定めなかったものとみなされました（旧借地法のもとでは、存続期間は30年。旧借地法２条１項本文・11条）。

　借地権者一代限りとする特約は、特段の事情がない限り、借地権者に不利な特約であって、無効です（東京高判昭和48.11.28判時726号44頁、東京地判昭和57.3.25判タ478号86頁）＊2。

　ほかに、土地の賃借人が、破産手続開始の決定または競売の申立てを受けたときは、事情のいかんを問わず無条件に賃貸人が催告を要せずしていつで

第2章　借地の定義規定

も契約を解除し得る旨の特約（最判昭和38.11.28、東京地判平成24.1.13、東京地判平成26.4.14–2014WLJPCA04148012）、借地権者が競売の申立てを受けたときは、借地契約を解除することができる旨の特約(神戸地判昭和62.7.10）について、いずれもその効力が否定されています。

　土地の賃貸人が賃借人に対して金銭を貸し付けている場合において、貸金の返済を怠ったときには土地賃貸借契約は解除されるという約定は、借地借家法9条に違反し、無効であるとされました（東京地判令和3.9.7甲–2021WLJPCA09078013)[3]。

＊2　土地賃貸借の期限付合意解約は、合意に際し賃借人が真実解約の意思を有していると認めるに足りる合意的客観的理由があり、かつ、他に合意を不当とする事情が認められなければ、旧借地法11条に該当せず、効力が認められる（最判昭和44.5.20判時559号42頁）。また、一代限りとする特約に効力が認められたケースとして、東京地判平成25.9.17丙–2013WLJPCA09178020（参照👍No. 062）がある。

＊3　東京地判令和3.9.7については、渡辺晋「不動産鑑定60巻3号」30頁、住宅新報出版で解説した。

No.064　**更新請求・法定更新（5条）**　5条は、更新請求・法定更新を定めています（参照👍No. 036）。期間満了によって当然に賃貸借が終了するものとする特約（東京控訴院判昭和9.8.7新聞3747号11頁）、更新請求をしない特約（東京高判昭和50.2.18判タ327号199頁、東京高判昭和52.6.20判時862号27頁）、期間満了時に、更新請求をせずに建物を収去して土地返還するという特約（最判昭和28.12.24）、期間満了1か月前に解約申入れをしたときには更新の合意が効力を失うとの特約（東京地判昭和56.7.10判タ465号139頁）は、いずれも無効です[4][5]。裁判上の和解条項として定められた場合や（東京地判平成3.7.31甲判タ774号195頁）、調停条項として定められた場合であっても（大阪高判昭和55.11.14判タ444号128頁）、効力が否定される点において、選ぶところはありません。借地上の建物滅失の場合における残存期間を超えて存続すべき建物を建築しない旨の特約も、法定更新を回避するこ

とになるから、無効です（最判昭和33.1.23判時140号14頁）。

＊4　最判昭和52.12.19では、借地期間満了時に建物を土地賃借人から賃貸人に贈与すべき
旨の特約が無効とされたが、同時に借地権者の不利益を補償するに足りる特段の事情があ
る場合には、無効とならないとも論じられている（24条「建物譲渡特約付借地権」。参照
👉 No. 174）。

＊5　東京地判昭和34.7.30下民集10巻７号1576頁では、賃貸人が借地権の譲渡の承諾をする
に当たり、譲受人に賃貸期間の満了とともに借地上の家屋を収去してその敷地を明け渡す
ことを約させた特約の効力が認められた。

更新拒絶（正当事由ルール）（6条）

No.065

6条は、更新拒絶（正当事由ルール）を定めています（参照 👉 No. 042）。更新拒絶の有効要件に正当事由を要しないとする特約は無効です。10年分の地代を免除することによって、期間満了とともに借地を明け渡す旨の合意は効力を否定されています（東京高判昭和54.12.12判時958号68頁。正当事由に関するほかの要因がないのに、立退料の支払いだけで正当事由が認められるものではない）。

建物の再築による借地権の期間の延長（7条）

No.066

7条は、建物の再築による借地権の期間の延長を定めています（参照 👉 No. 051）。建物が滅失しても建物の再築はできないとする特約は無効です。旧借地法との関係では、『賃借人が借地上に建設した建物の増改築の内容いかんに拘らず、賃貸人の同意のないときは、催告を要しないで直ちに解除し得るとの本件特約は借地人に不利なものであるから、借地法第11条によって無効』（東京高判昭和40.4.13東高時報16巻４号71頁）。残存期間を超えて存在すべき建物を建築しない特約は『借地法第11条に該当し、これが違反を理由とする契約解除は効力を生ずるに由なきもの』（東京高判昭和31.5.30下民集７巻５号1391頁）とされています。

第2章　借地の定義規定

No.067
借地契約の更新後の建物の減失による解約等（8条）

8条は、借地権者による更新後の建物の減失による借地契約の解約等を定めています（参照👉No.058）。借地契約の更新後に建物が減失しても解約申入れをすることができないなどとする特約は無効です。

なお、同条は、更新後において借地権設定者の承諾を得ずに再築した場合には、借地権設定者は地上権消滅請求または賃貸借契約の解約を申し入れることができることを前提としており、借地権者は承諾を得ずに再築をすることはできません。借地権者は承諾が得られない場合には、18条によって裁判所の再築の許可を申し立てることが想定されており（参照👉No.131）、18条の権利を特約によって奪うことはできません（21条。参照👉No.154）。更新後の建物再築について借地権設定者の承諾を不要とする特約は、借地権者に有利な特約だから、有効です。

No.068
期限または条件を付けた借地契約の合意解約

借地契約を合意解約することは、当事者の自由です（浦和地判昭和42.4.25金商74号7頁）。しかし、期限または条件を付けた借地契約の合意解約には、借地上に建物が存在する場合に法定更新の仕組みを設けて借地権者を保護しようとする借地借家法（旧借地法）の規定を潜脱するおそれがあることから、有効性の判断には慎重な検討を要します。

この点に関し、最高裁は、①賃借人が真実解約の意思を有していると認めるに足りる合理的客観的理由があり、かつ、②他に右合意を不当とする事情が認められないという2つの要件を具備する場合には、合意解約は有効としています（最判昭和44.5.20、最判昭和47.6.23）。期限または条件を付けた合意解約が有効とされた例として、山口地判昭和34.4.20判時189号23頁、東京地判昭和50.6.26判時798号61頁、東京地判昭和52.11.7判タ365号285頁、東京地判昭和57.6.25判時1067号66頁、東京地判平成3.1.14、東京地判平成29.5.26、岐阜地判昭和40.3.8判時406号65頁および横浜地判昭和62.4.20（調停による）があります。

他方で、①②の要件をみたさなければ、合意解約には効力は認められません。東京高判昭和58.3.9判時1078号83頁では、借地期間の満了の直前にされた賃貸人と借地人との間の賃貸借契約を即時解除しその後7年間、土地明渡しを猶予するとの合意が無効とされました。東京地判平成8.8.29では、和解契約締結に至る交渉経過、特に賃貸人の不正確な説明内容が契機となって賃借人が錯誤に陥ったことや、賃貸人の経済的損失の程度と契約締結後の対応のほか、賃借人の年齢や賃貸人が多数の土地を所有する地主であり、土地に対する自己使用の必要性はさほど高くないと考えられることなど諸般の事情を総合すると、合意解約は借地借家法9条の趣旨に照らし、また信義則に照らし、無効であるとされました（ほかに期限付き合意解約が無効とされたものとして、東京高判昭和53.9.21判時907号59頁、東京地判昭和57.3.25判タ478号86頁、東京地判平成3.7.31甲がある）（建物賃貸借契約の期限付き・条件付きの合意解約について、参照👍 No. 226）。

「賃料増額及び承諾料の請求を控える代わりに、B（賃借人）の死亡により解約する合意」は、期限付きの合意解約ですが、借地権者に一方的に不利益なものではないという理由から『借地法11条により無効にはならない』とされました（東京地判平成25.9.17丙–2013WLJPCA09178020）。

更新料支払合意の有効性 借地契約の更新に際して、更新料支払合意が、本条に違反 No.069 しないかどうかが問題とされます（参照👍 No. 040）。

かつては土地賃貸借契約の更新について、継続料（更新料）の支払いを条件とする合意（借地契約の合意解約と同時に継続料100万円の支払いを条件とする新規契約を結ぶ旨の合意）が無効とされたケースもありました（東京地判昭和46.1.25判時633号81頁）。しかし、現在では、更新料支払合意があれば、特段本条が問題にされることなく、合意に基づく更新料支払請求が肯定されています（東京高判昭和51.3.24判タ335号192頁、東京地判昭和51.7.20判時846号83頁ほか）。合意に基づく更新料支払義務があるのに、更新料を支払わない場合には、契約解除も認められます（最判昭和59.4.20判時1116号

第2章 借地の定義規定

41頁）（建物の賃貸借における更新料について、参照☞ No. 228）。

No.070
そのほかの特約　借地借家法（旧借地法）は、借地権者に不利な影響を及ぼす特約をすべて無効とするものではありません。借地借家法（旧借地法）に定める条項と抵触する部分について、その効力が否定されます。例えば、土地賃借人が賃料の支払を延滞したときには土地賃貸人は催告を要せず土地賃貸借契約を解除できる旨の特約（最判昭和40.7.2判時420号30頁）、および借地権者が借地上に所有する建物の無断増改築を禁止する特約（東京高判昭和40.4.2下民集16巻4号589頁）は、旧借地法11条により無効となる特約にはあたらないとされています。

第2節　借地権の効力

第10条（借地権の対抗力）

1　借地権は、その登記がなくても、土地の上に借地権者が登記されている建物を所有するときは、これをもって第三者に対抗することができる。

2　前項の場合において、建物の滅失があっても、借地権者が、その建物を特定するために必要な事項、その滅失があった日及び建物を新たに築造する旨を土地の上の見やすい場所に掲示するときは、借地権は、なお同項の効力を有する。ただし、建物の滅失があった日から2年を経過した後にあっては、その前に建物を新たに築造し、かつ、その建物につき登記した場合に限る。

意　義

土地所有者Aが、借地権設定者として、借地権者Bのために借地権を設定した後、Aが譲渡人となり、譲受人Cに土地を譲渡したときに、Cが、Bの借地権を認めないケースがあります。このケースにおいて、Bが、Cに対して、借地権を主張できるか否かが、借地権の対抗力（対抗要件）の問題です[*1][*2]。

　民法は、登記をもって、不動産に関する物権の得喪および変更の対抗要件とし（民法177条）、また、不動産の賃貸借は、これを登記したときは、その後その不動産について物権を取得した者に対しても効力を生ずる、と定め（民法605条）、賃借権も登記ができるものとしています。したがって、Bの借地権が、物権たる地上権でも、債権たる賃借権でも、いずれの場合も登記を経由すれば、Bは、Cに対し、借地権を主張することができます[*3]。

第2章 借地の定義規定

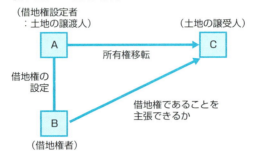

【借地権の対抗要件】

＊1　かつて旧建物保護法制定前、土地の賃借人に対抗力がないことに着目し、土地所有者が土地を第三者に譲り渡し、譲受人が賃借人に対して所有権に基づいて建物収去土地明渡しを求めるという弊害が生じたことがあった。これが、地震売買といわれて社会問題となり、旧建物保護法の成立に至った経緯がある。

＊2　土地所有者Aが、借地権設定者として借地権者Bのために借地権を設定した後、C1のために土地に設定された抵当権が実行され、C2が買受人となったケースも、同様の状況となる。

＊3　Bが対抗要件を備えていなければ、Cに対し、借地権を主張することはできない。もっとも、AがBに土地を賃貸し、BがCに土地を転貸していた場合に、CがAから土地を譲り受けたときは、土地を買い受ける前から、Bが賃借権を有することを前提としてその土地を転借していたのであるから、CはBの賃借権が対抗力を有すると否とにかかわらずBの賃借権を当然承認していたものであって、Bの賃借権を否定することは許されないとされる（東京高判昭和51.3.17）。

ところで、借地権が地上権の場合、地上権は物権であって登記請求権が認められているので、地上権に登記を経由することによって、借地権者は対抗力を取得できます。

しかし、借地権が賃借権の場合には、賃借権は債権です。そのため、特約がない限り、賃貸人に対する登記請求権は認められていません（大判大正10.7.11）。また実際にほとんどの賃借権において、登記の特約はなく、賃借人に登記はありません。登記だけを借地権の対抗要件とすることは、借地権者（賃借人）の地位を不安定にするものです。

そこで、1項本文では、借地権者が登記を取得していなくとも、借地上に登記のある建物を所有することによって、対抗力を認め、借地権者の保護を図りました（本条で保護を受けるのは借地権者であり、賃借人だけではなく、地上権者も含まれる）（建物の賃借権については、賃借権の登記がなくとも、引渡しを受ければ対抗力を取得することについて、参照 👍 No. 233）。

【借地権の対抗力】

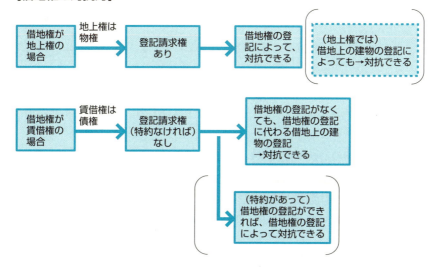

転借地権者も、転借地上に登記された建物を所有していれば、対抗力を有します。転借地がなされた後、建物が借地権者（原借地権者）所有のままである場合には、転借地権者は、借地権者（原借地権者）の借地権を援用して自己の転借地権を第三者に対抗することができます（最判昭和39.11.20）。

明治42年制定の旧建物保護法には「建物ノ所有ヲ目的トスル地上権又ハ土地ノ賃借権ニ因リ地上権者又ハ土地ノ賃借人カ其ノ土地ノ上ニ登記シタル建物ヲ有スルトキハ地上権又ハ土地ノ賃貸借ハ其ノ登記ナキモ之ヲ以テ第三者ニ対抗スルコトヲ得」（旧建物保護法1条）と定められていました。本条は、

第2章 借地の定義規定

旧建物保護法をそのまま受け継ぐ規定です。

　一般に、土地の賃貸人は登記手続に協力しないため、借地権が賃借権の場合、実際上、ほとんどの借地権者は、土地上の建物の登記によって、対抗要件を具備しています。

　本条は、一方的強行規定です（16条。参照👉 No. 119）。借地権者に有利な特約は効力を有しますが、借地権者に不利な特約には効力はありません。

No.072

2つの要件

(1) 概説

　借地権も、原則的には登記が対抗要件であるところ、借地権の登記についてみると、土地の登記の中で借地権そのものが公示されます。登記は、誰もが直接にアクセスできますから、借地権登記がなされていれば、土地上に建物が存在しなくとも、取引の安全は図られ、第三者が不測の損害を被ることはありません。

　しかし、本条の対抗要件に関しては、土地の登記に借地権の存在が示されません。取引の安全を考えれば、第三者から対抗力をもつ借地権があるのか否かがわかるようになるための外形が必要です（予告機能）。

　そのため、本条では、

> **A. 借地上に建物が存在し（参照👉 No. 073）**
>
> **B. 借地上の建物が借地権者の所有であり、かつ、借地権者名義の登記がなされている（参照👉 No. 074、No. 075）**

という2つの要件を定め、第三者からも対抗力を有する借地権者の存在を推認しうること（予告機能）を担保して取引の安全に配慮したうえで、借地上の建物登記をもって土地の借地権の対抗要件を代用させる制度を設け、借地権者を保護しています。

```
本条による              A. 借地上の建物の存在
対抗力を備える
ための要件              B. 借地上の建物が借地権者の所有
                          ＋借地権者名義の登記
```

(2) A. 借地上の建物の存在

No.073

　不動産取引に入ろうとする者は、現地を検分するのが当然です。現地検分によって、借地上に建物があることがわかれば、何らかの利用権が存在するのではないかとの疑いをもち、調査をすることが可能となります。

　借地権者Bが第三者Cに対抗できるかどうかは、Cが取引関係に入るときに、BがCに優先する対抗要件を備えているかどうかによります。取引関係の当初に借地上に建物が存在していて対抗力があれば、その後建物が滅失して存在しなくなっても、借地権の対抗力が失われることはありません（東京高判平成12.5.11)[1]。

(3) B. 借地上の建物が借地権者の所有であり、かつ、借地権者名義の登記がなされていること

① 借地上の建物を借地権者が所有していること

No.074

　借地権者が本条による保護を受けるのは、借地権者自らが、借地契約に基づき、借地上に建物を所有しているからです。借地上に建物があっても、借地権者が所有者でなければ、借地権者に対し本条による保護を与える必要はありません。借地上の建物の登記が対抗要件となるためには、借地権者と建物所有者が一致していることを必要とします。借地上の建物が、同居親族である長男・配偶者・父母などの所有であったり、譲渡担保が設定されて債権者に所有権が移転したりしたときには、借地権は対抗力を有しません。

② 借地上の建物に、借地権者名義の登記がされていること

No.075-a

　第三者に対する対抗要件としての役割を果たすには、借地権の存在を推

認しうる外観が必要です。そのためには、借地権者所有の建物が存在する
だけでは不十分です。借地上の建物の存在に加え、土地の所有者とは異な
る者が土地上に建物をもっていることが、外からみてもわかるように公示
されてはじめて、借地権の存在に関する予告的機能をもたせることができ
ます。そこで、借地上の建物が、借地権者名義の登記になっていることが
要件とされています。建物が未登記であったり、建物の登記が借地権者で
ない者の名義であったりする場合には、本条の対抗力は認められません。

No.075-b (i) **登記の種類**

　　建物の登記の種類については、権利に関する登記ではなく、表示に関
する登記であっても差し支えありません。表示に関する登記において表
題部に借地権者の住所・氏名が建物所有者として記載されているとき
は、対抗力が認められます（最判昭和50.2.13）。

　　借地権者名による建物所有の登記は、借地権者が自ら申請人として行
う登記であることを要しません。職権によりなされた登記でも足ります
（建物の処分禁止を命ずる仮処分命令を登記するための所有権登記につ
いて、大判昭和13.10.1甲）。

No.075-c (ii) **建物の所在地番、種類・構造・床面積**

　　建物の所在地番の表示が正確でなかったり、登記に記載された建物の
種類・構造・床面積が実際の状況と異なっていたりして、登記と実状が
食い違うこともあります。しかし、登記と実状に多少の相違があっても、
登記の表示全体において建物の同一性を認識しうる程度の相違であれ
ば、対抗力は肯定されます（建物の種類・構造・床面積について最判昭
和39.10.13、所在地番について最判昭和40.3.17）。

　　最判平成18.1.19でも、所在地番および床面積の表示において実際と
異なる登記がされている建物の対抗力が争われました。登記の所在地番
は、当初は正しく表示されていたものが、登記官が職権で所在地番を変
更する際に表示を誤ったため実際と相違するに至った可能性が高いケー
スであって、当初から所在地番が誤って登記された場合と異なり、容易

に更正登記が可能であると考えられ、実際にも、建物登記について後に更正登記がされていること、床面積の表示の相違は、建物の同一性を否定するようなものではないことなどから、対抗力が認められています。

他方、A地・B地の2つの土地にまたがって存在する建物の所有権保存登記に、建物の敷地としてA地のみが表示されたときは、敷地の表示の更正登記がない限り、B地の借地権をもってB地の譲受人に対抗することはできないとされています（大判昭和13.10.1乙、最判昭和44.12.23）。

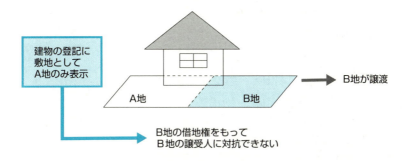

建物が増改築され、構造・床面積に変動が生じた場合の対抗力も問題となりますが、借地権者が借地上の建物に表示に関する登記を経由した後に、建物の構造および床面積に大きな変動が生じた場合であっても、建物の同一性が失われず、旧表示登記をもってその建物に係る登記といい得る限り、対抗力が認められます。東京高決平成13.2.8では、旧建物の一部（東側の六畳間一室）を残したまま、他の部分を取り壊し、その部分に旧建物の残部分に接続させて新たな建物部分を築造して、平屋建の旧建物を二階建の本件建物に増築した場合に関し、「旧建物が滅失したとはいえず、旧建物とこれの増築後の本件建物の間に建物の同一性が失われているとはいえない」と述べられ、旧表示登記をもって本件建物に係る登記（借地権の対抗要件としての登記）としての効力が認められました。

第2章 借地の定義規定

No.075-d (iii) **建物の登記名義**

借地権者が、建物の登記名義を家族名義にするなど、他人名義に登記しておくことは、必ずしも珍しいことではありません。しかし、借地権の対抗力との関係においては、建物の登記が借地権者本人の名義でなければ、本条に基づく対抗力は認められません。

最判昭和41.4.27は、同居する未成年の長男名義の建物登記について、最判昭和47.6.22は、妻名義の建物登記について、いずれも借地権の対抗力を認めませんでした[*2]。

【借地上の建物登記による対抗力】

① 登記の種類	表示に関する登記	○ 対抗力がある
	職権による登記	
② 建物の所在地番、種類、構造、床面積	表示地番、登記と実情の相違があっても、建物の同一性を認識しうる程度の相違であれば	○ 対抗力がある
	建物が増改築され、構造・床面積が変動しても、建物の同一性が維持されていれば	
③ 建物の登記名義	本人名義	○ 対抗力がある
	本人以外の名義	× 対抗力がない

借地上の建物に譲渡担保を設定し、建物の登記名義を債権者に移転した場合にも、建物の登記名義が借地権者ではなくなるので、対抗力は失われます（最判昭和52.9.27、最判平成元.2.7）。

No.076 **対抗力の範囲** 本条の仕組みは、建物の存在と建物登記をもって借地権の登記に代用させるものですので、第三者が建物登記を見た場合、その建物登記によってどの範囲の土地につき賃借権の対抗力が生じているかがわかる必要があります。

そこでこの点については、対抗力の範囲については、建物登記に所在の地

番として記載されている土地についてのみ、対抗力を生ずるものとされています（最判昭和44.12.23）。ひとりが隣接するＡ地・Ｂ地の2筆の土地を借地し、登記された建物がＡ地上にのみ存在するときは、Ａ地上の建物の対抗力をＢ地に及ぼすことはできません（最判昭和40.6.29）。もっとも、Ａ地上に建物があって、Ｂ地上に建物がない場合であっても、2筆の土地が一体として利用されているなどの事情があるときは、2筆の土地の買受人がＢ地の明渡し請求をすることは、権利の濫用として認められないとされた裁判例もあります（最判平成9.7.1）[3]。

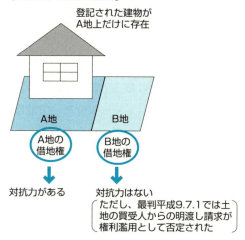

【対抗力の及ぶ範囲】

　いったん借地上の建物の登記によって借地権が対抗要件を備えた後、土地が分筆された場合にも、借地権の対抗力は、土地の分筆による影響は受けません（東京地判平成17.3.8）。

---

[1]　対抗関係が問題になるのは、Ｂが借地権を有している場合である。借地契約の更新後には、借地上の建物が滅失すると、権利放棄、あるいは、消滅請求・解約申入れがなされ、借地権が消滅することがありうる（8条1項・2項）。借地権が消滅した場合には、Ｂは無

第2章 借地の定義規定

権利者となり、BとCは、対抗関係にはなくなる。

* 2　借地上の建物と借地権を相続したけれども、建物の相続登記がなされていない状態の場合には、借地権者としての相続人名義の登記はなされていないとはいえ、相続人は、被相続人の有していた対抗力のある借地権を、そのまま引き継いでいるということができるので、対抗力が認められる（最判昭和50.2.13）。

* 3　借地上に建物は存在しないけれども、隣接地に建物があって、借地も隣接地の建物の利用に便益を供しているケースの対抗力について（1条「建物所有が主たる目的であること」(2)。参照👉No.009）。

No.077 **建物滅失の場合の暫定的対抗力**

(1) 意義

借地借家法上、借地権の存続中に建物が滅失しても、借地権は消滅しません。しかし、借地権の不消滅と借地権の対抗力の有無は別の事柄であり、1項本文に基づく対抗力は、建物が滅失すれば、原則として、失われます[*1]。

もっともこの原則を貫くと、建物が滅失している間に、土地所有者が土地所有権を譲渡したり、土地所有権に第三者のために地上権、賃借権、抵当権などを設定し対抗力が具備されたりしてしまうと、借地権者は、土地の譲受人や権利の設定を受けた第三者に対して、自らの権利を主張できず、建物を再築しようとする借地権者にとっては、大きな不利益となってしまいます。

そこで、借地権者のこのような不利益を救済するため、2項が、2年間の暫定的な対抗要件を定めました。借地権者が同項の手続きをとれば、暫定的に対抗力が継続します[*2]。

---

* 1　建物滅失前に、対抗力において優先していた第三者との関係においては、建物が滅失しても、借地権者は対抗力を失わない（東京高判平成12.5.11）。建物滅失によって対抗できなくなるのは、建物滅失後に土地に関して権利を有することとなった第三者との関係である。

* 2　建物滅失の場合の暫定的対抗力の制度は、借地借家法の制定によって新たに設けられた制度である。

⑵ 掲示事項と掲示の場所

No.078

　２項による暫定的対抗力は、建物滅失前に１項本文の対抗要件を具備していたけれども、建物が滅失してしまった場合において、借地上の見やすい場所に、①建物特定に必要な事項、②滅失日、③建物を新たに築造する旨を記載した掲示をし、これを維持している場合に具備されます。

① 建物特定に必要な事項

　１項本文は、建物の存在とその登記をもって土地の借地権の対抗要件を代用させる制度です。暫定的にしろ、建物不存在のまま対抗力を認めるにあたっては、建物の残影があってはじめて、土地の借地権の代用が可能になります。そこで、滅失した建物の特定に必要な事項の掲示を要するものとされました。建物特定に必要な事項は、建物登記の表示事項（建物の所在、家屋番号、種類、構造、床面積、建物の所有者等）ということになりましょう。

② 滅失日

　暫定的対抗力の効力は滅失日から２年間です。滅失日はこの２年間の起算点になりますので、掲示が必要です。

③ 建物を新たに築造する旨

　暫定的対抗力を認めるといっても、建物が滅失したすべてのケースについて、等しく借地権者を保護しようとするものではありません。例外的な対抗力による保護に値する借地権者は、再築の意欲がある借地権者に限られます。そこで、建物を新たに築造する旨が掲示事項と定められています。

　掲示の場所は、土地上の見やすい場所です。具体的な場所や位置に制限はありませんが、掲示の存在を第三者に認識させるに足りる場所でなければなりません。

第2章 借地の定義規定

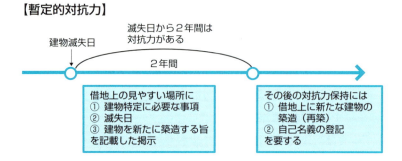

No.079 (3) 掲示の効力

　掲示により1項による場合と同様の対抗力を得ることができます。ただし、あくまで本条は暫定的な対抗力を定めたものです。そのため、建物滅失から2年を経過すると掲示による対抗はできなくなります（2項ただし書）。

　2年を経過した後も対抗力を維持するためには、建物滅失後2年以内に、借地権者が新たに借地上に建物を築造（再築）し、かつ、自己名義で登記を経由する必要があります。

　また、いったん借地権者が2項所定の掲示をしても、その後掲示が撤去された場合には、借地権者は、その後に土地の所有権を取得した者に対して、借地権をもって対抗することができません（東京地判平成12.4.14）。

第11条（地代等増減請求権）

1　地代又は土地の借賃（以下この条及び次条において「地代等」という。）が、土地に対する租税その他の公課の増減により、土地の価格の上昇若しくは低下その他の経済事情の変動により、又は近傍類似の土地の地代等に比較して不相当となったときは、契約の条件にかかわらず、当事者は、将来に向かって地代等の額の増減を請求することができる。ただし、一定の期間地代等を増額しない旨の特約がある場合には、その定めに従う。

2　地代等の増額について当事者間に協議が調わないときは、その請求を受けた者は、増額を正当とする裁判が確定するまでは、相当と認める額の地代等を支払うことをもって足りる。ただし、その裁判が確定した場合において、既に支払った額に不足があるときは、その不足額に年1割の割合による支払期後の利息を付してこれを支払わなければならない。

3　地代等の減額について当事者間に協議が調わないときは、その請求を受けた者は、減額を正当とする裁判が確定するまでは、相当と認める額の地代等の支払を請求することができる。ただし、その裁判が確定した場合において、既に支払を受けた額が正当とされた地代等の額を超えるときは、その超過額に年1割の割合による受領の時からの利息を付してこれを返還しなければならない。

意 義

地上権における地代、および土地賃貸借における賃料（以下、地代と賃料をあわせて、「地代等」という）は、当事者の合意によって決められます。No.080

かつては、地代家賃統制令によって、地代等の最高限度額が定められていましたが、現在では地代等の上限に制約はありません*1。当事者は、契約期間中、合意によって定められた賃料に拘束されます。

ところで、借地契約には、法律関係が長期的、継続的であるという特色があ

第2章 借地の定義規定

ります。時間の経過とともに、当然に物価や税金など社会経済事情は変動するのであって、一度約定された地代等も、経済事情の変動等により不相当となることが想定されます。そこで、衡平の観点から、当事者がその変化に応じて地代等の相当賃料への増減を請求できることを定めたのが、本条です*2。地代等増減請求権は、借地法制定以前に『東京市一般ノ慣習』であった地主の権利（地代を増額することができる権利）（大判大正3.10.27民録20輯818頁）について、借地法制定時に、その範囲を借地人の減額請求権に広げたうえで、条文に取り入れたものです。そのため、借地権者保護を目的とする借地借家法のなかで、必ずしも借地権者を保護するものでない仕組みを設けるという異例の条文となっています（建物の賃借人に、賃料の増減を請求する権利が認められることについて、参照👉No. 236）*3。

＊1　地代家賃統制令は、建物所有を目的とする土地の賃借権、地上権の賃料・地代について、昭和25年7月までに建築をはじめた30坪以下の住宅およびその敷地について、賃料・地代の上限を定めていたが、昭和61年12月をもって廃止されている。

＊2　最判平成25.1.22は、ゴルフ場経営を目的とする地上権設定契約および土地賃貸借契約について、本条の類推適用を否定した。

＊3　権利行使の方法については、参照👉No. 251。東京地判令和4.12.16甲–2022WLJPCA12168007では「賃料の増額を申し入れます」という文言が土地の賃料増額請求権の行使と認められた。

No.081 | **要　件**　地代等の増減請求をするためには、地代等が不相当になっていることが必要です。

不相当性かどうかの判断要素としては、条文上、

　① **租税その他の公課の増減**＊1

　② **土地の価格の上昇もしくは低下その他の経済事情の変動**

　③ **近傍類似の土地の地代等との比較**

があげられています。

　もっとも、判断要素は、これだけに限られず、

　④ **その他の事情**

をもあわせて総合的に考慮し、地代等が不相当であるかどうかが判断されます（相当賃料について、参照👍 No. 083）。

最判平成5.11.26は、『借地法12条1項の規定は、当初定められた土地の賃料額がその後の事情の変更により不相当となった場合に、公平の見地から、その是正のため当事者にその増額又は減額を請求することを認めるものである。したがって、右事情としては、右規定が明示する一般的な経済的事情にとどまらず、当事者間の個人的な事情であっても当事者が当初の賃料額決定の際にこれを考慮し賃料額決定の重要な要素となったものであれば、これを含むものと解するのが相当である』としています。

また、賃料が不相当になったかどうかは、最も直近で賃料の合意をした時点（直近合意時点）から増減請求権を行使した時点までの間の事情の変動をもとにして、判断されます（借家に関する最判平成20.2.29判時2003号51頁）。この間にどれだけの時間的な隔たりがあったかは、判断の一事情になりますが、一定の期間が経過していないことを理由として、増額が否定されるものではありません（東京地判令和3.9.6–2021WLJPCA09068002）（建物の賃貸借における直近合意時点について、参照👍 No. 243）＊2。

東京地判令和3.12.24乙–2021WLJPCA12248037では、所有権が移転した場合の新賃貸人との関係について、直近合意賃料が低額に定められたとはいえ、旧賃貸人と賃借人との間で裁判上の和解により定められたものであって、新賃貸人もこれを前提に本件土地を取得しているのであるから、賃料増額の検討においても合意は可能な限り尊重されるとされています。

＊1　相当性の判断要素となる租税は、土地を所有すること自体に着目して、土地の価格を課税標準とする固定資産税および都市計画税等である。所得税や相続税の負担の増加は、相当性の判断要素にはならない（東京地判令和3.7.1–2021WLJPCA07018011、東京地判令和3.11.19甲–2021WLJPCA11198010）。

＊2　東京地判令和3.9.28乙–2021WLJPCA09288018および東京地判令和3.11.11–2021WLJPCA11118010では、直近合意時点を認定することができないことを理由として、地代増額請求自体を否定している。なお、建物の賃料に関する東京地判令和3.9.22乙–2021WLJPCA0922

第2章 借地の定義規定

8006では、直近合意時点を確定できないことから、差額配分法によって相当賃料を決定している（参照 👉 No. 243）。

No.082
効　果
　地代等増減請求は形成権です[1]。増減請求の意思表示が相手方に到達すれば、地代等が相当額まで増額あるいは減額するという効力が生じます（建物賃貸借に関する東京地判平成10.5.29)[2]。

　賃料の増減額の効果は、将来に向かって生じます。過去にさかのぼって増減額を請求することはできません（東京地判平成18.6.16、東京地判平成21.6.24甲）。

　増額請求後に、借地権設定者が従前賃料を受領した場合に増額請求を撤回したことになるのかどうかが問題とされることがありますが、借地権設定者の意思解釈によって決まります。東京地判令和3.3.25乙−2021WLJPCA03258053では、『何らの留保なくこれを受領したからといって、同額が賃料額全額であると認めたということはできず、賃料増額請求を撤回したということもできない』と判断されています。

---

[1]　一方的な意思表示によって法律効果が形成される権利を、形成権という。
[2]　賃料増減請求がなされただけでは供託事由には該当しない（東京地判平成17.2.28）。もっとも、賃借人が増額賃料の支払いを拒んだ後の賃貸人の態度次第によっては、供託をなし得るケースもある（名古屋高判昭和58.9.28）。

No.083
相当賃料
　相当賃料を判断するにあたって、参考となるのは、「不動産鑑定評価基準」です（不動産鑑定評価基準について、参照 👉 No. 253）。裁判所が相当賃料を判断するにあたっても、多くの場合、「不動産鑑定評価基準」の考え方が取り入れられ[1]、「不動産鑑定評価基準」に定められた複数の手法によって試算賃料を算出し、算出されたそれぞれの試算賃料を比較検討し、総合的に判断する方式が採られています（最判昭和43.7.5、東京高判昭和61.6.25、大阪高判平成元.8.29）（不動産鑑定評価基準

に示された試算賃料の算出方法について、参照👉No. 253〜No. 259-d）。

　なお、不動産鑑定評価基準には、適正地代の試算賃料を算出する方法として明記されていませんが、適正賃料の判断において、公租公課倍率法が利用されることがあります。東京地判平成14.11.28ＬＬＩ05731121では、公租公課倍率法による試算賃料２、差額配分法による試算賃料１として、加重平均により適正賃料が判定されました（ほかに、公租公課倍率法による試算賃料を採用した例として、東京地判令和2.11.13-2020WLJPCA11138007）。また、賃貸事例比較法を補完するために、統計的手法（地区における底地の取引事例を多数集計し、賃料予測式を統計的に求め、試算賃料を推計する手法）を採用したケースとして東京地判令和2.9.11-2020WLJPCA09118004があり、平均的利子活用率を検証の手段として用いたケースとして東京地判令和3.4.13乙-2021WLJPCA04138010があります。

> 　借地における地代等増減額請求に関する裁判例の一覧表を、資料として355頁以下に掲載しました。ご参照ください。

＊1　裁判所の選任した鑑定人による鑑定が、第三者鑑定といわれている。裁判所は、判決にあたり、第三者鑑定を尊重し、その鑑定結果に依拠するのが通常である。もっとも、まれではあるが、裁判所が判決にあたって第三者鑑定に依拠しないケースもある。東京地判平成20.1.29は、『鑑定の結果は、裁判所が専門家として信頼するに足りるとして選任した鑑定人の意見が記載されたものなのであるから、その内容は、一般的には尊重すべきものであるといえるが、裁判所としては、鑑定の結果に拘束されるわけではないのであるから、その内容に不合理なところがあると認められるのであれば、これを採用しないことも許されることは当然である』として、第三者鑑定による鑑定結果を採用せず、一方当事者が選任した不動産鑑定士による私的鑑定の鑑定結果に依拠して、判決を下している。

権利行使の手続きと権利行使後の取扱い

(1) 調停前置主義

No.084

　地代等増減請求権が行使され、その後相手方との協議がまとまらないときには訴えを提起することになります。

　しかし、地代等は長期にわたって継続的な関係の中で取り扱われるべき事項です。係争が生じた場合であっても、できるだけ円満に、話し合いによっ

第2章 借地の定義規定

て解決する必要があります。また、係争対象の経済的利益が比較的少額であることが多く、そのような係争を訴訟にもちこむことは経済合理性の観点から適切ではありません。

そこで、地代等増減請求について訴えを提起しようとする者は、民事調停法により、まず訴え提起に先立って、調停の申立てをしなければならないものとされています。これを、調停前置主義といいます*1。

地代等増減請求事件について、調停の申立てをせずに訴えが提起された場合には、裁判所は事件を調停に付さなければなりません（民事調停法24条の2第2項本文)*2。

調停手続では、調停委員会*3が当事者の間に入って当事者の意見を聞き、問題解決に向かって話し合いが進められます。

裁判所は、調停委員会の調停が成立する見込みがない場合において相当と認めるときは、当事者双方の申立ての趣旨に反しない限度で、事件の解決のために必要な決定をすることができます（同法17条。「17条決定」という）。

調停において当事者間に合意が成立し、これを調書に記載したときは、その記載には裁判上の和解と同じ効力があります（同法16条）。裁判上の和解は効力において確定判決と同じですから（民事訴訟法267条）、調停調書も確定判決と同一の効力をもちます。

＊1　調停前置主義は、借地借家法の制定にともない、民事調停法の一部改正（民事調停法24条の2第1項）によって採用された制度である。借地借家法の施行と同時に施行となっている。

＊2　調停を経ずに訴えが提起されても、訴えが却下されるわけではない。また、裁判所が事件を調停に付することを適当でないと認めるときは、事件を調停に付さないこともできる（民事調停法24条の2第2項ただし書）。

＊3　調停委員会は、調停主任1人および民事調停委員2人以上で組織される（民事調停法6条）。調停主任は裁判官である（同法7条1項）。地代等増減請求事件では、一般に、弁護士と不動産鑑定士が各々1名ずつ民事調停委員に指定されている（同条2項）。

また、調停手続において、書面によって調停委員会の定める条項に服する

旨の合意がなされたときも、調停委員会が定める調停条項には裁判上の和解と同一の効力があります（民事調停法24条の３）。この合意を利用する制度が、調停条項裁定の制度です。

調停が成立しない場合には訴訟となり、増額または減額が正当であったのか、相当な地代等（適正な地代等）がいくらなのかを裁判所が判断することになります。

(2) 権利行使後の取扱い

① 増額請求の場合

No.085

地代等増額請求における相当額は客観的に定められます。最終的には、裁判所が判断しますが、資料を収集し、判断を下し、裁判が確定するまでには時間がかかります。

そこで２項は、賃貸人が増額請求をした場合、賃借人は、増額を正当とする裁判の確定まで、相当と認める賃料を支払えば足りると定めました。暫定的に、賃借人が相当と考える賃料を支払っておけば債務不履行責任を問われないと扱われるわけです。

> その後、裁判所により、
> (ⅰ) 賃借人が支払った地代等の相当性が認められれば、
> 　　支払った地代等が最終的な賃料として確定し、
> (ⅱ) 賃借人が支払った賃料の相当性が認められなければ、
> 　　賃借人は不足額（確定した地代等と実際の支払額の差額）、および不足額についての年１割の利息の支払義務を負う[1]

従前の地代等より低い額を相当額として提供することはできません。賃借人が、従前の地代等が不相当であって、地代等を減額すべきであると考えるときには、地代等減額請求をする必要があります（東京地判平成22.8.31）。

賃借人が相当と考える賃料については、原則として賃借人が主観的に相

当と考える額で足ります。賃借人の供託した賃料額が適正賃料に比して、低額（後日賃料訴訟で確認された賃料額の約5.3分の1ないし約3.6分の1）であっても、その額が土地の公租公課の額を下回るとの事実が認定されないときは、著しく不相当ということはできず、また賃借人において、供託賃料額が隣地の賃料に比べはるかに低額であることを知っていたとしても、主観的に相当と認めた賃料額であれば、賃貸人から解除はできないとされました（最判平成5.2.18、東京地判平成25.8.20）。

　もっとも他方で、賃借人が自らの支払額が公租公課等の額を下回ることを知っていたときには、賃借人がこの額を主観的に相当と考えていたとしても、債務の本旨に従った履行をしたということはできないという最高裁の判断もあります（最判平成8.7.12）*2。

　長期間にわたり著しく低額の賃料の供託を継続していたことが信頼関係を破壊するものと認められると、賃料不払いによる解除が認められることになります（千葉地判昭和61.10.27、横浜地判昭和62.12.11、福井地判平成4.2.24）。

No.086　② 減額請求の場合

　減額請求についても、権利行使後の取扱いに関する定めがあります（3項）。

　すなわち、賃借人が減額請求をした場合、賃貸人は、減額を正当とする裁判が確定するまで、相当と認める賃料を請求できます。この場合の相当と認める賃料の額は、社会通念上著しく合理性を欠くことのない限り、賃貸人において主観的に判断することができます（建物賃貸借に関する東京地判平成20.5.29）。

　賃借人が、賃貸人の請求に応じず、請求額を支払わない場合には、解除原因になることもあります（東京地判平成元.3.6）。

> 　その後、裁判所により、
> （i）賃貸人の請求額の相当性が認められれば、

> 賃貸人の請求した賃料が最終的な賃料として確定し、
> (ⅱ) 賃貸人の請求額の相当性が認められなければ、
> 　賃貸人は受領した賃料のうちの過払い分（実際の支払額と確定した地代等の差額）と、過払い分に対する年1割の利息の返還義務を負う

　賃貸人は、従前の地代等を超える地代等の支払いを求めることはできません。従前の地代等を超える地代等が相当であると考える場合には、増額請求が必要です。

　賃料下落の局面では、減額請求がなされた後、賃貸人も一定の減額はやむを得ないと考えるけれども、減額幅に関する合意が成立しないという状況があります。このような状況における過払い分の請求について、東京地判平成19.4.3は、『賃貸人が、賃借人から地代の減額請求を受け、減額を正当とする裁判が確定する前に、「相当と認める地代等」として従前の賃料よりも低い明確な額の賃料を請求し、それを超えて支払わないよう告げていたにもかかわらず、賃借人が賃貸人の意思に反し、あえて従前の賃料を支払い続けた場合、確定した裁判を前提とした賃料過払金のうち、上記請求額を超過する部分については、借地借家法11条3項ただし書の適用は排除され、賃貸人は上記請求額を超過する部分につき利息を付して返還する必要はないものと解するのが相当である』と判示しています。

　また、本条3項は、**減額請求**がなされた局面において、
　　「支払額＞裁判で確定した適正賃料」
となるケースを想定する規定です。

　増額請求がなされた場合も、実際の支払額が裁判で確定した適正賃料を上回る場合が生じますが、**増額請求**がなされた後の局面における、
　　「支払額＞裁判で確定した適正賃料」
というケースについては、本条3項は適用になりません。

第2章 借地の定義規定

　増額請求後、賃借人が裁判所が適正賃料とされた額を上回って供託していた場合の超過額について、本条3項に基づき、賃貸人に対し、超過額とこれに対する供託日から支払い済みまでの年1割の割合による利息の支払いを求めた事案において、裁判所は、賃借人の年1割の割合による利息請求を認めませんでした（東京地判平成18.11.28）[*3]。

増額請求	賃貸人	増額請求
	賃借人の対応	相当と認める額の地代等を払えばよい
		従前の地代等より低い額の支払いは不可
	裁判の確定	賃借人は、実際の支払額が不足する場合、不足額に1割の利息を付した支払いの義務を負う
		実際の支払額が過大であった場合の過払い分返還については、1割の利息ではなく、民法に定める利息
減額請求	賃借人	減額請求
	賃貸人の対応	相当と認める額の地代等の支払いを請求できる
		従前の地代等を超える額の請求は不可
	裁判の確定	賃貸人は、実際の受領額が過大な場合過払い分に1割の利息を付して返還する義務を負う
		実際の支払額が不足していた場合の不足分支払いについては、1割の利息ではなく、民法に定める利息

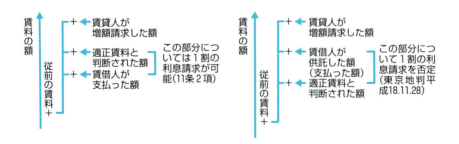

＊1　実際の支払額が、確定した地代等の額を上回る場合、賃貸人が過収分の返還義務を負うが、この過払い分返還における利息は、年1割ではなく、民事法定利息である。

＊2　その理由として、最判平成8.7.12は、『借地法12条2項は、賃料増額の裁判の確定前には適正賃料額が不分明であることから生じる危険から賃借人を免れさせるとともに、裁判確定後には不足分に年1割の利息を付して支払うべきものとして、当事者間の衡平を図った規定であるところ、有償の双務契約である賃貸借契約においては、特段の事情のない限り、公租公課等の額を下回る額が賃料の額として相当でないことは明らかであるから、賃借人が自らの支払額が公租公課等の額を下回ることを知っている場合にまで、その賃料の支払いを債務の本旨に従った履行に当たるということはできないからである』としている。

＊3　建物賃貸借に関し、減額請求がなされ裁判が確定したけれども、その裁判確定前に増額請求がなされていたケースにおいて、賃借人から、増額請求の裁判で増額を正当とする裁判が確定するまで賃料額は未確定の状態だから減額請求についての精算には応じないとの主張がなされた事案がある。裁判所は、賃料増額請求訴訟や賃料減額請求訴訟において、増額あるいは減額を正当とする裁判が確定したときは、精算関係を簡明にするため、その裁判が確定する都度、正当とされた賃料に基づき精算をするべきであると判断し、賃借人の主張を認めなかった（東京地判平成20.10.9）（32条「権利行使」(4)。参照👉No. 250）。

| 不増額特約と
不減額特約 | 借地契約の中で、地代等の増額請求あるいは減額請求をしNo.087ないという特約が定められることがあります。増額請求を |

しない特約を不増額特約、減額請求をしない特約を不減額特約（参照👉No. 260）といいます。

不増額特約については、法律上明文をもってその有効性が認められています（1項ただし書）。不増額特約があれば賃貸人はこれに拘束され、増額請求はできません。

他方、不減額特約については、契約の条件にかかわらず地代等増減請求権を行使できると定められており（1項本文）、特約には効力はありません（最判平成15.6.12）。

したがって、借地契約においては、不増額特約は有効ですが、不減額特約は無効です。本条は、16条によって一方的強行規定とされてはいませんが（参照👉No. 118）、1項本文の文言から、一方的強行規定の性質をもつことになります。

第2章　借地の定義規定

No.088　地代等改定の特約

当事者は、将来の地代等をあらかじめ定めておくことができます。一定の基準に基づいて地代等を自動的に改定する地代等自動改定の特約（スライド条項）も、合理性を有する限り、効力が認められます。有効とされた特約として、次の例があります。

① 3年ごとに物価指数に応じて地代を改定する（東京地判昭和56.10.20）

② 固定資産税、都市計画税が増額された時は増額税分を従来の地代に加算する（大阪地判昭和62.4.16）

③ 地代を固定資産税の3倍とする（東京地判平成元.8.29、東京地判平成6.11.28）。東京地判平成元.8.29では、地代が前年の2.87倍に増加した場合であっても、特約の効力が肯定されている。

④ 地代を公租公課の2.06倍とする（裁判上の和解）（東京地判令和4.2.10-2022WLJPCA02108010）

⑤ 接面道路の路線価の増減率に応じて地代を毎年当然に増減する（神戸地判平成元.12.26）

⑥ 固定資産税および都市計画税の合計額が地代を30%以下とする（東京地判令和2.3.11-2020WLJPCA03118010）

東京地判令和3.1.26-2021WLJPCA01268012は、「契約の賃料が、物価の変動、公租公課の増減あるいは近隣の賃料に比較して、不相当になったときは、当事者協議のうえこれを改定することができる。ただし、増減の基準は、本物件に課税される公租公課の5倍とする」という特約が、自動改訂の特約かどうかが争われましたが、『賃貸人及び賃借人が協議しても合意できない場合に、公租公課の5倍相当額に自動的に改定されるとの内容を含むものとまで解釈することはできない』と判断されました。

また、東京地判令和2.10.29乙-2020WLJPCA10298013では、自動増額特約が定められていたけれども、現実には増額の時点ごとに協議や交渉を行って賃料の合意をしており、特約によって特約締結当時の将来の経済事情等の予測に基づき自動改定されてきたものではないとして、特約に基づく請求が否定されています。

地代等改訂の特約と増減請求	地代等改訂の特約があっても、増減請求権の行使は否定されません。 No.089

　もっとも、増減請求権の行使を認めるかどうかを判断する際には、特約の存在が考慮されます。最判平成15.6.12は、『地代等自動改定特約は、その地代等改定基準が借地借家法11条1項の規定する経済事情の変動等を示す指標に基づく相当なものである場合には、その効力を認めることができる。しかし、当初は効力が認められるべきであった地代等自動改定特約であっても、その地代等改定基準を定めるに当たって基礎となっていた事情が失われることにより、同特約によって地代等の額を定めることが借地借家法11条1項の規定の趣旨に照らして不相当なものとなった場合には、同特約の適用を争う当事者はもはや同特約に拘束されず、これを適用して地代等改定の効果が生ずるとすることはできない。また、このような事情の下においては、当事者は、同項に基づく地代等増減請求権の行使を同特約によって妨げられるものではない』とする考え方を示しています（事情が失われたとされたケースとして、東京地判令和4.12.16甲-2022WLJPCA12168007、東京地判平成20.12.25甲。事情が失われていないとされたケースとして、東京地判令和4.2.10-2022WLJPCA02108010）。

　最判平成15.6.12以前の事案ですが、東京高判平成13.9.19ＬＬＩ05620730では、『堅固建物敷地部分については3倍、非堅固建物敷地部分については2倍の金額のそれぞれ12分の1を従前の1か月分の賃料に加算した額をもって新たな月額賃料とする』との特約があり、現行賃料と鑑定価格の差が10%足らずであった事案において、この『差を「有意の差」として本件特約の効力を否定してしまうことは、かかる特約の趣旨を没却するものというべきであり、賃貸人、賃借人双方にとっての特約存在の利便性を失わせるものであって、相当ではない』として、特約を肯定し、増額請求を認めませんでした。

　東京地判平成24.5.23は、ゴルフ場用地としての土地の賃貸借について、『賃料は、固定資産税評価額の変更がなされた年において、協議の上、当該固定資産税評価額の変更額及び近隣の賃料相場等に基づき、変更するものとする』

第2章 借地の定義規定

との特約（本件特約）が付されていた事案において、『本件特約によれば、賃料額は、「固定資産税評価額の変更額及び近隣の賃料相場等に基づき」変更される』として、地代等自動改定の特約に基づく賃料の減額が認められています[1]。

＊1　特約の有効性を前提として鑑定結果によって特約による改訂額に修正を加えた事例として、東京地判令和3.3.26乙–2021WLJPCA03268005がある。

第12条（借地権設定者の先取特権）

1　借地権設定者は、弁済期の到来した最後の2年分の地代等について、借地権者がその土地において所有する建物の上に先取特権を有する。
2　前項の先取特権は、地上権又は土地の賃貸借の登記をすることによって、その効力を保存する。
3　第1項の先取特権は、他の権利に対して優先する効力を有する。ただし、共益費用、不動産保存及び不動産工事の先取特権並びに地上権又は土地の賃貸借の登記より前に登記された質権及び抵当権には後れる。
4　前三項の規定は、転借地権者がその土地において所有する建物について準用する。

先取特権の意味　先取特権とは、法律で決められた一定の債権をもっている No.090 者が、債務者の総財産または特定財産から、ほかの債権者よりも優先して、自己の債権の弁済を受けることのできる権利です（民法303条）。この権利は、担保物権という強い効力のある権利として位置づけられています。

　先取特権は、民法その他の法律により、さまざまな種類の債権に認められており、同一の財産に対して、種類の異なる先取特権を有する者が複数の場合もあるので、民法その他の法律で優先順位が決められています（民法329条以下など）。

先取特権による借地権設定者保護　本条は、旧借地法13条・14条を引き継ぎ、借地権設定 No.091 者の地代等の請求権について、借地上の建物の上に先取特権を認めました。借地借家法は、借地人保護のために多くの定めが設けられていますが、本条は、11条の地代等増額請求権とともに、借地権設定者の保護を図るものです。借地権設定者に先取特権を認める定めを置いたのは、

第2章 借地の定義規定

借地権設定者保護と同時に、土地所有者に安心して借地権を設定してもらい、借地権設定を奨励し、もって住宅難の緩和につなげるねらいもあったといわれています[*1]。

先取特権の目的は、借地権者が所有する借地上の建物です。従物は主物の処分に従いますから（民法87条2項）、建物の従物とされるものには、先取特権の効力が及びます。

先取特権を行使するためには、借地権（地上権または賃借権）の登記が必要です（2項)[*2]。

先取特権は借地権設定者の地代等に対する権利を担保し、その利益を守りますが、地代等についていくらの未払いがあるのかは外形的にはわかりません[*3]。無制限に大きくなってしまうと、ほかの一般債権者の利益が害されます。そこで、1項は、先取特権により借地権設定者が優先弁済権を行使できるのは、弁済期の到来した最後の2年分に限定しました。もっとも、この制限は、ほかの債権者がいるときの制限です。ほかの債権者がいなければ、この制限は受けず、全額について、先取特権を行使することができます。

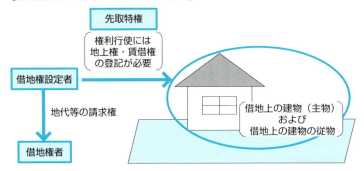

【借地権設定者の先取特権の意義】

*1 稲本＝澤野編「コンメンタール借地借家法第 4 版」99頁、日本評論社
*2 民法でも、不動産保存・不動産工事・不動産売買の先取特権には、登記が要求されている（民法337条、338条 1 項前段、340条）。しかし、民法で求められる登記は、先取特権の登記であるのに対し（不動産登記法85条等）、本条が求めている登記は、借地権（地上権または賃借権）の登記である。
*3 地代・賃料の額については、地上権では不動産登記法78条二号により、賃借権については同法81条一号により、それぞれ公示される。もっとも、未払いがいくらなのかを外部からは知る術はない。

先取特権の順位と効力

本条の先取特権は、一般債権および一般の先取特権に優先します。共益費用、不動産保存および不動産工事の先取特権には劣後します。また、質権および抵当権との関係は民法の一般原則のとおり、登記の先後によって定まるため、地上権または土地の賃貸借の登記より前に登記された質権および抵当権にも優先することはできません（3 項）。

【借地権設定者の先取特権の順位】

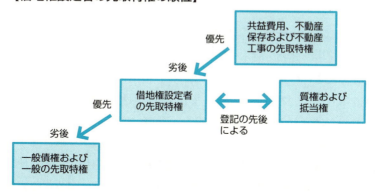

転借地権者がいるときは、転借地権者が土地上に所有する建物に対しても、先取特権を行使することができます（4 項）。

第2章　借地の定義規定

第13条（建物買取請求権）

1　借地権の存続期間が満了した場合において、契約の更新がないときは、借地権者は、借地権設定者に対し、建物その他借地権者が権原により土地に附属させた物を時価で買い取るべきことを請求することができる。

2　前項の場合において、建物が借地権の存続期間が満了する前に借地権設定者の承諾を得ないで残存期間を超えて存続すべきものとして新たに築造されたものであるときは、裁判所は、借地権設定者の請求により、代金の全部又は一部の支払につき相当の期限を許与することができる。

3　前二項の規定は、借地権の存続期間が満了した場合における転借地権者と借地権設定者との間について準用する。

No.093

意　義　借地権の存続期間が満了して更新されない場合、借地上に、建物・庭木・門扉・石垣・塀等（以下、「建物等」という）が残存するときには、民法の原則によれば、借地権者は自らの費用をもって建物等を取り壊し、あるいは撤去して、土地を原状に復し、借地権設定者に返還しなければなりません（民法622条、599条1項、269条1項）。

しかし、この原則をそのまま適用すると、投下した資本が無に帰することになり、借地権者に不利益です。また、社会的にみて有用で、未だ使用価値のある建物等の有益な財をいたずらに滅失・毀損することにもなります。

そこで1項は、民法の原則に対する例外を認め、借地権者に、建物その他土地に附属させた物を、時価で買い取るべきことを請求する権利を認めました[*1]。この請求権が、建物買取請求権です（以下、本条による建物買取請求権を「13条買取請求権」ということがある）。

この制度は、誠実な借地権者を保護する規定です（最判昭和35.2.9、最判昭和39.5.23）。当事者間の衡平の理念と調和させて解釈されなければならな

104

いとされています。

本条は、一方的強行規定です。借地権者に有利な特約は効力を有しますが、借地権者に不利な特約には効力はありません（16条。参照 No. 120）*2。

1項は、借地借家法施行日（平成4年8月1日）の前に設定された借地権にも適用されます（附則4条本文）。これに対し、2項・3項は、同法制定によって新たに設けられた定めです。そのため、同法制定の前に設定された借地権・転借地権には、適用されません（附則9条1項・2項）。

【建物買取請求権】

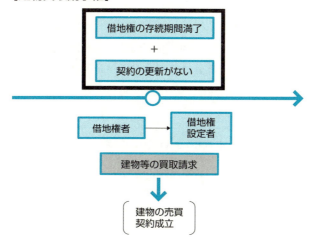

---

*1　本条は、旧借地法4条2項を引き継ぐ規定である。
*2　建物等の買取請求を定めた本条は一方的強行規定であるが、造作買取請求を定めた33条は任意規定である（参照 No. 273）。建物買取請求権を放棄・制約する特約は無効となるが、造作買取請求権を放棄・制約する特約は有効である。

第2章　借地の定義規定

No.094
**主体
（買取請求権者）**
買取請求権を有する者は、借地上に建物を所有している借地権者です。建物所有者が転借地権者の場合は、転借地権者が建物買取請求権を行使できます。

　借地上の建物が借地権とともに譲渡されたときは、建物譲受人が買取請求権を有します。建物譲渡人は、借地権者ではなくなり、また、建物所有者でもなくなっているので、建物譲渡人には建物買取請求権はありません。

　もっとも、土地所有権が譲渡されても、借地権者が借地権を土地譲受人に対抗できないときは、借地権者に買取請求は認められません（最判昭和41.11.22）。

　借地権者の一般債権者も、民法423条の要件を満たせば、買取請求権を代位行使することができます（大判昭和7.6.2）。借地上の建物賃借人については、買取請求権の代位行使は認められません（最判昭和38.4.23、最判昭和55.10.28）*1。

＊1　借地上の建物賃借人が買取請求権を代位行使ができない理由は、代位行使が認められるためには、代位行使によって債権者の権利が保全される関係に立つことを要するところ、買取請求権の行使によって受ける利益は建物代金債権であって、建物賃借人の賃借権が保全されるという関係にないからである。

No.095
適用範囲
本条が適用されるのは、存続期間が満了した場合の更新可能性（4条ないし6条）のある借地権です。定期借地権（一般定期借地権）（22条。参照👉No.157）、事業用定期借地権（23条。参照👉No.166）、一時使用目的の借地権（25条。参照👉No.177）には、更新可能性がないので、建物買取請求権は認められません*1*2。

＊1　建物譲渡特約付借地権（24条）についても、借地権者が借地上に所有する建物を借地権設定者が買い取ることによって借地関係を終了させることができる借地権なので、本条の適用はないと考えられる。

＊2　14条買取請求権は、借地権の更新可能性の有無を問わず、適用される。

要　件

(1) 概説

13条買取請求権は、

> ① 借地上に建物が存続すること（借地上の建物の存在）（参照👍No. 097）
> ② 借地権の存続期間が満了し、契約の更新がないこと（存続期間満了＋更新不存在）（参照👍No. 098）

という2つの要件を満たした場合に成立します。

(2) 2つの要件

① 借地上の建物の存在

　買取請求権は借地上の建物が存在する場合に成立します。買取請求は売買契約を成立させる効果を生じさせるものであり、借地上の建物の存在が不可欠だからです。

　さらに買取請求をするためには、対象となる物件が借地権消滅時に借地権者に属していることが必要です。

　ところで、借地権の存続期間内に建物が滅失した場合、借地権者は借地権設定者の承諾を得なくても借地権の残存期間を超えて存続すべき建物を築造することができますが、存続期間は延長されません（7条。参照👍No. 055）。借地上に存在する建物が、借地権存続期間内に従前の建物が滅失した後に、無断で借地権の残存期間を超えて存続するものとして築造されたものであるときにも、建物買取請求は否定されません＊1。また、更新後に建物が滅失した場合は、借地権設定者は借地契約の解約の申入れをすることができます（8条。参照👍No. 060）が、借地権設定者はこの権利を行使しないこともできます。借地権設定者が解約をしなかった場合も、存続期間の満了に伴い買取請求権が発生します。

　しかし、借地権設定者に無断で建築された建物や、更新後に再築された

第2章 借地の定義規定

建物については、滅失前の建物と比較すると、価値が増加しています。借地権設定者はその場合も、再築前の建物の想定価額ではなく、再築後の新建物の時価を買取価格として建物を買い取らなければなりませんが、借地権設定者からみると、自ら関与しない事由によって予想しない多額の売買代金支払いを強いられる可能性が生じてしまいます。このような状況は、借地権設定者に不利益であり、衡平ではありません。そこで、借地権設定者の承諾を得ないで再築された建物について買取請求権が行使されたときは、借地権設定者の不利益を解消するため、裁判所は、借地権設定者の請求により、代金の全部または一部の支払いにつき相当の期限を許与することができることとされています（2項）。

【13条と14条】

	13条買取請求権	14条買取請求権
適用場面	存続期間が満了＋借地権に更新可能性がある （借地上の建物の存在も必要）	第三者が建物取得＋借地権譲渡不承諾 （更新可能性の有無を問わない）
権利主体	借地上の建物を所有している借地権者 （地上権者・土地賃借権者）	借地上の建物を譲り受け、賃借権譲渡について土地賃貸人の承諾を得ていない者 （借地権が地上権である場合を含まない）
旧借地法の条文	旧借地法4条2項	旧借地法10条
権利行使の相手方効果・権利行使が一方的強行規定	共　通	

No.098　② **存続期間満了＋更新不存在**

存続期間満了＋更新不存在の要件を満たすのは、法定更新がない場合であり、典型的には、

> （ⅰ）**存続期間が満了し、更新請求（5条1項本文）がなされたが、異議を述べた（5条1項ただし書。参照👍No.037）＋正当事**

108

> 由がある（6条。参照👍No. 042）場合
>
> および、
>
> (ⅱ) 更新請求はなかったが、借地期間満了後の借地権者の土地使
> 用に異議を述べた（5条2項。参照👍No. 038）＋正当事由
> がある（6条。参照👍No. 042）場合

という2つの場合があります*2。

　このうち (ⅰ) に関し、実際に更新請求を行ったことを必要とするかどうかについては、東京地判平成30.3.29において、『更新請求権があるのにあえてこれを行使せずにいきなり借地借家法13条1項所定の建物買取請求権を行使することも許される』と判断されています。

　東京地判平成26.2.7甲では、借地権者が更新しないのであれば、借地権を買い取るよう求めたという事案において、更新不存在の要件の充足が争われましたが、建物を買い取る場合に限り、土地を明け渡すことを約束したものであり、建物の買取りがなされないならば、更新を求めていたものとして、更新不存在の要件が否定されています。

　このほか、存続期間満了＋更新不存在の要件にあてはまるかどうかが問題となるケースとして、債務不履行解除と合意解除があります。

　借地権者に地代不払いなどの債務不履行があり、借地権設定契約が解除された場合には、買取請求権は認められません（大判大正15.10.12、最判昭和29.6.11、最判昭和35.2.9、最判昭和39.5.23、東京地判令和3.4.19–2021WLJPCA04198001）。債務不履行解除の場合に買取請求権を認めると、誠意のない借地権者を保護することになってしまうからです。

　借地権存続期間の満了の前に、当事者の自由な合意により借地関係を終了させる合意解除については、当事者の協議によって、借地上に残存する建物等の扱いが取り決められていれば、その取決めに従います。札幌地判昭和40.4.26では、建物買取請求は肯定され、仙台高判昭和36.2.27判時260号17頁では、建物買取請求は否定されています。

第2章 借地の定義規定

* 1　例外的に、買取請求権が否定されたケースとして、最判昭和58.3.24がある。
* 2　更新が拒絶され、借地契約の終了が認められる場合の多くは、立退料（正当事由を補完する金銭。参照 No. 216）の支払いが条件となっているが、立退料の支払いは、買取請求権による売買代金とは、趣旨が異なる。立退料が支払われたからといって、建物買取請求権の行使ができなくなるわけではない（東京高判平成13.11.26）。

No.099　目的物（買取請求の対象）と相手方

目的物（買取請求の対象）は、「建物その他借地権者が権原により土地に附属させた物」（1項）です。

まず、建物買取請求の目的物は、①土地とは別個独立の物でなければなりません。物が土地に付合（民法242条本文）したときは、土地に吸収され、土地の一部になります。土地の一部になったときは、有益費用償還請求（同法608条2項）の問題になり、買取請求の対象ではなくなります。

次に、②土地に附属した物であることを要します。建物の備品である家具その他の什器等は、土地に附属したものではなく、買取請求の目的物に含まれません。

さらに、③権原によって附属させた物であることが必要です。用法に違反して設置した物、借地権消滅後に設置した物、借地権者ではない無断譲受人が設置した物などは含まれません。

以上から、建物買取請求の目的物（買取請求の対象）となるのは、借地上の建物、庭木、石垣、塀、門扉、土地を建物の敷地として使用するための設備である上下水道や配電施設などということになります[*1]。

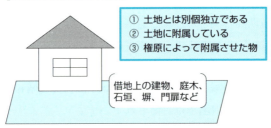

【13条買取請求の対象】
① 土地とは別個独立である
② 土地に附属している
③ 権原によって附属させた物

借地上の建物、庭木、石垣、塀、門扉など

なお、買取請求の対象は物であり、また買取請求権は借地権消滅を前提とする権利なので、借地権自体は買取請求の対象には含まれません。

権利行使の相手方は、借地権設定者です（1項）。借地権設定者とは、借地権者に対して借地権を設定している者です（2条三号）。

＊1　民法87条には「1　物の所有者が、その物の常用に供するため、自己の所有に属する他の物をこれに附属させたときは、その附属させた物を従物とする。2　従物は、主物の処分に従う」と定められている。建物の従物となる内装や備品類は、買取請求の対象になると考えられる。

効　果

(1) 売買契約の成立

借地権者が買取請求権を行使すると、借地権者を売主、借地権設定者を買主として、建物等につき、時価を売買代金とする売買契約が成立します（最判昭和42.9.14）。

当事者の一方的な意思表示によって法律関係を形成することができる権利を、形成権といいます。買取請求権は形成権なので（最判昭和30.4.5）、借地権者の意思表示が、借地権設定者に到達すると、売買契約の法律効果が生じます。借地権設定者の承諾は不要です。売買契約の成立により、建物等の所有権が借地権設定者（買主）に移転します（民法176条）。建物に関しては、借地権者（売主）は、建物引渡し（明渡し）義務、建物所有権移転登記手続に協力する義務を負い、借地権設定者（買主）は、売買代金支払義務を負います。

【建物買取請求による売買契約の成立】

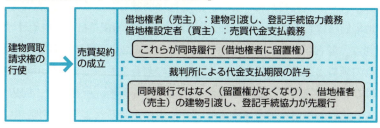

第2章　借地の定義規定

　買取請求権行使の対象となった建物が賃貸されている場合には、借地権設定者（買主）の借地権者（売主）に対する建物明渡し請求は、指図による占有移転を求めるものとなります（最判昭和36.2.28、東京地判平成3.6.20、東京地判平成10.10.19）。

　借地権者（売主）の建物引渡し（明渡し）義務、建物所有権移転登記手続に協力する義務と、借地権設定者（買主）の売買代金支払義務とは、同時履行の関係に立ちます（最判昭和42.9.14）。借地権者（売主）は、売買代金の支払いがなされるまでは、建物の明渡し・所有権移転登記手続などの履行を拒むことができます（民法533条本文）。

　また、借地権者（売主）には、売買代金支払請求権を被担保債権として買取請求建物等を目的物とする留置権の成立も認められます。売買代金が支払われるまでは建物明渡しを拒むことができます（民法295条1項本文）。この留置権は建物等についての権利です。土地については留置権が成立しません*1*2。

　2項により代金支払いに期限の許与が認められると、引渡し（明渡し）義務・移転登記協力義務と代金支払いは同時履行の関係ではなくなり、また、留置権も認められません（民法533条ただし書、295条1項ただし書）。

No.101(2) **売買代金**

　売買代金の額は、時価です。時価とは、建物が現存するまま、その用途目的のために利用されている状態における建物としての価格です（大判昭和17.5.12）。建物を取り壊した場合の、材木など動産の財貨の総和としての価格ではありません（大判昭和7.6.2）。借地権は消滅しているので、売買代金には借地権価格は含みませんが、建物の存在する場所的環境は参酌されます（場所的利益。最判昭和35.12.20、東京地判平成3.6.20）。場所的利益を参酌した建物の価格は、借地権価格に対する一定の割合をもって一律に示されるものではなく、建物自体の価格のほか、建物、その敷地、所在位置、周辺土地に関する諸般の事情を総合考察することにより定められます（最判昭和47.5.

23)。例えば、東京地判令和2.12.23-2020WLJPCA12238010では、建付減価修正を10%、価値割合を10%として、場所的利益の額を査定しています[2の2]。

価額算定の基準時については、買取請求の意思表示が借地権設定者(買主)に到達した時に所有権が移転するので、借地関係終了時ではなく、買取請求権行使時となります(大判昭和11.5.26)。

借地権存続期間中に従前の建物が滅失し、元来の残存期間を超えて存続する建物を再築した場合における建物の価格は、従前の建物の想定価額ではなく、再築後の新築建物の価額です(最判昭和35.12.20)。この価額算定方法によると、借地権設定者が予期せぬ不利益を被る可能性がありますが、当事者間の利益の調整は、2項により買取代金の支払猶予期間を設定することによって図られます(民法608条2項)[3]。

買取請求権は、建物収去土地明渡し請求を認容する判決が確定していても、権利を行使できます(福岡高判平成7.12.5)。訴訟において建物収去義務が確定した後に買取請求権を行使すると、建物の所有権は借地権設定者に移転し、借地権者は、代金の請求権を取得します。その結果、借地権者に建物を収去する義務がなくなり、また、留置権または同時履行の抗弁権によって、代金が支払われるまでは、建物からの退去を拒否することができることになります(14条に関する最判平成7.12.15)。

---

[1] もっとも、建物を留置する効力の反射効として、その敷地である土地を占有することも適法とされる。土地を占有した場合には、借地権者は、地代相当額を借地権設定者(買主)に対して、不当利得として返還しなければならない。

[2] 建物買取請求権を肯定した最近の裁判例として、東京地判平成23.8.4がある。賃貸人から賃借人に対する期間満了による建物明渡し請求について、立退料なしでの正当事由があること、および賃借人の建物買取請求権が行使されたことを認めたうえで、売買代金支払いと引換給付による建物明渡し請求を肯定した。

[2の2] 東京地判令和2.12.23は、不動産競売による建物の買受人の建物買取請求が認められたケースである。渡辺晋「不動産鑑定59巻2号」31頁、住宅新報出版で解説した。

[3] 2項は借地借家法の制定に伴い新たに設けられた規定なので、借地借家法の施行前に

第2章　借地の定義規定

設定された転借地権については、適用されない（同法附則 9 条 1 項）。

No.102 権利行使の方法と時期　権利行使には、何らの方式も要求されず、訴訟上、訴訟外いずれの場面でも行うことができます。借地権設定者からの建物収去土地明渡し請求を阻止するために、同時履行（民法533条）または留置権（同法295条）の抗弁権行使の前提として権利行使されることが多いと思われますが、借地権者から建物代金を請求するという方法で権利行使をすることもできます。

　権利行使にあたっては、必ずしも、売買代金たる時価を示す必要はありませんし、附属物等についての詳細を明示することも必要ではありません。

　買取請求権は、存続期間が満了し、かつ、契約の更新がなくなったときから行使できます。借地権の期間満了などにより、借地関係が終了することが確定した時から、買取請求権の行使が可能となります。

　建物買取請求権も、消滅時効にかかります。消滅時効期間は10年です（最判昭和42.7.20、最判昭和54.9.21）。

No.103 転貸借の場合の建物買取請求　転借地権が設定されている場合において、転借地権が期間満了により消滅し、更新がなされないときは、転借地権者は 1 項により転借地権設定者に対して建物買取請求権を行使することができます（ケース甲）。

　しかし、原借地権が期間満了により消滅することに伴い転借地権が消滅する場合（ケース乙）には、転借地権が期間満了により消滅しているわけではないので、1 項の規定だけでは、転借地権者は転借地権設定者に建物買取請求をすることができません。また、原借地権は消滅していますが、転借地権者は、原借地権設定者との関係としては、直接契約関係にはないため、原借地権設定者に対しても建物買取請求ができません。そのため、転借地権者は誰に対しても建物買取請求権を行使できないこととなってしまいます。しかしこのような結果は、転借地権者にとって不利益です。

114

そこで、3項は、原借地権の存続期間満了の場合に、転借地権者が原借地権設定者に対して建物買取請求権を行使することができることとし、転借地権者の保護を図りました。

【転貸借の場合の建物買取請求】

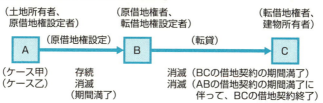

すなわち、土地所有者Aが、原借地権設定者としてBに借地権を設定し、Aの承諾の下に、BがCに転貸し、Cが建物所有者であるときの建物買取請求については、

> （ケース甲）Bの借地権は存続、Cの借地権は期間満了で消滅
> （ケース乙）Bの借地権が消滅し、これに伴ってCの借地権も消滅

の2つのケースの検討が必要であるところ、

（ケース甲）：Bの借地権は存続、Cの借地権は期間満了で消滅の場合

Cは、Bとの関係で借地権者だから、本条1項が適用され、Bに対し、1項に基づき、建物買取請求ができる。Aとの関係については、Aを借地権設定者とするBの借地権の存続期間は満了していないから、建物買取請求はできない

（ケース乙）：Bの借地権が期間満了で消滅し、これに伴ってCの借地権も消滅する場合

Cは、Bとの関係では、存続期間満了＋更新不存在の要件を満たさないから、建物買取請求はできない。他方、Aとの関係では、直接の契約関係はないが、3項により転借地権者と借地権設定者の間にも1項が準用になるので、Aに対し、建物買取請求できる

ことになります[*1]。

*1 転貸借に関する買取請求の規定は、借地借家法の制定に伴い新たに設けられた規定なので、借地借家法の施行前に設定された転借地権については、適用されない（同法附則9条2項）。

No.104 **建物の権利者との関係**

(1) **建物の賃借人との関係**

建物に対抗力ある建物賃借権がついており、建物賃借人が建物を使用している場合、買取請求があっても、建物賃借権は消滅しません。

建物賃借人は、引渡しを受けていれば、借地権設定者に対し賃借権を対抗できます（31条。参照☞No.233）。そこで、買取請求権の行使により、借地権設定者が、建物賃借人の賃借使用する建物を取得して建物賃貸人たる地位を承継し、建物賃貸借契約は買取請求権を行使した借地権設定者と建物賃借人との間で継続することになります。

なお、建物に対抗力ある建物賃借権がついているときは、買取請求における売買代金は賃借権付きの建物価額になります。建物の時価よりも建物に対する負担額（敷金返還請求権の価額など）が大きくなるときは、買取請求額は認められません（東京高判昭和56.6.2）。

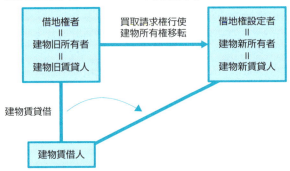

【建物賃借人がいるときの買取請求】

No.105 (2) **建物の抵当権者との関係**

建物に抵当権が設定されていても、建物買取請求権の行使は可能です。抵

当権が設定されていれば、借地権設定者は抵当権がついた建物の所有権を取得することになります。

　この場合、売買代金を建物の価額から抵当権の被担保債権額を控除した額とすべきか否かが問題となりますが、売買代金については、抵当権の被担保債権額を考慮せずに決定し、買取請求者の不利益は民法570条の買主の費用の償還請求に関する規定を適用して権利関係を調整するのが、裁判例です（最判昭和39.2.4）。

第2章 借地の定義規定

第14条（第三者の建物買取請求権）

　第三者が賃借権の目的である土地の上の建物その他借地権者が権原によって土地に附属させた物を取得した場合において、借地権設定者が賃借権の譲渡又は転貸を承諾しないときは、その第三者は、借地権設定者に対し、建物その他借地権者が権原によって土地に附属させた物を時価で買い取るべきことを請求することができる。

No.106

意 義

　借地権者が借地上の建物を譲渡したとき、建物の譲受人は、借地上の建物だけではなく、借地権（または転借地権）を取得します。建物の譲渡は、特別の事情のない限り、借地権の譲渡（または転貸）を伴うからです（最判昭和39.12.11、最判昭和47.3.9）。

　借地権が地上権であれば、地上権者は、借地権設定者の承諾を得ずに、地上権を譲渡しあるいは、土地を転貸することができます。建物の譲受人は、地上権の登記、あるいは借地上の建物所有権の移転登記（10条1項）をすれば、借地権移転の効果を借地権設定者に対抗できます。

　これに対し、借地権が賃借権である場合、賃借権の譲渡・転貸には賃貸人の承諾が必要です（民法612条）。

　賃貸人の承諾がなければ、賃借権の譲受人・転借人は、借地権取得を賃貸人に対抗できません。賃借権の無断譲渡・転貸は解除事由になるので、土地の賃貸借契約が解除されると、土地賃貸人から、建物等の収去を求められることにもなってしまいます[*1]。

　しかし、土地賃借人が投下資本を回収できないことは大きな不利益であり、また利用可能な建物の収去を命ずることになるのは、社会経済的にみても損失です。

　そこで、本条は、土地賃借人に投下資本を回収させ、かつ社会経済上の不利益を回避することを目的として、土地賃貸人が土地賃借権譲渡・転貸を承諾しないときには、建物を取得した土地賃借権の譲受人・転借人に、賃貸人

に対して建物等を時価で買い取るべきことを請求することができる権利を認めました*2。この請求権も、13条建物買取請求権と同様に、建物買取請求権といわれています（以下、14条による買取請求の権利を、「14条買取請求権」ということがある）。

本条は、一方的強行規定です（16条。参照 No. 121）。借地権者に有利な特約は効力を有しますが、借地権者に不利な特約には効力はありません。

---

*1　賃借権の無断譲渡・無断転貸禁止の原則には、(1)信頼関係不破壊の法理（参照 No. 137「意義」*4）、(2)賃貸人の承諾に代わる裁判所の許可の制度（19条）という2つの重要な例外がある（参照 No. 139）。
*2　本条は、旧借地法10条の規定を引き継ぐ規定である。

主体（買取請求権者）　14条買取請求権の主体は、借地上の建物等とともに、土地賃貸人の承諾を得ないまま、賃借権を譲り受けた者・転借した者です。借地権が地上権である場合は、14条買取請求権の主体にはなりません。地上権については、譲渡・転貸につき土地賃貸人の承諾が不要であり、借地権者の投下資本回収に支障はないからです。

借地上の建物等の譲渡には、売買による場合に限らず、代物弁済や交換による場合も含みます。また有償譲渡に限らず、贈与などの無償行為も入ります。担保物権の実行や強制競売による取得でも、本条は適用されます。

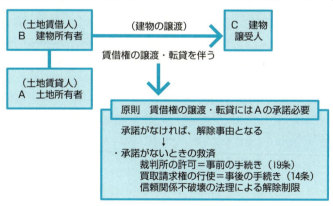

第2章 借地の定義規定

No.108 | **適用範囲と権利行使**

本条が適用される借地権は、更新の可能性の有無を問いません。普通借地権のほか定期借地権（一般定期借地権（22条。参照☞No.157）、事業用定期借地権（23条。参照☞No.166）、建物譲渡特約付借地権（24条。参照☞No.174））にも適用されます。13条買取請求権は、更新可能性のある借地権に限って適用があるところ、13条買取請求権と14条買取請求権とは、この点において異なっています。

一時使用目的の借地権（25条。参照☞No.177）の場合には、14条買取請求権も、13条買取請求権と同様に、建物を譲り受けても、適用は否定されています（最判昭和29.7.20、最判昭和33.11.27）。

土地の不法占拠者から建物等を譲り受けた者には適用はありません。

14条買取請求権は、借地権設定者が賃借権の譲渡・転貸を承諾しないときから行使できます。借地権設定者から建物の譲受人に対する建物収去土地明渡し請求訴訟の口頭弁論終結時までに、権利を行使しなかったときでも、建物買取請求権は消滅しません。口頭弁論終結後でも権利行使が可能であり（最判昭和52.6.20）、口頭弁論終結後に権利を行使し、強制執行の不許を求めることができます（最判平成7.12.15）。

No.109 | **成立要件**

①土地賃借権が存在すること（参照☞No.110）、②第三者が借地権者から所有建物を取得したこと（参照☞No.111）、③借地権設定者が賃借権の譲渡・転貸を承諾しないこと（参照☞No.112）の3つが、14条建物買取請求権の成立要件です。

【14条買取請求権の要件】

14条買取請求権の要件	① 土地賃借権が存在すること
	② 第三者が借地権者から所有建物を取得したこと
	③ 借地権設定者が賃借権の譲渡・転貸を承諾しないこと

① 土地賃借権が存在すること

　成立要件の第1は、土地賃借権の存在です。土地賃借権が存在しなければ、14条建物買取請求権は、成立しません。とはいえ、本条は、土地賃貸人が譲渡・転貸を承諾しない局面における問題なので、土地賃借権はいずれは消滅する運命にあります。そこで、どの時点における土地賃借権の存在が要件となるか、また土地賃借権の消滅事由が14条建物買取請求権の成否に影響を及ぼすのか否かを検討しなければなりません。

（ⅰ）まず、第三者が建物を取得する時点において土地賃借権が存続していることが必要です。第三者が建物を取得する時に土地賃借権が消滅していれば、14条建物買取請求権を行使することはできません（大判大正15.10.12）。建物の譲渡人が譲渡前に賃貸借契約を合意解約し、土地賃貸人に建物の収去を約束しているときは、第三者は買取請求権を取得しません（東京地判平成3.1.14）。

（ⅱ）次に、買取請求権行使の時点では、土地賃借権が存続していなくともかまいません。土地賃借権存続中に建物を取得した後、買取請求権行使前に、無断譲渡・転貸を理由に土地賃貸借契約が解除され、賃借権が消滅した場合でも、買取請求権は肯定されます（最判昭和53.9.7）。ただし、無断譲渡を理由とする契約解除後の再取得者には、建物買取請求権は認められません（最判昭和39.6.26）。

第2章 借地の定義規定

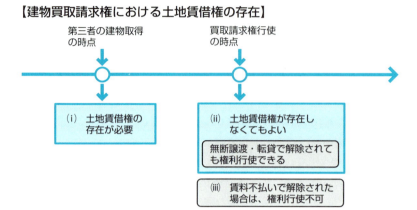

(iii) 債務不履行（賃料不払い）による解除がなされた場合には、買取請求権は認められません。13条建物買取請求権と同じく、14条建物買取請求権も、誠実な借地権者を保護する規定だからです（最判昭和33.4.8。参照 👉 No.098）。

(iv) 第三者が建物を譲り受けた場合に、賃借権譲渡につき承諾がない間に、賃貸人と従前の賃借人（譲渡人）間で賃貸借契約が合意解除されても、特段の事情がない限り、買取請求をすることができるとされています（最判昭和48.9.7）。

No.111 ② 第三者が借地権者から所有建物を取得したこと

14条建物買取請求権は、第三者が借地上の建物を譲り受けた場合の権利です。建物とともに土地賃借権が転々譲渡され、各賃借権の譲渡につき賃貸人の承諾がないときには、賃借権存続期間中に建物を譲り受けた最後の譲受人が買取請求権を有します（最判昭和42.7.6）。

No.112 ③ 借地権設定者が賃借権の譲渡・転貸を承諾しないこと

借地権設定者が賃借権の譲渡・転貸を承諾しないときに、14条建物買取請求権が認められます。

もっとも、本条は建物譲受人が賃借権を賃貸人に対抗できない際の不都合を解消することを目的とします。そのため、(i)賃貸人の承諾がなくても、賃借権の譲渡、転貸が信頼関係を破壊しない特段の事情があって賃貸借契約が解除されないとき（最判昭和44.2.18）は、本条は適用されません（信頼関係不破壊の法理）。また、(ii)裁判所による土地の賃借権の譲渡・転貸の許可（19条。👍No. 135）、担保物権の実行や強制競売の場合の裁判所の許可（20条。👍No. 144）が得られない場合にはじめて本条が適用されるのであり、裁判所が、19条・20条の許可を与えたときも、本条の適用はありません。

目的物（買取請求の対象） 14条買取請求の目的物（買取請求の対象）は、13条買取請求権と同様に、建物その他借地権者が権原により土地に附属させた物です。 No.113

　土地賃貸人の承諾を得ずに借地権が譲渡され、その後に建物に増築・改築・修繕がなされた場合は、借地権譲渡時の原状に回復しなければ、買取請求権を行使することはできません。新築建物など譲受建物と同一性のない建物については買取請求は認められません。

　ただし、増築、改築、修繕がなされたときでも、修繕工事が維持保存に必要であるか、もしくは些細な場合、または増加価格を放棄して買取請求をした場合には、買取請求が認められます（東京地判平成18.7.18）。もっとも、増加価格を放棄しても、なお信義則に反するときは、買取請求の効力は生じません（最判昭和58.3.24）[1]。

---

* 1　14条建物買取請求権に関する権利行使の相手方、効果、権利行使、一方的強行規定の説明については、13条建物買取請求権について述べたところが、そのままあてはまる（参照👍No. 099以下）。買取価格について判示した事例として、東京高判平成17.6.29がある。

数筆の土地にまたがる建物（またがり建物）の買取請求 建物が、所有者の異なる数筆の土地にまたがって存在する場合について、『買取請求 No.114

の対象となる建物は独立の所有権の客体となるに適するものであることを要する。それは、必ずしも一棟の建物であることを要しないが、その一部であるときは、区分所有権の対象となるものでなければならない。したがって、建物の取得者は、該建物のうち賃貸人所有地上の部分を区分所有権の客体たるに適する状態にした後初めて買収請求ができる』とされています（最判昭和42.9.29）（またがり建物の増改築許可について、参照 No.127、またがり建物の介入権の行使について、参照 No.142）。

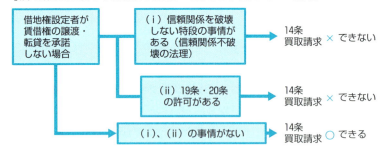

> ### 第15条（自己借地権）
> 1 借地権を設定する場合においては、他の者と共に有することとなる
> ときに限り、借地権設定者が自らその借地権を有することを妨げない。
> 2 借地権が借地権設定者に帰した場合であっても、他の者と共にその
> 借地権を有するときは、その借地権は、消滅しない。

混同の原則　　民法上、権利義務が同一人に帰属すると、権利義務は消滅 No.115
します。これが、混同の原則です。民法が混同の原則を採
用したのは、相対峙する法律関係を存続させておく必要がなく、また同一人
に権利と義務が別々に帰属するという状況は、法律関係が複雑になり、無用
な混乱を生じてしまうからです。

　混同の原則について、民法は、179条1項において、同一物を目的物とし
て成立している所有権と他の物権が同一人に帰属することとなったときは所
有権以外の物権が混同によって消滅する旨を規定し、また同法520条におい
て、債権と債務が同一人に帰したときは、それら債権債務は混同によって消
滅すると規定しています。借地権についても、地上権設定者と地上権者が同
一人に帰したときは所有権と他の物権が同一人に帰属することとなったもの
として地上権は消滅し（民法179条1項）、土地賃貸人と土地賃借人が同一人
に帰したときは債権と債務が同一人に帰したときとして債権債務は消滅する
（同法520条本文）ということになります。

混同の例外

(1) 必要性
No.116
　民法の原則によれば、土地の所有権と借地権が同一人物に
帰属した場合、借地権は混同により消滅し、土地所有者は借地権者となるこ
とができません。旧借地法では、借地関係について、この原則が貫かれてい
ました。

　しかし、不動産事業の形態や取引関係の多様化に伴い、混同の原則を貫く

第2章 借地の定義規定

ことが適当とはいえないケースも出てきました。特に、建物が共有となるマンション分譲事業などにおいては、同一人に権利義務を併存させずに混同の原則を貫くことによって、かえってさまざまな権利が錯綜し、法律関係が複雑になるという事態も生じます。

そこで、借地借家法の制定を契機として、本条により、民法の混同原則に対して例外を認め、借地権を他の者と共に有する場合（複数の準共有となる場合）に限って、土地の所有者が自ら借地権者となることを認めました。

【自己借地権】

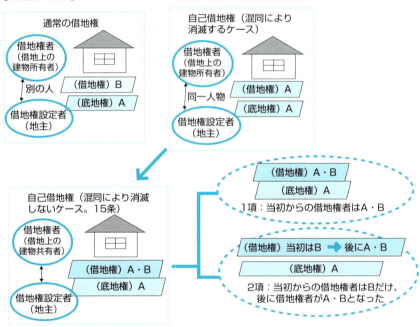

No.117(2) 要件

1項・2項を通じ、自己借地権が認められるための要件は、他の者とともに借地権を有すること（借地権が準共有となっていること）です。借地権を

単独で有する場合、自己借地権は認められません。

1項は、借地権設定者が、当初から複数の権利者がいる借地権を設定し、自らが借地権者のひとりになる場合です。例えば、借地権付きマンション分譲に際し、マンションの敷地の所有者が、区分所有者のために借地権を設定し、かつ、自らが区分所有者のひとりとなることが想定されます。

2項は、もともと借地権設定者と借地権者が別々であるケースにおいて、借地権設定者が借地権の一部（共有持分）を取得する場合です。後発的に自己借地の法律関係が生ずることになります。例えば、他人所有地上に借地権付きのマンションをもっている複数の区分所有者のうちの一部が、土地の所有権を相続によって取得した場合が、2項の適用される場面です。

第2章　借地の定義規定

第16条（強行規定）

第10条、第13条及び第14条の規定に反する特約で借地権者又は転借地権者に不利なものは、無効とする。

No.118

意　義

本条は、借地権の効力に関する規定のうち、10条（借地権の対抗力等。参照 👉 No. 071）、13条（建物買取請求権。参照 👉 No. 093）、14条（第三者の建物買取請求権。参照 👉 No. 100）につき、一方的強行規定であることを宣言する規定です（一方的強行規定について、参照 👉 No. 062）。

本条に該当する特約は無効とされ、特約によって規律しようとした事項につき、本来その事項を規律する法律の規定（10条、13条または14条）が適用されることになります。特約が無効とされても、特約を除くほかの部分の借地契約の効力は影響を受けません。

No.119

借地権の対抗力（10条）

10条は、借地権の対抗力を定めています（参照 👉 No. 071）。ところで、権利の公示制度は、社会一般に通用させなければなりません。したがって、本条により強行規定とされているか否かを問わず、10条は強行規定の性格を有します。さらに、10条の強行法規性を検討すれば、法律の規定と異なる約定のすべてに効力がないのであって、賃借人に不利な規定だけが無効という一方的なものだけにとどまらず、賃借人にとっての有利不利を問わず、条項と異なる内容の特約は、双方的に無効とすべきです。その結果、10条は、一方的なものではなく、通常の（双方的な）強行規定ということになります（この点は「不可解な規定といわざるを得ない」と考えられている。稲本＝澤野編「コンメンタール借地借家法第4版」122頁、日本評論社）[1]。

*1 京都地判昭和44.3.27判時568号57頁では、借地上の建物への抵当権設定禁止の特約は無効ではないとされている。ただし、賃借人が賃貸人の承諾を得ないで特約に違反する行為をしたときでも、当事者間の信頼関係を破壊するに足りない特段の事情があるときには、賃貸人は右特約に基づき賃貸借契約を解除することはできない（最判昭和44.1.31判時548号67頁）。

建物買取請求権（13条） 13条は、建物買取請求権を定めています（参照 No.120 No.093）。借地期間満了によって借地権が消滅する場合には、賃借人に、賃貸人に対する建物買取請求権が認められます。

本条によって、13条に関しては、借地権者に有利な特約は有効、借地権者に不利な特約は無効となります。13条建物買取請求権を行使しない特約、13条建物買取請求権を行使したときの売買代金を時価ではなく借地権設定者が指定する額とする特約などの効力が否定されます。

なお、22条（一般定期借地権。参照 No.157）および23条1項（1項事業用定期借地権。参照 No.166）の適用がある場合には、契約の更新がない、建物の築造による期間の延長がないという特約とともに、建物買取請求をしないという特約（3点セットの特約）をあわせて付した場合には、これらの特約の効力が認められます。

建物買取請求権（14条） 14条は、建物買取請求権を定めており、借地上の建物の No.121 譲渡に伴って土地賃借権の譲渡・転貸がなされたものの、借地権設定者との関係では譲受人が賃借権を取得しえない場合には、譲受人に、賃貸人に対する建物買取請求権が認められます（参照 No.106）。

ところで、14条買取請求権は借地上の建物を取得した第三者が原始的に取得する権利です。借地権設定者と借地上の建物を取得した第三者との関係では本条によって、14条に反する特約の効力が否定されるものと考えられます。

この点につき、借地権者と借地権設定者が14条買取請求権を排除することを取り決める場合を考えると、この取決めは、借地上の建物の取得者には効力は及びません。借地権者と借地権設定者の間の借地契約と14条の関係をみ

第2章 借地の定義規定

れば、本条は当然のことを確認的に述べているものとなります。

No.122 **地代等増減請求権
（11条）**　地代等増減請求権を定める11条（参照👉 No. 080）は、本条の対象とはされていません。

　地代等増減請求権の効力は、本条の問題ではなく、11条の問題と捉えられるところ、地代等の増額請求をしないという特約（地代等不増額特約）は明文をもって効力が肯定されています（11条1項ただし書）。対して地代等の減額請求をしないという特約（地代等不減額特約）は、同条1項本文によって、契約の条件にかかわらず、増減請求をすることができると規定されており、この定めは強行規定と解釈されます[1]。したがって、11条1項については、借地権者に有利な地代等不増額特約は有効で、借地権者に不利な地代等不減額特約は無効となります。その結果、本条の対象ではないけれども、11条1項も、結果的に、一方的強行規定の性格を有することとなります。

【11条（地代等増減請求権）に関する特約】

	効力の有無	理由
地代等不増額特約	有効	11条1項ただし書
地代等不減額特約	無効	11条1項本文における「契約の条件にかかわらず請求することができる」との規定

＊1　建物の賃貸借につき、定期建物賃貸借を利用する場合には、賃料不減額特約も含めて賃料の増減請求をしないとする特約の効力は肯定されるが（38条9項）、借地契約では、地代等不減額特約も含めて増減請求をしないとする特約が全面的に認められる制度は、設けられていない。

第3節　借地条件の変更等

第17条（借地条件の変更及び増改築の許可）

1　建物の種類、構造、規模又は用途を制限する旨の借地条件がある場合において、法令による土地利用の規制の変更、付近の土地の利用状況の変化その他の事情の変更により現に借地権を設定するにおいてはその借地条件と異なる建物の所有を目的とすることが相当であるにもかかわらず、借地条件の変更につき当事者間に協議が調わないときは、裁判所は、当事者の申立てにより、その借地条件を変更することができる。

2　増改築を制限する旨の借地条件がある場合において、土地の通常の利用上相当とすべき増改築につき当事者間に協議が調わないときは、裁判所は、借地権者の申立てにより、その増改築についての借地権設定者の承諾に代わる許可を与えることができる。

3　裁判所は、前二項の裁判をする場合において、当事者間の利益の衡平を図るため必要があるときは、他の借地条件を変更し、財産上の給付を命じ、その他相当の処分をすることができる。

4　裁判所は、前三項の裁判をするには、借地権の残存期間、土地の状況、借地に関する従前の経過その他一切の事情を考慮しなければならない。

5　転借地権が設定されている場合において、必要があるときは、裁判所は、転借地権者の申立てにより、転借地権とともに借地権につき第1項から第3項までの裁判をすることができる。

6　裁判所は、特に必要がないと認める場合を除き、第1項から第3項まで又は前項の裁判をする前に鑑定委員会の意見を聴かなければならない。

借地非訟手続の制度　わが国では、伝統的に旧借地法・建物保護法によって借地 No.123
人の保護が図られてきました。しかし、これらの法律は、
主に期間の長さと対抗力具備の観点から借地人の保護を図るものであって、

第2章 借地の定義規定

ほかに、借地契約における特約が社会的にみて不適当になった場合の利用関係や借地人の投下資本の回収など、伝統的な借地人保護では不十分と考えられる問題が残されていました。

そこで、創設されたのが、借地非訟手続です。借地非訟手続は、紛争の事前予防と土地の合理的な利用促進のために、借地権設定者と借地権者との間の契約関係に裁判所が後見的に介入し、当事者間の合意に代え裁判所が許可を与える制度です。旧借地法の昭和41年改正により設けられ、昭和42年6月に施行されました。

借地借家法の17条～20条に、次の図表のとおり、4つの条文が設けられており、いずれの条文も、裁判所に対して承諾に代わる許可を申し立てることを認める仕組みです。代諾許可あるいは代替許可ともいわれています。借地非訟手続の裁判手続については、同法41条～61条に定められています。

【4つの借地非訟手続の仕組み】

17条	借地条件の変更および増改築の許可	借地権設定者の同意がなくても、裁判所が、借地条件の変更（非堅固建物から堅固建物への変更など）を決定し（1項）、あるいは建物の増改築についての借地権設定者の承諾に代わる許可を与える
18条	借地契約の更新後の建物の再築の許可	借地契約更新後の期間内に建物が滅失したときに、裁判所が、借地権設定者の承諾に代わる許可を与える
19条	土地の賃借権の譲渡・転貸の許可	建物の譲渡人である土地賃借人の申立てに基づき、裁判所が、土地賃貸人の承諾に代わる許可を与える[注]
20条	建物競売等の場合における土地の賃借権の譲渡の許可	第三者が建物を競売・購買で取得した場合、買受人の申立てに基づき、裁判所が、土地の賃貸人の承諾に代わる許可を与える[注]

[注] 許可の申立てがなされた場合、土地賃貸人は、裁判所が定める期間内に、自らに対して賃借権の譲渡または転貸をするよう申し立てることができる（介入権。参照 No. 142）。

17条の意義 借地権者が借地上にどのような建物を建築できるかは、借 No.124 地契約における特約（借地条件）で定められます。建物の種類、構造、規模、用途について、特約によって制限されていれば、借地権者は、特約に従わなければなりません[1]。増改築制限の特約も、遵守しなければならないのは当然です。

ところで、借地契約は長期間にわたります。時間が経過するうちには、法令による土地利用の規制が変更になったり、付近の土地の利用状況が変わったりするなど、事情が変化し、借地条件が社会状況に適合しなくなることは、めずらしいことではありません。また、同様に法令や周辺の土地利用状況が変わり、増改築が必要になることもあります。

借地条件の変更や増改築が必要になれば、本来、借地権設定者と借地権者が協議し借地条件を決め直すべきです。ただ、借地権設定者には借地条件変更や増改築の申出を承諾する義務はなく、協議に応じず、あるいは合意に至らないことも想定されます。合意に達しないのに無断で増改築を行うと、借地契約の解除や借地権消滅事由となることもあります[2][3]。

しかし、借地条件変更や増改築が必要なのに、協議がまとまらないことは、借地権者に不利益であり、社会経済上の損失でもあります。

そのため、本条は、借地権設定者の同意がなくとも、裁判所が、借地条件の変更を決定し（1項）、あるいは建物の増改築についての借地権設定者の承諾に代わる許可を与えることができるものとし（2項）、当事者間の利害調整を図っています[4]。

本条は、一方的強行規定です（21条。参照👍 No. 153）。借地権者に有利な特約は効力を有しますが、借地権者に不利な特約には効力はありません。

＊1　借地契約の存続期間に関する堅固建物と非堅固建物の区別は借地借家法では撤廃されているが（参照👍 No. 026 ＊2）、非堅固建物所有を目的とする特約は有効であり、非堅固建物所有目的の借地契約で堅固建物を建築することは、契約違反である（堅固建物所有目的の借地契約において、非堅固建物を建築することは、借地権設定者に不利ではないから、

第2章 借地の定義規定

契約違反ではない)。
* 2　承諾のない増改築であっても、信頼関係を破壊しないときは解除することはできない（信頼関係不破壊の法理、最判昭和41.4.21）。
* 3　2項により借地権設定者の承諾に代わる許可の手続きを行うことができるのにこれを行わなかったことは、信頼関係不破壊の積極要素とされることもある（東京地判平成27.3.11）。
* 4　17条・19条・20条による代諾許可（代替許可）の制度は、旧借地法の昭和41年改正によって新設された旧借地法8条ノ2などを、引き継いでいる。

No.125

許可の判断

(1) 借地条件の変更

　借地条件変更の申立権者は、借地権設定契約の当事者です。借地権者だけではなく、借地権設定者にも申立権があります。転借地権者も申立権者です。

　借地条件の変更は、建物の種類、構造、規模または用途を制限する借地条件がある場合において、

> ① 法令による土地利用の規制の変更、付近の土地の利用状況の変化その他の事情の変更があり、
> ② 現に借地権を設定するとするなら、その借地条件と異なる建物の所有を目的とすることが相当であり、
> ③ 当事者間に協議が調わないこと

が要件です（1項）。

　法令による土地利用の規制としては、防火地域・準防火地域（建築基準法61条〜66条）、用途地域（都市計画法8条1項一号）、景観地区（同項六号）、風致地区（同項七号）に指定されたことなどがあげられ、付近の土地の利用状況の変化としては、鉄道開設などによる商業地域への変化、再開発による高層マンションの増加などがあげられます。

　また、法令の変更、付近の利用状況の変化に限られず、その他の状況の事情の変更も、借地条件変更の客観的な要件となり得ます。

　以上の要件を満たせば、裁判所は、当事者の申立てにより、借地条件変更についての借地権設定者の承諾に代わる許可を与えることができます。反対

134

に要件を満たさなければ、申立ては認められません（東京高判平成元.11.10、大阪高判平成3.12.18)[*1]。

借地権の期間満了が近いことは、借地条件の変更を否定する理由になります（高松高判昭和63.11.9）。借地権の期間満了が近いにもかかわらず申立てを許可するには、契約更新の見込みが確実であること、およびその時点において申立てを認容するための緊急の必要性があることを要します（東京高判平成5.5.14、東京高判平成29.5.17D1-Law28261351[*2]）。

(2) 増改築の許可   No.126

増改築許可の申立権者は、借地権者です。この点は、借地条件の変更が、借地権者だけではなく、借地権設定者にも申立権があることとは異なっています。転借地権者も申立権者です。

増改築許可は、増改築を制限する旨の借地条件がある場合において、

> ① 増改築が、土地の通常の利用上相当であること
> ② 当事者間に協議が調わないこと

が要件です（2項)[*3]。

裁判所は、借地権者の申立てにより、増改築についての借地権設定者の承諾に代わる許可を与えることができます。

(3) 裁判所の判断   No.127

裁判所は、借地条件を変更し、あるいは、増改築についての借地権設定者の承諾に代わる許可を与えるには、借地権の残存期間、土地の状況、借地に関する従前の経過その他一切の事情を考慮しなければなりません（4項)。また、特に必要がないと認める場合を除き、裁判をする前に鑑定委員会の意見を聴かなければなりません（6項)。

第2章　借地の定義規定

【申立権者】

	借地権設定者	借地権者
借地条件の変更	○ できる	○ できる
増改築の許可	× できない	○ できる

＊1　名古屋高裁金沢支部決昭和59.10.3では、互いに隣接する借地人両名は両借地にまたがる共有建物の建築のため建物の構造に関する借地条件変更の申立てをすることができないとされている（またがり建物の建物買取請求権について、参照👉No.114、またがり建物の介入権の行使について、参照👉No.142）。

＊2　東京高判平成29.5.17は、更新拒絶の正当事由が認められる可能性があることを理由に、借地条件変更の申立てが棄却されたケースである。渡辺晋「不動産判例100」216頁、日本加除出版で解説した。

＊3　大正時代に建築され全体としてかなり老朽化している木造平屋建居宅についての増改築許可の申立てが認められたケースとして、札幌高判昭和60.6.6がある。

No.128
財産上の給付など　裁判所の条件変更や増改築許可の裁判は、借地権者の利益を保護し、円満な借地関係の維持には有益ですが、一方で、借地権設定者に不利益を強います。そこで、3項は、この借地権設定者の不利益を補填するため、借地条件変更・増改築許可の裁判をする場合において、財産上の給付などを命令できるものとしました。裁判所は、当事者間の利益の衡平を図るため必要があるときは、他の借地条件を変更し、財産上の給付を命じ、その他相当の処分をすることができます（3項）。

　実際上、条件変更や増改築を許可するにあたっては、財産上の給付が条件となっています。財産上の給付の基準としては、非堅固建物所有目的から堅固建物所有目的への条件変更については、更地価格の10％相当額[*1]、増改築については、全面改築の場合、更地価格の3％（土地の利用効率が増大するときは、5％まで増額されることがある）、全面改築に至らない増改築の場合には、その程度に応じて3％までの範囲内で定めるという扱いが一般的です。

なお、具体的な財産上の給付については、地域の慣行や事案の状況を勘案し、裁判所の裁量によって決められます（例えば、大阪地決平成30.1.12では、借地条件の変更に伴って、更地価格の6％相当額の支払いが命じられている[2]）。

【条件変更や増改築を許可するにあたっての財産上の給付】[3]

17条による財産上の給付の基準（東京地裁における一般的な取扱い）	非堅固建物所有目的から堅固建物所有目的への条件変更	更地価格の10％相当額
	増改築（全面改装）	更地価格の3％（土地の利用効率が増大するときは、5％まで増額されることがある）
	増改築（全面改装にまで至らない増改築）	程度に応じて3％までの範囲内

　東京高判昭和60.11.14は、堅固建物建築に必要な土地改良費用を全額借地人の負担としています。

　財産上の給付などの命令にあたっても、借地権の残存期間、土地の状況、借地に関する従前の経過その他一切の事情を考慮しなければなりません（4項）。

　また、特に必要がないと認める場合を除き、裁判をする前に鑑定委員会の意見を聴かなければなりません（6項）。

---

[1]　堅固建物所有目的に条件変更をするにあたっては、多くの場合に、地代も増額される（鳥取地決昭和42.11.4判タ213号226頁、大阪地決昭和43.7.10判タ223号112頁、東京地決昭和44.12.11判タ242号284頁等）。

[2]　大阪地決平成30.1.12については、渡辺晋「不動産判例100」221頁、日本加除出版で解説した。

[3]　条件変更（1項）および増改築（2項）を許可する裁判における財産上の給付に関する裁判所の判断については、渡辺晋・山本幸太郎「改訂版　土地賃貸借」438頁～449頁大成出版社に、多数の事例を掲げた。

第2章　借地の定義規定

No.129
転借地権者
転借地契約が締結されている場合、転借地権者も1項・2項に定める借地権者に該当しますから、転借地権者は、転借地権設定者との関係において、転借地契約の変更等を求めることができます。

しかし、転借地契約は、原借地契約のうえに成り立ち、転借地権者は、転借地契約だけではなく、原借地契約による制約も受けます。したがって、転借地契約の借地条件変更等だけが認められても、原借地契約の借地条件等が変わらなければ、転借地権者にとっての目的が達成できないこともあり得ます。

そこで、5項は、転借地権に関する特約と同様の特約が原借地権にも付されているなど原借地権の変更等をも求める必要があるときには、転借地権者は原借地契約における条件変更等もあわせて裁判所に求めることができることとしました。

この場合にも、特に必要がないと認める場合を除き、裁判をする前に鑑定委員会の意見を聴かなければなりません（6項）。

No.130
決定に基づく建築
条件変更や増改築許可の決定があった場合、借地権者は、裁判所の決定に従って、土地を利用し、増改築を行わなければなりません。

条件変更の裁判を得た土地賃借人が9年余の期間を経て当初の建築予定建物とは規模、構造、用途の大きく異なる堅固建物を賃借地と自己所有地とにまたがって建築しようとした事案について、裁判所は、以前の決定に基づいてこのような建物を建築することは認められないと判断しています（東京地判平成5.1.25）[1]。

---

[1]　東京地判平成25.6.12では、実施された工事が増改築許可申立事件の決定において許可された工事と一部内容が異なっていたけれども、借地権設定者においても了解していたとされた。

第18条（借地契約の更新後の建物の再築の許可）

1　契約の更新の後において、借地権者が残存期間を超えて存続すべき
建物を新たに築造することにつきやむを得ない事情があるにもかかわ
らず、借地権設定者がその建物の築造を承諾しないときは、借地権設
定者が地上権の消滅の請求又は土地の賃貸借の解約の申入れをするこ
とができない旨を定めた場合を除き、裁判所は、借地権者の申立てに
より、借地権設定者の承諾に代わる許可を与えることができる。この
場合において、当事者間の利益の衡平を図るため必要があるときは、
延長すべき借地権の期間として第7条第1項の規定による期間と異な
る期間を定め、他の借地条件を変更し、財産上の給付を命じ、その他
相当の処分をすることができる。

2　裁判所は、前項の裁判をするには、建物の状況、建物の滅失があっ
た場合には滅失に至った事情、借地に関する従前の経過、借地権設定
者及び借地権者（転借地権者を含む。）が土地の使用を必要とする事
情その他一切の事情を考慮しなければならない。

3　前条第5項及び第6項の規定は、第1項の裁判をする場合に準用する。

意　義　借地契約更新後の期間内に建物が滅失したとき、借地借家No.131
法は、①借地権は消滅せず、残存期間は借地を利用できる
（残存期間内だけ存続する建物の再築は可能）、②残存期間を超える借地の利
用は否定される（残存期間を超えて存続する建物の再築はできない）、③無
断で残存期間を超えて存続する建物を再築したときは、借地権設定者は、借地
契約の解消を求めることができるとしています（8条2項。参照👉 No. 060）[1]。

しかし、更新後の期間は、原則として、20年または10年であり（20年・10
年ルール、4条本文）、決して長くありません。残存期間の地代等の支払義
務が残りつつ、残存期間を超える建物を再築できないというのは、借地権者
に不利益を強いるものです[2]。

第 2 章　借地の定義規定

　この不利益を回避するため、地上権放棄・土地賃貸借解約申入れが認められ（8条1項。参照👉No. 059）、借地権者が借地関係から離脱して、残存期間の地代等の支払義務を免れる方策が認められています。

　しかし現在、都市部では借地権は財産的価値が認められており、借地関係からの離脱による借地権者保護というのは、必ずしも現実的な途ではありません。また、災害による建物の焼失・倒壊の場合は、再築を認めないと被災者に更なる困窮を強いることになりますから、借地権者による建物の再築を肯定するべきです。

　そこで1項は、借地権設定者の承諾に代わる裁判所の許可の制度を設け、裁判所の許可によって、更新後の建物（残存期間を超えて存続する建物）の再築を可能にする方法を認めました。

　本条は、一方的強行規定です（21条。参照👉No. 154）。借地権者に有利な特約は効力を有しますが、借地権者に不利な特約には効力はありません。

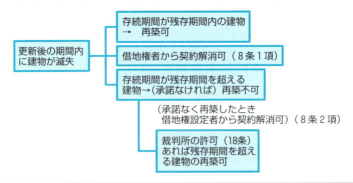

＊1　最初の期間内であれば、借地権設定者の承諾がなくとも建物を再築することができるが（7条。参照👉No. 055）、更新後の期間内に借地権設定者に無断で建物（残存期間を超えて存続すべき建物）を再築すると、借地権設定者には、借地契約を解約する権利（地上権の消滅請求・土地賃貸借の解約申入れ）が付与される（8条2項。参照👉No. 060）。本条に定められた申立ては、この借地権設定者の解約権に対応する仕組みであって、借地権設定者が解約できないとする特約がある場合には、本条の申立てをしなくとも建物を再築できるから、本条の申立ては必要がなくなる（18条「許可の判断」。参照👉No. 132）。

＊2　残存期間内だけ存続する建物の再築は可能といっても、更新後の契約期間は短く設定されており、残存期間だけの短期間存続する建物を建てることは、現実的ではない。

許可の判断

借地権設定者の承諾に代わる許可は、

① 更新の後、建物が滅失し、残存期間を超えて存続すべき建物を新たに築造する必要があること
② 築造にやむを得ない事情があること
③ 借地権設定者がその建物の築造を承諾しないこと
④ 借地権設定者が地上権の消滅の請求または土地の賃貸借の解約の申入れをすることができない旨を定めた場合を除くこと

が要件です（1項）。

やむを得ない事情については、借地権設定者の更新拒絶の利益と借地権者の建物再築の利益のバランスから、諸般の事情を考慮して借地権者が建物を再築しなければならない理由が、借地権設定者が承諾をしない理由を上回ることが必要です。

借地権設定者が地上権消滅請求・土地賃貸借解約申入れができない旨を定めた場合が除外されるのは、再築をしても契約が解約されることはないからです。

申立権者は、借地権者です。転借地権者も含まれます（3項、17条5項）。

裁判所は、建物の状況、建物の滅失があった場合には滅失に至った事情、借地に関する従前の経過、借地権設定者および借地権者（転借地権者を含む）が土地の使用を必要とする事情その他一切の事情を考慮しなければなりません（2項）。

また、転借地権者は、転借地権とあわせて原借地権についても借地権者の承諾に代わる許可を裁判所に求めることができます（3項）。

なお、建物が滅失したときの再築に関する定めは、旧借地法と借地借家法で内容が異なっています[*1]。そのために、本条は、旧借地法のもとで設定された借地権については、適用されないことになっています（借地借家法附則11条）。

第2章 借地の定義規定

＊1 旧借地法における建物滅失に関する規定内容は、次のとおりである。
（ⅰ）期間の定めがない場合には、建物の朽廃が借地権の消滅事由となる（旧借地法2条1項ただし書、5条1項）（借地借家法では、借地権の消滅事由ではない。朽廃を含め、建物が滅失しても、借地権は当然には消滅しない）。
（ⅱ）建物が滅失し、再築した場合、「土地所有者カ遅滞ナク異議ヲ述ヘサリシトキ」に期間が延長することとなっており、延長される期間の起算日は、「建物滅失ノ日」となる（旧借地法7条本文、8条）（借地借家法では、借地権設定者が承諾したときに延長になり、承諾日または建物築造日のいずれか早い日が起算日になる）。
（ⅲ）延長される期間は、堅固建物で30年、非堅固建物で20年である（旧借地法7条本文、8条）（借地借家法では、建物の構造を問わず、20年）。

No.133
付随処分　　残存期間を超えて存続すべき建物の再築を許可することは、借地権者にとっては利益となりますが、他方、借地権設定者にとっては、予想に反する不利益を被ることになります。そこで、裁判所は、当事者間の利益の衡平を図るため必要があるときは、許可にともない、付随処分を命じることができます（1項後段）。付随処分として定められているのは、①借地権の期間として7条1項とは異なる期間の定め、②他の借地条件の変更、③財産上の給付、④その他相当の処分、の4種類です[1][2]。

＊1　ほかの借地非訟手続の付随処分と比較すると、17条3項（借地条件変更・増改築許可。参照 No.128）には①がなく、19条1項後段・20条1項後段（譲渡・転貸の許可。参照 No.141、No.148）には、①と④がない。
＊2　賃借権譲渡の承諾料（名義書換料）に関する裁判所の判断については、渡辺晋・山本幸太郎「改訂版 土地賃貸借」468頁～470頁大成出版社に、事例を掲げた。

No.134
存続期間　　建物が滅失したときの建物の再築について、借地権設定者の承諾があるときは、更新後の期間であっても、7条1項が適用になり、借地期間は、20年間延長します（借地権の存続期間内の法定更新。参照 No.056）。

　裁判所により許可の裁判がなされた場合も、借地権設定者の承諾があったものとみなされるので、借地期間は、裁判のあった日から20年間延長されることになります（7条1項）。また、裁判所は、必要があるときは、許可に

ともない、延長すべき借地権の期間として７条１項の規定による期間と異なる期間を定めることも可能です（１項後段）。

第2章 借地の定義規定

第19条（土地の賃借権の譲渡又は転貸の許可）

1 借地権者が賃借権の目的である土地の上の建物を第三者に譲渡しようとする場合において、その第三者が賃借権を取得し、又は転借をしても借地権設定者に不利となるおそれがないにもかかわらず、借地権設定者がその賃借権の譲渡又は転貸を承諾しないときは、裁判所は、借地権者の申立てにより、借地権設定者の承諾に代わる許可を与えることができる。この場合において、当事者間の利益の衡平を図るため必要があるときは、賃借権の譲渡若しくは転貸を条件とする借地条件の変更を命じ、又はその許可を財産上の給付に係らしめることができる。

2 裁判所は、前項の裁判をするには、賃借権の残存期間、借地に関する従前の経過、賃借権の譲渡又は転貸を必要とする事情その他一切の事情を考慮しなければならない。

3 第1項の申立てがあった場合において、裁判所が定める期間内に借地権設定者が自ら建物の譲渡及び賃借権の譲渡又は転貸を受ける旨の申立てをしたときは、裁判所は、同項の規定にかかわらず、相当の対価及び転貸の条件を定めて、これを命ずることができる。この裁判においては、当事者双方に対し、その義務を同時に履行すべきことを命ずることができる。

4 前項の申立ては、第1項の申立てが取り下げられたとき、又は不適法として却下されたときは、その効力を失う。

5 第3項の裁判があった後は、第1項又は第3項の申立ては、当事者の合意がある場合でなければ取り下げることができない。

6 裁判所は、特に必要がないと認める場合を除き、第1項又は第3項の裁判をする前に鑑定委員会の意見を聴かなければならない。

7 前各項の規定は、転借地権が設定されている場合における転借地権者と借地権設定者との間について準用する。ただし、借地権設定者が第3項の申立てをするには、借地権者の承諾を得なければならない。

意 義

(1) 原則
① 投下資本回収の必要性

　借地権者は、生活や営業のため、建物を所有することを目的として借地関係に入ります。借地関係の開始にあたっては、通常、建物の建築資金など、多額の資本が投下されます。

　しかし、多額の資本を投下して借地関係に入っても、時の経過とともに、投下資本を回収する必要性が生ずることは否定できません。

　借地権者が投下資本を回収するための主な手段は建物譲渡であるところ、建物は借地権者の所有ですから、自由に処分することができます。これに対し、建物が譲渡されると、借地権についても、譲渡・転貸が生じますが*1*2*3、借地権については、建物所有権とは異なり、必ずしも自由に処分することができるとは限りません。そこで、借地権の譲渡や転貸が生じる場合の法律関係の検討が必要になります。

【投下資本回収の必要性】

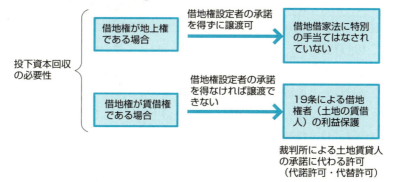

② 借地権が地上権の場合

　借地権が地上権の場合、地上権は物権ですから、自由に処分することができます（参照 👍 No. 010）。地上権の譲渡・転貸には、地上権設定者の承諾は不要です。

　地上権者が建物を譲渡すれば、建物の所有権が譲受人に移転するととも

第2章 借地の定義規定

に、地上権設定者の承諾の有無を問わず、当然に地上権が建物譲受人に移転します。地上権設定者の意向に反して、地上権者が建物の譲渡や地上権の譲渡をしたとしても、地上権設定者がこれらの行為を否定することはできません。

No.137 **③ 借地権が賃借権の場合**

　一方で、借地権が賃借権の場合、賃貸人の承諾を得なければ、譲渡・転貸をすることはできません（賃借権の無断譲渡・無断転貸禁止の原則）（民法612条1項）。借地権が賃借権である場合に借地権者が借地上の建物を譲渡すると、譲渡にともなって賃借権も譲渡されることになるのであって、賃借権の無断譲渡・無断転貸は、契約の解除事由ともなってしまいます（同法612条1項・2項）[4][5]。

No.138 **(2) 特例の必要性**

借地権が賃借権の場合、民法の原則からすると、賃借権の譲渡・転貸に土地賃貸人の承諾を必要とするため、借地権が賃借権であるときには投下資本の回収可能性が、土地賃貸人の意向次第となってしまいます。しかしこの結果は、土地賃借人にとって不利益であり、同時に、社会経済的な損失です。

そこで、本条は、建物の譲渡人である土地賃借人の申立てに基づき、裁判所が土地賃貸人の承諾に代わる許可を与えることができるものとして、土地賃借人の利益を保護し、あわせて、社会経済上の損失も回避することとしました（代諾許可・代替許可）。本条は旧借地法9条ノ2、9条ノ4を引き継ぐ規定です。

借地権が地上権の場合には、本条は適用されません（代諾許可を求める必要がない）。

また、建物の賃貸借については、賃借権の譲渡・転貸に関し、裁判所が、賃貸人の承諾に代わる許可ができるとの規定は設けられていません。

本条の適用があるのは、建物が売買・贈与・交換などの任意譲渡によって第三者に移転する場合です。建物所有権の移転が、相続に基づく場合には、

本条の許可は必要ありません。また、建物が競売・公売によって第三者に移転する場合は、本条ではなく、次条の許可の問題となります（参照👉No. 145）。

本条の定めは、一方的強行規定です（21条。参照👉No. 155）。借地権者に有利な特約は効力を有しますが、借地権者に不利な特約には効力はありません。

＊1　建物は土地の利用権がなければ存立し得ないから、建物の譲渡は、特別の事情のない限り借地権の譲渡を伴うことになる（大判昭和2.4.25民集6巻182頁、最判昭和39.12.11）。

＊2　賃借権も、賃貸人の承諾があれば、譲渡が可能である。譲渡を承諾するための賃貸人の承諾は、明示でなく、黙示の場合もある（大阪高判昭和29.7.20）。

＊3　借地上建物を第三者に賃貸し使用させることも、ひとつの投下資本の回収方法である。借地権者が、借地上の建物を第三者に賃貸することは、借地権者と借地権設定者との間の借地の利用関係に何らの変更を及ぼさないものであり、土地の賃借人は、土地の賃貸人の承諾を得なくとも、建物を賃貸することが可能である。

＊4　賃借権の無断譲渡・無断転貸禁止の原則には、「信頼関係不破壊の法理」という例外がある。信頼関係不破壊の法理とは、賃借権の無断譲渡または無断転貸があったとしても、その無断譲渡、転貸が、賃貸人に対する背信的行為と認めるに足りない特段の事情があるときは、契約を解除することはできないとする法理である。多くの裁判例が積み重ねられ、確定した判例法理となっている（最判昭和28.9.25）。

＊5　東京地判平成23.4.5、東京地判平成24.10.31、東京地判平成25.4.18は、賃貸人の承諾のない土地賃借権の譲渡について背信性の有無が争いになり、背信性が認められない特段の事情はないと判断された事案であるところ、特段の事情がないとの判断するに至る理由中で、本条の規律があるにもかかわらず利用されなかったことに言及している。

許可の申立てと許可の裁判

(1) 許可の申立て

本条は、建物譲渡に先立つ事前の手続きを定めるものであり、申立権者は、土地の賃借人（建物の譲渡人である借地権者）です（1項前段）＊1。事後に建物の譲受人が承諾を求めることはできません＊2。借地権設定者が承諾をせず、借地権者がこれに代わる許可の裁判を申し立てないとしても、建物の譲受人が、借地権者に代位して本条の申立てをすること（民法423条）は認められません（大阪高決昭和61.3.17、東京地判昭和43.9.2）。

第2章 借地の定義規定

土地の転借人も、転借地上の建物を譲渡しようとするときは、本条の申立てができます（7項本文）。

申立ては、建物・土地賃借権の譲渡、土地の転貸の前にしなければなりません（東京高判昭和45.9.17）。建物の譲渡がなされた後の申立ては、不適法として却下されます（東京地判昭和43.3.4）。

借地上に建物が存在しない場合には、申立てはできません。

No.140 **(2) 許可の裁判**

本条に基づく借地権設定者の承諾に代わる許可は、次の①〜③が要件です（1項前段）[*3]。

① **借地上の建物を第三者に譲渡しようとする場合であること**

第三者は特定されていなければなりません。譲渡は、売買などの有償契約による場合のほか、贈与などの無償による場合も含まれます。時効取得や相続は、譲渡には含まれません。

② **第三者が賃借権を取得し、または転借をしても借地権設定者に不利となるおそれがないこと**

不利となるおそれの判断においては、賃借権の譲受人・転借人の資力、借地の利用状況の変化、譲受人・転借人の人的信頼関係が問題とされます。人的信頼関係については、『賃貸人が譲受予定者との間の信頼関係を維持していくことができない虞がないと客観的に認められる場合であること』を要します（東京地決昭和51.9.24）。譲受人の夫が暴力団の幹部で不動産侵奪罪の疑いで逮捕されたことが新聞紙上に大きく報道されている場合について、譲受人に資力があっても、不利となるおそれがあるものとされました（競売手続の買受人の取得に関する名古屋地決昭和43.11.28）。

③ **借地権設定者がその賃借権の譲渡または転貸を承諾しないこと**

借地権設定者の承諾の存否に争いがあるときや、承諾の存否が不明であるときにも、申立ての利益があるとされています。

裁判所が、許可の裁判をするには、賃借権の残存期間、借地に関する従

前の経過、賃借権の譲渡または転貸を必要とする事情その他一切の事情を考慮しなければなりません（2項）。

　裁判所は、特に必要がないと認める場合を除き、裁判をする前に鑑定委員会の意見を聴かなければなりません（6項）。

【19条に基づく借地権設定者の承諾に代わる許可の要件】

① 借地上の建物を第三者に譲渡しようとしていること
② 第三者が賃借権取得・転借しても借地権設定者に不利となるおそれがないこと
③ 借地権設定者が賃借権譲渡・転貸を承諾しないこと

* 1　大阪高判平成2.3.23では、借地権者と借地上の建物所有者とが異なり、建物所有者が転借人でない場合において、この両名が共同でした賃借譲渡許可の申立てが認められている。
* 2　建物の譲渡担保権者も、建物の譲受人だから、申立権は否定される（大阪高決昭和61.3.17）。
* 3　本条の申立てが認められた事例として、東京地裁八王子支部判平成14.9.4がある。

　ところで、許可の裁判については、裁判によって賃借権譲渡の効果が直ちに生じるものではなく、また許可の裁判を得ても借地権者に対し賃借権の譲渡を強制するものでもありません。この点は、許可申立事件が民事調停に付され、民事調停法17条の規定に基づく調停に代わる決定において、借地権設定者が賃借権の譲渡を認めた場合についても同様です（東京地判令和3.9.22甲-2021WLJPCA09228004）。

　また、賃借人の地位の移転の効力は生じておらず、借地契約が存続しているとしても、それによって直ちに承諾料および解決金の支払義務を定めた決定の主文が失効するものではありません（東京地判令和3.10.28乙-2021WLJPCA10288012）。

第2章 借地の定義規定

No.141 | **付随処分（財産上の給付などの命令）**

裁判所の許可は、土地賃借人の投下資本回収を可能なものとし、社会経済的な要請に沿いますが、一方、土地賃貸人に対しては、裁判所の命令をもって承諾があったと扱うものであり、不利益を強います。

そこで、許可にあたり、当事者間の衡平を保つため必要があるときは、借地条件の変更を命じ[*1]、または許可を財産上の給付に係らしめることができるものとしました（1項後段）。

財産上の給付を判断するにあたっては、賃借権の残存期間、借地に関する従前の経過、賃借権の譲渡または転貸を必要とする事情その他一切の事情が考慮されます。借地に関する従前の経過には、権利金の授受、その額や当事者間の人的関係などがあります。

財産的給付の額としては、借地権価格の10％相当額を基準とするのが一般的です[*2][*3]。

【19条・20条の許可における財産上の給付】

19条・20条による財産上の給付の基準（東京地裁における一般的な取扱い）	裁判所が、土地賃貸人の承諾に代わる許可を与える場合	借地権価格の10％相当額

- [*1] 当事者間の利益の衡平を図るための借地条件の変更としては、賃料の改定・賃貸期間の変更などが考えられる。
- [*2] 譲受予定者が土地賃借人の子や配偶者である場合には、子や配偶者が推定相続人であり、後日賃借人に相続が生ずれば、当然に権利を取得することを考慮のうえ、財産的給付の額も比較的低額とされる。借地権価格の3％前後が多い。
- [*3] 東京地判平成25.6.17は、非訟事件手続において、財産的給付（譲渡承諾料）の決定がなされ、譲渡承諾料を供託しながら、後日承諾料が取り戻されたというケースにおいて、土地賃貸権の無断譲渡を理由とする契約の解除が肯定されている。

No.142 | **優先譲受の申立て**

土地賃借人から裁判所に許可の申立てがなされた場合、これに対抗し、土地賃貸人は、裁判所が定める期

間内に、自らに対して賃借権の譲渡または転貸をするよう申し立てることができます（3項前段）。介入権の行使ともいわれます。借地契約において無条件で借地権譲渡を承諾する特約が付されている場合には、借地権の譲渡が民法612条によって制限されることがなく、借地契約の解除原因にならないことから、この申立ては否定されます（東京高決平成30.10.24[*1]）。

　土地賃貸人に対する借地権の譲渡・転貸を命じる裁判にあたっては、裁判所は相当の対価および転貸の条件を定めることができます。相当の対価は、建物譲渡代金に賃借権譲渡代金を足したものになります。

　この申立ては、土地賃借人の許可の申立てに対する土地賃貸人の対抗手段ですので、1項の土地賃借人の申立てが取り下げられた後は、土地賃貸人が本項の申立てをすることはできません（4項）。

　また、いったん1項または3項の申立てが認められた後は、当事者の合意がある場合でなければ申立てを取り下げることはできません（5項）。

　この裁判においては、当事者双方に対し、その義務を同時に履行すべきことを命ずることができます（3項後段）。

　借地権者が、賃借権の目的である土地と他の土地とにまたがって建築されている建物（またがり建物）を第三者に譲渡するために、1項に基づき、賃借権の譲渡の承諾に代わる許可を求める旨の申立てをした場合において、借地権設定者が、3項に基づき、自ら建物および賃借権の譲渡を受ける旨を申し立てた事案がありましたが、『裁判所は、法律上、賃借権及びその目的である土地上の建物を借地権設定者へ譲渡することを命ずる権限を付与されているが（3項）、賃借権の目的外の土地上の建物部分やその敷地の利用権を譲渡することを命ずる権限など、それ以外の権限は付与されていないので、借地権設定者の申立ては、裁判所に権限のない事項を命ずることを求めるものといわざるを得ない』として、借地権設定者の申立てを否定しています（最決平成19.12.4甲）（またがり建物の建物買取請求権について、参照👍No. 114、またがり建物の増改築の許可について、参照👍No. 127）。

第2章 借地の定義規定

---

*1 東京高決平成30.10.24については、渡辺晋「不動産鑑定61巻2号」43頁、住宅新報出版、および同「不動産判例100」224頁、日本加除出版で解説した。

No.143 転借人の申立て　借地に転貸借権が設定されていて、土地転貸人（土地の原賃借人）が譲渡・転貸を承諾しない場合、土地転借人は、土地転貸人（土地の原賃借人）に対し、1項前段に基づいて、裁判所に許可を申し立てることができます。

ところで、転借権の譲渡・転貸には、土地転貸人（土地の原賃借人）だけではなく、土地の原賃貸人の承諾も必要です。しかし、土地の原賃貸人の承諾については、土地転借人は、土地の原賃貸人との間に直接の契約関係がないため、1項がそのまま適用にはなりません。

そこで7項本文は、土地転借人と土地の原賃貸人との関係においても、1項を準用し、土地転借人が裁判所に許可の申立てをすることができるものとしました。

この場合、土地の原賃貸人は、優先譲受の申立て（介入権の行使）をすることもできますが、この申立てをするには、土地の原賃借人（土地転貸人）の承諾が必要です（7項ただし書・3項）。

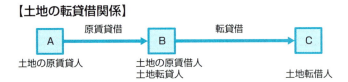

第20条（建物競売等の場合における土地の賃借権の譲渡の許可）

1 　第三者が賃借権の目的である土地の上の建物を競売又は公売により取得した場合において、その第三者が賃借権を取得しても借地権設定者に不利となるおそれがないにもかかわらず、借地権設定者がその賃借権の譲渡を承諾しないときは、裁判所は、その第三者の申立てにより、借地権設定者の承諾に代わる許可を与えることができる。この場合において、当事者間の利益の衡平を図るため必要があるときは、借地条件を変更し、又は財産上の給付を命ずることができる。

2 　前条第2項から第6項までの規定は、前項の申立てがあった場合に準用する。

3 　第1項の申立ては、建物の代金を支払った後2月以内に限り、することができる。

4 　民事調停法（昭和26年法律第222号）第19条の規定は、同条に規定する期間内に第1項の申立てをした場合に準用する。

5 　前各項の規定は、転借地権者から競売又は公売により建物を取得した第三者と借地権設定者との間について準用する。ただし、借地権設定者が第2項において準用する前条第3項の申立てをするには、借地権者の承諾を得なければならない。

意　義

競売・公売によって借地上の建物の所有権が買受人に移転 No.144 したときも、借地権は買受人に移転しますが[*1]、競売・公売であっても、借地権が土地賃借権である場合には、土地賃貸人の承諾がなければ、買受人は借地権者となることはできません[*2*3]。

　しかし、土地賃貸人の承諾を得られず、買受人が借地権を取得できないことになるなら、借地上の建物の競売・公売には実効性がなくなってしまいます。

　また競売・公売の場合には、建物所有者の申立てを期待することができず、かつ、競売・公売の前に買受人の特定ができないという点において、任意売

第 2 章 借地の定義規定

却とは状況が異なっており、19条をそのまま適用することができません。

そのため、本条において、裁判所が土地の賃貸人の承諾に代わる承諾許可をすることができる制度が定められました。本条は旧借地法9条ノ3、9条ノ4を引き継ぐ規定です*4*5。

本条の定めは、一方的強行規定です（21条。参照 👉 No. 156）。借地権者に有利な特約は効力を有しますが、借地権者に不利な特約には効力はありません。

---

*1　借地上の建物に設定された抵当権の効力は、賃借権に及ぶ（最判昭和40.5.4）。
　　借地上の建物の所有者である土地賃借人が、土地所有者の承諾なく、建物に抵当権等の担保権を設定できるか否かも問題となるが、建物は土地賃借人の所有なので、担保権設定は自由であり、土地所有者の承諾は不要とされている。借地上の建物に担保権を設定しただけでは、土地賃借人は、土地の賃貸借契約における賃借人の義務に違反するわけではない（東京地判平成25.8.8-2013WLJPCA08088011）。本条も、このことを前提としている。
*2　土地賃貸人（土地所有者）が賃借権の譲渡を承諾すれば、土地所有者と建物買受人の間に土地の賃貸借関係が生じる。
*3　競売とは、民事執行法による強制競売（民事執行法45条～）、担保権実行としての競売（同法181条～）、形式的競売（同法195条）をいい、公売とは、国税徴収法、地方税法等による滞納処分としての公売およびそれらの滞納処分の例による公売をいう。仮登記担保権者、譲渡担保権者は、いずれも権利を実行して借地上の建物を取得した場合であっても、本条の類推による許可を求めることは認められない（東京高決昭和56.8.26、大阪高決昭和61.3.17）。
*4　借地権が地上権の場合には、本条は適用されない。
*5　本条は、借地上の建物の競売・公売による権利移転に伴う賃借権譲渡を問題としている。19条とは異なり、転貸は問題とならない。

No.145 | **許可の申立てと
許可の裁判**

(1) 許可の申立て

本条は、第三者が建物を取得した場合の事後的な手続きを定めるものであり、申立権者は、建物の取得者である買受人です。競売手続では、代金を納付したときに買受人に所有権が移転しますから（民事執行法79条、188条）、代金納付によって、申立てが可能になります。

事前に借地権者が承諾を求めることはできません。競売・公売による買受

人から建物を譲り受けた転得者にも、申立権はありません（東京高決平成12.10.27）。転得者が建物取得者を代位して権利を行使することもできないと解されています。

また本条は、建物の買受人の申立てを認めてその保護を図っていますが、他方、買受け後いつまでも土地賃借権譲渡許可の申立てがなされる可能性が残っているのでは、借地権設定者の地位は安定しません。そこで、3項は、買受人は、建物の代金支払後2か月以内に限り、本条の申立てをすることができることとしました（東京地判昭和54.11.14）。この期間制限により、借地権設定者が不安定な地位にとどまることを回避できます。

申立て期間は当事者が任意に伸長することはできません。東京地判平成10.10.19では、『借地借家法20条3項は、法律関係が長期にわたり不確定な状態にあることを避けるため、第三者が借地上の建物を競売・公売で取得した場合、賃貸人の借地権譲渡承諾に代わる裁判所の許可を求める申立ての期間を、競落人が建物の代金を支払った後2か月以内に限ると規定している。したがって、右期間は当事者が任意に伸長したり猶予を与えたりすることはできない』と述べられています。

なお、土地賃借権譲渡の紛争について調停が申し立てられるときは、調停終了は建物代金支払後2か月経過より後となることが予想されます。そこで、調停不成立または失効の場合には、その通知から2週間以内に訴えを提起すれば、調停申立ての時点で訴えを提起したものとみなされるものとしています（4項、民事調停法19条）。

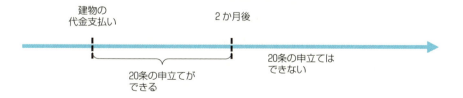

第2章 借地の定義規定

No.146(2) **許可の裁判**

借地権設定者の承諾に代わる許可は、①借地上の建物を、第三者が競売・公売により取得したこと、②第三者が賃借権を取得しても借地権設定者に不利となるおそれがないこと、③借地権設定者がその賃借権の譲渡を承諾しないこと、の3つが要件です（1項前段）。

① **借地上の建物を、第三者が競売・公売により取得したこと**

東京地判平成17.7.19は、区分所有法63条5項に基づく売渡請求権の行使により敷地利用権である賃借権が移転した場合について、本条の競売・公売にはあたらないけれども、譲渡人の意思にかかわりなく賃借権が譲渡される点において同様であることを理由に、本条の類推適用を認めています。

② **第三者が賃借権を取得しても借地権設定者に不利となるおそれがないこと**

借地権設定者に不利となるおそれは、買受人の賃料支払能力と人的信頼性から判断されます。悪徳競売屋、執行屋などといわれる第三者が賃借権の取得者となることは、借地権設定者に不利となるおそれがあるとされます。東京高判平成元.11.7では、買受人が建物につき多額の債務を担保するための抵当権を設定したうえでなした申立てを土地賃貸人に不利となるおそれがあるものとして却下し、名古屋地決昭和43.11.28では、買受人の夫がいわゆる暴力団の幹部で不動産侵奪罪の疑いで逮捕されたことがあることから、申立てが棄却されています。

③ **借地権設定者が賃借権の譲渡を承諾しないこと**

借地権設定者が賃借権の譲渡を承諾しないこともまた、許可の要件です。したがって、申立て前に、借地権設定者に対して譲渡承諾を求める必要があり、承諾を得られない場合にはじめて、本条の申立てが可能になります。

裁判所が、許可の裁判をするには、賃借権の残存期間、借地に関する従前の経過、賃借権の譲渡または転貸を必要とする事情その他一切の事情を考慮

しなければなりません（2項、19条2項）。

　裁判所は、特に必要がないと認める場合を除き、裁判をする前に鑑定委員会の意見を聴かなければなりません（2項、19条6項）。

　賃借権の目的である土地と他の土地とにまたがって建築されている建物を競売により取得した買受人が、1項の申立てをした場合において、借地権設定者が、2項、19条3項に基づき、自ら当該建物および賃借権の譲渡を受ける旨の申立てをすることは許されないとされました（最判平成19.12.4乙）。

土地賃貸人からの明渡し請求

　強制競売手続によって借地上の建物を買い受けたけれども、本条の申立てをしていない（または許可を得ていない）場合の土地所有者（土地賃貸人）と建物買受人の法律関係が問題となります。

　まず、本来、土地所有者の承諾がなければ、土地賃借権を土地所有者に対抗できません。土地所有者は、原則として、賃借権の無断譲渡を理由に、土地賃貸借を解除し、明渡しを求めることができることになります[*1]。

　しかし、本条の申立てがなされ、裁判所の許可があれば、土地所有者の承諾があったことになります。建物代金納付後2か月間は、本条の申立てが可能なので、この期間内は、土地所有者は解除ができないものと解されています。

　また、建物買受人による申立てがなされ、裁判手続が係属している間も、建物買受人に対し、土地明渡し建物収去の権利行使をすることは許されません（東京高判昭和54.12.11）。東京高判昭和47.3.31は、『一般に、借地法9条ノ3（借地借家法では本条）による申立てがされたとき、その裁判確定までの間の建物競落人の敷地占有を無権原のものとして、ただちに所有者（賃貸人）への明渡しならびに損害金の支払を実行させるならば、競落人がのちに譲渡許可の裁判を得ても占有の回復等に困難をきたすことは必定であるし、また同条の立法趣旨が競落人の敷地利用権の安定をはかるにあることは疑のないところであるから、同条の裁判手続進行中は競落人の敷地占有は違

第2章 借地の定義規定

法性を欠き、土地所有者（賃貸人）が明渡し請求権ならびにこれに附随する損害賠償請求権を行使することは許されない』と判示しています。

＊1　東京高判平成17.4.27は、土地所有者の承諾を得られず、かつ、本条の申立てもなかったケースにおいて、土地所有者から、買受人に対する建物収去土地明渡しを認めている。

No.148
付随処分　競売・公売に関しての裁判所の許可が、土地賃貸人に対して不利益を強いるものであることは、任意売却における許可の場合と異なりません。そこで、許可にあたり、当事者間の衡平を保つため必要があるときは、借地条件の変更を命じ、または財産上の給付を命じることができるものとしました（20条1項後段）。

　財産上の給付を判断するにあたっては、賃借権の残存期間、借地に関する従前の経過、賃借権の譲渡または転貸を必要とする事情その他一切の事情が考慮されます。借地に関する従前の経過には、権利金の授受、その額や当事者間の人的関係などが含まれます。

　財産的給付の額としては、19条の譲渡許可の場合と同様、借地権価格の10％相当額の財産的給付が一般的な基準となっています。

　最決平成13.11.21は、『裁判所は、旧賃借人が交付していた敷金の額、第三者の経済的信用、敷金に関する地域的な相場等の一切の事情を考慮した上で、法20条1項後段の付随的裁判の1つとして、当該事案に応じた相当な額の敷金を差し入れるべき旨を定め、第三者に対してその交付を命ずることができる』として、敷金の差入れを命じることもできるとしています。

No.149
優先譲受の申立て　建物の買受人が裁判所に許可の申立てをした場合、これに対抗し、土地賃貸人は、裁判所が定める期間内に、自らに対して賃借権の譲渡または転貸をするよう申し立てることができます（2項、19条3項前段）。

　この申立ては、買受人の許可の申立てに対する土地賃貸人の対抗手段です

ので、買受人の申立てが取り下げられた後は、この申立てをすることはできません（2項、19条4項）。

　また、いったん申立てが認められた後は、当事者の合意がある場合でなければ申立てを取り下げることはできません（2項、19条5項）。

　この裁判においては、当事者双方に対し、その義務を同時に履行すべきことを命ずることができます（2項、19条3項後段）。

転借地権者からの競売・公売による建物取得 No.150

　土地について、Cのために転借地権が設定されて、Cが借地上に建物を所有している場合であって（土地所有者A、借地権者B、転借地権者C）、Cの所有する建物が競売・公売になるケース（建物買受人D）もあります。このケースでは、Dが転借権を取得するには、AとBの両方の承諾が必要です。

　Dは、Bに対しては、1項によって承諾に代わる裁判を申し立てられますが、1項だけでは、Aに対しては、申立てをすることができません。

　そこで、5項が、転借地権が設定されているときには、建物買受人と借地権設定者の間に本条各項が準用されるとして、DのAに対する申立てを可能にしています。

　建物買受人から借地権設定者に対して承諾に代わる裁判の申立てがなされたときも、借地権設定者は優先譲受を申し立てることが可能ですが、借地権設定者の優先譲受の申立てには、借地権者の承諾が必要となります（5項ただし書）。

　なお、5項に基づき買受人が許可を申し立てられるのは、有償の転借地権に限られます。借地権者から無償で使用借権の設定を受けた者が所有する建物を競売・公売で取得した買受人は、申立てを行うことはできません（東京地判昭和56.3.19）。

第2章 借地の定義規定

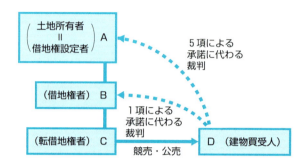

No.151 **19条と20条の比較**

19条と20条（本条）は、いずれも借地権の対象が賃借権である場合の定めである点において、共通です。

他方、次の3点において、異なっています。

(1) **適用の場面**

19条は借地権者が任意に土地上の建物を第三者に譲渡しようとする場面で適用になりますが、20条は第三者が土地上の建物を競売または公売によって取得する場面で適用になります。

(2) **申立ての時期**

19条は建物が譲渡される前に申し立てる必要がありますが、20条は競売または公売によって第三者が建物を買い受けた後に申し立てることになります。

(3) **申立権者**

19条では建物の譲渡人が申し立てますが、20条では競売または公売による建物の買受人が申し立てることになります。

【19条と20条の比較】

	適用の場面	時　期	申立権者
19条の許可の申立て	土地上の建物を任意譲渡しようとするとき	事前（建物譲渡の前）	建物の譲渡人
20条の許可の申立て	土地上の建物を競売・公売で取得したとき	事後（競売・公売の後）	競売・公売による建物の買受人

【借地権の種類と19条・20条の代諾許可】

借地権の種類	自由譲渡性	特例の必要性
地上権	設定者の承諾は不要（自由に譲渡できる）	特例は不要（代諾許可・代替許可は申し立てられない）
賃借権	設定者の承諾が必要（自由に譲渡できない）	特例が必要（代諾許可・代替許可を申し立てられる）

第2章　借地の定義規定

第21条（強行規定）

　第17条から第19条までの規定に反する特約で借地権者又は転借地権者に不利なものは、無効とする。

No.152
一方的強行規定

　本条は、事情変更による借地条件の変更および増改築の許可（17条。参照👍No.124）、借地契約更新後の建物の再築の許可（18条。参照👍No.131）、土地の賃借権の譲渡または転貸の許可（19条。参照👍No.140）のそれぞれの定めについて、一方的強行規定であることを宣言する規定であり（一方的強行規定について、参照👍No.062）。借地権者等に不利なものは無効、借地権者等に有利なものは有効です。旧借地法11条を受け継ぐ規定です。

　本条によって、無効となるのは、その特約のみです。それを除いた借地権の設定自体は有効なものとして効力を生じます（稲本＝澤野編「コンメンタール借地借家法第4版」125頁、日本評論社）。

No.153
借地条件の変更および増改築の許可（17条）

　17条は、借地条件の変更および増改築の許可を定めています（参照👍No.124）。17条と異なる特約としては、許可申立てをしない合意（事情変更があっても借地条件変更の許可申立てをしない、増改築について許可申立てをしない特約）、および許可申立てを制限する合意（法令による土地利用の規制の変更の場合にだけ借地条件の変更の裁判の申立てができるとする旨の特約、一定の場合に限って増改築の許可の裁判の申立てができるとする旨の特約）が考えられます。

　17条の規定は、借地上の建物の種類、構造、規模または用途を制限する旨の特約や無断増改築禁止特約の存在を前提にしているところ、本条は、これらの特約自体の有効性を問題にするものではありません。これらの特約については、それぞれの有効性の問題としての、検討を要します。

162

更新後の建物の再築の許可（18条）　18条は、借地契約の更新後の建物の再築の許可を定め [No.154] ています（参照 👍 No. 131）。18条に反する特約としては、借地契約の更新後、借地上の建物が滅失したときは、建物再築のための許可を申し立てない合意などが想定されます。このような特約は借地権者等に不利なものとして無効です。

土地の賃借権の譲渡または転貸の許可（19条）　19条は、土地の賃借権の譲渡または転貸の許 [No.155] 可を定めています（参照 👍 No. 140）。19条に反するのは、土地の賃借権の譲渡・転貸について裁判所に承諾に代わる許可申立てをしないなどの特約です（東京地判令和3.9.28甲-2021WLJPCA092 88004）。このような特約に効力がなく、特約があったとしても当事者は借地条件変更・借地契約の更新後の建物の再築の許可・土地賃借権の譲渡許可を申し立てることができます。

建物競売・公売に伴う土地の賃借権の譲渡の許可（20条）　本条には20条が掲げられていません（参照 [No.156] 👍 No. 144）。しかし、本条の対象から20条がはずれているのは、建物競売・公売に伴う土地の賃借権の譲渡の許可については、その申立人は競落人・買受人であって、借地契約における特約とはかかわりがないため（または、特約の効力が、競売・公売による建物買受人には及ばないため）であるにすぎません。賃借人が地上建物に抵当権を設定したときは、賃貸人は催告を要せず賃貸借契約を解除できる旨の特約の効力を否定した浦和地判昭和60.9.30では、『借地法9条ノ3（借地借家法では20条）が定める建物の競落以前の段階たる借地人の抵当権設定そのものを禁止する本件特約には、同法11条（借地借家法では本条）の趣旨が及び、本件特約は、借地人が所有建物に抵当権を設定して金員を借入れようとすることを妨げる点において借地権者に不利であるといえるから、無効である』と述べて、建物競売等の場合における土地の賃借権の譲渡の許可の制度（20条）がある以上は、この許可の制度の利用を禁止することはできないとしています。

第4節 定期借地権等

第22条（定期借地権）

1　存続期間を50年以上として借地権を設定する場合においては、第9条及び第16条の規定にかかわらず、契約の更新（更新の請求及び土地の使用の継続によるものを含む。次条第1項において同じ。）及び建物の築造による存続期間の延長がなく、並びに第13条の規定による買取りの請求をしないこととする旨を定めることができる。この場合においては、その特約は、公正証書による等書面によってしなければならない。

2　前項前段の特約がその内容を記録した電磁的記録（電子的方式、磁気的方式その他人の知覚によっては認識することができない方式で作られる記録であって、電子計算機による情報処理の用に供されるものをいう。第38条第2項及び第39条第3項において同じ。）によってされたときは、その特約は、書面によってされたものとみなして、前項後段の規定を適用する。

No.157 意義　　旧借地法のもと、借地契約は期間が満了しても正当事由がなければ更新を拒絶できないものとされ、借地権者を保護するための強固な制度が確立されました。正当事由は容易には認められません（参照👉No. 042）。借地権の存続期間が満了しても借地権は消滅せず、土地はいったん賃貸すると事実上、土地所有者に返還されなくなりました。

　この結果は、借地権者保護に資するものですが、他方で土地所有者が土地を賃貸しなくなる事態を招き、本来活用されるべき土地が活用されないという社会的な弊害が引き起こされてしまいました。土地利用者の保護を図る制度によって、土地利用が阻害されるのは、本末転倒です。借地権者の保護がいきすぎ、弊害が生じていたわけです。

このような過度の保護による弊害を避け、土地の供給を促すことが社会経済的な利益であるという認識のもと、借地借家法の制定（平成3年10月公布、平成4年8月施行）に際し、期間満了等一定期間経過後、確定的に借地関係が終了し、土地が返還される契約形態が新設されました。これが、本条から24条までに定める定期借地権（広義の定期借地権）です。

　広義において定期借地権と総称される制度には、一般定期借地権、事業用定期借地権、建物譲渡特約付借地権の3つがあり、本条から24条までの3つの条文に定められています[*1]。

　広義の定期借地権は、予定された借地期間が経過すれば確定的に借地関係が終了する点において共通です。更新請求や更新拒絶のための正当事由が要求されません。一定期間の経過によって、必ず土地が返還されます。

　しかし他方、3種類の定期借地権は、それぞれ趣旨が異なることから、要件や手続きが異なっています。

　本条による定期借地権は、一般定期借地権といわれています。

【広義の定期借地権】

---

*1　借地借家法の制定当初、定期借地権の条文は、
　　22条＝一般定期借地権
　　23条＝建物譲渡特約付定期借地権
　　24条＝事業用の借地権
と並べられていたが、平成19年改正により、順序が変更となり、
　　22条＝一般定期借地権
　　23条＝事業用定期借地権等
　　24条＝建物譲渡特約付借地権
と並べ替えられた。
　また、事業用の借地権について、改正前は事業用借地権と呼ばれていたが、改正後は事業用定期借地権と称されている。

第2章 借地の定義規定

No.158

一般定期借地権の特色

一般定期借地権の特色は、用途制限がないことと、借地期間が50年以上とされることです。

一般定期借地権には、建物の用途に制限はありません。マンションや一戸建てなど住居系の建物に限らず、オフィスビル、商業施設、ホテル、工場、倉庫など、どんな建物の建築を目的とする借地契約にも利用が可能です。

また、一般定期借地の借地期間は50年以上でなければなりません。

一般定期借地権であることは不動産登記の登記事項とされており（地上権について、不動産登記法78条3号、賃借権について同法81条8号）、登記をすれば、借地権設定者は、期間満了による借地権の消滅を、第三者に対して、対抗することが可能になります。

No.159

要　件

(1) **概説**

存続期間を50年以上とする借地契約を締結するに際し、①契約の更新がない、②建物の築造による期間の延長がない、③建物買取請求をしない、という3つの特約（3点セットの特約）をあわせて付した場合には、これらの特約の効力が認められます。契約期間が50年以上で、3点セットの特約を付し、法に定められた方式によって締結された借地契約が、一般定期借地権です。

一般定期借地権を設定するには、

> A．3点セットの特約を付していること
> B．要式性を具備していること

が必要です。

No.160(2) **A．3点セットの特約**

> ① 更新がないとする特約(4条～6条と異なる特約。参照👉 No. 028、No. 036、No. 042)

> ② 建物の築造による期間の延長がないとする特約（7条と異なる特約。参照 👍 No. 055）
>
> ③ 建物買取の請求をしないこととする特約（13条と異なる特約。参照 👍 No. 093）

は、いずれも、借地借家法の定める基本原則と異なる内容をもち、かつ、一方的強行規定に反するものなので、本来、特約の効力は否定されるはずです（9条、16条。参照 👍 No. 062、No. 118）。

　これに対し、1項は、土地が有効に活用されるべきであるという社会経済上の要請から、これらの3つの特約をあわせて定めた場合に限り、特約の効力を肯定しました。3つの特約を借地権設定に際して同時に設定する必要があるかどうかについては、考え方が分かれますが、登記実務においては、3つの特約が不可分的に表示されていなければならないと扱われており、登記の観点からみると、同時設定が求められることになります（山野目章夫「不動産登記法」商事法務、397頁）[*1]。

(3) B. 要式性

No.161

　3点セットの特約は、書面によってなされていることが必要です。条文上公正証書が示されていますが、公正証書は書面の例示であって、公正証書ではない書面による特約であっても、かまいません[*2]。

　法律行為について、一定の形式を必要とされているものを要式行為といいます。3点セットの特約については、書面によることが必要とされているので、要式行為です。

[*1]　不動産登記令7条1項五号ロ・別表33項添付情報欄イは、登記申請のための必要書類について、「借地借家法第22条1項前段の定めがある地上権の設定にあっては、同項後段の書面又は同条2項の電磁的記録及びその他の登記原因を証する情報」をその申請情報と併せて登記所に提供しなければならないものとしている。

[*2]　一般定期借地権設定契約では、通常は、3点セットを含む契約全体が書面によって締

第2章　借地の定義規定

結されるが、法文上は、3点セットの特約は書面によることが求められるものの、契約内容のうち、3点セット以外の部分が書面であることは、求められていない（本条1項後段）。

No.162 **デジタル社会に対応する法整備**　現代社会においては、デジタル情報を利用した仕組みは、日常生活に欠かすことができなくなっています。従前から個別の事項への対応は行われてきましたが、総合的統一的にデジタル社会に対応した法整備を行うために、2021年（令和3年）5月、デジタル社会形成基本法、およびデジタル社会の形成を図るための関係法律の整備に関する法律（デジタル社会形成整備法）が成立し、公布されました。デジタル社会形成整備法では、行政や民間の各種手続における押印・書面に係る制度の見直しのため、48の法律が一括改正されています。

デジタル社会形成整備法によって、借地借家法も、①一般定期借地権の設定の電子化（22条2項。参照👍 No.163）、②定期建物賃貸借の契約手続等の電子化（38条2項・4項。参照👍 No.292）、③取壊し予定の建物の賃貸借の契約手続等の電子化（39条3項。参照👍 No.307）の3つの制度が改正（ペーパーレス化）されました。借地借家法に関連する改正は、2022年（令和4年）5月から施行されています。

No.163 **一般定期借地権の設定に関する法改正**　3点セットの特約は、公正証書等の書面によってしなければなりません（1項後段）。この点について、改正によって、2項に「その内容を記録した電磁的記録（電子的方式、磁気的方式その他人の知覚によっては認識することができない方式で作られる記録であって、電子計算機による情報処理の用に供されるもの）によってされたときは、その特約は、書面によってされたものとみなして、前項後段の規定を適用する」とする条文が付け加えられました。3点セットの特約についても電磁的記録によって設定することが可能になり、ペーパーレス化が実現しました。

| **効　果** | 本条の適用がある場合には、①更新がない、②建物の築造 No.164 |

による期間の延長がない、③建物買取請求をしないという
3点セットの特約の効果が認められます。

その他の事項については、借地借家法が適用されます。例えば、東京地判平成19.11.29乙では、一般定期借地権について、賃料減額請求の規定（11条。参照👍 No. 080）の適用が認められています。

| **普通借地から定期**
借地への切替え | 従来普通借地として土地の賃貸借契約が継続している No.165
場面において、普通借地を終了させ、新たに定期借地 |

としての土地の賃貸借契約を締結すること（普通借地から定期借地への切替え）についても、特に禁止されるものではなく、当事者の合意によって行うことができます。

しかし、定期借地は、普通借地に比べると、賃借人にとって不利な契約です。東京地判平成29.12.12甲では、『更新が認められる借地権と、たとえ50年以上とはいえ期間満了後の契約更新が認められない定期借地権とでは、一般には後者の方が賃貸人にとって有利な制度であり、従前から借地関係が存在している当事者間においては、相応の合理的理由があり、その中で、当事者間で真に合意されたといえる場合でなければ、別途契約を締結し直すことにより定期借地権に切り替える旨の合意が有効とはならない』として、普通借地から定期借地への切替えは、①相応の合理的理由があり、②当事者間で真に合意されたといえることという2つの要件を満たすことが必要であると論じられています[1]。

＊1　東京地判平成29.12.12については、渡辺晋「不動産判例100」221頁、日本加除出版で解説した。

第2章 借地の定義規定

第23条（事業用定期借地権等）

1　専ら事業の用に供する建物（居住の用に供するものを除く。次項において同じ。）の所有を目的とし、かつ、存続期間を30年以上50年未満として借地権を設定する場合においては、第9条及び第16条の規定にかかわらず、契約の更新及び建物の築造による存続期間の延長がなく、並びに第13条の規定による買取りの請求をしないこととする旨を定めることができる。

2　専ら事業の用に供する建物の所有を目的とし、かつ、存続期間を10年以上30年未満として借地権を設定する場合には、第3条から第8条まで、第13条及び第18条の規定は、適用しない。

3　前二項に規定する借地権の設定を目的とする契約は、公正証書によってしなければならない。

No.166

意　義

専ら事業の用に供する建物の所有を目的とし、存続期間を10年以上50年未満として、公正証書によって契約をする定期借地権が、事業用定期借地権です（本条は1項と2項に別々の要件と法律構成をもつ事業用定期借地権を定めている。以下、それぞれ、「1項事業用定期借地権」「2項事業用定期借地権」ということがある）。

本条に基づく事業用定期借地権は、50年が上限ですが、一般定期借地権を利用すると、その用途を問われないため、事業用の建物所有を目的として、50年以上の一般定期借地権を設定することも可能です。

その結果、事業用の建物所有目的の定期借地権に関しては、10年という下限はあるものの、上限はないことになります。

事業用定期借地権であることは不動産登記の登記事項とされており（地上権について、不動産登記法78条3号・4号、賃借権について同法81条8号）、登記をすれば、借地権設定者は、期間満了による借地権の消滅を、第三者に対して、対抗することが可能になります。

170

平成19年に借地借家法が改正されるまでは、事業用定期借地権は、期間を10年以上20年以下として設定するものとして、24条として定められていましたが、平成19年改正によって、10年以上50年未満の期間設定が可能となり、また条数が23条として定められました（改正前の24条が23条になった）。

要 件

(1) 概説　　　　　　　　　　　　　　　　　　　　　　No.167

事業用定期借地権には、用途（事業専用）の要件、期間の要件、要式性（公正証書）の要件の３つがあります。用途（事業専用）の要件と要式性の要件は、①30年以上50年未満の場合（１項事業用定期借地権）と、②10年以上30年未満の場合（２項事業用定期借地権）ともに、共通です。

また、事業用定期借地権の法律構成は、①１項事業用定期借地権では、一般定期借地権と同様に３点セット特約の有効性を認める構成とされ、②２項事業用定期借地権では、借地借家法の存続期間保証等に関する借地借家法の規定が適用されない構成とされています。

【要件と法律構成の整理】

	１項事業用 定期借地権	２項事業用 定期借地権
用途の要件 （事業専用）	共通	
期間の要件	30年以上50年未満	10年以上30年未満
要式性の要件 （公正証書）	共通	
特約・ 法律構成	３点セットの特約 の効力を肯定	更新・期間延長・建 物買取請求に関する 条項の適用排除

(2) 用途（事業専用）の要件　　　　　　　　　　　　No.168

１項事業用定期借地権と２項事業用定期借地権ともに、専ら事業の用に供

第2章 借地の定義規定

する（事業専用）建物の所有を目的とすることが必要です。

　事業用借地権では、借地上の建物は事業専用の建物に限定されます。店舗・事務所・倉庫・工場・中古車販売センターなどです。ホテルや旅館も、特定の人が継続的に専用するものではないから、事業専用に当たります。

　「事業」という用語は、「居住」を含まないという意味に用いられており、事業専用の建物には、居住の用に供する建物は含まれません。マンションや一戸建てはもちろん、有料老人ホーム、グループホームや従業員用の寮などは、特定の人が継続して居住するもので居住用の要素を含みます。居住用の要素があれば事業用借地を設定することはできません。東京地判平成25.7.16では、『賃貸借契約書の文言にかかわらず、賃貸借契約が一部でも居住の用に供される建物の所有を目的として締結された場合には、借地借家法23条の適用のある事業用の借地権とは認められない』と明言されています。遊技場用建物の一部を寮として使用することも、事業専用とはいえません。

　もっとも、事業用建物としての利用に伴う保守管理上の必要から、守衛・保安要員の詰所、管理室として、建物の一部に居住者が存在する場合などは、本条の定期借地権設定の妨げとなるものではないと解されます。

No.169 **(3) 期間の要件**

① 1項事業用定期借地権

　1項事業用定期借地権では、存続期間を30年以上50年未満として借地権を設定することが必要です。

　また存続期間を50年以上として設定した場合、1項事業用定期借地権と同様に3点セットの特約が明文化され、要式性の要件（書面による特約）を満たしていれば、一般定期借地権としての効力が肯定されます。3点セットの特約が明文化されず、あるいは、要式性の要件を満たしていなければ、一般定期借地権としての効力は認められません。

② 2項事業用定期借地権

　2項事業用定期借地権では、存続期間を10年以上30年未満として借地権

を設定することが必要です。

　存続期間を30年未満として設定した場合、存続期間が10年以上であれば、(i)用途、および(iii)要式性（公正証書）の要件を満たすときには、2項事業用定期借地権として成立します。

　存続期間を30年以上50年未満とした場合には、(i)用途、(ii)3点セットの特約、(iii)要式性（公正証書）の要件を満たせば、1項事業用定期借地権として成立します。

　存続期間を50年以上としたときは、3点セットの特約が明文化され、要式性の要件（書面による特約）を満たしていれば、用途を問わず、一般定期借地権としての効力が肯定されます。3点セットの特約が明文化されず、あるいは、要式性の要件を満たしていなければ、一般定期借地権とは認められません。

　存続期間が10年未満だと、定期借地権とは認められません[*1]。

【事業用定期借地権】

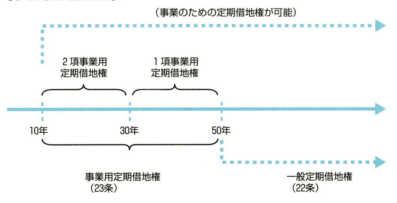

(4) 要式性（公正証書）の要件

No.170

　1項事業用定期借地権と2項事業用定期借地権ともに、いずれも、権利義務を明確化し、要件をチェックして定期借地制度の濫用を防止するため、契

第2章 借地の定義規定

約自体を公正証書で行わなければならないものとされています（3項）。

　一般定期借地権は書面であれば公正証書でなくてもかまわないし（22条）、また、建物譲渡特約付借地権はそもそも書面自体が要求されていません（24条）。公正証書を必要とする事業用定期借地権は、この点において、ほかの定期借地権とは異なっています。

No.171 (5) 特約および法律構成

　1項事業用定期借地権では、3点セットの特約が要件になります。一般定期借地権と同様です（22条。参照👉 No. 160）。

　2項事業用定期借地権は、特約の効力を認めるのではなく、更新・建物滅失の場合の期間延長・建物買取請求権に関する条項を排除するという法律構成になっており、特約は要件ではありません。

＊1　存続期間の下限を10年としたのは、事業用の建物所有目的の土地利用である以上、10年未満の設定は認める必要がないと考えられるからである。

No.172
効　果
　1項事業用定期借地権では、①更新がない（4条～6条）、②建物の築造による期間の延長がない（7条）、③建物買取の請求をしないこととする（13条）という3点セットの特約の効果が認められます。

　2項事業用定期借地権は、更新・建物滅失の場合の期間延長・建物買取請求権に関する規定の適用が排除されます。

　その結果、1項事業用定期借地権と2項事業用定期借地権のいずれにおいても、更新がないことになります[1][2]。

＊1　事業用定期借地権は更新されないが、借地期間が満了したときに、再契約をすることはできる。もっとも、再契約によって再び事業用定期借地権を設定するには、従前の契約とは別に、新たに法律上の要件を満たす必要がある。また、あらかじめ借地期間が満了し

たときに、借地権設定者が借地権者から建物を買い取る旨を合意しておくことも、可能である。

＊2　事業用定期借地権が設定された借地契約について、賃料増減請求権（11条）を行使された例として大阪地判平成27.3.6、地代不払いによって契約解除となった例として東京地判平成21.10.7がある。

平成19年改正

平成19年に借地借家法が改正されるまでは、事業用借地権 No.173 については、期間を10年以上20年以下として設定しなければなりませんでした（平成19年改正までの24条）。長期が20年までとされていたのは、事業用借地権の利用が、郊外型レストランや遊技場など事業計画期間を20年までとする業種に集中していると判断されたからでした。

しかし、平成3年の借地借家法制定の後、土地利用のあり方は多様化しました。商業施設、レジャー施設、物流センターなど、計画期間が20年を超えるものの、さりとて50年以上の利用はしないという事業も多くなり、20年超50年未満の借地契約の必要性が強くなってきました。建物の税法上の減価償却期間は20年を超えるものが多く、これに見合った条件での定期借地権設定も求められていました。

そこで、平成19年に借地借家法が改正され（平成19年12月14日成立、同月21日公布、平成20年1月1日から施行）、事業用借地権を設定する場合の存続期間の上限が撤廃されてその範囲が拡張され、50年という一般定期借地権の下限に至るまでの10年以上50年未満について、自由に期間設定ができるようになりました＊1。

第2章 借地の定義規定

【事業用定期借地権に関する平成19年改正】

		改正前（24条）	改正後（23条）	
用途		事業専用	変更なし	
設定期間	下限	10年	変更なし	
	上限	20年以下 （50年以上は、一般定期借地権利用可）	50年未満 （50年以上は、一般定期借地権利用可）	
要式性		公正証書	変更なし	
法律構成		更新等の規定の適用排除	1項事業用定期借地権	3点セット特約を肯定
			2項事業用定期借地権	変更なし

* 1 公正証書によって行うことが要件である点は、改正前も改正後も、変更はない。

第24条（建物譲渡特約付借地権）

1　借地権を設定する場合（前条第2項に規定する借地権を設定する場合を除く。）においては、第9条の規定にかかわらず、借地権を消滅させるため、その設定後30年以上を経過した日に借地権の目的である土地の上の建物を借地権設定者に相当の対価で譲渡する旨を定めることができる。

2　前項の特約により借地権が消滅した場合において、その借地権者又は建物の賃借人でその消滅後建物の使用を継続しているものが請求をしたときは、請求の時にその建物につきその借地権者又は建物の賃借人と借地権設定者との間で期間の定めのない賃貸借（借地権者が請求をした場合において、借地権の残存期間があるときは、その残存期間を存続期間とする賃貸借）がされたものとみなす。この場合において、建物の借賃は、当事者の請求により、裁判所が定める。

3　第1項の特約がある場合において、借地権者又は建物の賃借人と借地権設定者との間でその建物につき第38条第1項の規定による賃貸借契約をしたときは、前項の規定にかかわらず、その定めに従う。

意　義　借地権設定後30年以上経過後に、借地権を消滅させるため、No.174 建物を譲渡する特約を取り決めておく借地権が、建物譲渡特約付借地権です[*1][*2]。特約に基づく譲渡があると、借地権は消滅します。建物譲渡特約付借地権は、建物譲渡の特約の効力が認められる借地権です[*3]。

建物の用途に制限はありません。

建物譲渡特約付借地権は、それ自体が特別の借地権ではありません（普通借地権か定期借地権（22条、23条1項）のどちらかとして構成される。2項事業用定期借地権は、期間が30年未満なので、建物譲渡特約付借地権になることはない（24条1項かっこ書））。しかるに、借地権の性格付けとしては、建物譲渡特約の効力が認められ、一定時期に確実に借地契約が終了する特性

第2章 借地の定義規定

があることから、一般に独立した定期借地権の一類型とされています。

建物譲渡特約付借地権であることは、一般定期借地権（22条。参照👍
No. 157）や事業用定期借地権（23条。参照👍No. 166）の場合と異なり、
不動産登記の登記事項とはされていません（不動産登記法78条3号・4号、
81条7号・8号）。そのために、借地権設定者が、将来の建物譲渡による借
地権消滅を第三者に対して主張できるようにしておくためには、建物所有権
移転請求権を保全する仮登記（同法105条2号、106条）をすることになりま
す。

＊1　本条が設けられるまでは、賃貸借期間の経過とともに地上建物を賃貸人に贈与すべき
　　旨特約した場合に関して、特約が土地上の賃貸人所有建物を取り壊す代償としてなされた
　　ものであるときはその特約は有効であるとされる最高裁の判断があった一方で（最判昭和
　　31.6.19民集10巻6号665頁）、借地契約の満了時に借地上の建物を譲渡する贈与契約が借
　　法11条により無効とされており（東京高判昭和44.4.15判タ238号225頁、東京地判昭和43.4.
　　26判タ226号164頁）、借地上の建物を譲渡することによって借地を終了させる合意について
　　は、その効力が安定していなかった。

＊2　わが国の法制度では土地と建物が分離されているところ、建物譲渡特約付借地権の制
　　度について、土地建物の一体化を実現するものであるとして、借地借家法制定による「最
　　大のヒット商品」と評価する文献もあるけれども（水本浩『定期借地権活用の手引』92頁、
　　『実務解説借地借家法』383頁）、実際には、借地借家法制定後およそ30年経過しているにも
　　かかわらず、ほとんど利用実績がみられない。

＊3　建物譲渡特約付借地権の設定は、本来9条によれば無効な特約（最判昭和52.12.19）
　　が有効になるにすぎない（参照👍No. 062）のであり、借地権の存続に関する規定（3条
　　～8条）が適用にならないわけではない。例えば、一般定期借地を利用した場合には、建
　　物が譲渡されず、契約期間が満了したときには、法定更新に関する規定（参照👍No. 036）
　　は適用になる。

No.175
要　件
建物譲渡特約付借地権設定の要件は、次の①②③のとおり
です。借地権の設定および特約の合意を、書面によって行
うことは、法律上必要とはされていません。口頭の合意でも設定が可能です。

① **借地権を設定するときに、特約を設けること**

特約は、当初の借地権設定時になされることを要し、借地権成立後、事後

的に付加することはできません。

② 設定後30年以上を経過した日に、譲渡する旨を定めること

借地権の設定後30年以上を経過した日を譲渡日とすることが必要です。30年以上を経過した日であれば、いつに設定することも可能です。譲渡日は、特定の日を決めておくこともできるし、借地権設定者の意思表示や、一定の事実に係らしめることも可能です。借地期間満了日と一致させることもできますし、一致させなくてもかまいません。

③ 譲渡は相当の対価でなされること

譲渡は、有償であることを要します。贈与や建物の所有権放棄は、認められません。有償であれば、対価は金銭でなくともかまいません。交換や代物弁済による有償譲渡もあり得ます。

譲渡の対価は、相当の対価であることが必要です。相当の対価とは、建物買取請求権における建物の時価と、同様の概念です。

相当の対価について、借地権設定時にあらかじめ決めておくこともできなくはありませんが、30年以上後における相当の対価なので、あらかじめ額を定めておいても、トラブルは避けられません。借地権設定時には、相当の対価について、算定基準や決定方法を約定しておくことなどが考えられます。

建物譲渡後の法律関係

(1) 特約に基づく譲渡

No.176

特約に基づく譲渡がなされると、借地権は消滅します。

もっとも、譲渡のときに、建物使用者（借地権者または建物の賃借人）がいるときは、借地権が消滅すると、その建物使用者の使用権原が失われることになってしまいます[*1]。そこで、特約に基づく譲渡により借地権が消滅した場合であっても、借地権者または建物賃借人であって、借地権消滅後も建物の使用を継続する者が請求をしたときは、その請求のときに、建物について、借地権設定者と建物使用者との間で、期間の定めのない賃貸借がなされたものとみなされます（2項、参照👉 No. 295）。

179

第2章 借地の定義規定

(2) 法定借家権

特約に基づく譲渡がなされ、かつ、建物使用者が請求をしたときに成立する賃借権が、法定借家権といわれます。

法定借家権は、建物譲渡とともに当然に成立するのではなく、建物使用者の請求があったときに、成立します。建物使用者の請求権は形成権であり、この権利が行使されたときに、借家関係が成立します。

法定借家権について、建物使用者（借地権者・建物の賃借人）と借地権設定者との間で定期建物賃貸借契約（38条1項、参照 👉 No. 283）にすると定めたときは、その定めに従います（3項）。

この3項は、1項・2項により建物譲渡時に土地所有者が建物利用者に建物を賃貸する関係が生じるところ、この建物賃貸借も正当事由がなければ更新拒絶・解約申入れができないことが建物譲渡特約付借地権利用の妨げとなっているという問題があったため、定期建物賃貸借制度の導入とともに、建物の返還時期を確定することによって、建物譲渡特約付借地権の利用が円滑に行われるように定められた規定です。

【法定借家権の成立】

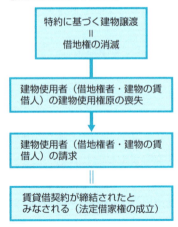

＊1　建物使用者が借地権者であるときは、借地権の消滅によって、当然に使用権原を失う。建物使用者が建物の賃借人であるときは、賃借人が対抗力を備えていれば新所有者に対し借地権を対抗できるが、建物譲渡については、借地権設定者が、借地契約を締結するにあたって、自らの順位を保全するため仮登記を経由することが多いと考えられるので、建物の賃借人の対抗力は、新所有者（借地権設定者）に劣後することが多くなってしまうと想定される。

【定期借地権の概要】

	22条	23条		24条
種　別	一般定期借地権	事業用定期借地権		建物譲渡特約付借地権
		1項	2項	
期　間	50年以上	30年以上50年未満	10年以上30年未満	30年以上
用　途	なし	事業用		なし
要式性	書面（3点セットの特約）	公正証書		なし
特約・構成	3点セットの特約の効力を肯定	3点セットの特約の効力を肯定	更新・期間延長・建物買取請求に関する条項の適用排除	9条に反する特約の効力を肯定。特約による譲渡により借地権が消滅
借地権に関する登記の可否	可	可		否（二号仮登記（建物所有権移転請求権を保全する仮登記）が用いられる）

第2章 借地の定義規定

第25条（一時使用目的の借地権）

第３条から第８条まで、第13条、第17条、第18条及び第22条から前条までの規定は、臨時設備の設置その他一時使用のために借地権を設定したことが明らかな場合には、適用しない。

No.177

意　義

借地借家法によって保護を受ける借地権は、借地上の建物所有を目的とする地上権・土地の賃借権です（２条１号）。建物の用途や種類・規模は問われません。

とはいえ、仮設の店舗や作業場、イベント用の簡易な施設など、一時的に建物を所有するケースにまで、借地借家法をそのまま適用することは、土地利用の現実的な実態に反します。

そこで本条は、土地利用関係の実状にかんがみ、一時使用目的で借地権が設定されている場合に、借地権設定の目的にそぐわない規定の適用を排除する旨を定めました[1]。旧借地法９条の規定を引き継ぐ規定です[2]。

---

[1] 条文上は、「一時使用のために借地権を設定したことが明らかな場合」とされているが、現実的には、地上権ではなく賃借権が問題とされるので、以下、一時使用のための賃貸借の問題として論じる。

[2] 借地借家法の制定時に定期借地権が創設されたが、定期借地権は10年未満の土地利用契約には利用することはできない（参照👉No. 159、No. 169）。したがって、定期借地権の制度ができても、一時使用目的の借地権設定の意義は、失われていない。

No.178

適用範囲

(1) 概説

本条が適用されるのは、臨時設備の設置その他一時使用のために借地権を設定したことが明らかな場合です。

土地利用者の権利が借地権に該当しなければ、一時使用のためか否かを論ずるまでもなく、借地借家法の適用は排除されます[1]。

土地上に設置物がある場合の土地の明渡し請求が争われる事案では、多く

182

の場合に、土地の賃貸人から、①土地の賃貸借契約が建物所有目的ではないから、借地借家法の適用はない、②仮に建物所有目的であるとしても、一時使用目的の借地権である、③仮に一時使用目的の借地権であるとしても、正当事由がある、との法律構成による主張がなされます。東京地判平成22.3.25乙（鋼材置場および駐車場の明渡し請求）では、建物使用目的を否定したうえで、『一時使用目的か否かを判断するまでもなく、借地借家法の適用がないことが明らかである』とされました。これに対し、東京地判平成22.2.23では、鉄道高架橋下の土地利用契約について、建物使用目的であることを認めて借地借家法の適用を肯定したうえで、一時使用目的の借地権であることも肯定し、借地契約の更新に関する条項が不適用と判断されています。

　本条では、借地借家法の条文の適用排除という例外的な扱いが認められますが、例外が広すぎると、法の趣旨が損なわれ、借地権者保護に欠けます。そのため、本条の例外と扱うかどうかは、限定的に解釈されます。

　単に約定の期間が短期と定められたり、契約書に「契約は一時使用を目的とする」と記載されたりするなど一時使用の文言が記載されていることだけでは、本条に基づいて借地借家法の適用が排除されることにはなりません*2。契約の文言にかかわらず、土地の利用目的、地上建物の種類、設備、構造、賃貸借期間等、諸般の事情を考慮して、短期間に限り賃貸借が存続される合意が成立したと認められる客観的合理的な理由が存在する場合にはじめて、本条による借地借家法の条文不適用の場面になります（最判昭和43.3.28、最判昭和44.7.31、最判昭和45.7.21、東京地判平成20.2.27）。条文上、臨時設備の設置があげられていますが、これは例示です。

　賃貸借が一時使用と認められるかどうかは、①土地の利用目的、および土地上の建物の種類、設備、構造、②賃貸借期間、③賃貸借終了後の土地の利用目的、④賃料や権利金などの条件などの要因から総合的に判断されます。

⑵ ① 土地の利用目的、および土地上の建物の種類、設備、構造

　土地の利用目的が、イベント、建築工事などのための建物所有であること、

第2章　借地の定義規定

　すなわち、建物がイベント用の簡易な建物、建築工事のための事務所や資材置場、あるいは一時的な仮設店舗などであることは、一時使用を肯定する要因です。条文上も、臨時設備の設置が例示されています。東京地判平成12.6.30は、建物がたこ焼店舗であり、撤去、移動が可能であった事案において、一時使用が肯定されています。

　建物の構造が仮設的建築物（バラック）であるときは、一時使用が肯定されやすくなります（最判昭和32.7.30、最判昭和37.2.6、最判昭和44.7.31、東京高判昭和35.10.29（上告審が最判昭和36.7.6）、東京地判平成6.7.6）[*3]。

　他方、建物が堅固なものであることは、一時使用を否定する要因です（土地上の建物がマンションであったケースとして、東京地判平成26.5.16）。東京地判平成20.2.27は、建物が鉄骨造2階建で、その内部に多数の機械が置かれていることを、一時使用を否定する理由にあげています。ただし、東京地判平成12.6.30は、耐火構造の建物で、排水設備としてグリストラップが設置されている建物、東京地判平成17.11.30は、鉄骨造陸屋根2階建、延床面積約1,000㎡で、エレベーターも備えられている建物を所有するケースで、いずれも一時使用が肯定されています。

No.180(3) ② **賃貸借期間**

　一時使用の賃貸借は、短期間に限り賃貸借を存続させる合意をする場合の賃貸借です。期間が長期であれば、一時使用には該当しません。

　期間を20年とする土地の賃貸借は、裁判上の和解によって成立したものでも、一時使用とはいえないとされています（最判昭和45.7.21）。名古屋高判昭和52.12.20では、期間が12年6か月であったことも考慮されて、一時使用が否定されました。

　もっとも、5年から10年程度の期間については、短期とされる場合と短期とされない場合があります。東京控訴院判昭和9.1.12、および東京地判令和元.12.24甲では、5年の期間の賃貸借に関し、それぞれ一時使用であることが否定されましたが、最判昭和32.11.15では7年、最判昭和33.11.27では8

年、最判昭和36.7.6では10年、東京地判平成17.11.30では6年6か月の期間について、それぞれ一時使用が肯定されています。

契約が更新されたことが、一時使用を否定する要因となることもありますが（東京地判平成20.2.27）、賃貸借を短期に限る客観的合理的理由があるときには、更新がなされても一時使用目的は失われません。東京高判平成5.12.20は臨時の宿舎等の仮設建物、材料置場、東京地判平成3.3.27は工事用材料置場、東京地判平成5.9.24は倉庫、東京地判平成9.6.26と東京地判平成17.4.27は鉄道施設内の土地利用について、それぞれ更新を繰り返していましたが、一時使用が肯定されています（利用期間は、東京高判平成5.12.20では約15年間、東京地判平成3.3.27では約25年間、東京地判平成5.9.24では約20年間、東京地判平成9.6.26では約23年間、東京地判平成17.4.27では約35年間となっていた）。

⑷ ③ 賃貸借終了後の土地の利用目的   No.181

賃貸借終了後の土地の利用目的が考慮されることもあります。区画整理計画地域に含まれている土地を対象として、計画実施までを存続期間とした賃貸借について、一時使用目的とされた事例があります（最判昭和32.2.7、最判昭和37.2.6、最判昭和44.7.31）。隣地との共同開発事業に着手するまでの暫定的な利用であることも、一時使用を肯定する要因です（東京地判平成17.11.30）。賃貸人側に土地を自ら使用するというような喫緊の事情もしくは確たる計画を備えた、近い将来における必要性がないことは、一時使用を否定する要因になり得ます（東京地判昭和48.10.13判時736号58頁）。

⑸ ④ 賃料や権利金などの条件   No.182

一時使用であれば、賃料が低額におさえられるのが、一般的です（東京地判平成20.2.27）。借地期間中の賃料増額は、借地契約を存続させる意思を示すものとして、一時使用であることを否定する要因です。最判昭和32.7.30では、『賃料の額も経済事情の変動にもかかわらず当初の昭和21年当時の約

第2章　借地の定義規定

定の俎に据えおかれている等の事情がある』ことが、一時使用肯定の理由の
ひとつとされています。

東京地判平成24.3.15では、売買代金の減額が対価と主張されたケースで
あるところ、『仮に売買代金の減額の合意をもって対価と考え、Bが借地権
の対抗要件を備えるために建物の所有権保存登記をしたことも考慮して、賃
料又は地代の支払を伴う借地権であると解したとしても、Bが本件建物を明
け渡すまでの賃料の支払を一切免除していることからすれば、明渡時をもっ
て賃貸借が確定的に終了するという意味で、一時使用のために借地権を設定
したことが明らかな一時使用目的の借地権（借地借家法25条）にあたる』と
されました。

権利金の授受があることは一時使用を否定する理由、権利金の授受がない
ことは肯定する理由になり得ます（東京控訴院判昭和12.4.19（授受あり）、東
京高判平成5.12.20、東京地判平成元5.25判時1349号87頁、東京地判平成12.
6.30（いずれも授受なしのケース））。もっとも、権利金が授受されていても、
権利金の額や性格次第では、一時使用が肯定されるケースもあり（最判昭和
36.7.6）、権利金が授受されていないからといって、必ずしも一時使用が否
定されるものでもありません（東京地判平成20.2.27）。

保証金については、東京地判平成12.6.30は、賃料の3か月分の保証金が
交付されていた事案において、一時使用が肯定されています。

＊1　建物所有を目的としない地上権、賃貸借であれば、借地借家法は適用されない（東京
　　地判平成21.5.25）。
＊2　契約書では一時使用賃貸借とされていたけれども、一時使用であることが否定された
　　裁判例として、東京高判昭和61.10.30、東京高判平成8.11.13、東京地判昭和52.11.11があ
　　る。
＊3　もっとも、借地上の建物が仮設的建築物でも、必ずしも一時使用が肯定されるとは限
　　らない。東京控訴院判昭和12.4.19は仮設建築物、東京高判平成8.11.13では、建物の基礎
　　をブロックとしていた建物につき、いずれも一時使用が否定されている。

効 果　一時使用目的の場合、 3条(借地期間、 参照👍No. 023)、No.183 4条（更新後の借地期間、参照👍No. 027）、 5条（契約更新請求、参照👍No. 036）、 6条（更新拒絶には正当事由を要するとする規定、参照👍No. 042）、 7条（建物再築による借地期間の延長、参照👍No. 055）、 8条（更新後の建物滅失による解約、参照👍No. 060）、13条（建物買取請求権、参照👍No. 093）、17条（借地条件の変更及び増改築の許可手続、参照👍No. 124）、18条（借地契約更新後の建物再築の許可手続、参照👍No. 131）、22条から24条(定期借地権の規定、参照👍No. 157、No. 166、No. 174）について適用が排除されます。民法の規定する賃貸借（民法601条以下）や地上権（民法265条以下）の規定の適用を受けます。

　ここに掲げられていない規定（例えば、10条、11条、14条、19条）は、借地借家法が適用されます。最判昭和29.7.20は、旧借地法9条の一時使用目的の賃貸借への旧借地法10条（第三者の建物買取請求権。借地借家法14条）の適用について、『一時的賃貸借は本来貸主が貸地とする意思のない場合でも借主の一時的目的の為めに好意的に賃貸する場合（例えば後に自己の住宅を建てる予定だけれども空いて居る間一時貸すというが如き）が多いのであり、全く借主個人の一時的目的に着眼しての貸借であって、もともと他人への譲渡（融通性）などということは念頭にないものである』と判示しています。

　なお適用が排除される規定のうち、6条については、一時使用の賃貸借に更新の特約がなければ適用は否定されますが、更新に関する特約がある場合には適用は否定されません(東京高判昭和57.12.22、岐阜地判昭和27.3.24。参照👍No. 042)。正当事由ないしはこれに準ずる更新拒絶の必要性がなければ、更新拒絶に効力はないということになります(東京地判昭和55.4.4)。

第３編

借家の法制度

第1章

借家

No.184

建物の賃貸借

契約に基づいて他人の物（土地以外の物）を利用する場合、利用者が建物の賃貸借契約上の賃借人であれば、借地借家法が適用されますが、建物の賃貸借契約上の賃借人でなければ、借地借家法は適用されません[*1*2]。借地借家法の適用の有無により、法定更新、正当事由、対抗力など、利用者の保護が異なります。そのため、他人の物の利用者が、建物の賃借人に該当するか否かが重要になります。

建物の賃借人となるかどうかを判定するには、①建物への該当性（利用する物が建物であるのか）（参照👉 No.185）、②賃貸借への該当性（契約が賃貸借であるのか）（参照👉 No.187〜No.189）の検討を要します。

【建物の賃貸借】

土地以外の他人の物の利用

①利用する物が建物

建物の賃貸借

②利用関係が賃貸借

賃借人が保護を受ける
・法定更新
・正当事由
・対抗力など

---

*1　借地借家法では、居住の安定のみでなく、営業上の場所的利益も保護の対象であり、賃借人の規模や賃借の目的にかかわりなく法の適用が認められる（東京高判昭和26.6.30、東京地判平成8.3.15）。

*2　建物の賃貸借であっても、一時使用のために建物の賃貸借をしたことが明らかな場合には、借地借家法の適用はない（40条。参照👉No. 311）。

建物への該当性

(1) 建物の意味と該当性

借地借家法上、建物とは、土地に定着し、周壁、屋蓋を有し、住居、営業、物の貯蔵等の用に供することのできる永続性のある建造物です（大阪高判昭和53.5.30、東京地判平成19.12.20甲）。建造物の一部についても、障壁その他によって他の部分と区画され、独占的排他的支配が可能な構造・規模を有するものであれば、建物になります（最判昭和42.6.2、大阪高判昭和31.5.21判時84号 9 頁）。

東京地判平成26.11.11は、いわゆるサービスオフィスとしての個室の賃貸借について、『他の部分と区画された独占的排他的支配が可能な構造・規模を有するものであり、借地借家法第 3 章にいう「建物」に該当する』としています[*1]。神戸地判令和元.7.12では、市民病院内の区画は、売店部分は建物にあたるけれども、自販機・電話機を設置していた部分は、通路にあり、障壁等により他の部分と区画されていないから、独占的支配が可能な構造・規模を有するとはいえず、建物には該当しないとされました。東京地判平成31.2.13では、マンションのビルトイン型の駐車場（屋根はあるが、周壁を有さず、隣の駐車場と壁によって客観的に区別されておらず、居住者であれば誰でもその場所を通って建物を自由に出入りし得る状態にある区画）の利用契約について、借地借家法は不適用と判断されています。

また、建物であるためには、土地に定着していることを要します。東京地判平成18.6.19は、加工食品販売業務用の構築物の利用契約が、建物の賃貸借かどうかが争われた事案において、基礎工事がされておらず、可動で、土地に定着しているとは認められないことなどから、建物の賃貸借であることが否定されました。

賃貸借の対象として、建物と周辺の施設の両方を含むときに、建物の賃貸借かどうかが問題になることがあります。養鰻ハウスと養鰻池の賃貸借につ

いて、賃貸人が、養鰻ハウスはこれを覆うビニールが2年ごとの張替えが必要であり建物としての耐久性や永続性に疑問があって賃貸借性は否定されると主張しましたが、裁判所は、契約書の文言からして養鰻用のハウスが主体であること、ハウスの構造は、基礎がコンクリートで作られ、骨組みは重量のある鉄骨で組み立てられており、全体として強度および耐久性に優れていること、屋根および外壁は透明ビニールシートで覆われているが、風雨をしのぎ、室内を外部と遮断するうえで支障がないことなどを理由として、養鰻ハウスは登記が可能な建物ではないとしても、その賃貸借関係について旧借家法の保護を与えるのが相当な建物またはこれに準ずるものにあたると判断し、借地借家法の適用を肯定しています（東京高判平成9.1.30）。

No.186(2) 壁や間仕切りのないスペース

次に、商業施設内等で壁や間仕切りのないスペースを貸し出すこともありますが、障壁などで他の部分と区画され、独占的排他的支配が可能な構造をもつ部分の利用契約でなければ、建物の賃貸借とはいえません。

東京地判平成20.6.30では駅構内の営業施設、東京地判平成18.9.4ではビルのピロティでの生花造花販売店舗、東京地判平成28.11.22では事務室内での高さ約190cmで移動可能なパーテーションによって区切られた区画、東京地判平成29.3.24甲ではホテル内のフリースペースについて、いずれも、借地借家法の適用が否定されています。

商業施設のフロアの一部に、施設側で商品ケース等を設け、営業を認める形態もあります（かつてはケース貸しと呼ばれていた）。最判昭和30.2.18は、デパートのケース貸しについて、①施設側は店舗の統一を図るため商品の種類、品質、価格等につき利用者に指示するなど施設の営業方針に干渉することができるのはもちろん、②施設側経営のデパートたる外観を具備し、またはそのデパートの安全を図るため売場の位置などについても施設側において適当の指示を与えることができるのであって、例えば防火等の必要があるときは売場の位置の変更を指示することができること、③利用者は自己の資本

で営業し、店員の雇入、解雇、給料支払いは自らするものであるが、同時に、その営業方針は統一され、使用人の適否についても施設側の指示に従うべき定めであることなどを理由として、特定の場所の使用収益をなさしめることを請求できる独立した契約上の権利を有し、これによって右店舗の一部を支配的に使用しているものとは解することができないとして、借地借家法の適用を否定しています。

このほか、建物の賃貸借かどうかが問題になるケースとして、鉄道高架下、屋上、立体駐車場部分等があります。

最判平成4.2.6では、鉄道高架下施設物の店舗について、旧借家法の適用を肯定しています（鉄道高架下のスペースの利用契約について借地契約として借地借家法の適用があるかどうかについて、参照👍No. 016-b）。

これに対し、広告塔所有を目的とするビルの屋上の賃貸借（大阪高判昭和53.5.30）、立体駐車場設備の利用（東京地判昭和61.1.30）、スポーツ施設として利用するための屋上の賃貸借（東京地判平成19.12.20甲）について、旧借家法あるいは借地借家法の適用が否定されています。

＊1　簡易な区画を設けたブースをベンチャー企業のオフィスとして利用させるなど、ビルの利用形態が多様になり、そのため借地借家法適用の判断が容易ではないケースも多くなっている。かつてはこのようなオフィスの利用形態は貸机と呼ばれていたところ（現在では、サービスオフィスなどと称されている）、貸机については、賃貸借であるとした裁判例がある（東京地判昭和49.8.8）。他方、東京地判平成21.4.27甲では、借地借家法の適用は否定されている。いわゆるサービスオフィスと称される建物の利用形態でも、東京地判平成27.9.15乙では、借地借家法は適用が否定されている。

賃貸借への該当性

(1) 有償性

賃貸借といえるには、建物の利用が有償であることを要します。無償であれば、使用貸借であって、賃貸借には該当せず、借地借家法の適用はありません。対価については、その多寡は問われません。もっとも、建物の利用者が金銭を支払っていても、水道光熱費などの費用として支払う

第3編　借家の法制度

No.187

193

第1章 借家

のであれば、利用の対価とは認められず、賃貸借ではなく、使用貸借となります（東京地判令和4.10.06-2022WLJPCA10068015）（土地の賃貸借の有償性について、参照👉No. 016-a）。

No.188(2) **社宅・宿舎**

　会社や役所が従業員、公務員に、居住のための社宅、宿舎として、利用料を徴収し、建物を利用させる法律関係も、利用料が社宅、宿舎の利用の対価であれば、原則として、賃貸借に該当します（最判昭和31.11.16、大阪高判昭和29.4.23高民集7巻3号338頁）。もっとも、一般的には利用料が低額で、従業員の身分を有する期間に限って利用できるとの取決めがあるものも多く、その場合は、社宅や宿舎は賃貸借ではない特殊の利用契約であるとされます（最判昭和29.11.16、最判昭和32.4.2集民26号1頁、最判昭和37.5.18集民60号741頁、最判昭和37.8.28集民62号297頁、最判昭和44.4.15乙判時558号55頁、東京地判平成29.5.23D1-Law29047139）。公務員宿舎については、千葉地判平成6.3.28労働判例668号60頁では、『民法、借家法等が適用される純粋の契約関係ではなく、公舎基準規程によって規律される雇用関係と密接に関連した特殊な法律関係』とされています。

　また、契約の法的な性格が賃貸借だとしても、更新拒絶や解約申入における正当事由を肯定し（東京高判昭和31.9.28東高時報7巻9号211頁、東京地判昭和47.4.25判時679号33頁、横浜地判昭和39.10.28判タ170号242頁[*1]。正当事由の要因について、参照👉No. 211）、または雇用契約の終了に伴い賃貸借契約が終了する旨の特約の効力を肯定することによって（最判昭和35.5.19民集14巻7号1145頁、東京地判令和元.6.12。特約の効力について、参照👉No. 227）、利用者に対する明渡し請求を認めることもあります。

[*1]　退職後の居住に、社宅であったことを考慮対象として正当事由を認めた事例として、東京高判昭和38.4.11東高時報14巻4号78頁、東京地判平成29.5.23がある。

⑶ 経営委託・業務委託・営業委託

No.189

　店舗営業などでは、賃貸借なのか、賃貸借ではなく経営委託・業務委託・営業委託の関係なのかが問題にされることも少なくありません。契約書の文言にこだわることなく、業務を遂行すべき場所が固定しているか、業務内容が独立した裁量にゆだねられているか、受託者が委託者の指揮監督に服する関係にあるか、営業が独立の計算によってなされているか、受託者が委託者に支払う金銭が一定額か、受託者が委託者に対し敷金、保証金、権利金等の金銭の授受があったかなど個別事案の実質に即し、判断されます[*1]。

　賃貸借であることが肯定された事案として、東京高判令和3.5.18-2021WLJPCA05186006（ファーストフード店舗）、東京地判昭和55.1.31（喫茶店）、東京地判平成12.7.26（スナック経営）、東京地判令和3.6.23-2021WLJPCA06238018（賃貸住宅）があります[*2]。

　他方、賃貸借であることが否定された事案として、札幌高判昭和52.4.21（裁判所構内での理容業）、東京地判平成18.10.27（ネイルフットケア店舗）、東京地判平成20.8.29乙（プロ野球スタジアム内店舗）、東京地判平成20.9.24（洋菓子店舗）、東京地判平成21.2.4（カフェ店舗）、東京地判平成27.9.10甲（県の宿泊施設内の飲食店）、東京地判平成28.2.3（ホテル内のレストラン）があります。

　マスターリースという名称が付され、契約書に「賃借」「転貸」の文言が使用されていたけれども、賃貸借であることが否定されたケースとして、東京地判令和3.11.30-2021WLJPCA11308034、サブリース契約という名称が付されていても、賃貸借であることが否定され、委任であるとされたケースとして、東京地判平成26.5.29があります（マスターリース契約における正当事由について、参照👍 No. 215）。

---

*1　賃貸借であるかどうかは、借地借家法適用の有無が問題とされる場面のほか、建物の賃借人が、第三者に経営委託・業務委託・営業委託のために建物を利用させることについて、転貸借であるのか、転貸借ではないのかが問われる場面でも問題とされる。第三者の

第1章 借家

利用関係が賃貸借（転貸借）なら、賃貸人との関係において無断転貸となって契約解除事由になり得るし、賃貸借（転貸借）ではないなら、無断転貸には該当せず、契約解除事由にならないことになる。

賃借人の第三者に対する業務委託が無断転貸にあたるとした事案が、美容院の業務委託に関する東京地判平成7.8.28、無断転貸にあたらないとされた事案が、牛丼店舗の業務委託に関する神戸地判平成4.6.19である。

＊2　東京地判昭和55.1.31では、店舗の賃借人（転貸人）が、転借人に対し、自らの無断転貸による契約解除を阻止するために解約を申し入れ、明渡しを求めたが、裁判所は、賃借人（転貸人）には転借人に対してその使用収益を確保する責任があるとして、賃借人の請求が否定されている。

No.190 **旧借家法の適用関係**　借地借家法の制定により、旧建物保護法とともに旧借家法は廃止され（借地借家法附則2条）、現在では、借地借家法が、建物の賃貸借の法律関係を律しています。

もっとも、古くから長期的に続いている建物の賃貸借については、旧借家法の適用関係も問題となります。借地借家法は、原則的に、施行日以前からの賃貸借にも遡及適用されますが（借地借家法附則4条本文）、旧建物保護法、旧借家法の規定により生じた効力は妨げられず（借地借家法附則4条ただし書）、また、例外的に、次の事項について、遡及適用を否定し、旧借家法が適用されるものとしています（借地借家法附則12条、13条）（借地に関する借地借家法と旧借地法の適用関係については、参照👉 No. 017）。

旧借家法が適用になる事項	建物賃貸借の更新に関する条項（26条〜28条） 造作買取請求権に関する建物の転借人と賃貸人との関係の条項（33条2項）

なお借地上の建物の賃借人の保護に関する条項（35条）については、借地借家法の施行前、または施行後1年以内に借地権の存続期間が満了する場合には、適用されません（借地借家法附則14条）。

第1節　建物賃貸借契約の更新等

第26条（建物賃貸借契約の更新等）

1　建物の賃貸借について期間の定めがある場合において、当事者が期間の満了の1年前から6月前までの間に相手方に対して更新をしない旨の通知又は条件を変更しなければ更新をしない旨の通知をしなかったときは、従前の契約と同一の条件で契約を更新したものとみなす。ただし、その期間は、定めがないものとする。

2　前項の通知をした場合であっても、建物の賃貸借の期間が満了した後建物の賃借人が使用を継続する場合において、建物の賃貸人が遅滞なく異議を述べなかったときも、同項と同様とする。

3　建物の転貸借がされている場合においては、建物の転借人がする建物の使用の継続を建物の賃借人がする建物の使用の継続とみなして、建物の賃借人と賃貸人との間について前項の規定を適用する。

建物賃貸借の更新　期間満了にあたり、契約の終了時期を延長し、同一の契約 No.191 を引き続き存続させることを、更新といいます。

　更新には、合意更新と法定更新があります。

　合意更新は、当事者の合意に基づく更新です。合意更新に法的な制約はなく、合意があれば、賃貸借は当事者の意思に基づいて継続します。

　これに対し、法定更新は、合意はないけれども、法律の規定によって同一の契約が引き続き存続する場合の更新です。本条は、旧借家法2条を承継し、建物賃貸借における法定更新を定めています。

　なお、期間の定めがなければ、更新はありません[1][1-2]。また、期間の定めがあっても、定期建物賃貸借（38条1項。参照👉 No. 288）に更新はありません。よって、更新が問題になるのは、期間の定めがあり、かつ、定期建物賃貸借ではない賃貸借（普通建物賃貸借）ということになります[2]。

第1章 借家

　本条は一方的強行規定です（30条。参照👍No. 223）。建物賃借人に有利な特約は効力を有しますが、建物賃借人に不利な特約に効力はありません。

＊1　1年未満の期間を定めたときは、期間の定めがないものとみなされるから（29条。参照👍No. 222）、更新は問題にならない。

＊1-2　期間の定めがないときには更新することもないから、更新料は発生しない（東京地判令和4.9.14-2022WLJPCA09148012。更新料について、参照👍No. 228）。

＊2　定期建物賃貸借ではない建物賃貸借を、以下、「普通建物賃貸借」という。普通建物賃貸借という用語は、借地借家法上の用語ではないが、広く用いられているので、以下、本書でも使用することとする。

No.192 | **借地借家法の 2つの法定更新**

（1）**概説**

法定更新には、

> A：通知期間に更新拒絶等の通知をしなかったときの法定更新
> B：期間満了後の使用継続 ＋ 異議を述べなかったときの法定更新

の2つがあります。

【借地借家法上の法定更新】

1年前　　　　　6か月前　　　　　　期間満了
　　（通知期間）　　　　　　　　　　　　　（使用継続）

A：通知期間に、
　更新拒絶等の通知を
　しなかったとき

B：通知期間に通知をしても、
　期間満了後の使用継続に
　異議を述べなかったとき

従前の契約と同一の条件で
契約を更新したものとみなす
（法定更新が成立）

⑵ A　更新拒絶等の通知をしないとき

No.193

　期間満了の1年前から6か月前までの間（以下、「通知期間」という）に、更新をしない旨の通知、または条件を変更しなければ更新をしない旨の通知（以下、この両方の通知をあわせて、「更新拒絶等の通知」という）をしなかったときは、更新があったとみなされます（1項本文）[*1]。賃貸人からの通知時期を期間満了の2か月前までとするなど、賃借人に不利な特約は無効です（30条。参照👉No. 225）。

　更新拒絶等の通知は、期間満了後は賃貸しない旨の意思を表示するものであれば足ります。期間が満了したら必ず明け渡すよう求める意思表示や（最判昭和25.5.2）、契約解除を理由とする建物明渡し請求訴訟の提起（東京高判昭和29.9.9）も、更新拒絶等の通知となります。単に解約の検討を促すだけであれば、更新拒絶等の通知にはなりません（東京地判令和3.12.6–2021WLJPCA12068005）。

　条件を変更しなければ更新をしない旨の通知についてみると、更新しない旨が付記されている必要はありませんが、変更される条件の内容が具体的に示されている必要があります。東京地判平成26.5.13では、建物建替えの際の協力をお願いしたい旨の記載について、更新をしない旨の通知であることが否定されました。

　本条は賃貸人からの更新拒絶だけではなく、<u>賃借人からの更新拒絶にも適用</u>されます。賃借人が更新を望まない場合でも、更新拒絶等の通知をしなければ、法定更新の効果が生じます。もっとも、本条は一方的強行規定なので（30条。参照👉No. 223）、賃借人からの通知期間を特約で短縮することはできます。

⑶ B　更新拒絶等の通知＋使用継続＋異議を述べないとき

No.194

　更新拒絶等の通知をしても、それだけで契約が終了することにはなりません。

　更新拒絶等の通知をしたけれども、期間満了後も賃借人が使用を継続し、

第1章 借家

かつ、賃貸人が遅滞なく異議を述べなかったときも、更新があったとみなされます（2項）。

異議とは、賃借人の使用継続に反対する意思の表明です。期間満了を理由とする明渡し請求訴訟の提起がなされている場合は、異議が述べられたことになります（大阪地判昭和27.1.10）。

転貸借がなされている場合の転借人の使用の継続も、賃借人の使用の継続とみなされます（3項）。もっとも、転貸借は、賃貸人の承諾（黙示でもよい）のある適法なものに限られます。転借人が再転貸借をしている場合には、再転貸借につき賃貸人の承諾がある場合に限り、本条が適用されるものと解されます。

＊1　通知期間に通知がなされなかったとされた事案として、大阪地判昭和55.7.11判タ426号182頁、熊本地判平成27.3.3がある（福岡高判平成27.8.27でもその結論は維持された）。

No.195　民法の法定更新との比較　民法は、期間満了後、賃借人が使用収益を継続する場合、賃貸人がこれを知りながら異議を述べないときは、従前の賃貸借と同一の条件で更新したと推定するものと定めています（民法619条1項前段）。これが、民法上の法定更新です。

本条による借地借家法上の法定更新を、民法上の法定更新と比較すると、下記の図表のとおり、3つの点において異なっています。借地借家法は、民法以上に、賃借人を手厚く保護するものとなっています。

借地借家法の法定更新	民法の法定更新
期間満了前の通知の有無が問題とされる	期間満了後にはじめて問題となる
賃貸人が使用継続を知っていたかどうかを問わない	賃貸人が使用継続を知っていたことを要する
みなし規定＊1	推定規定

＊1　「みなす」は、第1の事柄について、一定の法律関係において、性質の異なる第2の事柄と同一にみることをいう。みなされる事実と異なる結論を導く立証（反証）は認められない。「推定する」は、第1の事柄から、性質の異なる第2の事柄を推測することをいう。

推定された事実については、これを否定するための立証（反証）が認められる。

更新後の賃貸借

(1) 概説　No.196

合意更新の場合には、更新後の賃貸借の条件は、当事者の意思に従います。

法定更新では、期間の点を除き、従前の契約と同一の条件で契約を更新したものとみなされます（1項本文・2項）[*1]。更新前の契約条件が更新後に効力を有するかどうかが問題とされた事案として、東京地判令和4.1.20乙-2022WLJPCA01208022では、法定更新後にも期間内解約の定めが適用されるとされ、東京地判令和4.1.20丙-2022WLJPCA01208007では、「期間満了・合意解約・解除等により終了した場合、解約料として、保証金の10％を支払う」との解約料特約について、『法定更新の場合にも解約料特約は維持される』とされました。

更新後の賃貸借の内容のうち、期間については、期間の定めのない契約となります（1項ただし書・2項）[*2]。次に敷金、保証債務、公正証書について、効力を検討しておく必要があります。

(2) 敷金　No.197

敷金に関しては、担保としての効力は、更新によっても消滅しません[*2-2]。民法においても、「従前の賃貸借について当事者が担保を供していたときは、その担保は、期間の満了によって消滅する。ただし、第622条の2第1項に規定する敷金については、この限りでない」と定められています（民法619条2項）。保証金名目の預託金についても、敷金としての性質を有するものの担保としての効力が変わることはありません[*3]。

(3) 保証債務　No.198

保証人の保証債務については、保証契約における当事者の合理的意思解釈によってその範囲が定まります。通常当事者の合理的意思としては、更新されても保証債務は消滅しません。賃貸借は法律上更新が原則であって、相当

201

の長期間にわたる存続が予定された継続的な契約関係であり、保証人も更新されることを予測できるからです。したがって、保証人は更新後の賃貸借から生ずる賃借人の債務についても、保証の責めを免れません（最判平成9.11.13、東京地判昭和59.9.27、東京地判昭和61.6.30、東京地判平成12.5.30、東京地判平成19.4.25、東京地判平成19.7.26内、東京地判平成20.6.25、東京地判平成20.7.31甲、東京地判平成21.5.27甲、大阪地判令和元.5.13、東京地判令和元.12.9）。

　もっとも、更新後の債務を保証の対象外とする合意があれば合意に従いますし[*4]、また、特別の事情があれば、例外的に保証人が責任を負わないケースもあります。賃借人が賃料を支払わなかったのに連帯保証人に何ら通知することなく、賃料の支払いのないままで2回の合意更新がなされ、賃料不払いが4年6か月に及んだ事案において、賃料の支払いがないまま保証人に何らの連絡もなしに2回も合意更新することは社会通念上あり得ないことで、そのような場合にも保証人が責任を負うとするのは保証人としての通常の意思に反し、予想外の不利益を負わせるから、2回目の合意更新後は保証人は責任を負わない、と判断されました（東京地判平成6.6.21）。更新時に保証契約をした保証人が、保証契約締結以前に長年にわたり継続的に賃料の支払いを怠っていたのに、これを知らなかったという事案においても、保証人の責任の範囲は限定されています（東京地判平成19.5.24）[*5]。

No.199(4) 公正証書

　更新前の賃貸借に関する公正証書の効力が、更新後の賃貸借にも及ぶかどうかも（債務名義となり得るか）問題となります。かつて、更新後の賃貸借への効力を否定した裁判例もありましたが（大阪地判昭和46.2.26）、東京高判平成14.10.4は、『本件公正証書は、当初の期間3年間だけの賃貸借契約のみならず、更新後の賃貸借契約の内容についても定めているものであり、更新後の賃貸借契約についても債務名義たり得るものと認められる』として、更新後の賃貸借についても効力が及ぶと判断しました。

＊1　更新後の賃料について、従前の賃料が更新後の賃料となるとする裁判例として、東京地判昭和41.5.19がある。

＊2　旧借家法では、更新後の賃貸借の期間に関する規定がなかったため、更新後の期間について法文上明確ではなかったが、最高裁は、期間の定めのない賃貸借になると解していた（最判昭和27.1.18）。1項ただし書は、この最高裁の考え方を借地借家法において立法化したものである。

＊2-2　敷金契約は、賃貸借に付随するが、賃貸借契約とは別の契約である（最判昭和49.9.2判時758号45頁）。

＊3　保証金名目の預託金のうち、敷金としての性質を有しないものと更新の関係については、保証金差入れ時の契約によって定まることになる。

＊4　当事者の合理的意思として、保証人が更新後の債務について保証の責任を免れるとした事案として、東京簡判平成15.5.27がある。

＊5　保証人の責任については、東京高判令和元.7.17において、期間の定めのない賃貸借（市営住宅の賃貸借）に関し、賃借人が継続的に賃料の支払いを怠っているにもかかわらず、賃貸人が、保証人にその旨を連絡することもなく、いたずらに契約を存続させているなどの事情がある場合には、保証人に対する請求が権利濫用にあたるとして否定されている。

第1章　借家

> **第27条**（解約による建物賃貸借の終了）
>
> 1　建物の賃貸人が賃貸借の解約の申入れをした場合においては、建物の賃貸借は、解約の申入れの日から6月を経過することによって終了する。
>
> 2　前条第2項及び第3項の規定は、建物の賃貸借が解約の申入れによって終了した場合に準用する。

No.200　通常、建物賃貸借では、期間が定められますが、期間を定めないまま契約を締結することもあります。また、法定更新後の賃貸借には期間の定めがありません（参照👉No.196）。さらに、29条1項は、建物賃貸借における最短期間を1年と定めており、1年未満の賃貸期間を定めたときは期間の合意は無効となり、その結果、賃貸借は期間の定めがなくなります（参照👉No. 222）[1][2]。

【期間の定めのない建物賃貸借】

期間の定めのない建物賃貸借	① 契約締結時に期間を定めなかった場合
	② 法定更新があった場合
	③ 1年未満の期間が定められた場合

26条が、期間の定めがある場合の定めであったのに対し、本条は、期間の定めのない場合の定めです。

本条における解約の申入れは、賃料不払いなどの債務不履行を解除事由とする解除とは異なり、解除事由がなくとも一方的な意思表示により、契約を終了させることを意味します。意思表示の効力は、到達によって発生しますから（到達主義、民法97条1項）、解約申入れも、意思表示が相手方に到達した時からその効果が生じます。

期間の定めのある建物賃貸借契約の期間満了の2か月前に行った更新拒絶通知（通知期間は徒過し、更新拒絶通知としての効力はない）が解約の申入

れとしての効力を有するかどうかが問題とされたケースがありましたが、期間の定めのない賃貸借契約の解約申入れとしての効力も認められないとされました（東京地判平成14.12.19乙 LLI05731510）。

賃貸人からの解約申入れには、さらに正当事由が必要ですが（28条。参照👉No. 201）、正当事由があれば、解約申入れがなされると、到達日から6か月を経過することによって、契約は終了します（1項）*3。賃貸人から解約を申し入れる場合の解約申入れ期間は6か月です。

調停の申立てが解約の申入れにあたるかどうかについて、最判昭和36.11.7甲は、『賃貸家屋の明渡しを求める調停の申立ては、特別の事情がないかぎり、その申立ての理由いかんを問わず、当該家屋を目的とする賃貸借契約についての解約の申入れの意思表示を伴うものと解すべきである』としています。

本条は、一方的強行規定です（30条。参照👉No. 223）。賃借人に不利な特約には効力はありませんので、賃貸人からの解約申入れ期間を伸長する特約は有効ですが、短縮する特約は無効です。

賃貸人からの解約申入れがなされたときでも、解約申入れ期間経過後に、賃借人が使用を継続する場合は、更新拒絶の場合と同様に、賃貸人は遅滞なく異議を述べることを要します。使用が継続されながら、異議を述べないと、法定更新となり、賃貸借は終了しません（2項、26条2項）。

建物の転貸借がなされている場合においては、転借人がする建物の使用の継続は賃借人がする使用の継続とみなされます（2項、26条3項）。

本条が定めるのは、賃貸人からの解約申入れです。賃借人からの解約申入れは、本条ではなく、民法に基づくものとなり、解約申入れ期間は、特約がなければ3か月です（民法617条1項2号）*4。賃借人からの解約申入れ期間に関する民法の規定については、これを3か月ではなく1か月に短縮するなどの特約は、有効です。

第1章 借家

＊1 借地契約で期間の定めがなかった場合は、期間は30年となる（30年ルール。３条。参照 👍 No.023）。

＊2 定期建物賃貸借であれば、期間を１年未満と定めることが可能である（38条１項後段。参照 👍 No.287）。

＊3 正当事由がなければ、解約申入れには効力はない（28条）。

＊4 期間の定めがある場合の法定更新を定める26条１項が、賃貸人からの更新拒絶のみでなく、賃借人からの更新拒絶をも対象とする定めであったのに対し、本条１項は、賃貸人からの解約申入れだけを定めるものであり、定め方が異なっている。

【更新拒絶】

		賃貸人から	賃借人から
26条１項	期間の定めがある場合の期間満了時の契約終了（法定更新の有無）	○	○
27条１項	解約申入れがあった場合の申入れ期間経過時の契約終了（期間の定めの有無を問わない）	○	×（民法617条１項２号が適用になる）

> ### 第28条 （建物賃貸借契約の更新拒絶等の要件）
>
> 　建物の賃貸人による第26条第1項の通知又は建物の賃貸借の解約の申入れは、建物の賃貸人及び賃借人（転借人を含む。以下この条において同じ。）が建物の使用を必要とする事情のほか、建物の賃貸借に関する従前の経過、建物の利用状況及び建物の現況並びに建物の賃貸人が建物の明渡しの条件として又は建物の明渡しと引換えに建物の賃借人に対して財産上の給付をする旨の申出をした場合におけるその申出を考慮して、正当の事由があると認められる場合でなければ、することができない。

正当事由ルール　期間満了に際し、建物の賃貸借契約を終了させるには、期間満了の1年前から6か月前までの間（通知期間）に更新拒絶等の通知（更新をしない旨の通知、または条件を変更しなければ更新をしない旨の通知）をしておかなければなりません（26条1項本文）。通知期間内の更新拒絶等の通知がなければ、法定更新となります（参照👉No. 193）。

　しかし、賃貸人からの更新拒絶についてみると、更新拒絶等の通知だけで契約が終了し、建物からの退去を強いられることは、建物を生活や営業の基盤として利用している賃借人にとって、不利益です。

　そこで、本条により、正当事由が、更新拒絶等の通知の有効要件とされました。

　すなわち、賃貸人からの更新拒絶の場合、通知期間内の更新拒絶等の通知がなされただけでは、契約は終了せず、更新拒絶等の通知に正当事由がある場合に限って、更新拒絶に効力が認められ、契約が終了します。正当事由がなければ、賃貸人は更新を拒めず、法定更新となります（正当事由ルール）。

　また、期間の定めのない賃貸借、または期間の定めがあっても期間内に解約できる旨の特約がある賃貸借の場合の解約申入れ[*1]も、賃貸借の終了事由ですが（27条1項。参照👉No. 200）、これらの解約申入れによる賃貸借終

第1章 借家

了にも、期間満了による終了と同様、正当事由が必要とされます（特約による解約申入れについては、東京地判平成20.8.29甲、東京地判平成23.1.28）[*2]。

　本条は、一方的強行規定です（30条。参照 👍 No. 225）。本条と異なる特約は、建物の賃借人に有利ならば有効ですが、不利であれば無効です。

[*1]　期間の定めがある場合に賃貸人からの期間内解約を認める特約については、その効力を否定する立場もあるが（東京地判昭和27.2.13）、多くの場合には、特約の効力を否定するのではなく、特約の効力を認めながら、正当事由を伴わない解約申入れの効力を否定するという考え方が採用されている（参照 👍 No. 232）。

[*2]　定期建物賃貸借において、特約によって賃貸人による中途解約権を定めた場合、特約は有効であって、しかも正当事由が要求されないという説が「別冊法学セミナー no.257新基本法コンメンタール借地借家法［第2版］」で示されているが（吉田修平執筆部分）、借地借家法の歴史と同法の文言を無視した考え方であり、裁判所がこの説を採用することは、およそ考えられない。

No.202
正当事由の意味　　正当事由とは、賃貸借を終了させ明渡しを認めることが、社会通念に照らして妥当と認められる理由です（最判昭和29.1.22）。正当事由に関しては、①総合的な考慮の必要性、②要因の軽重、③立退料の性格について、理解する必要があります[*1]。

① 総合的な考慮の必要性

　正当事由の有無は、賃貸借当事者双方の利害関係その他諸般の事情を総合的に考慮して、判断されます（例えば、最判昭和46.6.17）。

　旧借家法では、正当事由の要因につき、条文上、賃貸人自らが使用する必要性が明示されるだけでした（旧借家法1条ノ2）。

　これに対し、裁判例をとおし、賃貸人が使用する必要性だけではなく、多くの要因を考慮して正当事由を判断するという判例理論が、築き上げられていきました（最判昭和25.2.14、最判昭和25.6.16、最判昭和26.9.14、最判昭和27.12.26、最判昭和29.1.22）。本条は、借地借家法の制定に際し、判例法理が類型化され、明確化された規定です。

【正当事由の基本的要因と補充的要因】

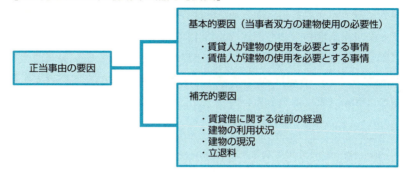

② 要因の軽重（基本的要因と補充的要因）

　正当事由の判定において考慮されるべき要因には、基本的要因（中心的・主要な要因）と補充的要因（副次的な要因）があります[*2]。

　基本的要因は、当事者双方の建物使用の必要性（建物の賃貸人が建物の使用を必要とする事情と、建物の賃借人が建物の使用を必要とする事情）です。正当事由は、まずこの基本的要因を比較衡量して、存否が判断されます。

　それ以外のものが、補充的要因です。基本的要因だけでは、賃貸人に有利な要因と賃借人に有利な要因の比重が同等であるなど、正当事由の有無を決められないときに、基本的要因に補充的要因をあわせて、正当事由の有無が判断されることになります。

③ 立退料の性格

　立退料は、基本的要因と補充的要因の両方を考慮しても、いまだ完全な意味での正当事由には至らない場合に、正当事由の不足分を補完するための要因です（参照 No. 216）。立退料さえ提供すればほかに理由がなくても正当事由が認められるというものではありません。最判昭和46.11.25は、『金員の提供は、それのみで正当事由の根拠となるものではなく、他の諸般の事情と綜合考慮され、相互に補完しあって正当事由の判断の基礎となる』と判示しています[*3]。

第1章　借家

なお、立退料はあくまでも正当事由の補充的要因です。本条は、賃借人の賃貸人に対する立退料請求権を基礎付ける実体法上の根拠となるものではありません（東京地判令和3.2.10–2021WLJPCA02108012）。また、任意の明渡しに際して合意があれば立退料の支払義務が生じますが（広島高裁岡山支部判平成25.8.2–2013WLJPCA08026002）、合意がなければ、立退料の支払義務は生じません（東京地判令和4.10.19–2022WLJPCA10198004）。

＊1　借地借家法施行前に契約締結された建物賃貸借については、更新拒絶等の通知、解約申入れには、旧借家法が適用になるので（借地借家法附則12条、東京地判平成25.9.17乙）、形の上では、正当事由も旧借家法下の裁判例に沿って判断されることになる。もっとも、実質的には、正当事由についての考え方は、旧借家法と借地借家法とに違いはない。

＊2　条文の書きぶりとして、まず「賃貸人及び賃借人が建物の使用を必要とする事情のほか」として先に賃貸人の事情と賃借人の事情を掲げ、その後に、「建物の賃貸借に関する従前の経過」などを列挙していることは、法が正当事由の要因を、基本的要因と補充的要因に分けていることを示すものである。

＊3　立退料が合意によって決められることもある。広島高裁岡山支部判平成25.8.2は、合意解約とともに立退料支払合意がなされたと認定された例である。

No.203　正当事由の判断の時点

正当事由は、更新拒絶等の通知・解約申入れが有効となるための要件です。したがって、通知・申入れの時に存在し、かつ、その後6か月間持続されなければなりません。通知・申入れの時に存在し、かつ、その後6か月間持続すれば、更新拒絶等の通知・解約申入れは有効です。

この6か月の期間経過後に生じた事情は正当事由の有無の判断資料にはならないのが、原則です（最判昭和28.4.9）。

もっとも、解約申入れ当時に正当事由がなくても、賃貸人が明渡しを請求し、明渡し訴訟が係属している間に、事情が変わって正当事由が具備され、6か月間その事由が持続したときも、解約の効果は生じます（最判昭和29.3.9、最判昭和34.2.19、最判昭和41.11.10、東京地判昭和56.10.7いずれも、解約申入れ）。

【正当事由の判断の時点】

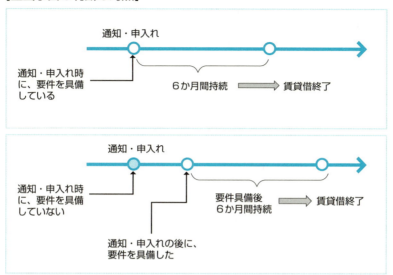

また、立退料については、賃貸人が解約申入れ後に提供し、または増額を申し出た金額も参酌することができるとされています（最判平成3.3.22）。

正当事由の判断材料

No.204

正当事由は、

(1) 賃貸人の事情（賃貸人が建物の使用を必要とする事情）（参照👉 No. 205）
(2) 賃借人の事情（賃借人が建物の使用を必要とする事情）（参照👉 No. 210）
(3) 建物の賃貸借に関する従前の経過（参照👉 No. 211）
(4) 建物の利用状況（参照👉 No. 212）

第1章　借家

> (5) 建物の現況（参照👉No. 213）
>
> (6) 立退料（参照👉No. 216）

を総合的に考慮して、その存否が判定されます。

　ここで総合的に考慮するとは、賃貸人と賃借人双方それぞれに有利なファクターと不利なファクターを、まずは、基本的要因について比較衡量して正当事由の存否判定を試み、もし、基本的要因だけでは判断できないときには、補充的要因を加えて比較衡量し、社会通念上明渡しが妥当といえるかどうかを判定することを意味します。

No.205 賃貸人の事情（賃貸人が建物の使用を必要とする事情）

(1) 基本的要因であること

　正当事由の存否は、賃貸人と賃借人にどのような建物使用の必要性があるかを個別に検討し、両方を比較し、相対的により必要性が高いのはどちらかを判断するという方法によって判定されます。賃貸人が建物の使用を必要とする事情は、正当事由判定における重要な基本的要因です。

　賃貸人に使用の必要性がなく、賃借人に使用の必要性があるならば、正当事由は否定されます（東京地判令和3.5.11-2021WLJPCA05118011）。

No.206 (2) 居住・営業のための使用

　賃貸人の事情として、典型的なものは、自らが建物を居住・営業に使用する必要性です。ここでは、自ら使用するといっても、必ずしも賃貸人において賃貸建物を自ら直接に使用することを必要とする場合に限りません（最判昭和27.10.7）。賃貸人の家族や従業員、また、賃貸人と関係がある第三者が使用する必要性も考慮されます。例えば、東京地判平成19.8.29甲は、『賃貸人の娘が使用する目的であって、賃貸人が娘のために、新築を準備し、その育児に携わる必要があるというのは、本件建物の建替え及び明渡しの必要性があるものというに足りる』としています。

東京地判平成26.12.10は、建物を取り壊して、法形式上は第三者である医療法人Z会が開設する老健施設に建て替える計画がある事案において、『賃貸人X自身が本件事業に賛同し、これを老健施設の開設主体となり得るZ会と一体となって実現するためである』として、老健施設の開設者の必要性を賃貸人の必要性と同視しています。

賃貸人が賃貸事業によって収益を上げることは営業のための使用の必要性にあたり得ますが（東京地判平成20.4.23判タ1284号229頁）、『賃借人において建物の継続使用の必要性があり、かつ、継続に現実的裏付があって、そのことにより賃貸人も収益を得ることができる場合には、賃貸人がより多額の収益を上げたいというだけでは、ただちに正当事由は認められない』とされます（東京地判令和4.5.24乙-2022WLJPCA05248014）。

(3) 建物を建て替える必要性

No.207

老朽化した建物を取り壊し新築建物に建て替えるなど、土地を有効利用し、また、安全性の高い建物を建築しようとすることも、賃貸人が建物の使用を必要とする事情です。例えば、東京地判昭和36.7.8は、『本件家屋の如き既に耐用命数に達し、腐朽破損甚だしき老朽家屋をいつまでも存置させておくことは、街の美観を損ね、その街全体の発展のためにも好ましくないのみならず、現在直ちに倒壊するおそれはないとはいえ、かかる危険を包蔵する建物を、そのままに放置しておくことは、近隣の保安上の要請からも不適当と認められる』、また、東京地判平成20.4.23は、昭和4年頃に築造された木造3階建アパートについて、賃貸人の目的は自ら建物を使用するものではなく、不動産を有効利用するものであるところ、このような利用方法を『営利を追求する企業として合理的なものとして肯認することができる』として、いずれについても正当事由を肯定しています。

もっとも、建物の取壊しと建築計画を主張しても、容易に正当事由が認められるわけではありません。建物の老朽化、建築計画の具体性[*1]、立退料提供の有無・金額などが考慮の対象とされ、賃借人側の必要性と比較されるこ

とになります。また、建て替えることなく耐震補強による耐震性能を向上さ
せることができるかどうかも検討対象であり、建て替えることなく耐震補強
による耐震性能を向上させることができるのであれば、正当事由の消極要因
となります（東京地判平成22.3.17、東京地判平成30.5.29甲、東京地判令和
3.1.28–2021WLJPCA01288022、東京地判令和3.3.12–2021WLJPCA03128013、
東京地判令和4.3.30–2022WLJPCA03308008）（参照👍No. 214「老朽化と耐
震性」）。

＊1　建替え計画は、現実的で具体的でなくてはならない（東京地判平成20.4.23、東京地判
　　令和2.8.31–2020WLJPCA08318005）。賃貸人にビル新築を完成する能力があるか疑わしい
　　として正当事由が否定された事案が、東京地判平成9.2.24である。

No.208 **(4) 区分所有法上の建替え決議**

　区分所有法は、区分所有の建物について、集会での多数決による建替え決
議を行うことを認めています（区分所有法62条1項）。しかし、専有部分の
賃借人には、建替え決議の効力は及びません。そこで、建替え決議がなされ
た建物の専有部分に賃借人がいる場合、賃貸人から、建替え決議があったこ
とを理由として、賃貸借が更新拒絶または解約され、賃貸人に対して明渡し
が求められることがあります。

　従来は、建替え決議を理由に正当事由を肯定した例もありましたが（東京
地判平成20.7.18）、建替え決議が成立していても正当事由が否定された例も
あり（東京地判平成20.1.18甲）、予測可能性が担保されないことは、円滑な
マンションの建替えの支障になっているといわれていました（特約の効力に
ついては、参照👍No. 225）。

　この点については、区分所有法が改正され、建替え決議が成立した場合、
賃借人に賃借権の終了請求ができることになる見通しです（法制審議会区分
所有法部会2024年（令和6年）2月区分所有法改正要綱）。今後は、区分所
有法上の建替え決議がなされた場合の賃借人に対する明渡し請求は、更新拒

絶・解約申入れではなく、区分所有法に基づく賃借権の終了請求によることになると考えられます。

(5) 借金返済や相続税納付などの必要性

賃貸人が借金返済や相続税納付など建物売却による現金準備の必要性をもって正当事由を主張することもありますが、一般的には正当事由は認められていません（東京高判昭和26.1.29、東京地判平成20.12.26乙）。ただし、借財返済のための売却（最判昭和38.3.1）、相続税納付のための売却（大阪地判昭和39.5.30）、生活資金のための売却（東京地判令和2.2.18-2020WLJPCA02188010）によって、正当事由が肯定されたケースもなくはありません。

借地上の建物の賃貸借につき、借地人（建物賃貸人）が地主に対して収去義務を負うからといって、直ちに建物賃借人との関係で正当事由があるとはいえないとしたケースがあります（東京地判平成8.1.23）。

賃借人の事情（賃借人が建物の使用を必要とする事情）

賃借人が建物の使用を必要とする事情も、正当事由判定における基本的な要因です。転借人がいるときは、転借人の事情も、賃借人者側の事情として考慮されます（28条かっこ書。東京地判令和4.2.28乙-2022WLJPCA02288015）。

賃借人に居住の必要性があることは、重要な要因（正当事由の否定要因）となります。

賃借人の営業上の必要も正当事由否定の要因です。立地条件のよい場所で営業していること（東京地判平成16.3.30）なども重要な考慮の対象となります。ほかの場所で営業が可能かどうかも問題とされます（たとえば、東京地判平成19.8.9）。

賃借人が建物を使用せずに放置している場合には、正当事由肯定の要因となります（東京地判昭和26.6.26）。

第1章 借家

No.211 | **建物の賃貸借に関する従前の経過**

建物の賃貸借に関する従前の経過は、正当事由の補充的要因になります。賃貸借契約締結の基礎事情、基礎事情の変更の有無、賃料等の契約条件、当事者間の信頼関係の存否、賃貸借期間等が考慮の対象です。

ここでは、賃料不払いや迷惑行為などの信頼関係を損なう事情がなかったか、好意賃借・雇用関係・親族関係などがあるか、これらの事情があれば、その事情の基礎となる状況の変化があるか、賃料は相当か、賃貸借が長期間にわたっているかなどが問題とされます。

例えば、賃料滞納（東京地判平成20.8.28）や迷惑行為（東京地判平成30.11.9-2018WLJPCA11098007[*1]、東京地判令和元.9.24-2019WLJPCA09248018[*2]）が繰り返されていれば正当事由肯定の要因になります[*3]。大阪地判昭和55.7.11判タ426号182頁では、ガレージの管理を行うこととなっていた住宅の賃借人が適切な管理を行わなかったことから、正当事由が認められています（社宅としての利用であることが正当事由の消極要因になるケースについて、参照 👍No.188）。反対に、長期的に信頼関係を損なうようなことがなければ、正当事由を否定する要因になり得ます。明渡し交渉の局面において、賃貸人の態度に誠意がないことが、正当事由を否定する方向への要因になることもあります（東京地判平成元.6.19）。

賃料交渉に関する経緯が正当事由の判断要因になることもあります。東京地判令和2.12.4-2020WLJPCA12048010では『賃貸借契約締結後、XがY側の事情を汲んで3度の減額要請に応じてきたにもかかわらず、Yが更にY側の事情のみを理由として大幅な減額を求めたことは、建物の賃貸借に関する従前の経過として、更新拒絶の正当事由を基礎付ける一事情となる』とされ、大阪高判昭和40.3.15判時412号47頁では、解約申入期間延長の申出が解約申入の正当性を補強する事由となり得るものとされています（ただし、いずれの事案でも、具体の事例での正当事由は否定されている）。

賃貸人が解約を申し入れたとき、あるいは、その他一定の事実があったときに当然明け渡すとの条項は、一方的強行規定違反として無効です（30条。

参照 👍 No. 225）。

　しかし、賃貸借の終了についての特別な合意を、正当事由のひとつの要因として考慮し得ることは、合意の有効性とは異なる問題であり、賃貸借の終了についての特別な合意を、「賃貸借に関する従前の経過」として、正当事由判断のひとつの要因とみることも可能です。賃貸人の要求があれば建物を明け渡すなどの約定がある場合には、正当事由肯定の一要因として認められています（東京高判昭和51.8.31、東京地判平成20.7.18、東京地判平成元.8.28）。

＊1　東京地判平成30.11.9-2018WLJPCA11098007は、簡易宿泊所を営業していた賃借人が、宿泊者と近隣住民のトラブルを放置していたことが正当事由とされたケースである。

＊2　東京地判令和元.9.24は、事務所の賃貸借において、賃借人が共用部分に大量の荷物を置く行為などの迷惑行為を繰り返し行っていたことから、無条件で正当事由が肯定されたケースである。渡辺晋「不動産判例100」166頁、日本加除出版で解説した。

＊3　賃借人の地位が移転していた場合には、前賃借人の賃料不払は正当事由の判断にあたっては考慮されない（東京地判令和3.2.9-2021WLJPCA02098003）。

| 建物の利用状況 |

建物の利用状況とは、賃借人が建物を利用しているか No.212 どうか、また契約に従って建物を利用しているかどうかを意味します。

　賃借人が、建物を使用していなければ、正当事由は肯定されやすくなります（東京地判昭和26.6.26）。賃借人の使用目的違反があったときには、解除事由にまでは至らない程度であったとしても、正当事由の要因になり得ます。事務所として使用する契約であるのに英語学習用教室として使用した東京地判昭和54.10.29が、その例です。

　もっとも、これら建物の利用状況は、補充的な要因としての建物の利用状況ではなく、基本的な要因である賃借人が建物の使用を必要とする事情として考慮されるものということができます。その意味で、建物の利用状況を正当事由の判断基準のひとつとした意味はないともいわれています。

第1章　借家

No.213
建物の現況
　建物の現況とは、建物自体の物理的な状況です。建物が老朽化するなど、物理的あるいは社会的経済的効用を失い、建替えや改築が必要とされていることを指し示します。

　建物が朽廃しその効用を失ったときは建物賃貸借契約は終了しますが（最判昭和32.12.3、民法616条の2）、朽廃の程度に至らなくても、老朽化、機能の陳腐化等により取壊し・改築の必要が生ずる場合があります。最判昭和35.4.26は、『家屋の自然朽廃による賃貸借の終了以前に、意思表示によりこれを終了せしめる必要があり、その必要が賃借人の有する利益に比較衡量してもこれにまさる場合には、その必要を以って家屋賃貸借解約申入れの正当事由となし得る』として、大修繕、改築を、正当事由の要因としています。飛散性の高いアスベストが検出されたことなどから、東京地判令和3.3.25甲-2021WLJPCA03258032では正当事由が認められ、立退料なしの無条件での明渡し請求が肯定されています。

　なお、賃貸人には修繕義務があります（民法606条1項）。修繕が可能であれば、賃貸人は修繕をしなければなりません。東京地判平成22.3.17は『耐震壁がないことによる偏心は、賃貸人が民法606条1項の規定により修繕義務を負うところの賃貸借の目的物の破損に当たるというべきであり、かつ、経済的観点からしてその修繕が不能とはいい難いことから、賃貸人には、その費用負担において、本件補強工事を実施する義務があると認めるのが相当である』として、正当事由を認めませんでした。

　また、ある程度老朽化していることが認められても、賃借人の必要性が高い場合には、必ずしも正当事由が認められるとは限りません（東京地判昭和54.12.14）。東京地判昭和55.6.30では、すでに朽廃に近い状態にあるが、建物としての効用を喪失するまでにはなお5年を要するとして、正当事由が否定されています。

　さらに、老朽化に至った原因として賃貸人の管理運営上の問題があるときは、正当事由を否定する方向の要因となります（東京地判平成4.9.25、東京地判平成22.9.30）。

老朽化と耐震性　伝統的な考え方によれば、建物の老朽化は、補充的要 No.214 因ですが、実際上は、補充的要因のうちでも、重要性の高いものとして位置づけられています。現在では、正当事由を肯定する場合には、多くの事案において、建物が老朽化していることが、その理由のひとつとされており、例えば、東京高判平成3.7.16は、『賃貸人に建物またはその敷地を自己使用する必要性はないが、建物の状況に照らし、本件賃貸借契約を解約することが合理性ないし社会的相当性を欠くということはできない』として、明治37、38年頃に建築され、著しく老朽化した建物について、立退料支払いを条件とする正当事由を肯定しています。

　平成7年阪神・淡路大震災、平成23年東北地方太平洋沖地震（東日本大震災）、令和6年能登半島地震を経験したうえ、さらに関東地方で規模の大きな地震の確率が高いとされ、建物の安全性が社会的な課題とされている現在の状況では、正当事由の判断においても、実際上は、建物の老朽化および耐震性は、単に補充的要因ではなく、より重要な基本的要因として位置づけられているものといえます[1]。

　鉄骨造、鉄筋コンクリート造、鉄骨鉄筋コンクリート造等の建物の耐震性については、一般に、Is値という数値が基準とされます。Is値とは各階の構造耐震指標です。平成18年1月25日国土交通省告示第184号、別表第6は、「構造耐震指標及び保有水平耐力に係る指標」「構造耐力上主要な部分の地震に対する安全性」について

(1) Isが0.3未満の場合、またはqが0.5未満の場合
　地震の震動および衝撃に対して倒壊し、
　または崩壊する危険性が高い
(2) (1)および(3)以外の場合
　地震の震動および衝撃に対して倒壊し、
　または崩壊する危険性がある
(3) Isが0.6以上の場合で、かつ、qが1.0以上の場合

第1章 借家

> 地震の震動および衝撃に対して倒壊し、
> または崩壊する危険性が低い
>
> （q：各階の保有水平耐力に係る指標）

としています[2]。

　裁判例でも、しばしば耐震性の判断において、Is値が参考にされています（例えば、東京地判平成22.7.21）。

---

[1]　老朽化および耐震性が基本的要因として位置づけられるというのは、建替え等建物の安全性を確保し、あるいは土地の有効利用を図ることが、賃貸人の必要性の内容をなすことを意味するものである。条文の解釈としては、建物の老朽化および耐震性の問題が、28条の「建物の現況」に該当するだけではなく、「賃貸人が建物の使用を必要とする事情」にもあてはまると解することになる。

[2]　平成16年7月12日国土交通省住宅局長の各都道府県知事あて「特定建築物の耐震診断及び耐震改修に関する指針に係る認定について」（国住指第1033号）では、鉄筋コンクリート造の建築物または鉄骨鉄筋コンクリート造の建築物についての地震に対する安全性の評価にあたっては、

　　Is が0.8未満の場合　　耐震診断を行う必要がある。

　　Is が0.8以上の場合　　地震の震動および衝撃に対して倒壊し、または崩壊する危険性が低いとされている。

No.215 **サブリースにおける正当事由**

サブリース事業におけるマスターリース契約（一括賃貸借契約）では、通常、建物所有者が不動産賃貸事業の素人であるのに対し、不動産会社は不動産賃貸事業の専門家ですから、建物所有者からの更新拒絶にあたって、賃借人保護を目的とする正当事由を求める必要はないのではないかという考え方も、なくはありません（マスターリース契約の意味について、参照👆 No. 263[1]）。

　しかし、マスターリース契約についても、借地借家法は適用されます（最判平成15.10.21甲、同乙、札幌地判平成21.4.22、東京地判令和2.1.30、東京地判令和3.5.20-2021WLJPCA05208019[1]、東京地判令和4.7.22-2022WLJPCA07228012）（マスターリース契約について、賃貸借であることが否定さ

れた例について、参照👍 No. 189）。

　東京地判平成24.1.20甲では、マスターリース契約の正当事由の判断において、賃貸人の金融機関への返済計画を考慮すべきであるとの主張、および立退料は補完事由ではなく重要な要素であるとの主張が、いずれも否定されています。

　ところで、マスターリース契約の正当事由の存否については、多くのケースで正当事由が否定されています（東京地判平成19.5.16、東京地判平成19.12.7、東京地判平成20.8.29甲、札幌地判平成21.4.22、東京地判平成21.7.28乙、東京地判平成21.11.24甲、東京地判平成24.1.20甲、東京地判平成30.5.29乙、東京地判令和2.1.30、東京地判令和2.10.1-2020WLJPCA10018016、東京地判令和2.12.15乙-2020WLJPCA12158017、東京地判令和2.12.25-2020WLJPCA12258011、東京地判令和3.2.9-2021WLJPCA02098003）。もっとも、正当事由が認められるケースも散見されるところです。東京地判平成25.3.21では、契約期間が3年間という比較的短期間に設定されていた賃貸借において、サブリース会社と転借人の賃貸借契約において、マスターリース終了時には所有者がこれを引き継ぐ旨の定めもあり、もともと自己使用を目的として各契約を締結しているわけではないこと、契約関係を長期間継続させようと強く期待していたとはいえないことなどを理由として、東京地判平成27.8.5では、『建物を使用する必要性としては、本件建物を転貸して経済的利益を得ることに尽きる』として、それぞれ正当事由が肯定されています。

＊1　東京地判令和3.5.20-2021WLJPCA05208019は、マスターリース契約における正当事由を判断する場合にも、通常の賃貸借と異なる基準を採用すべき理由はないとされたケースである。渡辺晋「不動産判例100」170頁、日本加除出版で解説した。

　建物賃貸借における正当事由の有無および財産上の給付（立退料）に関する裁判例の一覧表を、資料として、376頁以下に掲載しました。ご参照ください。

第1章 借家

No.216 **立退料の趣旨と算出方法**

(1) 趣旨

本条には、正当事由の要因として、「建物の賃貸人が建物の明渡しの条件として又は建物の明渡しと引換えに建物の賃借人に対して財産上の給付をする旨の申出をした場合におけるその申出」が掲げられています[*1]。ここでいう財産上の給付のうちの金銭支払いが、立退料です[*2]。立退料は、正当事由が完全ではないけれども、相当程度までは認められるというケースにおいて、賃借人の不利益を経済的観点から軽減し、もって、正当事由の不足分を補充し、正当事由を肯定するための要因です（東京地判平成21.9.24）。

立退料の性格は正当事由の不足分の補填ですから、公用収用の場合のように、賃借人に現実的に生じる損失全部を補填しなければならないものではありません（最判昭和46.6.17、東京地判平成19.10.17、東京地判平成20.12.15、東京地判平成21.9.24）。また、金銭がいかなる使途に供され、いかにして損失を補償し得るかが具体的に示されなければならないこともありません（最判昭和46.6.17、最判昭和46.11.25）。

賃貸人が解約申入れ後に提供し、または増額を申し出た金額も参酌することも可能です（最判平成3.3.22）。

裁判所は、賃貸人の申し出た立退料の金額を増額して正当事由を認めることもできます（東京高判平成2.5.14、東京高判平成3.7.16、東京高判平成10.9.30、東京地判平成3.5.30、東京地判平成3.7.25、東京地判平成7.10.16、東京地判平成9.9.29）。

なお、立退料は、正当事由判定における補完的・補強的なものにすぎません。立退料を提供しても、ほかに理由がなければ、正当事由は否定されます。立退料の提供だけでは正当事由は具備されることになりません（最判昭和46.11.25、東京地判平成20.5.30、東京地判平成27.7.16）。

また、立退料を提供すれば正当事由が認められるケースでも、賃貸人に立退料提供の意思がない（または提示額と適正額がかけはなれている）ときには、正当事由は否定されます（福岡地判平成元.6.7、東京地判令和3.2.16-

2021WLJPCA02168017、東京地判令和3.6.30–2021WLJPCA06308008、東京地判令和3.8.12–2021WLJPCA08128011、東京地判令和3.12.3–2021WLJPCA12038004、東京地判令和4.10.14–2022WLJPCA10148018）。

　東京高判平成13.1.30では、抵当権者からの妨害排除としての建物の賃借人に対する明渡し請求において、建物の賃借人の立退料請求権は、賃貸の目的である「物に関して生じた債権」にあたらず、これらの債権を被担保債権とする民事留置権は発生しないとされています。

(2) 算出方法

　立退料には、定まった算出方法があるわけではなく、事案に応じて、移転実費・損失補償額や借家権価格などを考慮して、さまざまな手法によって立退料の金額が決められています。

　裁判例において用いられた立退料算出の手法は、大きく分けると、①移転実費・損失補償から算出する手法（参照👍 No. 218）、②借家権価格の全部または一部を立退料とする手法（参照👍 No. 219）[*3][*4]、③借家権価格に移転実費・損失補償を加算して立退料とする手法（参照👍 No. 220）、の3通りがあります[*5]。

① 移転実費・損失補償から算出する手法

　立退料を、移転のための実費および移転に伴って生じる損失を基準として算出する手法[*6]をとっている裁判例として、東京地判平成19.8.29甲、東京地判平成21.5.21、東京地判平成22.4.13、東京地判平成23.9.13、東京地判令和3.3.26甲–2021WLJPCA03268016、東京地判令和4.4.27乙–2022WLJPCA04278006、東京地判令和4.4.28乙–2022WLJPCA04288025、東京地判令和4.7.11–2022WLJPCA07118002があります。

　賃貸住宅における立退料ではこの手法がとれることが多く、例えば、東京地判平成19.8.29甲は、住宅の明渡し請求について、『賃借人の必要性は、住居とすることに尽きており、そのような場合の立退料としては、引越料その他の移転実費と、転居後の賃料と現賃料の差額の1、2年程度の範囲

第1章 借家

内の金額が、移転のための資金の一部を補填するものとして認められるべきものである』、また、東京地判平成23.9.13は、賃貸マンションに海外赴任から帰国した所有者が居住するための明渡し請求について、『賃借人は、借家権価格を満額補償すべきであるという考え方に基づく立退料として277万円を主張するが、本件建物のような代替性のある居住用物件について、賃借人の主張するような借家権価格なるものを観念できるか疑問がある上、本件は、賃貸人による自己使用の必要性が相当程度認められる一方、賃借人による使用の必要性はさほど高く評価することができない事案なのであるから、上記立退料の問題は、あくまでも正当事由を補完する補充的な要素として考慮すれば足りるというべきである』としています。また事業用の賃貸借でも採用されています（東京地判令和4.5.25-2022WLJPCA05258020、東京地判令和4.6.27-2022WLJPCA06278004）。

東京地判令和4.10.28-2022WLJPCA10288023では、借家権価格と損失補償額を比較し、このうち額が大きい損失補償額を採用したうえ、建替え時の容積率増加分を加算した額としました。

② 借家権価格を基準として算出する手法

No.219

立退料を、借家権価格を基準として算出する手法をとっている裁判例として、東京地判平成3.5.30、東京地判平成17.3.14乙、東京地判平成21.9.24があります。東京地判平成3.5.30は、中央区銀座の印刷会社へのバブル時期の明渡し請求において、借家権価格の約63％に相当する額、東京地判平成17.3.14乙は、港区の商業地域の7階建店舗兼事務所ビルの事務所において、借家権価格の3倍の額、東京地判平成21.9.24は、店舗兼事務所ビルの明渡し請求において、借家権価格の約60％に相当する額を、それぞれ立退料としています。最近の事例としては、東京地判令和2.12.10-2020WLJPCA12108014では、借家権価格を立退料とした裁判所鑑定に基づいて立退料が決められており、『立退料の算出に当たり、借地権割合法による試算価格と移転補償としての試算価格を合算しなければならない旨を定めたものと解される規定を見出すことはできない』と述べられています。

東京地判令和4.3.17–2022WLJPCA03178020では、借地権価格の１割が相当と判断されています。

③ 借家権価格に移転実費・損失補償を加算して立退料とする手法

No.220

立退料を、借家権価格に移転実費・損失補償を加算し算出する手法をとっている裁判例もあります。東京地判平成22.7.21では、港区虎ノ門の事務所ビルについて、『本件の場合には、賃借人が本件建物に店舗兼営業所があることについて「立地的な特別効用」を得ているとし、かつ、不随意立退きに伴う正当事由の補完としての立退料が問題になっているとの判断の下、借家権価格及び立退きに伴う補償額の合計額』と判断され、東京地判令和3.11.9–2021WLJPCA11098008、東京地判令和4.3.4–2022WLJPCA03048006および東京地判令和4.3.16甲–2022WLJPCA03168006でも、借家権価格と営業補償（事実上失われる利益の補償額）などの合計額が立退料とされています。また、東京地判平成17.5.31、東京地判平成25.9.17甲、および東京地判令和4.7.20–2022WLJPCA07208010では、借家権価格の２分の１と損失補償額の合計額を、東京地判令和4.8.3–2022WLJPCA08038004では、借家権価格の３分の２と移転に伴う損失補償額の合計額を、それぞれ立退料の額とされています。

＊1　法文上「明渡しの条件として」または「明渡しと引換えに」と規定されているが、前者は、立退料支払いの時期について、明渡し前とすることを念頭におく文言、後者は、建物明渡し時に明渡しと同時に立退料が支払われることを念頭に置く文言である。

＊2　正当事由の補完的要素としての財産上の給付には、金銭支払いのほか、代替建物を提供することも含まれる。代替建物の提供によって正当事由が認められた例として、最判昭和32.3.28（代わりの家屋の賃貸および引渡しの提供を条件と定めて家屋明渡しを命じた）、大阪地判昭和62.11.27がある。

＊3　都市部の建物賃貸借の場合、借家権には通常財産的価値があり、一般に、この価値が借家権といわれている。

＊4　国税庁が、路線価図（財産評価基本通達に基づく）において、借地権割合と借家権割合を定めており、借家権価格は、これを参考にして、

　　　借家権の価格＝更地価格×借地権割合×借家権割合

という計算式によって計算することもある。

第1章　借家

借地権割合は、都市部では、住宅地で60％程度、商業地域で70％から80％程度とされることが多い。借家権割合は、全国一律30％とされている（財産評価基本通達94）。

＊5　本文の記述は立退料算出の思考過程を説明している裁判例の検討に基づくものである。裁判例の中には、判決に表した立退料算出に至る思考過程を説明していないものもある。また、賃貸人がいくらの申出をしていたかを立退料算出の理由にあげる裁判例もある。

＊6　都市再開発法には、市街地再開発事業の施行者は、「土地若しくは物件の引渡し又は物件の移転により土地の占有者及び物件に関し権利を有する者が通常受ける損失を補償しなければならない」と定められており（都市再開発法97条1項）、この条文に基づく通常受ける損失の補償が、通損補償といわれる。最近では、立退料を算定するための①の方式を採用するにあたっても、通損補償の思考方法が取り入れられることがある（もっとも、立退料は理論的には損失を補償するものではないから、これらを同一するのは正しい考え方ではない）。

No.221　不動産鑑定評価基準における借家権の考え方

不動産鑑定評価基準[*1]では、まず、「借家権とは、借地借家法（廃止前の借家法を含む。）が適用される建物の賃借権をいう」と定義しています。

そのうえで、借家権の評価について、

> **A.　借家権の取引慣行がある場合**
> **B.　借家人が不随意の立退きに伴い事実上喪失する経済的利益**

との2つに分けて、説明を加えています。

Aでは、「当事者間の個別的事情を考慮して求めた比準価格を標準とし、自用の建物及びその敷地の価格から貸家及びその敷地の価格を控除し、所要の調整を行って得た価格を比較考量して決定するものとする。借家権割合が求められる場合は、借家権割合により求めた価格をも比較考量する」とされています。もっとも、借家権の取引慣行がある場合とは、借家権が市場において取引されている事実があるということを指しますが、現実には非常に限定的なケースであると考えられます[*2]。

Bの借家権は、「賃貸人から建物の明渡しの要求を受け、借家人が不随意の立退きに伴い事実上喪失することとなる経済的利益等、賃貸人との関係において個別的な形をとって具体に現れるもの」です。取引慣行がない場合にあっても、借家人が長年にわたって居住している場合において、賃貸人から

建物の明渡しの要求を受け不随意の立退きを要することとなったときには、明渡しを要求する賃貸人と不随意の立退きをせまられる借家人間の衡平を図る観点から補償の原理に基づいて把握される経済価値を借家権価格として認識する必要があり、この補償の考え方を取り入れたものです。

「この場合における借家権の鑑定評価額は、当該建物及びその敷地と同程度の代替建物等の賃借の際に必要とされる新規の実際支払賃料と現在の実際支払賃料との差額の一定期間に相当する額に賃料の前払的性格を有する一時金の額等を加えた額並びに自用の建物及びその敷地の価格から貸家及びその敷地の価格を控除し、所要の調整を行って得た価格を関連づけて決定するものとする」とされています[3]。

---

[1]　各論、第1章価格に関する鑑定評価、第3節建物、Ⅲ借家権

[2]　不動産鑑定評価基準に関する実務指針─平成26年不動産鑑定評価基準改正部分について─169頁（公益社団法人日本不動産鑑定士協会連合会鑑定評価基準委員会）。

[3]　上記実務指針では、「借家権価格は、借家人が事実上喪失する当該貸家に関する経済的利益の補償及び利用権の消滅補償の内容で構成され、移転費用等は不動産の経済価値とは直接関係ないので借家権価格に含まれないと考えられる。しかしながら、喪失することになる経済的利益を直接評価することは困難であり、補償においては、代替建物等との賃料等の差額分や移転費用等の借家人が代替建物へ入居する際に要する費用を基準に算定されることが多いことに留意が必要である」とされている。

第1章　借家

> **第29条**（建物賃貸借の期間）
> 1　期間を1年未満とする建物の賃貸借は、期間の定めがない建物の賃貸借とみなす。
> 2　民法（明治29年法律第89号）第604条の規定は、建物の賃貸借については、適用しない。

No.222　民法は、賃貸借の期間の上限について、最長を50年とし、50年より長い期間を定めても50年に短縮されると定めています（民法604条1項）。更新された後についても、同様です（同法604条2項）。賃貸借の期間の下限については、制限を設けていません。

　これに対し、借地借家法は、建物賃貸借の契約を継続させ、期間を伸長すべく、民法の原則を修正しました。

　すなわち、まず短期については、期間を1年未満とする建物の賃貸借は、期間の定めがないものとみなされます（1項）（ただし、短期の期間に関する制約は、定期建物賃貸借には適用されない（38条1項後段）。定期建物賃貸借ではどんなに短い期間でも定めることができる。参照👍 No. 287）。

　また長期については、賃貸借期間の上限を50年に制限する民法604条の規定は、建物の賃貸借に適用されないものとしました（2項）[*1]。建物の賃貸借では50年を超える期間を定めることが可能です。

　本条によって、建物賃貸借の期間は1年以上とされ（定期建物賃貸借では1年未満も可）、その最長期についての制限を撤廃しているわけです。

　本条は、一方的強行規定です（30条。参照👍 No. 223）。賃借人に有利な特約は有効ですが、賃借人に不利な特約は無効です。

　民法では、期間の定めがない場合、当事者はいつでも解約申入れができます（民法617条1項前段）。解約申入れがなされると法定の期間（解約申入れ期間）を経て賃貸借が終了します（同法617条1項後段）。民法上の解約申入

れ期間は3か月です（同法617条1項2号）。

建物賃貸借でも、賃借人からの解約申入れについては、民法の原則どおり申入れから3か月の経過によって終了します。

他方、賃貸人からの解約申入れについては、解約申入れ期間は6か月に延長されています（27条1項。参照👍 No. 200）。解約申入れ期間を3か月から6か月に伸ばすことにより、賃借人が賃貸借終了に向けての長い準備期間を確保できるようになるわけです。賃貸人からの解約申入れ期間を6か月よりも伸長する特約には効力がありますが、短縮する特約の効力は認められません（30条。参照👍 No. 223）。

賃貸人の解約申入れには、正当事由が必要ですが（参照👍 No. 201）、正当事由があれば、解約申入れから6か月の経過によって賃貸借は終了することになります。

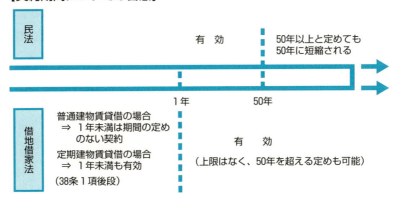

【契約期間についての合意】

＊1　かつては建物賃貸借にも契約期間の上限を制限する民法604条の適用があったが、平成11年の借地借家法の改正によって、本条2項が設けられた。なお、この改正の施行日（平成12年3月1日）の前に締結された建物賃貸借の期間については、契約期間が契約締結時に定まるものである以上、改正前の法の定めに従う（東京地判平成26.9.17）。

第1章 借家

第30条（強行規定）
この節の規定に反する特約で建物の賃借人に不利なものは、無効とする。

No.223 意義　26条から29条は、建物賃貸借の存続を保証するため、契約が容易に終了しない仕組みを組み立てました。これらの内容と異なる特約の効力を肯定したのでは、契約の存続を保証できません。そこで、本条により、26条から29条を一方的強行規定であると宣言し（一方的強行法規について、9条。参照 No. 062）、建物の賃借人を保護しています。存続保証以外の建物賃貸借の効力については、37条に規定が設けられています。

本条は、建物賃貸借の存続保証の観点から、旧借家法6条を踏襲する定めです。

一方的強行規定ですから、建物の賃借人に不利なものは無効、賃借人に有利なものは有効です。

賃貸借契約締結時に合意された特約だけでなく、契約締結後、賃貸借存続中になされた特約にも本条が適用されます。裁判上の和解や調停によってなされた合意であっても、本条の適用は否定されません（東京地判平成5.7.20。和解における更新排除特約につき松山地判昭和36.9.14下民集12巻9号2292頁、調停における期限付合意解約につき東京高判昭和40.7.8下民集16巻7号1193頁）。これに対し、賃貸借契約が終了した後になされた合意には、本条は適用されず、合意の効力は否定されません。

定期建物賃貸借（38条1項。参照 No. 284）、取壊し予定の建物賃貸借（39条1項。参照 No. 305）、一時使用目的の建物賃貸借（40条。参照 No. 311）においては、本条の適用が明文をもって排除されており、本条は適用されません。

借地人に不利なものであること　本条によって無効となる特約は、賃借人に不利なもので No.224 す。賃借人に有利な特約には効力が認められます。

　かつては、賃借人に不利な特約かどうかの判断基準について、契約条件自体を個別的にみるべきか、ほかの諸条件を斟酌して総合的に決めるべきかについて、考え方が分かれていましたが、最判昭和44.10.7において『特約が賃借人に不利なものかどうかの判断にあたっては、特約自体を形式的に観察するにとどまらず特約をした当事者の実質的な目的をも考察することが、まったく許されないものと解すべきではない』とされ、現在では総合的に判断されるとの考え方が採用されています。

更新拒絶・解約申入れに関する特約　更新拒絶・解約申入れについて、正当事由を不 No.225 要とする特約（東京地判平成21.7.28甲、東京地判令和2.12.25−2020WLJPCA12258011）（参照 👉 No. 201）、違約金さえ支払えば正当の事由がなくても解約できるという特約には効力はありません（東京地判平成21.7.28甲、東京地判平成23.1.28）。

　また法定の手続きに関し、更新拒絶の手続きを踏むことなく、期間が満了すれば当然直ちに明け渡す（佐賀地判昭和28.3.7下民集4巻3号348頁、神戸地判昭和31.10.3下民集7巻10号2806頁、松山地判昭和36.9.14下民集12巻9号2292頁）、通知をすればそれだけで賃貸借が終了する、または建物を明け渡す（東京地判平成22.12.14、神戸地判昭和31.10.3下民集7巻10号2806頁、東京地判昭和55.2.12）という特約も無効です。解約申入れ期間を短縮することもできません（東京地判平成20.4.22、東京地判平成21.7.28甲、東京地判平成25.9.17乙−2013WLJPCA09178016）。

　ほかに、更新拒絶・解約申入れに関連する特約の効力が否定された例として、次のものがあります。

① 借家人が、差押えまたは破産宣告（現行法では、破産手続開始の決定）を受けた場合は、直ちに契約解除する旨の特約（最判昭和43.11.21民集22−12−2726）

第1章　借家

② 建物の敷地の一部分について、賃貸人の請求があり次第、明け渡す旨の特約（最判昭和47.3.30判時663号62頁）、建物の敷地の一部に倉庫の建築を認めた場合において、建物賃貸人の必要があるときは正当事由の有無にかかわらず倉庫を取り払う特約（東京高判昭和46.9.30判タ271号329頁）

③ 賃貸人が敷地に堅固な建物を建築する必要が生じたときは、賃貸借契約を解除することができるとの特約（東京地判平成20.2.15）

④ 賃貸人に一定の事由が生じた場合、賃借人は解約申入れ後直ちに賃貸建物を明け渡すとの特約（東京地判昭和55.2.12）

⑤ 建替え、取壊し日が確定した場合、明け渡すとの特約（東京地判平成20.7.18）、建替えの通知を受けたときは明渡し義務を負うとの特約（東京地判平成25.9.10）（なお、区分所有法改正によって賃借権の消滅請求が認められたことについて、参照👍 No. 208）。

千葉地判平成元.8.25判時1361号106頁では、建物の明渡しを求める意図が具体化していないのに作成された即決和解調書について、『契約期間等についての借家法の拘束を免れるための便法として、簡易な起訴前の和解制度を、その制度の趣旨を逸脱して濫用して作成されたもの』として、無効であって、即決和解調書に基づく強制執行はこれを許さないと判断されています（借家法適用の回避を目的とする疑いがあるとして、即決和解の申立てを却下した例として、灘簡決昭和39.12.4下民集15巻12号2875頁がある）。

東京地判平成19.8.29甲では、裁判の結果、立退料支払いを条件として解約申入れに正当事由が認められた事案において、訴訟終了前に、賃貸借終了後に賃借人が占有を継続する場合には、賃料の倍額相当の損害金を支払う旨定められた特約について、このような特約が有効とすると、『借家人としては、立退料等の金員として相当な額が具体的に判明するのは、本件訴訟手続の審理を通じてであるから、その予測が不可能であり、賃料の倍額相当の損害金の支払いを免れるため、事実上、立退料を要求することなく建物の明渡しを強いられることになる』として、28条に反する特約で賃借人に不利であ

り、無効とされました。

期限付き・条件付きの合意解約 契約の締結が自由であるのと同じく、合意による No.226
解約（合意解除）も自由であり、賃貸借は合意解約することが可能です（最判昭和28.5.7判タ31号61頁、最判昭和32.6.6判タ72号58頁）。しかし、期限や条件を付して合意解約をすることは、法定更新に関する規定を潜脱するために利用される可能性があります。そのため、期限付き・条件付きの合意解約の効力の検討が必要になります（期限または条件を付けた借地契約の合意解約について、参照👉 No. 068）。まず、期間満了と同時に契約が当然終了するという特約に効力がない（参照👉 No. 225）のと同様、契約締結と同時に、期間満了時に賃貸借を解約するという合意をしても、このような合意には効力はありません（東京高判昭和49.6.27、長野地判昭和38.5.8）。

次に、期間中の期限付き・条件付きの合意解約は、期限や条件の内容が明確であって、解約の意思が賃借人の真意に基づく確実なものであれば有効です（最判昭和31.10.9、東京高判昭和42.9.29金法493号32頁、東京地判昭和41.11.11判タ202号181頁、東京地判昭和55.8.28判時992号87頁）。日付を明確にした合意解約の効力が認められたケースとして、東京地判平成5.7.28、東京地判平成28.7.4甲−2016WLJPCA07048003があります。条件や不確定期限を付けた合意解約も、真意に基づく確実な意思が認められるならば、効力が認められます（立退料の支払いを約して行った場合についての、東京地判平成29.10.30。東京高判昭和35.11.21下民集11巻11号2513頁は裁判上の和解であるが、明渡しまでの期間を11年間とする合意が認められた）。

これに対して、真意に基づくとはいえないか、または期限や条件の内容が不明確なら、合意解約には効力はありません。東京高判昭和63.6.23は、賃貸人が賃借人に対し、建物の売買を申し入れ、代金額も決まったけれども確定的な売買契約を締結することのないまま10年以上経過した後、賃貸人が「6か月以内に代金を支払って建物を買うか、あるいは建物を買わないのなら明

第1章　借家

け渡してほしい」と申し入れ、賃借人が「分かった」と答えたことにより、賃貸借の期限付合意解約が認められるかが争われたケースにおいて、賃借人が賃貸人の申入れに対し、「分かった」と答えたとしても、それだけでは真実期限付合意解約の意思を有していたと認めるに足りないとされました（真実の意思がないとされた例として、東京高判平成6.4.28D1-Law28161388、東京地判平成30.3.22甲）。

　建物の賃借人が差押えを受け、または破産手続開始の決定を受けたときは、賃貸人は直ちに賃貸借契約を解除することができる旨の特約（最判昭和43.11.21）、一定の期間内に賃借人が借家を買わなければ契約は終了するとの特約（京都地判昭和46.1.28）は、いずれも効力が否定されました。また、賃貸人の長男が帰還したときに賃貸建物の明渡しを受けるという特約（東京地判昭和24.12.23-1949WLJPCA12236001）、弟が復員するまで家屋を賃貸する旨の特約（名古屋地判昭和25.5.4下民集1巻5号678頁）も、賃貸借終了時期が不明確であるのに加え、条件成就や期限の到来がもっぱら賃貸人の事情にかかっている点からみても、賃借人に不利であることから、いずれも無効とされています。

　賃借人に不利でなければ、効力が認められます（雇用契約の終了に伴い賃貸借契約が終了する旨の社宅の賃貸借の特約について、最判昭和35.5.19民集14巻7号1145頁、東京地判令和元.6.12。参照👍 No. 227）。

No.227　**社　宅**　条件あるいは不確定期限をつけた明渡し特約の効力が問題になるケースとして、社宅の利用関係（雇用契約の終了に伴い賃貸借契約が終了する旨の社宅の賃貸借の特約）があります。

　特約を無効とするもの（最判昭31.11.16判タ66号55頁）もありますが、多くの場合に、社宅の利用関係が賃貸借ではないから借地借家法の適用はない（最判昭29.11.16民集8-11-2047、横浜地判昭和40.3.19判タ175号171頁、東京地判平成23.3.30）、または賃貸借であって借地借家法の適用はあるけれども、賃借人に不利な特約ではない（最判昭和35.5.19民集14巻7号1145頁、

東京高判昭和46.12.23判タ275号313頁、東京地判令和元.6.12）などとして、特約の効力が認められています（社宅についての借地借家法の適用について、参照👍 No. 188）。

更新料支払合意　更新料は、一般に、賃料の補充ないし前払い、賃貸借契約を継続するための対価等の趣旨を含む複合的な性質を有するものです（最判平成23.7.15判時2135号38頁）。

更新料支払合意は、更新料の支払いにより賃貸借契約の確定的な継続が確保されるものであって、更新料の金額が相当である限り、建物の賃借人に一方的に不利な特約ではなく、借地借家法に違反することはないと考えられています（東京地判昭和56.11.24判タ467号122頁、東京地判平成18.11.13、東京地判平成20.3.19、東京地判平成20.12.25乙、東京地判平成22.4.26、東京地判平成23.4.14乙、東京地判令和4.2.9乙-2022WLJPCA02098014、東京簡判平成17.3.11LLI06060059）。

借地契約では、旧借地法違反であって無効としたケースがみられますが（東京地判昭46.1.25判時633号81頁）（参照👍 No. 069）、建物賃貸借では、更新料支払合意が旧借家法や借地借家法に違反するとされたケースはみられません（期間満了後建物を明け渡さないときは違約金を支払う旨の特約が無効とされた例としては、佐賀地判昭28.3.7下民4-3-348がある）[*1]。ただし、金額が不相当ならば、合意の効力が否定されます。東京地判昭和61.10.15判時1244号99頁では、『期間満了時に支払うべき更新料の金額が相当な額である限り、直ちに借家法6条により無効とされるべき賃借人に不利な契約に該当するものとはいえないが、右更新料の額が不相当に高額にすぎ、借家法2条が法定更新の規定を設けて建物賃借人の保護を図った趣旨を没却し、賃借人に対して法定更新さえも不可能又は著しく困難ならしめるようなものであるときには、相当な額を超える部分は、借家法6条にいう賃借人に不利なものとして無効とされる』とされています。東京地判昭和54.9.3判タ402号120頁では、賃料3か月分相当額を支払う旨の特約について、賃料2か月分とする限度に

第1章 借家

おいて有効とされました。

更新料支払合意があり、賃貸借契約が更新されたときには、賃借人は更新料支払義務を負います[*2]。合意がなければ賃借人は更新料支払義務を負いません。更新料を支払う事実上の慣習については、これを否定するのが確定的な判例法理です（東京高判昭和62.5.11金商779号33頁。借地に関する最判昭和51.10.1（参照 No. 040））。

店舗の賃貸借において、「契約期間満了による更新時には、あらためて新賃料の8か月分相当額の保証金を差入れる」との約定があったのに保証金が支払われなかったケースでは、契約解除が認められています（東京地判平成59.12.26判タ556号163頁）。

契約解除後であれば、更新料を支払う旨が合意されても、更新料支払義務は発生しません（東京地判令和3.3.23-2021WLJPCA03238014）。

[*1] かつては「合意で更新されたときに、家主には更新料の請求権がないと解するのが妥当である」とする学説もあった（星野英一「借地借家法」495頁、有斐閣）。現在では有効性に反対説はみあたらないが、借地借家法の趣旨になじみにくいという考え方もいぜんとして有力のようにも思われる（東京地判平成9.1.28判タ942号146頁）。

[*2] 更新料については、法定更新の場合に更新料支払義務が生じるかどうかも問題となる。契約書に明記されていれば支払義務が生じるが（例えば、東京地判令和4.10.26-2022WLJPCA10268007）、明記されていない場合には、当事者の意思を合理的に解釈し、支払義務の有無を決することになる（例えば最近の裁判例としては、肯定例として東京地判令和2.12.1-2020WLJPCA12018007、東京地判令和3.7.29-2021WLJPCA07298010、否定例として東京地判平成2.7.30判時1385号75頁、東京地判令和3.9.30甲-2021WLJPCA09308006、東京地判令和5.1.25-2023WLJPCA01258010がある。ほかに肯定否定いずれについても多くの判断がある。渡辺晋「改訂3版 建物賃貸借」422頁、大成出版社）。

No.229 公営住宅

公営住宅法に基づく公営住宅や日本住宅公団（現都市再生機構（UR））の住宅についても、その利用関係（使用許可による使用）は、私法上の賃貸借とされており（最判昭和55.5.30判時971号48頁、最判昭和59.12.13、最判平成2.6.22）、借地借家法（旧借家法）は原則として適用されます。

もっとも、いずれも公的資金を活用して住民の住宅を確保するための政策的効力にもとづいて創設された制度です。それぞれの制度趣旨を貫くために、借地借家法（旧借家法）の適用に関して、一般的な私人間の法律関係とは異なる取り扱いがなされることがあります。例えば、公営住宅建替事業のための明渡し請求に借家法等の正当事由の規定が適用されるかどうかという問題について、最判昭和62.2.13判タ640号95頁では、『公営住宅法の建替事業に関する諸規定の目的とそこに定められた入居者に対する保護措置等にかんがみて、明渡請求を行うにあたっては、同法所定の要件および手続きを具備するほかに、借家法1条ノ2所定の要件を具備することを要しない』としており（最近の裁判例としては、神戸地判令和2.9.30）、また、旧借家法の一方的強行規定性との関連についても、東京地判昭和40.6.15判タ176号222頁では、『知事が都営住宅の管理上必要があると認めたときは、使用許可を取り消すことができる』との条例の条項について、『借家法6条の規定にかかわらず、これを無効と解すべきではない』『借家法1条の2の特則をなし、優先的に適用される』と論じられています。

債務不履行に関する特約 　賃借人の債務不履行に関する特約は、26条から29条に反す　No.230 るものではなく、無効となるものではありません。

　賃料不払についての「借家人の滞納家賃が3箇月分以上に達するときは催告なく直ちに賃貸借を解除できる旨の特約」（最判昭和30.4.5判タ130号58頁）、「著しく信用を失墜する行為があったとき」に無催告解除を認める特約（東京地判平成19.5.30）について、それぞれ借地法または借地借家法に違反する特約ではないとされています。

賃借人に不利な特約であることが否定された例 　賃借人に不利な条項であって本条に反すると　No.231 主張されたけれども認められなかった（特約は有効であるとされた）ものとして、次のものがあります。

　① 賃料が高額であること（東京地判平成17.2.21、東京地判平成21.4.7）

第1章 借家

② 敷引特約（東京地判平成24.8.8、東京簡判平成20.11.19）、保証金償却（東京高判昭和56.9.30判時1021号104頁、東京地判平成17.5.19–LLI0603 1928）、「３年以内に賃借人が解約したときには敷金を返還しない」との特約（東京地判昭和50.1.29判時785号89頁）

③ 契約終了後に明渡しをしない場合の賃料倍額相当額の損害金（東京地判平成27.9.8甲）

④ 賃貸保証会社に対する更新の度の再保証料支払い（東京簡判平成21.5.22）

⑤ 『地震・火災・風水害等の災害・盗難その他賃貸人の責に帰することのできない事由で、賃借人が被った損害及び電気・ガス・上下水道等の設備の故障により生じた損害については、賃貸人は賃借人に対して責を負わない』との特約（東京地判平成21.5.27乙）

⑥ ３か月分の解約予告金（東京地判平成17.5.19–LLI06031928）、12か月分の解約予告金のうち６か月を超える分（東京地判平成17.2.21）

⑦ 賃借人の支払停止を無催告解除事由とする特約（大阪地判平成3.1.29判時1414号91頁）[*1]

⑧ 催告を要しないで契約を解除しうる旨の特約（東京高判昭和30.1.24東高時報６巻１号11頁）

⑨ 犬を飼育してはならない旨の特約（東京高判昭和55.8.4判タ426号115頁）

⑩ クリーニング費用を賃借人の負担とする特約、敷金の１か月分を償却する特約（東京地判令和4.3.16乙–2022WLJPCA03168001）

[*1] 大阪地判平成3.1.29では、『賃貸人の賃料請求権を危殆に瀕せしめるおそれがない特段の事情がない限り、解除を認めるという限度でその効力を有する』のであり、『限定的な効力を認める限りては、借家法６条にいう不利な特約に該当し無効であるとは解し難い』とされた。

> **期間の定めがある場合の賃貸人からの期間内解約の特約**

No.232

期間の定めがある建物賃貸借において、賃貸人に期間内解約を申し入れる権利を留保する特約（期間内解約の特約）について、30条違反であって無効と主張されることがあります。

これを無効とした裁判例もありますが（東京地判昭和27.2.13、東京地判昭和45.2.10）、近年では、解約申入れに正当事由が必要とされるものとすれば、賃借人保護に欠けることにはならないものとして、30条に違反せず有効とされる考え方が、一般的です（東京地判平成22.9.29甲）。東京地判令和2.2.7においても、『期間の定めのある賃貸借契約における賃貸期間中に、これを中途解約するに当たっては、借地借家法28条所定の正当事由の存在を要すると解されるから、本件賃貸借契約書4条1項は、正当事由の存在を要する限りにおいて有効なものというべきである』と明言されています。

東京地判平成27.9.18は、「止むを得ぬ事情あるときは、賃貸人賃借人とも、6か月前に、相手方に予告して、この契約を解約することができる」とする期間内解約の特約について、『期間の定めのない賃貸借契約の解約申入れに要求される正当事由（借地借家法28条）に加え、当該契約における賃貸人（転借人の事情も含む）の上記期待が不当に害されないといえるだけの事情が必要となる』として、解約に至る事情を勘案したうえで、その効力を肯定しました[1]。

---

[1] 「当代限りとし、被告の死亡をもって終了する」という特約は、契約期間の定めが随意契約となっているとして無効とされた（民法134条。東京地判令和3.8.31-2021WLJPCA08318009）。

第1章　借家

第2節　建物賃貸借の抗力

第31条（建物賃貸借の対抗力）

建物の賃貸借は、その登記がなくても、建物の引渡しがあったときは、その後その建物について物権を取得した者に対し、その効力を生ずる。

No.233

意　義

賃借権は債権であり、債権は物権に劣後しますから、建物が賃貸人から第三者に譲渡された場合には、建物の賃借人は、建物の譲受人からの明渡し請求に応じなければなりません（東京地判平成30.10.16）。この点に関して、賃借人保護のためには、民法上、建物の賃借権について登記ができるものとされています。

建物の賃借権について登記がなされれば、その建物について物権を取得した者その他の第三者に対して、建物の賃借権を対抗することができます（民法605条）。もっとも、賃貸人には、賃借権の登記に協力する義務はなく、現実的にも、建物の賃借権の登記がなされることは、ほとんどありません。

しかし、建物の旧所有者との間で契約を締結した賃借人が、建物所有権が移転し、新所有者から明渡しを求められたときに、明渡しを強いられるとするなら、建物の賃借人にとって大きな不利益です。

そこで本条は、建物の賃貸借は、賃借権の登記がなくとも、建物の引渡しを受けているときは、その後建物の物権を取得した者に対し、効力を生ずるものとしました[*1]（借地権について、賃借権の登記がなくとも、借地上の建物の登記があれば対抗力を取得することについて、参照👉No.071）。建物の引渡しは、賃借権を対抗しようとする第三者が出現する以前に行われていることを要します。引渡しとは、占有の移転です。

占有の移転には、現実の引渡し（民法182条1項）、簡易の引渡し（同法182条2項）、占有改定（同法183条）、指図による占有移転（同法184条）の4つの態様があります。

240

占有移転事由があれば、賃借人は対抗力を取得します（最判昭和42.5.2）。なお、東京地判平成23.9.6では、占有改定について、本条の引渡しに含めることはできないと判断しています。

＊1　本条は、「対抗することができる」と規定するのではなく、「その効力を生ずる」と規定しているが、一般的には、建物の賃借権の対抗力の定めとされている。

賃貸人の地位の移転　建物所有者Ａが、賃貸人として、賃借人Ｂとの間で賃貸借契約を締結した後、Ａが譲渡人となり、譲受人Ｃに建物を譲渡したとき、Ｂが、賃借権についての対抗力を取得していれば、Ｂは、Ｃに対して、自らが賃借人であることを主張できます。この場合には、Ａの賃貸人の地位は当然にＣに移転し、ＢとＣの間に賃貸借関係が生じます。最判昭和39.8.28は『自己の所有建物を他に賃貸している者が賃貸借継続中に右建物を第三者に譲渡してその所有権を移転した場合には、特段の事情のないかぎり、借家法1条の規定により、賃貸人の地位もこれに伴って右第三者に移転する』と判示しています。

　ＢとＣの間に賃貸借関係が生じることによって、その後、ＢはＣに対して賃借人として建物を使用収益する権利・修繕を求める権利を取得しますが、他方で、賃料を支払う義務も負担します。また、賃貸借契約が終了して明渡しが完了し、返還すべき敷金があるときには、ＣはＢに対して、敷金を返還しなければなりません。

No.234

第3編　借家の法制度（第31条）

241

第1章　借家

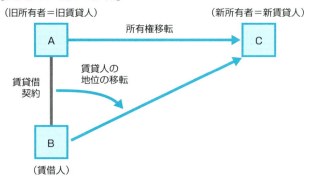

大阪高判令和元.12.26では、建物賃貸借契約において、賃貸人が死亡して相続が発生し、遺産分割によって共同相続人の1人に建物が相続され、賃貸人たる地位が承継された場合の敷金について、共同相続人のすべてが法定相続分に応じて当然に分割承継するという主張が否定され、旧賃貸人と賃借人との間の敷金に関する法律関係は、新賃貸人にだけ承継されると判断されています。

No.235　民法の定め　　民法には、賃貸借の対抗要件および賃貸人たる地位の移転について、定めが設けられています。民法605条の2第1項は、賃貸人の地位の当然移転を定めるなかで、本条が、借地権に関する10条とともに、対抗要件の例として明示されており、また、民法605条の2第2項では、賃貸人たる地位を旧所有者に留保する合意が、同条3項では、賃貸人たる地位の移転を賃借人に対抗するためには登記の必要性が、それぞれ明記されています。同条の定めは、平成29年の民法（債権関係）改正によって、判例法理を取り入れて、明文化されたものです[*1]。

（民法）

第605条（不動産賃貸借の対抗力）

　不動産の賃貸借は、これを登記したときは、その不動産について物権を取得した者その他の第三者に対抗することができる。

第605条の2（不動産の賃貸人たる地位の移転）

1　前条、借地借家法（平成3年法律第90号）第10条又は第31条その他の法令の規定による賃貸借の対抗要件を備えた場合において、その不動産が譲渡されたときは、その不動産の賃貸人たる地位は、その譲受人に移転する。

2　前項の規定にかかわらず、不動産の譲渡人及び譲受人が、賃貸人たる地位を譲渡人に留保する旨及びその不動産を譲受人が譲渡人に賃貸する旨の合意をしたときは、賃貸人たる地位は、譲受人に移転しない。この場合において、譲渡人と譲受人又はその承継人との間の賃貸借が終了したときは、譲渡人に留保されていた賃貸人たる地位は、譲受人又はその承継人に移転する。

3　第1項又は前項後段の規定による賃貸人たる地位の移転は、賃貸物である不動産について所有権の移転の登記をしなければ、賃借人に対抗することができない。

4　第1項又は第2項後段の規定により賃貸人たる地位が譲受人又はその承継人に移転したときは、第608条の規定による費用の償還に係る債務及び第622条の2第1項の規定による同項に規定する敷金の返還に係る債務は、譲受人又はその承継人が承継する。

＊1　民法605条および605条の2については、渡辺晋「民法の解説」464頁〜474頁、住宅新報出版で解説した。

第1章　借家

第32条（借賃増減請求権）

1　建物の借賃が、土地若しくは建物に対する租税その他の負担の増減により、土地若しくは建物の価格の上昇若しくは低下その他の経済事情の変動により、又は近傍同種の建物の借賃に比較して不相当となったときは、契約の条件にかかわらず、当事者は、将来に向かって建物の借賃の額の増減を請求することができる。ただし、一定の期間建物の借賃を増額しない旨の特約がある場合には、その定めに従う。

2　建物の借賃の増額について当事者間に協議が調わないときは、その請求を受けた者は、増額を正当とする裁判が確定するまでは、相当と認める額の建物の借賃を支払うことをもって足りる。ただし、その裁判が確定した場合において、既に支払った額に不足があるときは、その不足額に年1割の割合による支払期後の利息を付してこれを支払わなければならない。

3　建物の借賃の減額について当事者間に協議が調わないときは、その請求を受けた者は、減額を正当とする裁判が確定するまでは、相当と認める額の建物の借賃の支払を請求することができる。ただし、その裁判が確定した場合において、既に支払を受けた額が正当とされた建物の借賃の額を超えるときは、その超過額に年1割の割合による受領の時からの利息を付してこれを返還しなければならない。

No.236

意　義

賃料は、当事者の合意によって定められます[*1]。かつては地代家賃統制令によって、上限が決められていたこともありましたが、現在は制限されていません[*2]。

ところで、当事者は、契約期間中、みずから合意によって定めた賃料に拘束されます。しかし、建物の賃貸借には、法律関係が継続的であるという特色があり、契約が長期にわたることもめずらしくありません。時間の経過とともに、物価や税金など社会経済事情は変動します。一度合意された賃料で

あっても、社会経済事情の変動等により不相当となることも、あり得ることです。そこで、1項は、社会経済事情の変化に応じ、賃貸人と賃借人の衡平を図って、賃料が不相当となったときには、賃貸借の一方の当事者に、賃料の増減を請求できる権利を認めました（東京地判平成27.3.18）。地方住宅供給公社の賃貸する住宅の使用関係についても、本条が適用されます（最判令和6.6.24裁判所ウェブサイト）（借地権者に、地代等[*5]の増減を請求する権利が認められることについて、参照👍 No. 080）[*3][*4][*5]。

[*1] 商法509条は、商人について、契約の申込みを受けた者の諾否通知義務を定めているが、東京地判平成21.9.28は、賃料交渉における同条の適用を否定した。
[*2] 地代家賃統制令は、昭和61年12月に廃止されている（参照👍 No. 080）。
[*3] 東京地判平成22.10.29甲は、増額請求の繰返しの違法性を否定した。
[*4] 東京地判平成21.2.12は、東京都住宅供給公社の賃料増額請求権の行使（地方住宅供給公社法施行規則16条）が、消費者契約法に違反しないと判断している。
[*5] 東京地判令和4.2.24-2022WLJPCA02248022では、仲裁合意があったことを理由として、賃料減額の確認を求める訴えが却下された。

共益費（管理費） 建物の賃貸借では、契約上、賃料のほか、共益費（管理費）No.237 という名称の金銭支払いが定められることがあります。法律に根拠のある概念ではなく、法的にみると、①共用部分の維持管理等のための必要経費を専有部分に案分して実費精算する趣旨で徴収する場合、②第二の賃料として徴収する場合、③共用部分の必要経費の意味合いと第二賃料の意味合いを併存させる場合という3つのケースがあります（東京地判平成22.12.7）。

共益費について、賃料増減額請求権を行使できるかどうかは、当事者が共益費・管理費にいかなる性格をもたせているか次第です。共益費・管理費に含まれるべき費目、積算方法、負担割合等が、賃料と異なり区別されるものとして合意がなされていれば賃料増減額請求は否定され、賃料と区別されていなければ、賃料増減額請求は肯定されます。

共益費の増減額請求が否定された裁判例として、東京地判平成8.11.19、

第1章　借家

東京地判平成17.3.29、東京地判平成18.2.6、東京地判平成18.3.27、東京地判平成18.10.25、東京地判平成29.11.17があり、他方、肯定された裁判例として、東京地判平成3.6.24、東京地判平成11.6.30、東京地判平成17.10.31、東京地判平成19.8.27、東京地判平成20.2.18、東京地判平成25.6.14甲、東京地判平成26.4.16、神戸地判平成30.2.21があります。

　水道光熱費も増減請求の対象になりません（東京地判令和元.6.24-2019WLJPCA06248003）。

No.238 **売上歩合**　　　商業施設の賃料に売上歩合の方法（売上高と連動させて賃料を決める方法）が採用されることがあります（売上歩合の方法には、賃料全額を売上高に連動させる完全売上歩合賃料制と、賃料の一部を固定しておいて、そのほかの部分を売上高に連動させる併用型賃料制がある）。売上歩合によって賃料が決められていても、固定賃料部分（最低保証賃料部分）については賃料増減額請求権を行使することは可能です（最判昭和46.10.14、徳島地判令和5.11.1D1-Law28313589、広島地判平成19.7.30、東京地判平成29.3.1）。

　横浜地判平成19.3.30は、大規模百貨店の賃料について、併用型賃料制に加え、改定期における別の要素を組み入れて賃料を決める方式がとられていた事案において、百貨店建物の利用契約が賃貸借契約としての性質を有するものであるとしたうえで、それ以外に賃貸人と賃借人との百貨店の共同事業的な側面があると考えられるが、このような側面は賃貸借契約という性質と両立し得ないものではないとして、賃料増減額請求が可能と判断しました。

　完全売上歩合賃料制から併用型賃料制への変更は、特別の事情がない限り、請求することはできません（広島地判平成19.7.30）。

No.239 **賃料増減額請求の時期**　　**(1) 使用開始前の賃料増減額請求**
　賃貸借契約締結から引渡し（使用収益開始）までに時間的な幅がある場合、その間に社会経済状況の変動が生ずることがあります。

契約締結後、引渡し前に賃料増減額請求がなされ、その効力が問題になった事案において、最高裁は、『契約に基づく使用収益の開始前に、上記規定に基づいて当初賃料の額の増減を求めることはできないものと解すべきである』として、引渡し前の増減額請求を否定しました（最判平成15.10.21乙）。

【使用収益開始前の賃料増減額請求】

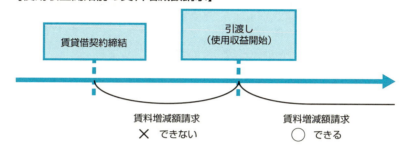

(2) 契約解除後の賃料増減請求

No.240

賃料減額請求は、賃貸借契約期間中においてなされた権利行使に形成的効力を認めるものです（参照 👉 No. 246）。契約が終了すれば権利行使を認める必要はありませんから、賃貸借契約の解除による終了後に権利行使の意思表示をしてもその効力が生じません（東京地判令和3.7.14-2021WLJPCA07148017）。

| 民法611条との比較 |

民法611条には、「賃借物の一部が滅失その他の事由により使用及び収益をすることができなくなった場合において、それが賃借人の責めに帰することができない事由によるものであるときは、賃料は、その使用及び収益をすることができなくなった部分の割合に応じて、減額される」と定められています[*1]。借地借家法32条の賃料増減額請求権が、賃料が時間の経過によって不相当となったときに賃貸人と賃借人の衡平を図って、当事者の意思表示によって賃料の額を見直す仕組みであるのに対し、民法611条は、賃借人無責の事由に基づく目的物の一部使用不能に

No.241

第1章　借家

よって賃料の一部が当然減額となるルールであって、いずれの条文も賃料の減額を導くものではありますが、この2つの仕組みは、次の図表のとおり、異なる要件によって異なる効果が導かれるものとなっています。

	要　件	効　果
借地借家法32条	従前の合意賃料が経済事情の変動等の事情の変更によって不相当となったとき	当事者の意思表示（増減額請求権の行使）→相当賃料まで増減する
民法611条	賃借人無責の事由に基づく目的物の一部使用不能	賃料の一部が当然減額

＊1　使用不能でなければ、雨漏りが生じ、または建物が老朽化していても、賃料は減額にならない（減額を請求することはできない）（東京地判令和2.3.24乙–2020WLJPCA03248038、東京地判令和4.7.8–2022WLJPCA07088006）。

No.242
要件（賃料増減額請求の判断要素）

(1) 概説

　賃料増減額請求をするためには、従前の合意賃料がその後の経済事情の変動等の事情の変更により不相当となっていることが必要です。

　不相当性を判断するための要素は、条文では、

　　① 土地・建物に対する租税その他の負担の増減

　　② 土地・建物の価格の上昇・低下その他の経済事情の変動

　　③ 近傍類似の建物の賃料との比較

があげられているところ、さらに、これらに限られず、

　　④ その他の事情

をもあわせて総合的に考慮され、賃料が不相当であるかどうか判断されます。①、②、③に掲げられた要素は、例示です（東京地判平成21.6.12、東京地判平成27.3.18）。

　当事者間の個人的な関係などの特殊事情であっても、従前の賃料額を決定

248

するにあたって、賃料を決定するための要因となったものであれば、賃料の相当性の判断要素に含まれます(最判平成5.11.26、東京地判平成29.3.27甲)。特殊事情によって賃料が特別に低額であったところが、事情が変わったことから増額が認められたケースとして、大阪地判昭和35.6.29判時245号30頁(賃料に子への扶養料が含まれていたが建物が譲渡された)、東京地判平成27.3.18・東京地判令和2.2.21甲(賃借人の親族が賃貸人の役員であったが、建物が譲渡された)、東京地判令和2.7.9-2020WLJPCA07098009(利益に関心を示さない電力会社が賃貸人であったが建物が譲渡された)、東京地判令和4.9.12-2022WLJPCA09128003(前所有者の孫が賃借人の代表者と交際していて生活補償のため低廉な賃料にしていたがビルが譲渡された)があります。東京地判平成4.3.16では、賃貸人の支出した建物改装工事費用が考慮され、東京地判令和4.8.31-2022WLJPCA08318016では『差額配分法の適用において、Y(賃借人)によるリフォーム費用の支出の事実があることをYに有利に斟酌することには合理性がある』と判断されています。

東京高判平成30.1.18D1-Law28260644では、区分所有建物において修繕積立金の増額が考慮されたことについて、不合理ではないとされ、東京地判平成21.1.27は、第三者に賃貸することを予定して、満室保証を行ったうえで借り上げた住宅について、賃料減額請求がなされた事案において、満室保証がされていることを考慮したうえで、適正賃料が算定されました。

他方、従前の賃料額を決定するための要因となったものでなければ、考慮対象にはなりません(東京地判平成19.9.26、東京地判平成27.1.26)。東京地判平成15.8.25では、賃借人の建物改装費用や賃貸人の収支状況などの主観的事情は考慮すべきではないとされ、大阪地判平成元.12.25では、賃借人が建物修繕費を出捐したことが増額請求にあたって考慮すべき事項であるとはいえないとされています。東京高判平成18.11.30では、個人的な特殊事情によって賃料が低額とされていた賃貸借に関し、特殊事情が消滅したとはいえ、直ちに賃料額を一般的な水準にまで増額させることは相当でないとした原審が維持されました。

第1章　借家

賃料の額と相場賃料に差があるとしても、そのことをもって直ちに賃料増減額請求権を行使し得るものではありません（東京地判平成18.9.7、東京地判平成20.1.23、東京地判平成21.7.31乙、東京地判平成22.10.20）。この点について、広島地判平成22.4.22では『仮に従前の賃料が不相当であったという理由で大幅な賃料増額ができるとすれば、賃貸人はあえて安価な賃料を設定することで賃借人を誘引し、長期間の契約を締結させ、その後賃料を増額することによって、賃借人から予期せぬ多大な賃料を長期間にわたり回収できることとなる』とコメントされています。

賃料を決める際に、同じビルやマンションの中のほかの区画の賃料と比較されることもありますが、専らほかの区画との間の賃料の不均衡だけを根拠とする賃料増額請求には理由がないとされています（東京地判平成19.7.26甲）[*1]。

賃料の不相当性については、現行賃料額が適正賃料額から「著しく」乖離している場合にだけ増減額請求が認められるべきであるか否かという問題もあります。東京地判平成19.7.26乙では、賃貸人が、鑑定においても現行賃料の約3.3％しか下落しておらず、賃料減額請求を認めるべきではないと主張したのに対し、賃料の著しい変動がある場合にのみ増減額請求できるものではないとして、この主張は採用されませんでした（もっとも、東京高判平成30.5.30では、鑑定評価額は現行賃料の約2.5％増であったケースにおいて、現行賃料が不相当になっているとはいえないと判断されている）。また、東京高判平成31.2.27D1-Law28271687では、現行賃料が著しく不相当と認められる場合に賃料の増減額をすることができるとする特約について、1項所定の要件を加重するものとしての効力が認められています[*2][*3]。

裁判所鑑定による相当賃料額と現行賃料額との乖離の程度が小さいことは、従前賃料の不相当性を判断する際の要素のひとつとはなります（東京地判令和2.1.29甲）。例えば、東京高判平成30.5.30は、現行賃料と適正賃料の差が2.5％となった事務所ビルの賃料、東京地判令和元.9.17では、その差が5.9％になった店舗の賃料に関し、それぞれ現行賃料が不相当になったとい

えないと判断されています（なお、ほとんどの裁判例では 5 ％程度の乖離が生じれば、増減額請求を認めている）。

また、現行賃料額と適正賃料額が「著しく」乖離している場合に賃料増減額請求をなしうるという特約が定められているときには別論です。東京高判平成31.2.27では、「賃料等を維持することが著しく不相当」な場合に増減額を請求することができるという定めがある賃貸借に関し、増減額請求の要件が特約によって加重されているものと解し、適正な賃料との差異が約6.6％にとどまる場合に増額請求の要件にあてはまらないと判断しています（この事例で問題とされたものと同一の賃貸借に関する別の時期の賃料増額請求について、東京地判令和元.5.15。また、同様の考え方を採る先例として、東京地判平成22.12.7）。

賃料増減額請求権を行使した時点より後の事情は、相当賃料の額に影響を及ぼすものではありません（東京地判平成28.12.8甲）。

＊1 　同じビルやマンション内のほかの区画との比較が、増減額請求における要因のひとつとなることは、否定されない（大阪高判平成20.4.30）。

＊2 　東京高判平成31.2.27については、渡辺晋「不動産判例100」142頁、日本加除出版で解説した。

＊3 　賃料交渉において、賃借人の資力と賃料との関係が問題になることがあるが、東京地判令和2.3.23乙-2020WLJPCA03238016では、ホテルの一棟貸しの賃貸借について、『一般に、賃借人の資力が乏しく、賃料不払いの危険が大きいことは、新規賃料を引き上げる考慮要素となり得るといえる』、一方で、『本件賃貸借契約においては、賃借人を変更することに相当額の費用を要するものと認められること等を考慮すると、賃借人の資力が乏しくなることが継続賃料を引き上げる合理的な理由になるとは限らず、かえって、賃借人による賃料不払いの危険が増大していることは継続賃料を引き下げる交渉材料になり得る』と述べられている。

(2) 直近合意時点

No.243

賃料増減請求の当否および相当賃料額は、賃貸借契約の当事者が現実に合意した賃料のうち直近のもの（直近合意賃料）を基にして、同賃料が合意された日以降の所定の経済事情の変動等のほか、諸般の事情が総合的に考慮し、

第1章　借家

判断されます（最判平成20.2.29判時2003号51頁）。いつの時点が直近合意賃料の合意がなされた時点（直近合意時点）なのかは、増減額請求の判断のために大事な意味をもちます。

　ここで、直近合意賃料は、増額または減額によって賃料額に変動があった場合にとどまるものではありません。賃料額を据え置いた場合であっても、改めて当事者間で賃料額の合意がなされていれば、従前賃料に関し合意した直近合意時点となります（東京地判平成22.8.25、東京地判平成30.3.8）。他方で、賃貸人と賃借人の間で更新の合意がなされたり、更新の書面が作成されたりしたとしても、単に賃料の金額を確認しただけのようなケースでは、直近合意時点ではありません（東京地判令和2.7.30-2020WLJPCA07308011、東京地判平成29.12.11-2017WLJPCA12118004[*1]、東京地判平成23.5.18、東京地判平成19.12.13）[*2]。

　賃貸人の地位が承継された場合でも、直近合意時点は、前賃貸人と賃借人の合意によって賃料が決められた時点です（東京地判平成30.11.30）。

　賃料自動改定特約が存在する場合、特約による改定日の賃料を基にして、その日以降の事情（次頁図解の事情B）が判断の基礎となるのか、あるいは、特約が存在しても、直近合意賃料を基にして、それ以降の事情（次頁図解の事情A）が判断の基礎となるのかが問題とされたのが、最判平成20.2.29であり、賃料自動増額特約が存在しても、（特約による改定後の賃料ではなく）直近合意賃料を基にするべきだと判断し、事情Aを判断の基礎とする考え方を採用しました。『賃料減額請求の当否及び相当賃料額の判断に当たっては、特約に拘束されることはなく、諸般の事情のひとつとして、特約の存在や、特約が定められるに至った経緯等が考慮の対象となるにすぎないのであり、特約によって増額された純賃料は、本件賃貸契約締結時における将来の経済事情等の予測に基づくものであり、自動増額時の経済事情等の下での相当な純賃料として当事者が現実に合意したものではないから、減額請求の当否及び相当純賃料の額を判断する際の基準となる直近合意賃料と認めることはできない』。

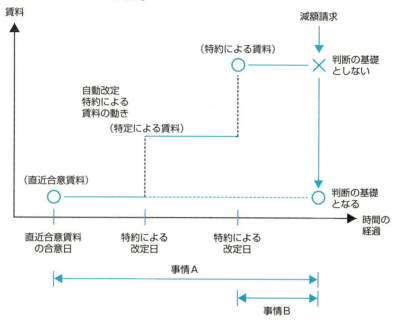

*1 東京地判平成29.12.11については、渡辺晋「不動産判例100」138頁、日本加除出版で解説した。
*2 東京地判令和3.9.22乙-2021WLJPCA09228006では、直近合意時点を確定できないことから、差額配分法によって相当賃料を決定した。なお、地代に関する東京地判令和3.9.28乙-2021WLJPCA09288018および東京地判令和3.11.11-2021WLJPCA11118010では、直近合意時点を認定することができないことを理由として、地代増額請求自体を否定している（参照 No. 081）。

(3) 一定期間経過の必要性

No.244

通常は、いったん賃料の額の合意がなされた場合には、ある程度の期間を経過しなければ、増減額請求の要件を充足しません。しかし、必ずしも合意後の一定期間の経過が、増減額請求の要件となっているわけではありません

（最判平成3.11.29、東京地判令和2.3.18甲）。最判昭和36.11.7乙では、賃料増額の8か月後の増額請求、東京地判平成23.4.27では前回の減額請求から1年2か月後の減額請求が、それぞれ認められています。

　もっとも、直近合意から増額請求までの期間の長短を考慮要素とすることが否定されるわけではありません（上記最判平成3.11.29、東京地判令和2.2.12甲）。東京地判平成23.1.18乙は、契約締結2か月半後の減額請求について、『賃料が不相当となったか否かを判断する際の一つの事情になるというべきである』と、東京地判令和2.10.9–2020WLJPCA10098014では、『平成28年8月には、約2割もの賃料の増額が行われており、そこから比較的短期間（約2年）で本件増額請求に至った』と述べて、それぞれ増減額を否定しました。

　賃料減額請求訴訟において訴訟上の和解をした当事者が、5か月後に再び賃料減額請求をすることが信義則に反し権利濫用に当たるとされた事例もあります（東京地判平成13.2.26）。

No.245(4)　増減額請求権行使後の事情

　賃料増減額の効果は、賃料増減額請求によって生じます。賃料増減請求の効果が生じる時点より後の事情は、新たな賃料増減請求がされるといった特段の事情のない限り、直接的には結論に影響する余地はありません（最判昭和44.4.15甲、最判平成26.9.25、東京地判令和3.1.18甲–2021WLJPCA01188009、東京地判令和4.5.24甲–2022WLJPCA05248002）。

No.246

効　果

賃料増減額請求は形成権です。増減額請求の意思表示が相手方に到達すれば、賃料が相当の額まで増額あるいは減額するという効力が生じます（最判昭和32.9.3、最判昭和45.6.4、最判平成26.9.25）。最判昭和32.9.3は、『相当額は裁判所の裁判によって定まるのであるが、これは既に増減の請求によって客観的に定まった増減の範囲を確認するに過ぎないのであるから、この場合でも増減請求はその請求の時期以後裁判により認められた増減の範囲においてその効力を生じたものと解するを相当

とする』と判示しています。

　賃料の増減額請求の効果は、将来に向かって生じます。過去にさかのぼって増減を請求することはできません。

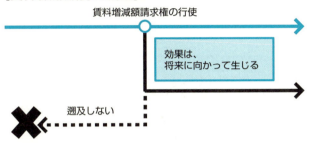

　最判平成26.9.25は、賃料増減額請求の判決確定の後、前訴の事実審の口頭弁論終結前になされた増額請求の訴訟における既判力が問題にされた事案において、『賃料増減額確認請求訴訟の確定判決の既判力は、原告が特定の期間の賃料額について確認を求めていると認められる特段の事情のない限り、前提である賃料増減請求の効果が生じた時点の賃料額に係る判断について生ずると解するのが相当である』と判断しています。

> 32条による賃料増減額請求に関する裁判例の一覧表を、資料として430頁以下に掲載しました。ご参照ください。

権利行使

(1) 権利行使後の取扱い

No.247

　賃料増減額請求における相当額（適正額）は、資料に基づく客観的な判断に基づいて定められます。相当額（適正額）がいくらなのか最終的には裁判所が判断しますが、裁判所が資料を収集し、判断を下すためには時間がかかります。そこで、増額請求がなされた場合、減額請求がなされた場合について、それぞれ本条は、2項と3項で、裁判所の判断が確定するまでの間に賃料をどのように取り扱うべきか、また、裁判所の判断が確定

した段階でどのように精算すべきかを定めています。

No.248 **(2) 増額請求の場合**

賃貸人が増額請求をした場合、賃借人は、増額を正当とする裁判の確定まで、相当と認める賃料を支払えば足ります（2項）。暫定的に、賃借人が相当と考える賃料を支払っておけば、債務不履行責任を問われないと扱われるわけです。

> その後、裁判所により、
> ① 賃借人が支払った賃料の相当性が認められれば、
>   支払った賃料が最終的な賃料として確定し、
> ② 賃借人が支払った賃料の相当性が認められなければ、
>   賃借人は不足額と不足額についての年1割の利息の支払義務を負う*1*1の2

ここで、賃借人が相当と認める賃料については、原則として賃借人が主観的に相当と考える額で足りますが、その額が低額にすぎる場合は、相当と考える賃料を支払っても債務不履行となることがあります（土地の賃貸借に関する最判平成8.7.12）。長期間にわたり著しく低額の賃料の供託を継続していたことが信頼関係を破壊するものとされると、賃料不払いによる解除が認められます（横浜地判平成元.9.25）。

＊1　確定した賃料の額が、賃借人が支払った額よりも低い場合には、賃貸人が超過額の返還義務を負うが、この場合に返還すべき超過額に付される利息は、年1割ではなく、民事法定利息となる（東京地判平成24.4.23（控訴審の東京高判平成24.11.28も結論が維持され、かつ、商法514条の適用が否定された。借地に関しては、東京地判平成18.11.28））。

＊1の2　賃料等の増額特約に基づき賃貸人が賃料等の増額請求をする場合には、年1割の利息の支払義務はない（東京地判平成14.12.25LLI05731641）。

賃借人は従前の賃料より低い額を相当額として提供することはできませ

【増額請求の取扱いと精算】

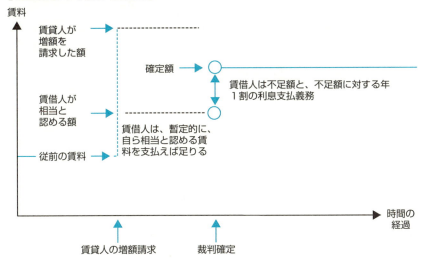

ん。従前の賃料が不相当であって、賃料を減額すべきであると考えるときには、減額請求をする必要があります。

賃貸人が賃料増額請求をして、賃借人がこれを拒んだとき、賃借人が従前の賃料について、供託を検討する場合があります。しかし、供託は、法によって定められた事由がある場合になし得るのであって、賃料増額請求がなされただけでは、供託事由には該当しません（東京地判平成21.1.28乙。ただし、賃借人が増額を拒んだ後の賃貸人の態度次第によっては、供託ができるケースもある（東京高判昭和61.1.29、東京地判平成5.4.20））。

(3) 減額請求の場合　　　　　　　　　　　　　　　　　　　　　　　　No.249

賃借人が減額請求をした場合、賃貸人は、減額を正当とする裁判の確定まで、相当と認める賃料を請求できます（3項)*2。

> その後、裁判所により、
> ① 賃貸人の請求額の相当性が認められれば、

> 賃貸人の請求した賃料が最終的な賃料として確定し、
> ② 賃貸人の請求額の相当性が認められなければ、
> 賃貸人は受領した賃料のうちの超過額と、超過額についての年1割の利息の支払義務を負う

　また、賃貸人は相当と認める賃料を請求できるのですが、賃借人には従前の賃料を超える額の賃料支払義務はありませんから、従前の賃料を超える賃料の支払いを求めることはできません。従前の賃料を超える賃料が相当であると考える場合には、賃料増額請求が必要です。

　減額請求の後に、賃貸人が請求し得る賃料は、賃貸人が相当と認める賃料です。社会通念上著しく合理性を欠くことのない限り、賃貸人において主観的に相当と判断した額で足ります（東京地判平成20.5.29）。

　賃借人が減額請求の後、賃貸人がこれを認めず従前の賃料（あるいは賃貸人が相当と認める額の賃料）の請求をしてきたにもかかわらず、減額を求める賃料だけの支払いを継続すると、解除原因になります(東京地判平成6.10.20、東京地判平成10.5.28、東京地判平成20.5.29、東京地判平成26.11.25、東京地判令和2.12.9–2020WLJPCA12098002、東京地判令和4.8.9–2022WLJPCA08098008)[3]。

---

[2]　この場合の賃料支払請求権は、賃貸人からの請求によって発生する権利（形成権）ではなく、その請求額は、特段の事情のない限り従前の賃料額と同額である（東京地判平成10.5.29）。

[3]　東京地判平成18.11.2では、減額請求の後に賃貸人の請求額の支払いがなされなかったケースであるが、賃貸人は減額の協議を拒否していた、賃借人は長年美容院を経営しており、賃貸借が終了したときに被る不利益が大きいなどとして、契約解除が否定されている。

No.250 **(4) 減額請求がなされ、その裁判確定前に増額請求がなされたケース**

　東京地判平成20.10.9は、シネマコンプレックス（複合映画施設）の賃貸借において賃借人Yにより減額請求がなされ、その裁判確定前に賃貸人X

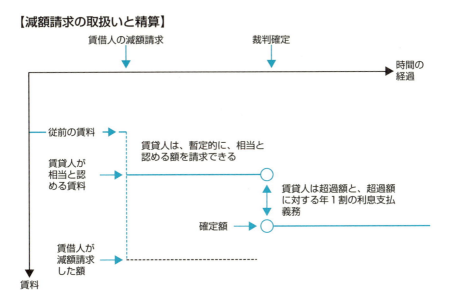

【減額請求の取扱いと精算】

により増額請求がなされた事案に関する裁判例です。Xは、賃料増額請求訴訟においては増額を正当とする裁判が確定するまで賃料額が確定せず、精算するべきではないと主張していましたが、判決では、『もし、Xが主張するように精算ができないとすれば、過不足の精算関係は複雑となるが、さらにその裁判が確定する前にYが賃料減額請求をした上で同請求訴訟を提起するような場合を想定すると、一層精算関係が複雑化するおそれがある。しかし、借地借家法32条は、そのように精算関係が複雑になることを予定しているとは考えられず、賃料増額請求訴訟や賃料減額請求訴訟において、増額あるいは減額を正当とする裁判が確定したときは、精算関係を簡明にするため、借地借家法32条2項ただし書又は同条3項ただし書に基づき、その裁判が確定する都度、正当とされた賃料に基づき精算することを予定しているものと解するのが相当である』とされました。

No.251 **(5) 権利行使の方法**

　賃料増減額請求権は、相手方に対する意思表示によって行います。一般的には書面で行われますが、法律上は、口頭によって行うことも可能です。

　必ずしも改定の根拠や金額を明示する必要はありません（東京地判昭和42.4.14、東京地判平成21.1.27）。東京地判平成29.11.27では、賃料を増額する旨の「契約更新のお知らせ」と題する書面が賃料増減額請求の意思表示であることが肯定されています。

　もっとも、意思表示は賃料増減額を求める意思が明確に表示されているものでなければなりません。賃料増減額請求の権利行使であることが否定されたケースとして、東京地判平成30.2.27甲があり、「賃貸借料について実情を勘案賜り損益分岐までの間、引き下げ下さいます様お願い申し上げます」との申入れが減額請求の意思表示であることが認められませんでした（ほかに、単なる申入れであって、権利行使ではないとされた例として、東京地判平成20.9.17、東京地判平成23.1.25甲、東京地判令和4.2.15-2022WLJPCA02158002、東京地判令和4.9.21-2022WLJPCA09218010がある）。

No.252 **(6) 当事者が複数の場合**

　建物が共有で賃貸人が複数となっている賃貸借では、増額請求権の行使は、共有物の管理行為にあたります[*4]。東京地判平成21.5.8は、『共有物の賃貸借契約において賃貸人である共有者の持分の価格の過半数で決する』として、持分の6分の1だけを有する共有者の賃料増額請求が否定されました。

　他方、賃借人が複数の共同賃借人であるときは、賃借人の全員に対して増額の意思表示をすることが必要です。その意思表示が賃借人の一部に対してされたにすぎないときは、これを受けた者との関係においてもその効力を生じません（借地契約に関し、最判昭和54.1.19、東京地判令和3.9.7乙-2021WLJPCA09078008）。

＊4　民法は「各共有者は、他の共有者の同意を得なければ、共有物に変更（その形状又は効用の著しい変更を伴わないものを除く）を加えることができない」（251条1項）、「共有物の管理に関する事項（共有物の管理者の選任及び解任を含み、共有物に前条第1項に規定する変更を加えるものを除く）は、各共有者の持分の価格に従い、その過半数で決する」（252条本文前段）と定めている。

相当賃料 （適正賃料）	**(1) 4つの手法**

　相当賃料（適正賃料）を判断するにあたって、参考となるのは、「不動産鑑定評価基準」です。「不動産鑑定評価基準」は、不動産鑑定評価の拠り所となる統一的基準であり、不動産鑑定士が不動産鑑定を実施するにあたっての、不当鑑定の判断根拠となるものです。裁判所が相当賃料（適正賃料）を判断するにあたっても、多くの場合、「不動産鑑定評価基準」の考え方が取り入れられています[1][2]。

　「不動産鑑定評価基準」は、継続賃料（不動産の賃貸借等の継続に係る特定の当事者間において成立するであろう経済価値を適正に表示する賃料）を求める鑑定評価の手法として、

> ① 差額配分法
> ② 利回り法
> ③ スライド法
> ④ 賃貸事例比較法

の4手法をあげています。

　適正賃料は、一般に、4つの手法の全部または一部を使って試算賃料を算定したうえ、それぞれの特色を考慮して、各試算賃料を調整し、総合的な判断によって導き出されることになります。

> 32条の適用によって相当賃料（適正賃料）を定めた裁判例を、430頁以下に掲げました。

第1章　借家

＊1　東京地判平成22.12.7は、裁判所の選任した鑑定人による鑑定（裁判所鑑定）について『一般的にいって、訴訟当事者が証拠提出した意見書より中立性が高い』としている（ほかに裁判所鑑定の公平性中立性について言及している例として、東京地判令和2.11.25-2020WLJPCA11258008）。ただし、裁判所鑑定がそのままで採用されないこともある（例えば、東京地判令和2.7.17-2020WLJPCA07178003、東京地判令和2.12.3-2020WLJPCA12038010）。また、裁判所鑑定がなされず、当事者が私的鑑定（不動産鑑定士による不動産鑑定書）を提出したときには、私的鑑定に依拠して判断がなされることもある（東京地判令和3.10.28甲-2021WLJPCA10288006）。

＊2　不動産鑑定評価基準による鑑定を利用できないとされたケースとして、大規模百貨店の賃料減額に関する横浜地判平成19.3.30がある。賃料の決め方の仕組みが複雑であることから、『賃料鑑定は、本件の相当な賃料額を算定する方法として適切でない』とされている。

No.254　① **差額配分法**

　　対象不動産の経済価値に即応した適正な実質賃料または支払賃料と実際実質賃料または実際支払賃料との間に発生している差額について、契約の内容、契約締結の経緯等を総合的に勘案して、当該差額のうち賃貸人に帰属する部分を適正に判定して得た額を実際実質賃料または実際支払賃料に加減して試算賃料を求める手法です。

　　賃料の上昇下落分（経済変動要因）を賃貸人と賃借人とに配分するという考え方に立っています（東京地判平成24.7.10は、マイナスの差額に差額配分法を使うことがありうることも明言している）。

　　この手法は、不動産の経済価値を実証的に算出し、これを双方に適切に配分するものであり、価格時点において新規の賃貸借であれば成立するであろう客観的に適正な賃料を考慮し、現行賃料をこの客観的に適正な賃料へ是正していくものです。

　　差額の配分方法としては、2分の1法（折半法）、3分の1法（賃貸人の帰属分が3分の1）等があり、実務的には多くのケースでは、2分の1法が使われています。もっとも、3分の1法が採用されることも少なくありません[3][4]。

＊3　2分の1法に比較して、3分の1法は、賃料の変動が緩やかになる。その結果、3分の1法を用いると、賃料増額の場合には賃借人に有利に、賃料減額の場合には賃貸人に有利になる。ほかに、3分の1法を採用した事例としては、東京地判平成18.9.26、東京地判平成20.6.4、東京地判平成21.4.24乙、東京地判平成21.6.2、東京地判平成30.3.8、東京地判令和元.12.24乙、東京地判令和3.1.15-2021WLJPCA01158026、東京地判令和4.6.3-2022WLJPCA06038011がある。

＊4　特別な事情がある場合には、賃貸人5分の3（減額に関する、京都地判平成23.2.28）、賃貸人3分の2（増額に関する、東京地判平成21.7.9甲）、賃貸人に5分の1（借地に関する東京地判令和2.9.4-2020WLJPCA09078005）などの配分がなされる場合もある（①差額配分法による試算賃料（差額配分賃料）の特色について、参照👍No. 259-a）。

② 利回り法

No.255

　基礎価格に継続賃料利回りを乗じて得た額に必要諸経費等を加算して試算賃料を求める手法です。収益資産の資産価値を導き出すために使う期待利回り率（収益還元率）は、キャップレート（Capitalization Rate）といわれます。

　賃貸借の当事者には、純賃料と基礎価格の関連性を一貫させる意思があることを前提とし、前回合意時における純賃料利回りを基にして、価格時点における賃料を求めるものです（②利回り法による試算賃料（利回り賃料）の特色について、参照👍No. 259-b）。

③ スライド法

No.256

　現行賃料を定めた時点における純賃料に変動率を乗じて得た額に、価格時点における必要諸経費等を加算して試算賃料を求める手法です。

　変動率は、現行賃料を定めた時点から価格時点までの間における経済情勢等の変化に即応する変動分を表すものであり、土地および建物価格の変動、物価変動、所得水準の変動等を示す各種指数等を総合的に勘案して求めるものとされます。

　裁判例から、変動率の基礎として利用された資料をみると、企業向けサービス価格指数（日本銀行調査統計局）、東京都区部の消費者物価指数（総合）（総務省統計局）、GDP（内閣府）、地価変動率、住宅マーケットイン

第1章　借家

デックス（一般財団法人日本不動産研究所）（東京地判平成21.6.12）、オフィスビル募集賃料、オフィス賃料指数（民間調査機関）、建設工事費デフレーター指数（国土交通省）、土地価格（地価公示価格）（東京地判平成21.11.24乙）などがあります（③スライド法による試算賃料（スライド賃料）の特色について、参照👉No. 259−c）。

No.257　④　**賃貸事例比較法**

　多数の事例を収集して適切な事例の選択を行い、これらに係る実際実質賃料（実際に支払われている不動産に係るすべての経済的対価をいう）に必要に応じて事情補正および時点修正を行い、かつ、地域要因の比較および個別的要因の比較を行って求められた賃料を比較考量し、これによって対象不動産の試算賃料を求める手法です。

　新規賃料について事例を収集し、事情補正・時点修正、地域要因・個別的要因の比較を行うのに準じ、継続賃料の試算賃料を求める場合にも利用されます。

　なお、事例の選択に関して、『係争当事者の一方を契約当事者とする賃貸借契約の事例を用いて賃貸事例比較法による継続賃料の算定を行うことを、算定の客観性の担保の観点から回避することは合理的』であり（東京地判令和2.10.30−2020WLJPCA10308007）、一般的に増減額を請求する側の自己所有物件の賃貸事例を用いることには慎重であるべきである（東京地判令和4.4.25−2022WLJPCA04258014）とされています（④賃貸事例比較法による試算賃料（比準賃料）の特色について、参照👉No. 259−d）。

No.258 **(2)　試算賃料の調整**

　不動産鑑定評価基準では、継続賃料を求めるために、差額配分法、利回り法、スライド法、賃貸事例比較法の4つの手法に基づく試算賃料（差額配分賃料、利回り賃料、スライド賃料、比準賃料）を算出した後、各試算賃料を関連づけて調整を行い、適正賃料を導き出すものとされています。

　裁判所が賃料増減額請求における相当賃料を定めるにあたっても、複数の

手法によって試算賃料を算出し、算出されたそれぞれの試算賃料を比較検討し、総合的に判断する方式が採られています（土地賃貸借に関する、最判昭和43.7.5、東京高判昭和61.6.25、大阪高判平成元.8.29）[5]。

＊5　相当賃料（適正賃料）は、4手法に基づく試算賃料を調整して相当（適正）な実質賃料を出したうえで、敷金や保証金の運用益を控除することによって求められる（運用益を控除しない場合もある）。

⑶　4つの手法による試算賃料の特色（試算賃料の調整）

　4つの手法それぞれによって導き出された試算賃料には、次のような特色があります。

①　差額配分法による試算賃料（差額配分賃料）

No.259-a

　差額配分法による試算賃料（参照👍No.254）においては、賃貸当事者は一般に賃料改定を通じて賃料差額の縮小に努める傾向があるという考え方に立ちます（東京地判令和2.3.13甲）。その観点からみて、相対的に信頼性・規範性が高く（東京地判平成21.11.10、東京地判令和2.7.8-2020WLJPCA07088008）、合意賃料と新規賃料の相対的な関係等が数値で示されることから理解されやすく、説得力があり（東京地判令和4.7.6-2022WLJPCA07068005）、継続賃料の個別性を重視しながら、市場性・経済性を反映するという特徴もあり（東京地判平成21.11.24乙）、当事者の利害を解決するのにふさわしいという利点があります（甲府地判平成24.10.16）。そのために、4つの手法のうちで、最も重視されることが多くなっています[6]。

　しかし、継続賃料には、地価や新規賃料と比べ、変化が緩やかで、かつ、経済状況の変動に遅れる特性があります（粘着性・遅効性）。特に、土地価格と継続賃料との関係についてみると、その相関性そのものについては疑問がないとはいえません。また、差額配分賃料は、新規賃料や地価の急激な上昇下落などの経済変動の影響を受けやすいという点も問題です。東

第1章 借家

京地判平成21.11.24乙は、『従前賃料の粘着性が強い場合には、相当大幅な差額賃料が発生するという問題点がある』、東京地判平成18.11.22は、『土地価格の急騰・急落があった場合、当該賃貸物件の使用価値は必ずしも土地価格と変動しない面があるが、差額配分法及び利回り法による試算賃料は、このような土地価格の急騰・急落の影響を受けやすく、かかる場合、差額配分法及び利回り法による試算賃料は他の算定方法による試算賃料に比べ、相当性に劣る場合もある』とそれぞれ明言しています。東京地判令和3.12.27-2021WLJPCA12278008では、差額配分法のみによった私的鑑定は信用できないとされました。

＊6 差額配分賃料を重視している例として、東京高判平成30.1.18D1-Law28260644、東京地判平成18.2.6、東京地判平成18.9.26、東京地判平成18.12.12、東京地判平成19.2.1、東京地判平成20.6.11乙、東京地判平成20.6.23、東京地判平成20.7.31乙、東京地判平成21.6.15甲、東京地判平成21.6.25、東京地判平成22.12.2、甲府地判平成24.10.16、東京地判平成29.4.19、東京地判令和2.2.21甲-2020WLJPCA02218020、東京地判令和2.9.24-2020WLJPCA09248007、東京地判令和2.11.26-2020WLJPCA11268033、東京地判令和2.12.3-2020WLJPCA12038010、東京地判令和3.1.15-2021WLJPCA01158026、東京地判令和3.4.8甲-2021WLJPCA04088002、東京地判令和3.5.19乙-2021WLJPCA05198017、東京地判令和3.7.15-2021WLJPCA07158011、東京地判令和3.11.25-2021WLJPCA11258030、東京地判令和4.2.16乙-2022WLJPCA02168005、東京地判令和4.3.11甲-2022WLJPCA03118008、東京地判令和4.3.11乙-2022WLJPCA03118010などがある。

No.259-b
② 利回り法による試算賃料（利回り賃料）

利回り賃料（参照 👉 No. 255）は賃貸借を利回りの観点から捉えるものであるところ、契約当事者は必ずしも利回りに着目して賃貸借契約を締結しているわけではなく（東京地判平成31.3.26）、利回り（純賃料と基礎価格の関連性）を従前のままに継続させることが自然といえるものではありません。また、利回り法によるときには、土地価格の変動がそのまま賃料に反映されることになりますが、実際には賃料の遅行性・粘着性により基礎価格の変動と賃料の推移は必ずしも一致しないことが多く、信頼性が低いと考えられています（東京地判令和3.2.17-2021WLJPCA02178028）。

東京地判令和2.12.3-2020WLJPCA12038010では、『利回り法及びスライド法については、直近合意時の賃料額が当時の賃料相場と比較して不相当なものであった場合、試算額も価格時点の賃料相場と比較して不相当なものになるという欠点がある』と論じられています。

東京地判令和元.8.9は、直近合意時点からの期間の長さに着目し、『平成５年３月１日から価格時点である平成28年11月１日までに23年という長期間が経過しており、その間の経済情勢の変動の大きさからすると、利回り法やスライド法による試算賃料を、差額配分法による試算賃料と同程度に重視することは適切ではない』としています（ほかに、利回り法の信頼性が低いことに言及している裁判例として、東京地判平成21.8.24、甲府地判平成24.10.16。東京地判平成23.5.31がある）。

③ スライド法による試算賃料（スライド賃料）

No.259-c

スライド賃料（参照👉 No. 256）は、前回の当事者の合意に基づき、適正な指数を選択し、これを判定して従前の賃料を修正するものです。対象不動産や契約内容などの個別性などを合意時点の状況に基づいて合意賃料に反映したうえで、客観的な経済情勢の変化を継続賃料に反映させることができる分かりやすい手法であり、賃貸借契約の継続性の観点から合理性が認められます（東京地判平成21.11.10）。東京地判令和3.4.28-2021WLJPCA04288019では、スライド法を、継続賃料の本来のありかたに適合する方法と評価しています[7]。

しかし、指数の選び方によって結論を左右される可能性は否めません（東京地判平成23.7.12）。また、各賃貸事例は契約の事情、経緯、内容等を異にするものであって、当事者の個別事情が反映されず（東京地判平成21.8.24）、事案に即応したきめ細かな算定は困難となりがちであり、さらに、一般的な物価の変動を反映できるものの、当該地域の発展衰退を反映できないこと、従前の賃料が不合理である場合には、これが固定化される（東京地判平成21.11.24乙、東京地判令和2.12.3-2020WLJPCA12038010）などの短所があるとされます。

第1章　借家

＊7　スライド賃料を重視している例として、東京地判平成18.9.8、東京地判平成19.10.3、東京地判平成21.7.9乙、東京地判令和3.4.28-2021WLJPCA04288019がある。

No.259-d　④　**賃貸事例比較法による試算賃料（比準賃料）**

　　賃料には、代替可能なほかの物件との比較において決められるという性格があり（代替の原則）、近隣同類型の約定賃料に牽引されるという指向性があります（東京地判令和2.3.6）。その観点からみて、賃貸事例比較法は、多数の事例との比較を行いますので、比準賃料（参照👉 No. 257）は、実証的であって説得的です。また、経済変動が急激であっても、継続賃料は緩やかに変化しますので、実態に即した結論を導き出すことが可能です＊8。

　　しかし、本来不動産には個別性があるので、比較する事例を収集することは容易ではありません。

　　実際、事例を収集できないことから、賃貸事例比較法を除く手法による試算賃料を総合考慮した例は枚挙にいとまがありません（東京地判平成20.4.25乙、東京地判平成20.7.31乙、東京地判平成20.10.31甲、東京地判平成20.12.5、東京地判平成21.8.24、東京地判平成23.1.27、東京地判平成23.5.31、東京地判平成28.12.16、東京地判令和4.9.15-2022WLJPCA09158023等）。

＊8　比準賃料を重視している例として、東京地判平成18.11.22、東京地判平成19.2.1、東京地判平成19.8.27、東京地判平成21.7.9乙、東京地判令和2.3.6-2020WLJPCA03068009がある。

No.260　**不増額特約・不減額特約**　賃貸借契約の中で、賃料の増額請求あるいは減額請求をしないという特約が定められることがあります。増額請求をしない特約を不増額特約、減額請求をしない特約を不減額特約といいます。

　　不増額特約は、法律上明文をもってその有効性が認められています（1項

ただし書）。不増額特約があれば賃貸人はこれに拘束され、増額請求はできません。不増額特約は賃貸借契約の内容ですから、賃貸人の地位が移転した場合、不増額特約は新たな賃貸人が承継します（東京地判令和4.8.5-2022WLJPCA08058003）。

他方、不減額特約は、普通建物賃貸借においては、無効です（最判平成15.10.21乙、最判平成16.11.8）。最判平成20.2.29も、『借地借家法32条1項の規定は、強行法規であり、賃料自動改定特約によってその適用を排除することはできないものである』としています[1][2]。

【不増額特約と不減額特約】

不増額特約	有効	
不減額特約	普通建物賃貸借	無効
	定期建物賃貸借	有効

---

[1] 不減額特約が無効なのは、1項本文に、契約の条件にかかわらず賃料増減額請求権を行使できると定められているからである。37条に32条が列挙されてはいないから、37条によって、一方的強行規定とされるわけではない。もっとも、1項についても、賃借人に不利な不減額特約は無効、賃借人に有利な不増額特約は有効なので、結果的には、一方的強行規定の性格を有することになる（参照👍 No. 282）。

なお、定期建物賃貸借では、不増額特約と不減額特約のいずれに関しても、その効力が認められる（38条7項、参照👍 No. 302）。

[2] 東京地判平成20.12.5では、百貨店の賃料増額請求に関し、賃料を増額しない旨の特約の有無が争われたが、特約の存在自体が否定された。

自動改定特約　時間の経過や一定の基準に従って当然に賃料を改定する合意がなされる場合があります。このような合意を、自動改定特約といいます。スライド条項と呼ばれることもあります。「賃料を3年ごとに5％増額する」「固定資産税（あるいは土地路線価、物価指数など）の変動率にスライドして賃料を増減する」というような合意が自動改定特約

第1章 借家

（スライド条項）です。

　自動改定特約は、あらかじめ賃料に関する紛争を回避する目的をもつものであって、内容が不合理なものでなければ、その有効性は肯定されます（京都地判昭和60.5.28金商733号39頁、東京地判平成8.6.13判時1595号87頁）*1*2。

　次に、自動増額特約があった場合、それでもなお賃料増減額請求ができるかということも問題となりますが、1項は強行規定であって、特約があったとしても、特約の『基礎となっていた事情が失われることにより、同特約によって地代等の額を定めることが借地借家法11条1項の規定の趣旨に照らして不相当なものとなった場合には、同特約の適用を争う当事者はもはや同特約に拘束されない』（最判平成15.6.12）とする趣旨が建物賃貸借の賃料にもあてはまり、自動増額特約があっても賃料減額請求権を行使できると考えられています（最判平成15.10.21乙、最判平成16.6.29、東京地判平成18.9.8、東京地判平成20.3.19、東京地判平成20.6.4。不相当となったといえないとされた事例として、東京地判平成17.4.26LLI06031673）。

　東京地判令和3.2.4-2021WLJPCA02048002では、売上げが一定額以上の場合には賃料を増額するとの特約があった場合において、増額請求をすることができるのは、特約に定められた場合に限られないとされました。

　自動増額特約も、不減額特約の性格をもつという観点から見る限り、普通建物賃貸借においてはその効力は限定されるということになります。

＊1　自動改定特約が有効とされたケースとして、3年ごとに15％増額（東京高判平成11.10.6金商1079号26頁）、3年ごとに10％以上増額（東京地判平成7.1.24）、3年ごとに10％ずつ増額（東京地判平成5.8.30）とする特約がある。また、改定賃料は転貸賃料の70％とするという特約がある場合に、転貸賃料の減額を理由とする賃料減額が認められている（東京地判平成7.1.23）。相手方から特約を不相当とする特別の事情の存在の主張立証があった場合には、特約は効力を生じない（東京地判平成9.1.31）。なお、契約更新時に増額請求をしたときには、賃借人はこの請求を異議なく承認する旨の特約は旧借家法7条の趣旨に照らし無効であるとされた例もある（大阪地判昭和50.8.13判タ332号303頁）。

＊2　家賃を鉄道運賃の増減に比例して変化させる特約は、効力が否定されている（東京地判昭45.2.13判時613号77頁）。

解約禁止特約　近時、賃貸借契約において、契約期間内に解約することを　No.262
禁止したうえで、契約期間内の賃料の増減がないものとして賃料額を固定しておく条項が定められることがあります。

このうち、期間内の解約禁止については、そもそも賃貸借契約において定めがなければ期間内解約はできませんから（建物について、東京地判平成23.5.24甲。土地について、最判昭和48.10.12）、特約があれば、期間内解約は禁止されます（特約には、確認の意味がある）。

他方、賃料額を固定する条項は、普通建物賃貸借の不減額特約としては無効であるところ、東京地判平成24.7.10では、解約禁止特約との関係について、賃貸人から『期間中における各賃料総額を確定させ、爾後の変動を生じさせないことが合意されていたものとみるべきであり、この合意（解約禁止特約）に反して行われた賃借人の賃料減額請求は失当である』との主張がなされましたが、裁判所は『賃貸人が主張するような合意をもって借地借家法32条1項の適用を排除することができないことは明らかである』として、賃貸人の主張を否定しています。

特殊な賃貸借（サブリースとオーダーリース）

(1) サブリース　No.263

ビルやマンションなどの建物について、建物所有者から不動産会社に一括賃貸し、不動産会社から入居者に転貸するという契約関係を利用して、建物所有者が空室や収入減少のリスクを排除・軽減しながら、賃料収入を取得する事業が、サブリース事業です。建物所有者の収益確保のため、建物所有者から不動産会社への一括賃貸契約が利用されます[1][2]。

サブリース事業の法律問題として、①一括賃貸契約への借地借家法適用の有無、②賃料自動増額特約があるときの賃料減額請求の可否、③賃料減額請求の判断にあたって事業の経緯を考慮することの適否という3つが争点となりました。

この3つの争点について、最高裁は、平成15年10月、次のとおり判断しま

した（最判平成15.10.21甲、最判平成15.10.21乙、最判平成15.10.23の3つの判決、サブリースの法理）。

① **一括賃貸契約への借地借家法適用の有無**

一括賃貸契約における合意内容は、建物所有者が不動産会社に対して対象物件を使用収益させ、不動産会社が建物所有者に対してその対価として賃料を支払うものであり、建物の賃貸借契約であることが明らかである。したがって、借地借家法が適用され、本条の規定も適用される。

② **賃料自動増額特約があるときの賃料減額請求の可否**

32条1項の規定は、強行規定であって、賃料自動増額特約によってもその適用を排除することができないものであるから、契約の当事者は、賃料自動増額特約が存するとしても、そのことにより直ちに賃料増減額請求権の行使が妨げられるものではない。

③ **賃料減額請求の判断にあたって事業の経緯を考慮することの適否**

一括賃貸契約を含むサブリース事業契約は、不動産会社が、建物所有者の建築した建物で転貸事業を行うために締結したものであり、あらかじめ、建物所有者と不動産会社との間で賃貸期間、当初賃料及び賃料の改定等についての協議を調え、建物所有者が、その協議の結果を前提とした収支予測の下に、建築資金として不動産会社から敷金等の預託を受けて、建物所有者の所有する土地上に建物を建築することを内容とするものである。

そして、一括賃貸契約における賃料額及び賃料自動増額特約等に係る約定は、建物所有者が不動産会社の転貸事業のために多額の資本を投下する前提となったものであって、契約における重要な要素であったということができる。これらの事情は、契約の当事者が、当初賃料額を決定する際の重要な要素となった事情であるから、衡平の見地に照らし、32条1項の規定に基づく賃料減額請求の当否（同項所定の賃料増減額請求権行使の要件充足の有無）及び相当賃料額を判断する場合に、重要な事情として十分に考慮されるべきである。

さらに、平成15年10月の３つの判決のうち、最判平成15.10.23は、建物所有者との間で保証賃料が決められていた一括賃貸契約について、不動産会社が賃料減額請求権を行使したものですが、差戻審である東京高判平成16.12.22では、一括賃貸における相当賃料の判断にあたっては、『賃料保証特約の存在や保証賃料額が決定された事情を考慮しなければならず、とりわけ不動産会社が本件の事業を行うにあたって考慮した予想収支、それに基づく建築資金の返済計画をできるだけ損なわないように配慮して相当賃料を決定しなければならない』として、『建物所有者が受け取るべきである相当賃料は、当初予想の収支と比較し、金利や公租公課の負担の減少によりメリットを得た部分を差し引いた額であり、残余の賃料下落の負担は不動産会社が負担すべきである』という考え方が示されています。

　以上のサブリースの法理は、事業用建物の一括賃貸だけではなく、住宅をも含めて、広く一括賃貸に適用される確定した判例理論となっており、その後の判決はいずれもこの法理に依拠しています（最判平成16.11.8、東京地判平成19.11.21、東京地判平成20.4.22、東京地判平成20.6.4、東京地判平成20.6.24、東京地判平成21.10.26、東京高判平成23.3.16）。

　なお、千葉地判平成20.5.26では、原賃貸借に関し、経済事情の変動によって空室が生じたとしても、安易にその負担を原賃貸人に転嫁させることはできず、空室が発生したことが１項の「不相当になったとき」に該当するものではない、として減額請求が否定されました。

　原賃貸借における賃借人からの賃料減額請求がなされていた事案において、相場よりも高額となっていた転貸賃料を基準とすべきかどうかが争われたケースが、東京地判平成20.7.30であり、原賃貸人は、転貸料をそのまま基準とすべきであると主張しましたが、裁判所は、『転貸料はあくまで転貸人と転借人の合意で定まるものであり、転貸人が転貸料によって自らの利益を上げることが賃貸人に対する関係で許されないものと解することはできないから、適正賃料額を算定する上で、転貸料がそのまま賃料額算定の基準と

なると認めることはできない』として、原賃貸人の主張を退けています。

【サブリースの法律関係】

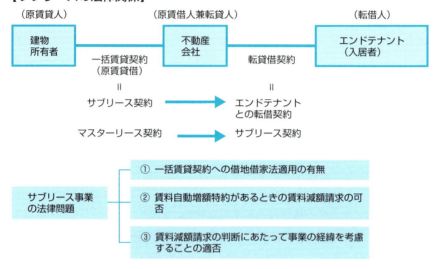

*1 建物所有者から不動産会社への一括賃貸借契約が、「サブリース契約」といわれる。最近では、原語に忠実に、「マスターリース契約」といわれることも多い（建物所有者から不動産会社への一括賃貸借契約を「マスターリース契約」というときは、不動産会社から入居者への転貸借契約が、サブリース契約ということになる）。

*2 賃貸住宅のサブリース事業については、賃貸住宅管理業法が制定されて2020年（令和2年）6月に施行され、サブリース契約（マスターリース契約）に規制が加えられている。

No.264 (2) **オーダーリース**

　オーダーリースとは、商業施設を運営する賃借人が建物の仕様を指定し、土地の所有者が指定に基づく建物を建築して賃借人に建物を賃貸する賃貸借です。オーダーメイド賃貸、建て貸しといわれる場合もあります。

　商業施設の運営者が土地を取得し、あるいは土地を借りて営業用の建物を建築するのではなく、土地所有者に指定の建物を建ててもらい、保証金の差

入れなど資金面で協力したうえで、賃貸借契約を締結する方式であり、多く
の商業施設やスポーツ施設において利用されています。

　オーダーリースについては、事業受託の一部をなすものであって通常の賃
貸借とは異なるから、借地借家法に定める減額請求を行うことはできないと
いう見解もありましたが（例えば、東京高判平成14.9.11）、最高裁は、オー
ダーリースであるからといって、借地借家法の適用について、独自の基準を
もってこれを排除することはできず、サブリースの場合と同様に、借地借家
法の減額請求権を行使することが可能であると判断しています（最判平成17.
3.10）。オーダーリースとされた賃貸借において賃料減額請求権が肯定され
た事案として、東京地判平成19.7.26乙があります。

調停前置主義　賃料増減額請求権が行使され、その後相手方との協議がま No.265
とまらないときには訴えを提起することになりますが、賃
料増減額請求について訴えを提起しようとする者は、民事調停法により、ま
ず調停の申立てをしなければなりません（民事調停法24条の2第1項）。こ
れを調停前置主義といいます（調停前置主義について、参照👍 No. 084）。

　賃料増減額の調停手続において、書面によって調停委員会の定める条項に
服する旨の合意がなされたときは、調停委員会が定める調停条項には裁判上
の和解と同一の効力があります（同法24条の3）。

　調停が成立しない場合には訴訟となり、増額または減額が正当であったの
か、相当な賃料はいくらなのかを裁判所が判断することになります。

275

第1章 借家

第33条（造作買取請求権）

1　建物の賃貸人の同意を得て建物に付加した畳、建具その他の造作がある場合には、建物の賃借人は、建物の賃貸借が期間の満了又は解約の申入れによって終了するときに、建物の賃貸人に対し、その造作を時価で買い取るべきことを請求することができる。建物の賃貸人から買い受けた造作についても、同様とする。

2　前項の規定は、建物の賃貸借が期間の満了又は解約の申入れによって終了する場合における建物の転借人と賃貸人との間について準用する。

No.266

意　義

賃借人が、建物を利用するに際し、賃貸人の同意を得て、建物を改造したり、畳、建具その他の造作などの物を付加設置したりすることは、少なくありません。賃借人が資本投下して、改造した物、あるいは付加設置された物には、

---

(1) 建物の構成部分になって建物に吸収され、独立した所有権の対象とならない物

(2) 建物の構成部分にならず、独立した所有権の対象となる物

があります。

民法は、(1)については、費用償還請求権（民法608条）を認め、(2)には、費用償還を認めるのではなく、賃貸借終了に際して、収去・除去の権利を留保しつつ（同法622条、599条）、同時に、賃借人に対し、収去・除去し、原状に回復しなければならない義務を負担させています。収去・除去に必要な費用は、賃借人の負担です。

しかし、(2)に関してみると、収去・除去しなければならないことは、投下資本が無に帰することになり、賃借人にとって不利益です。建物の使用に客観的便宜を与える物であれば、その建物に付加させたままの状態でこそ最も

276

その客観的な価値を発揮するのであって、これを取り去ってしまっては、物の価値を著しく減少する結果ともなってしまいます。

そこで、本条は、(2)について、投下した資本を回収する権利を認めて賃借人の不利益を救済するとともに、建物の客観的価値を増している物を取り外すことによって生じる社会経済的な損失を防止することを目的として、建物の賃借人に造作買取請求を認めました。賃貸人にとっては、場合によっては、同種の造作を新たに設置するという不便を避けることができるという意味もあります。

【賃借人が付加設置した物】

建物との関係	所有権	法律上の取扱い
(1) 建物の構成部分になる（建物に吸収される）	独立の所有権の対象ではない	費用償還請求（民法608条）
(2) 建物の構成部分にならない（建物に吸収されない）	独立の所有権の対象になる	収去・除去の権利 原状回復義務 / 造作買取請求

造作買取請求の成立要件は、(1)造作であること（参照 👍 No. 267-a）、(2)賃貸人の同意等（参照 👍 No. 269）、(3)賃貸借終了（参照 👍 No. 270）の3つです。

成立要件

(1) 造作であること

No.267-a

造作とは、「建物に附加された物件で賃借人の所有に属し、かつ建物の使用に客観的便宜を与えるもの」をいいます（最判昭和29.3.11、最判昭和33.10.14）。条文上、造作として畳、建具が例示されていますが、これらには限定されません。

造作となるためには、①賃借人所有（建物の構成部分ではないこと）（参照 👍 No. 267-b）、②建物の便益に供されること（建物の客観的な使用価値を増加させるものであること）（参照 👍 No. 268）の2つの要件が必要です。

【造作買取請求の成立要件】

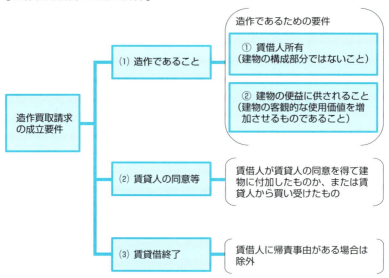

No.267 b ① **賃借人所有（建物の構成部分ではないこと）**

　物が建物の構成部分とならず、建物とは別個独立に存在する物として、賃借人の所有にとどまっていることを要します。

　賃借人が、建物に物を付加することによって建物を改良した場合のうち、付加された物が建物の構成部分になるときには、独立の物ではなくなり、建物所有者の所有となります（民法242条）。この場合、付加された物は、造作に該当せず、改良のための費用が費用償還請求権（同法608条）の対象となるか否かの問題となります。例えば、床板、押入れ、羽目板、塗装部分は、通常、建物の構成部分になって建物に吸収され、独立性を失うから、造作には該当しません[*1]。

　成立要件にあてはまり、造作であることが肯定された例として、水道設備、電燈引込線（大判昭和12.2.2)、中華料理店の入口大戸ガラス表、陳列棚一式、表の夏戸、カウンター戸棚（最判昭和29.3.11)、ドアによる廊

下の仕切り、台所や応接室のガス設備、配電設備、水洗便所、シャワー設備（東京高判昭和31.3.22）、飲食店営業を目的とする店舗のステンレス製流し台（東京地判昭和46.3.31）、レストラン用店舗の調理台、レンジ、食器棚、空調、ボイラー、ダクト等設備一式（新潟地判昭和62.5.26）があります。

家具、什器、時計や絵画等の装飾品などは、一般に、建物から独立し、容易に収去が可能であり、収去しても建物の価値の減少をきたさないので、造作には該当しません。

② 建物の便益に供されること（建物の客観的な使用価値を増加させるものであること）No.268

次に、造作は、客観的にみて、建物の便益に供され、建物の使用価値を増加させるものでなければなりません。客観的な使用価値を増加させ、建物の便益に供されるものであってはじめて、対価の支払いを強制してその物の権利を賃貸人に取得させることが相当とされるからです。

容易に収去が可能であり、収去しても建物の価値の減少をきたさないものは造作に当たりません（大判昭和12.2.2、東京簡判平成22.1.25）。

価値の増加には客観性が必要です。他の賃借人が使用するときにも便益が与えられ、価値があると認められるものであることを要します。

賃借人が特殊な目的に使用するために特に付加した設備は造作に当たりません（最判昭和29.3.11、最判昭和33.10.14）。店舗の内装設備であっても、ほかの営業主がそのまま利用することができない物であれば、特殊の目的によって設置したものとして、造作にはなりません（大阪地判昭和58.5.31、東京地判平成5.4.26）。

＊1　例外的に、塗装部分まで含めて造作買取請求を認めたケースとして、横浜地裁川崎支部判昭和41.3.2がある。

No.269 (2) **賃貸人の同意等**

造作買取請求権の対象となる造作は、賃借人が賃貸人の同意を得て建物に付加したものか、または賃貸人から買い受けたものに限られます。

賃貸人の同意は、明示の同意たると黙示の同意たるとを問わず、造作を付加した後の同意でもかまいません。包括的な同意もあり得ます。賃貸人に無断で付加した造作は買取請求ができません。

賃貸人の同意については、電気、水道、ガスの設備、畳、襖など明らかに建物の一般的な価値を増すものを付加した場合のように、賃借人に必要性があり、造作の付加が賃貸人に不利益とならない場合には、造作の付加に同意を与えないことは許されないと解されます。

No.270 (3) **賃貸借終了**

賃貸借が期間の満了または解約の申入れによって終了したときに、造作買取請求権が発生します。

条文の文言上、賃借人の賃料不払いや用法違反などの債務不履行によって賃貸借が解除された場合、造作買取請求権の行使が認められるかどうかについては、直接に明示されてはいません。

しかし、裁判例では、賃借人に帰責事由があるために契約が終了した場合の造作買取請求権については、否定しています（最判昭和33.3.13）。造作買取請求権は、誠実な賃借人の保護を図るものであって、債務不履行がある場合の賃借人は保護に値しないことがその理由です。

No.271 **権利行使とその効果** 賃借人が、造作買取請求権を行使すると、賃借人を売主、賃貸人を買主とする売買契約が成立します。

造作買取請求権は、形成権であり、賃借人の意思表示が、賃貸人に到達すると、売買契約の法律効果が生じます。賃貸人の承諾は不要です。

【造作買取請求権行使の効果】

| 造作買取請求権 権利行使 | → 一方的な意思表示によって効果が生じる（形成権） | 売買契約成立 |

　売買契約の成立により、造作の所有権が賃貸人に移転します。賃借人は造作を引き渡す義務を負い、賃貸人は、売買代金支払義務を負います。造作の引渡しと代金の支払いは同時履行の関係に立ち、また、代金が支払われるまで造作について留置権があります。

　さらに、造作が建物に備え置きされていることから、賃借人の建物の明渡しと造作代金の支払いの関係も問題となりますが、造作は建物とは別個の物なので、売買代金支払いと同時履行の関係となるのは造作そのものの引渡しであって、売買代金支払いと建物の引渡しとに同時履行の関係はなく、また、建物についての留置権はないとするのが裁判例です（最判昭和29.1.14）。したがって、造作の売買代金の支払いを求められたときに、同時履行あるいは留置権を主張して、建物の引渡し（建物からの退去明渡し）を拒むことはできません。

　売買代金は時価です。ここでいう時価は、建物に付加したままの状態における造作そのものの価格です。また、時価の基準時は、買取請求時です。

　造作買取請求権の行使の方法および時期については何ら制限はありません。権利行使の方法は口頭であると文書であるとを問いませんし、また賃貸借終了後であれば、造作が滅失しない限り、建物を返還した後でも権利を行使できます。

転借人の造作買取請求　転貸借がなされている場合において、転借人が転貸人と賃貸人（原賃貸人）の承諾を得て建物に付加した造作あるいは賃貸人（原賃貸人）から買い受けた造作については、原賃貸借が期間満了または解約の申入れによって終了した場合には、転借人から賃貸人に対して

No.272

第1章　借家

直接造作の買取りを請求することができるものとされます（2項）*1。

＊1　転貸借における造作買取請求を定めた2項は、旧借家法には定めがなく、借地借家法
によって新たに設けられた規定であって、借地借家法施行前に成立した建物の転貸借につ
いては、適用されない（借地借家法附則13条）。

No.273

特　約

造作買取請求権についての特約は有効であり、特約によっ
て、造作買取請求を排除・制限することが可能です（旧借
家法のもとでは強行規定とされていたことについて、参照👍 No. 282*2）。
造作買取請求権不行使の特約の効力が肯定された裁判例として、東京地判平
成19.3.9、東京地判平成19.6.12、東京地判平成25.4.19、東京地判平成31.3.
27甲があります。東京地判令和4.10.17–2022WLJPCA10178008では、契約書
に「賃貸借契約が終了したときには、賃借人が自己の費用をもって本件物件
内に設置した造作を収去し、本件物件を原状に復して賃貸人に引き渡す義務
がある」との定め（本件収去条項）がある賃貸借について、『賃借人に造作
を自己の費用をもって収去する義務を課す本件収去条項と賃借人が造作を賃
貸人に時価で買い取るべきことを請求できるとする借地借家法33条1項とは
相矛盾する関係にあり、両立しないものといえるから、本件収去条項は同項
の造作買取請求権を排除する合意をも包含する』と述べられています（なお、
借地契約では、借地権者が建物買取請求権を行使しないとする特約が無効で
あることについて、参照👍 No. 120）*1。

＊1　東京地判平成26.8.26は、過去にYが費用負担した造作分の買取請求は一切行わないも
のとする特約について、有益費償還請求権をも放棄する趣旨としている。

第34条（建物賃貸借終了の場合における転借人の保護）

1　建物の転貸借がされている場合において、建物の賃貸借が期間の満了又は解約の申入れによって終了するときは、建物の賃貸人は、建物の転借人にその旨の通知をしなければ、その終了を建物の転借人に対抗することができない。

2　建物の賃貸人が前項の通知をしたときは、建物の転貸借は、その通知がされた日から６月を経過することによって終了する。

　建物の賃貸借において、賃貸人の承諾があれば、賃借人は、建物を転貸することができます。

　転貸借は、原賃貸借の上に成り立ちますので、転借人の転借権も、原賃貸借における賃借人の賃借権を基礎として、成立します。よって、原賃貸借が期間満了や解約申入れによって終了すると、転借権はその基礎を失い、終了せざるを得ません。

　しかし、建物は転借人の生活や営業の基盤です。原賃貸借の終了によって、転貸借も終了せざるを得ないとしても、新たな生活や営業の基盤を探すための期間が必要であり、原賃貸借の終了を知らないまま突然に移転を迫られるようなことになれば、転借人が重大な不利益を被ります。

　ところが、原賃貸借の終了事由に関する要因は、期間満了時期、更新拒絶の正当事由の有無、解約申入れにおける解約事由など多種多様であり、転借人にとって、必ずしも予知できるものではありません。

　そこで本条は、１項において、原賃貸借が終了するときは、賃貸人は、転借人に通知をしなければ、原賃貸借の終了を転借人に対抗することができないものとしたうえ、２項において、賃貸人が通知をしたときは、建物の転貸借は、通知の日から６か月を経過することによって終了すると定めました[*1]。通知から転貸借終了まで６か月の期間を設けることによって、転借人に生活や営業の拠点を移すための時間的余裕をあたえ、転借人の保護を図るもので

す。もっとも、これは原賃貸借が期間満了・解約申入れによって終了する場合の定めであり、原賃貸借が、合意解約あるいは債務不履行で終了するケースには適用されません*2。なお本条は、旧借家法4条を引き継ぐ規定です。

本条は、一方的強行規定です（37条。参照👉 No. 280）。賃借人に不利益な特約は無効です。

【34条による転借人の保護】

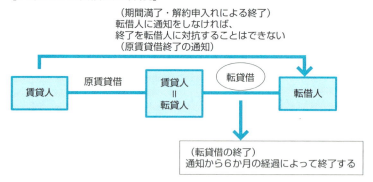

*1 ここでいう転貸借は、賃貸人の承諾のある適法なものでなければならない。承諾は黙示の承諾の場合もあり得る。賃貸人の承諾はないけれども、賃貸人の解除権が否定されるケースについて、本条（旧借家法4条）の保護は与えられないとした裁判例がある（東京地判昭和32.7.18）。

*2 原賃貸借が、賃貸人と賃借人（転貸人）の間で合意解約になった場合には、合意解約をもって、転借人に対抗することができない（民法613条3項、最判昭和37.2.1）。

　賃貸人が、原賃貸借を賃借人（転貸人）の賃料不払いによって解除しようとする場合において、転借人に対する通知・催告は不要である（土地賃貸借に関する、最判昭和37.3.29、最判平成6.7.18）。原賃貸借が賃借人（転貸人）の債務不履行に基づく解除によって終了した場合には、賃貸人が転借人に対して、建物の返還を請求したときに、転貸借は履行不能によって終了する（最判平成9.2.25）。

第35条（借地上の建物の賃借人の保護）

1　借地権の目的である土地の上の建物につき賃貸借がされている場合において、借地権の存続期間の満了によって建物の賃借人が土地を明け渡すべきときは、建物の賃借人が借地権の存続期間が満了することをその1年前までに知らなかった場合に限り、裁判所は、建物の賃借人の請求により、建物の賃借人がこれを知った日から1年を超えない範囲内において、土地の明渡しにつき相当の期限を許与することができる。
2　前項の規定により裁判所が期限の許与をしたときは、建物の賃貸借は、その期限が到来することによって終了する。

意　義

借地契約によって土地所有者が借地権設定者となり、借地権を設定し、借地権者が借地上に建物を建築している場合、借地権者は、建物の所有者として、自由に建物を賃貸することができます。ここでの借地契約と建物の賃貸借契約は、それぞれ別個の法律関係です。

No.275

しかし他方、借地契約が終了すると、借地権者には、借地権設定者との関係において、建物の取壊し、土地の明渡しの義務が生じます*1。建物が取り壊されれば、もはや借地上の建物の賃貸借関係は、維持継続できません。借地上の建物の賃借人も建物から退去し、土地を明け渡さざるを得ない事態となります。

この事態を建物の賃借人からみると、借地契約の終了事由を知ることができませんので、いつ建物の明渡しを求められるかわからないという不安定な立場に置かれていることになります。

そこで本条は、借地権の存続期間満了を知らないまま、突然建物の明渡しを求められるという不利益を回避するために、裁判所に対し、明渡しの猶予を求めることができることを規定しました。裁判所は、建物の賃借人の請求により、建物の賃借人がこれを知った日から1年を超えない範囲内において、

第1章 借家

土地の明渡しにつき相当の期限を許与することができます。

本条は、一方的強行規定です（37条。参照 👉 No. 281）。建物の賃借人に不利な特約は無効となります。

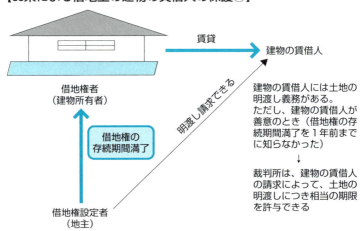

【35条による借地上の建物の賃借人の保護①】

＊1　借地契約の期間満了時における正当事由の判断においては、建物が賃借されていて、賃借人が建物を利用していることは、原則として、考慮されない（最判昭和58.1.20。参照 👉 No. 046）。

No.276 許可の要件

建物賃借人が、明渡し期限の猶予を求めるための要件は、①借地上の建物の賃貸借の存在、②借地権の存続期間の満了によって建物の賃借人が土地を明け渡すべきときであること、③建物の賃借人の善意(借地権の存続期間満了を1年前までに知らなかったこと)です。

まず本条は、借地上の建物の賃貸借が存在し、かつ、借地権が存続期間の満了によって消滅する場合に適用されます。合意解約、借地権放棄、借地権者の債務不履行や無断譲渡・転貸による解除、8条2項の解約申入れによって借地権が消滅する場合（参照 👉 No. 060）には、本条の適用はありませ

ん[*1]。

　また、借地関係が終了しても、借地権者が建物買取請求権を行使する場合には、借地上の建物賃借人はその賃借権に対抗要件を具備していれば、建物賃借権を借地権設定者（建物所有権取得者）にも主張して建物の賃借使用を継続できます[*2]。本条による保護は、借地契約が終了した場合のうち、借地権者が借地上の建物を収去して土地を借地権設定者に明け渡さなければならない場合に限られるのであり、借地権者が建物買取請求権を行使するケース（参照 👉 No. 093）は、建物収去が不要なので、これに該当しません。

【35条による借地上の建物の賃借人の保護②（建物買取請求権が行使された場合）】

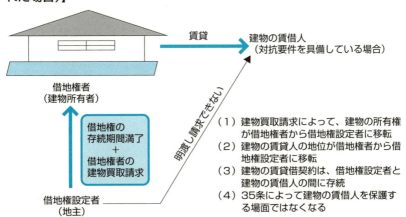

　本条は、借地権の存続期間満了を、その1年前までに知らなかった建物賃借人を保護するものです。借地権の存続期間満了を1年前までに知っていた建物賃借人は、保護されません。借地権の消滅時からさかのぼって、1年の時点から消滅の時点までの間に知った者、および借地権の消滅後はじめて知った者が、本条による保護を受けます。

第1章 借家

＊1 借地契約の終了が土地賃貸人と賃借人の合意解除である場合には、土地賃貸人は、特別の事情がないかぎり、その効果を地上建物の賃借人に対抗することはできない（最判昭和38.2.21判時331号23頁）。

＊2 建物の賃借人は、借地契約が終了したときの借地権者の建物買取請求権を代位行使することはできない（最判昭和38.4.23）。

第36条（居住用建物の賃貸借の承継）

1　居住の用に供する建物の賃借人が相続人なしに死亡した場合において、その当時婚姻又は縁組の届出をしていないが、建物の賃借人と事実上夫婦又は養親子と同様の関係にあった同居者があるときは、その同居者は、建物の賃借人の権利義務を承継する。ただし、相続人なしに死亡したことを知った後1月以内に建物の賃貸人に反対の意思を表示したときは、この限りでない。

2　前項本文の場合においては、建物の賃貸借関係に基づき生じた債権又は債務は、同項の規定により建物の賃借人の権利義務を承継した者に帰属する。

第3編　借家の法制度（第36条）

　相続が開始したとき、相続財産は相続人が承継しますが（民法896条本文）、No.277相続人がいなければ、原則として国庫に帰属します（同法959条前段）。賃借人としての権利義務も相続財産ですから、この原則によれば、建物の賃借人に相続が発生し、相続人がいない場合、賃借人としての権利義務も、国庫に帰属することになります。

　しかし、婚姻・縁組の届出をしておらず、賃借人と事実上夫婦・養親子と同様の関係にある同居者がいるときには、賃借人としての権利義務が国庫に帰属してしまうことは、同居者にとって、生活の基盤を失い、生活上重大な支障をきたします。

　そこで、1項本文は、同居者が、建物の賃借人の権利義務を承継するものとして、事実上の夫婦または養親子関係にある同居者を保護することとしました。旧借家法7条ノ2を引き継ぐ定めです。

　本条の適用があるのは、

① 被相続人が居住の用に供する建物の賃借人であること
② 建物の賃借人が相続人なしに死亡したこと

289

第1章 借家

> ③ 賃借人と事実上夫婦または養親子と同様の関係にあったこと
> ④ 同居していたこと

です。

　まず、本条の適用があるのは、①被相続人が居住の用に供する建物の賃借人だったことです。同居人の生活を保護するための規定ですので、建物が居住用ではない場合には、賃借人は保護を受けません。

　次に、②建物の賃借人が相続人なしに死亡したことを要します。賃借人に相続人がいれば、事実上の同居者が相続人と異なる場合であっても、本条の適用はなく、賃借人としての権利義務も、相続人が承継します*1。

　そして、③婚姻・縁組の届出をしていないけれども、事実上、建物の賃借人と夫婦・養親子と同様の関係にあったこと、④同居していたことを要します。同居とは、生活の本拠を共にしていたことをいいます。

　以上の要件を満たすときは、同居者は、相続によって賃借人の地位を引き継いだのと同様、建物の賃借人としての権利義務を承継します（1項本文・2項）。よって、建物賃貸借契約上の権利だけではなく、将来発生する賃料債務はもとより、契約上の履行遅滞、賃借建物の損壊による損害賠償義務、さらには有益費・保存費の償還請求権なども引き継ぐことになります。

　なお、本条によれば、同居者は、賃借人としての義務も承継しますので、承継を望まないことも想定されます。そこで、同居者が相続人なしに死亡したことを知った後1か月以内に建物の賃貸人に反対の意思を表示したときは、権利義務を承継しないものとしました（1項ただし書）。

＊1　相続人がいるときには、同居者の保護は、相続人の有する賃借権の援用等により実現される（最判昭和37.12.25、最判昭和42.2.21、最判昭和42.4.28）。

第37条（強行規定）

第31条、第34条及び第35条の規定に反する特約で建物の賃借人又は転借人に不利なものは、無効とする。

意　義

本条は、31条、34条、35条について、一方的強行規定であ No.278
ることを宣言する規定です（一方的強行規定について、参
照👉 No. 062）。

一方的強行規定としては、借地に関しては、9条、16条、21条、借家に関しては30条が定められており、これらと同様に賃借人を保護するための定めです。本条では、転借人も保護を受けると明記されています。

権利の公示制度と対抗力（31条）

31条は、権利の公示制度と対抗力を定めています（参 No.279
照👉 No. 233）。本条をそのまま読めば、31条につい
ても、賃借人に不利な特約は無効、賃借人に有利な特約は有効となりそうです。

しかし、権利の公示制度と対抗力の制度は、社会一般に通用させなければなりません。したがって、本条により強行規定とされているか否かを問わず、強行規定の性格を有します。また、条項と異なる約定のすべてに効力がないのであって、賃借人に不利な規定だけが無効という一方的なものにとどまらず、賃借人にとっての有利不利を問わず、条項と異なる内容の特約は、双方的に無効と理解すべきです。

31条に関し、本条（旧借家法6条）によって、特約が無効とされた裁判例として、大判昭和6.5.23法律新聞3290号17頁があります。賃貸中の家屋の所有権が移転しても、賃貸借関係は当初の契約当事者間のみに存続するという特約が無効であるとされました。最判昭和41.4.5では、建物が競落されて所有権が他に帰属したときは賃貸借は終了するとの約定が、旧借家法1条1項（借地借家法では31条）に違反する特約として、無効とされています。

第1章 借家

No.280 **建物賃貸借が終了する場合の転借人の保護（34条）**

34条は、建物賃貸借が終了する場合に、賃貸人から転借人への通知義務を課し、転貸借終了を通知から6か月の経過後とすることによって、転借人の保護を図っています（参照☞ No.274）。建物の賃貸借が期間の満了または解約の申入れによって終了するときは、建物の賃貸人は、建物の転借人にその旨の通知をしなければ終了を対抗できません。

34条に関しては、賃貸人から転借人に対する通知を不要とする特約や、通知後終了までの期間を6か月未満で終了するような特約（たとえば、1か月とする特約は、無効となります。

No.281 **借地上の建物の賃借人保護（35条）**

35条は、借地上の建物に賃借人がいる場合には、借地契約が終了しても、借地権の存続期間満了の1年前までに建物の賃借人が借地権の存続期間満了を知らないときは、賃借人の請求によって、裁判所は、明渡しについて相当の期限を許与することができる旨を定め、建物の賃借人を保護しています（参照☞ No.275）。

35条についてみると、本条によって、建物の賃借人が裁判所に明渡しの期限許与を請求しないとする特約などが、無効となります。

【37条による一方的強行法規制】

31条	建物賃貸借の対抗力	37条に定めあり	本来的に強行規定の性格を有する
32条	賃料増減額請求	——	・賃料不増額特約は有効 ・賃料不減額特約は無効 ・結果的に、一方的強行法規と同様
33条	造作買取請求		請求権行使を認めなかったり、制約する特約は有効
34条	賃貸借終了時の転借人保護	37条に定めあり	通知不要の特約や通知期間短縮の特約等は無効
35条	借地上の建物の賃借人保護		明渡期限許与の請求をしない旨の特約等は無効
36条	居住用建物の賃貸借の承継	——	特約を定めることはあり得るが、想定がしづらい

32条、33条、36条に関する特約

(1) 32条、33条、36条は、本条による一方的強行規定 No.282 とはされていません。

(2) しかし、32条については、条項と異なる特約に関し、必ずしもその効力が認められるわけではありません。すなわち、賃料不増額特約は32条1項ただし書によって有効ですが、他方、賃料不減額特約は、同条1項本文により、「契約の条件にかかわらず、建物の借賃の額の増減を請求することができる」とされており、賃料を減額しないとの特約があったとしても、賃料減額請求が可能です。そこで結果的に同条は、賃借人に有利な特約には効力があるけれども、賃借人に不利な特約は無効であるという一方的強行規定の性格をもつことになります（自動改定特約の有効性について、参照👍 No. 261）*1。

(3) 33条は、造作買取請求を定めるものですが、強行法規ではなく任意法規であり、 この条項と異なる特約の効力が認められます（参照👍 No. 273）。造作買取請求権不行使や、造作買取請求権制約の特約は、有効です*2。

(4) 36条は、賃借人の同居者の保護を定めるものですが（参照👍 No. 277）、強行法規ではなく任意法規ですから、この条項と異なる特約は有効です。

例えば、賃借人が相続人なしに死亡したときは、同居人は退去するなどの建物賃貸借における特約が考えられます（もっとも、特約が問題になることは、あまり想定されない）。

* 1　37条は一方的強行規定を定めるものだが、解釈によって、同条の対象とされている31条については、一方的ではなく双方的な強行規定になり、他方、同条の対象に入っていない32条については、一方的強行規定になるというねじれ現象が生じている。
* 2　旧借家法においては、修繕の費用償還請求権を放棄する特約（東京高判昭和28.9.22東高時報民事4巻4号130頁）はその効力が認められる一方で、造作買取請求権は強行規定とされていたが（旧借家法5条、6条）、借地借家法においては、造作買取請求を定めた33条は、任意規定とされた（33条の造作買取請求権の規定は、37条の強行規定に含まれない。参照 No. 273）。借地借家法は、同法施行前に成立した賃貸借についても適用される（同法附則4条本文）のであり、同法施行後に造作買取請求権を放棄する合意がなされれば、その合意は有効である（東京地判令和4.10.17-2022WLJPCA10178008）。なお、同法施行前に成立した造作買取請求権を排除・放棄する旨の特約が有効にはならない。

第3節　定期建物賃貸借等

第38条（定期建物賃貸借）

1　期間の定めがある建物の賃貸借をする場合においては、公正証書による等書面によって契約をするときに限り、第30条の規定にかかわらず、契約の更新がないこととする旨を定めることができる。この場合には、第29条第１項の規定を適用しない。

2　前項の規定による建物の賃貸借の契約がその内容を記録した電磁的記録によってされたときは、その契約は、書面によってされたものとみなして、同項の規定を適用する。

3　前項の規定による建物の賃貸借をしようとするときは、建物の賃貸人は、あらかじめ、建物の賃借人に対し、同項の規定による建物の賃貸借は契約の更新がなく、期間の満了により当該建物の賃貸借は終了することについて、その旨を記載した書面を交付して説明しなければならない。

4　建物の賃貸人は、前項の規定による書面の交付に代えて、政令で定めるところにより、建物の賃借人の承諾を得て、当該書面に記載すべき事項を電磁的方法（電子情報処理組織を使用する方法その他の情報通信の技術を利用する方法であって法務省令で定めるものをいう。）により提供することができる。この場合において、当該建物の賃貸人は、当該書面を交付したものとみなす。

5　建物の賃貸人が前項の規定による説明をしなかったときは、契約の更新がないこととする旨の定めは、無効とする。

6　第１項の規定による建物の賃貸借において、期間が１年以上である場合には、建物の賃貸人は、期間の満了の１年前から６月前までの間（以下この項において「通知期間」という。）に建物の賃借人に対し期間の満了により建物の賃貸借が終了する旨の通知をしなければ、その

第1章 借家

終了を建物の賃借人に対抗することができない。ただし、建物の賃貸人が通知期間の経過後建物の賃借人に対しその旨の通知をした場合においては、その通知の日から6月を経過した後は、この限りでない。

7　第1項の規定による居住の用に供する建物の賃貸借（床面積（建物の一部分を賃貸借の目的とする場合にあっては、当該一部分の床面積）が200平方メートル未満の建物に係るものに限る。）において、転勤、療養、親族の介護その他のやむを得ない事情により、建物の賃借人が建物を自己の生活の本拠として使用することが困難となったときは、建物の賃借人は、建物の賃貸借の解約の申入れをすることができる。この場合においては、建物の賃貸借は、解約の申入れの日から1月を経過することによって終了する。

8　前二項の規定に反する特約で建物の賃借人に不利なものは、無効とする。

9　第32条の規定は、第1項の規定による建物の賃貸借において、借賃の改定に係る特約がある場合には、適用しない。

No.283

意　義　建物賃貸借は、期間が満了しても、更新拒絶等の通知がなければ終了しません（26条1項。参照👍No. 193）。さらに、更新拒絶等の通知がなされても、正当事由がないと契約は更新（法定更新）します（28条、正当事由ルール。参照👍No. 201）。特約を付しても、30条（一方的強行規定）によって、正当事由ルールを排除することはできません（参照👍No. 225）。

これに対し本条は、30条を不適用とし、建物賃貸借において、契約の更新がないとの条項（特約）に効力を認める規定です（以下、契約の更新がないとの条項を、「更新否定条項」という）。本条に基づき、更新否定条項を定めた建物賃貸借を、定期建物賃貸借といいます（定期借家ともいわれる）。

定期建物賃貸借以外の賃貸借（普通建物賃貸借）は、期間が満了してもそれだけでは契約が当然には終了しないのに対し、定期建物賃貸借では、更新

296

拒絶等の通知があったか否か、正当事由があるか否かを問題にせず、期間が満了すれば、確定的に契約が終了します。

定期建物賃貸借は、更新されることがない契約です。明示的な更新がないだけではなく、黙示的に更新されることもありません（東京地判平成22.10.7）。

本条は、平成11年12月の法改正により定められた規定です。平成12年3月に施行されています。

成立要件 借地借家法は、建物賃貸借の継続性を保証し、賃借人保護を図る法律です。賃借権の存続保証は、借地借家法の重要な基本原則であって、更新がなく、期間満了により確定的に契約が終了する定期建物賃貸借は、法律の中では、例外的で特別な制度と位置づけられます。そのために定期建物賃貸借は、厳格な要件のもと、厳密な手続きが履践されてはじめて認められます。 No.284

定期建物賃貸借が成立するには、(1)書面または電磁的記録による契約（参照 No. 285、No. 286）、(2)期間の定め（参照 No. 287）、(3)更新否定条項（更新がないことの合意）（参照 No. 288）、(4)事前説明（更新がないことの説明）（参照 No. 289）が必要です。

【定期建物賃貸借の成立】

(1) **書面による契約**　No.285

民法においては、意思が合致すれば契約は成立します（諾成契約）。契約成立に書面は必ずしも必要がなく、口頭による契約もあり得ます。

これに対し、定期建物賃貸借は、書面によって契約しなければなりません。形式として書面を必要とするという意味において、要式行為です（要式性）*1。

第1章　借家

更新がない契約をする意思をもって契約を成立させても、書面によらなければ、定期建物賃貸借としての効力は認められません。書面によらずに賃貸借契約を締結した場合には、普通建物賃貸借として扱われます。

書面としては、条文上公正証書が例示されていますが、必ずしも公正証書でなくともかまいません。公正証書以外の書面による契約も可能です。実際に定期建物賃貸借が公正証書で行われることは少なく、通常、公正証書ではない書面により契約が締結されています。

＊1　要式行為とされているものとして、保証契約（民法446条2項）、遺言（同法967条）、手形行為（手形法1条、75条）がある。借地借家法上は、定期建物賃貸借契約のほか、22条（定期借地権、参照👍 No.161）、23条（事業用定期借地権等、参照👍 No.170）が契約に書面が求められ、要式行為とされている（23条（事業用定期借地権等）は公正証書）。

No.286(1の2) **書面による契約（デジタル社会形成整備法による法改正）**

定期建物賃貸借に関しても、デジタル社会に対応した新たな仕組みが求められます。そのため、デジタル社会形成整備法によって本条が改正され、新たに、建物の賃貸借の契約がその内容を記録した電磁的記録によってされたときは、その契約は、書面によってされたものとみなされるという2項が設けられました。定期建物賃貸借契約を文書の作成によって設定するほか、電磁的記録を用いて設定することができるようになりました。

No.287(2) **期間の定め**

定期建物賃貸借は、期間の定めのある賃貸借です。期間の定めがなければ、定期建物賃貸借にはなりません。

借地借家法は、建物賃貸借の期間について下限を設け、期間を1年未満とした場合、期間の定めがない賃貸借とみなしていますが（29条1項。参照👍 No. 222）、これに対し、定期建物賃貸借には29条1項は適用されません（38条1項後段）。

定期建物賃貸借では、期間を1年未満とすることができます。

定期建物賃貸借は、期間の観点からみると、①期間の定めを要する、②期間の定めに下限の制約がない、という2点において、普通建物賃貸借とは異なります。

(3) 更新否定条項（更新がないことの合意）

　定期建物賃貸借は、特約としての更新否定条項（更新しない旨の定め）の効力を肯定する制度として構成されており、定期建物賃貸借が成立するには、賃貸借契約時に、更新否定条項を定めることが必要です。

　更新否定条項は、定期建物賃貸借の核ですから、書面において、一義的に明示されていなければなりません。

　東京地判平成20.6.20は、更新否定条項の一義的な明示が否定された例です。『「定期借家制度に基づくものとする。」との条項が存在する一方、同時に契約更新に関する条項が存在し、契約書面上、契約の更新がない旨が一義的に明示されているとはいえないから、本件賃貸借契約について、借地借家法38条1項は適用されない』とされました。

　東京地判平成27.2.24では、「貸主側及び近隣との間に争議、紛争がない場合には次回の契約を速やかに継続締結する」との覚書が作成されていたケースにおいて、借地借家法38条2項の要件を満たしていたのかについては疑問があると指摘されています（ただし結論は更新否定条項の効力を認めている）。

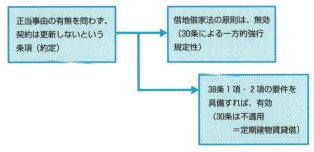
【定期建物賃貸借の法的構成】

(4) 事前説明（更新がないことの説明）

No.289　① **事前説明の必要性**

　賃貸人は、契約前にあらかじめ、賃借人に対し、更新がなく期間の満了により終了することについて、説明（事前説明）をしておく必要があります（3項）*3*4。説明の内容としては、一般的な建物賃貸借契約ではなく定期建物賃貸借契約であること、法定更新の制度および更新拒絶に正当事由を求める制度が排除されること、その結果、契約期間の満了によって確定的に建物賃貸借契約が終了することにつき、賃借人が理解できる程度の説明を行うことを要します（東京地判平成30.9.20）。口頭での説明を要するという判断もあります（東京地判令和5.2.28-2023WLJPCA02288008）。東京地判令和3.7.2-2021WLJPCA07028012では、ネパール人を賃借人とするネパール料理店の賃貸借において、『更新がない点で通常の建物賃貸借契約よりも不利益な内容であることを説明し、理解させることを要する』として、説明を行ったことが認められませんでした。

　事前説明がなされなかったときは、更新否定条項に効力はありません（5項）。更新否定条項が無効となった賃貸借は、定期建物賃貸借ではなく、普通建物賃貸借となります（東京地判平成29.3.27乙）。

　契約書に定期建物賃貸借との記載があっても、事前説明がなければ、定期建物賃貸借とは認められません（最判平成24.9.13、東京地判平成21.6.4、東京地判平成24.3.23）*5。

＊3　東京地判平成26.10.8甲では、事前説明についての錯誤が問題とされ、『十分な説明がされた以上賃借人の意思に関係なく要件は充足されるため錯誤は問題とならない』とされている。

＊4　定期建物賃貸借でも、賃借人の地位が承継されることがある。東京地判平成27.1.20では、賃借人の地位承継に際して事前説明が必要かどうかについて、『かかる契約の賃借人たる地位を承継したYに対して、新たに説明が必要であると解する法的根拠は見当たらない』とされている。

＊5　事前説明がなされていなかったけれども、定期建物賃貸借であることを否定する主張が信義則違反として認められなかった稀なケースとして、東京地判令和2.1.14がある。

② あらかじめ

No.290

　事前説明は、契約締結に時的に先立って、なされなければなりません。もっとも、時的に先立っていれば、同一の機会であっても差し支えはありません（東京地判平成24.3.23）。また、事前説明のための書面の交付と同時または近接した時期でならなければならないものとまではいえません（東京地判令和5.2.28-2023WLJPCA02288008）。実務上、説明の実施や説明書面の交付日が契約書上の契約始期よりも後になってしまい、事前説明があらかじめなされたのかどうか等が問題になることがありますが、東京地判令和3.12.23-2021WLJPCA12238046では、賃借人から、書面の交付・説明を受けた日付（平成29年4月11日）が、契約の始期（平成29年3月15日）より後であって、3項の「あらかじめ」との要件を満たさない旨の主張について、『賃貸借契約の締結時期について検討するに、建物賃貸借契約は諾成契約ではあるものの、一般論としてその締結に当たっては契約書を作成することが通常であり（特に、本件のように仲介業者が関与する場合は尚更である）……本件賃貸借契約の締結に当たっても契約書を作成することが想定されていたものと認めるのが相当であり、本件契約書の作成をもって本件賃貸借契約を締結したものと認めることが契約当事者の合理的意思に合致する』として、契約締結前に事前説明がなされていたと判断されています。

③ 書面交付

No.291

　事前説明には書面交付が必要です。書面を交付していなければ、事前説明をしたことにはなりません。

　事前説明のための書面が、契約書（調印前の契約条項の案文を記載した書面）とは別の書面である必要があるかどうかについても、問題になることがあります。最判平成24.9.13は、2項（注：現行法では3項）について次のとおり述べ、契約書とは別個独立の書面であることを要すると判断しました[*6]。

　『2項（注：現行法では3項）は、定期建物賃貸借に係る契約の締結に先立って、賃貸人において、契約書とは別個に、定期建物賃貸借は契約の

第1章 借家

更新がなく、期間の満了により終了することについて記載した書面を交付した上、その旨を説明すべきものとしたことが明らかである。そして、紛争の発生を未然に防止しようとする同項の趣旨を考慮すると、上記書面の交付を要するか否かについては、当該契約の締結に至る経緯、当該契約の内容についての賃借人の認識の有無及び程度等といった個別具体的事情を考慮することなく、形式的、画一的に取り扱うのが相当である。

したがって、法38条2項（注：現行法では3項）所定の書面は、賃借人が、当該契約に係る賃貸借は契約の更新がなく、期間の満了により終了すると認識しているか否かにかかわらず、契約書とは別個独立の書面であることを要するというべきである』。

＊6　最判平成24.9.13は、外国人向けの短期滞在型宿泊施設営業目的の建物賃貸借について、原審である東京高判平成22.3.16が契約書と別個独立の書面交付の必要性を否定していたところ、最高裁がこれを覆したものである。この判決以前、最高裁においては、別個独立の書面が必要との立場をとったかのような判断はあったが（最判平成22.7.16）、これを明示したものはなく、下級審においては、別個独立の書面が必要との立場をとった判決（東京地判平成23.5.24乙）と別個独立の書面は不要との立場をとった判決（東京地判平成19.11.29甲）に分かれていた。

No.292　**③の2　書面交付（デジタル社会形成整備法による法改正）**

定期建物賃貸借締結のための事前説明に関しても、デジタル社会に対応した新たな仕組みが必要とされます（デジタル社会に対応する法整備について、参照👍 No.162）。そのためデジタル社会形成整備法によって事前説明に関する条項も改正されました。建物の賃貸人は、書面の交付に代えて、政令で定めるところにより、建物の賃借人の承諾を得て、当該書面に記載すべき事項を電磁的方法（電子情報処理組織を使用する方法その他の情報通信の技術を利用する方法であって法務省令で定めるものをいう。）により提供することができ、この場合において、当該建物の賃貸人は、当該書面を交付したものとみなすとする4項が新設されました。

同項は、賃借人の承諾の方法について政令で定めるものとされていることから、借地借家法施行令が定められています。

借地借家法施行令

1 借地借家法第38条第4項の規定による承諾は、建物の賃貸人が、法務省令で定めるところにより、あらかじめ、当該承諾に係る建物の賃借人に対し同項の規定による電磁的方法による提供に用いる電磁的方法の種類及び内容を示した上で、当該建物の賃借人から書面又は電子情報処理組織を使用する方法その他の情報通信の技術を利用する方法であって法務省令*6の2で定めるもの（次項において「書面等」という。）によって得るものとする。

2 建物の賃貸人は、前項の承諾を得た場合であっても、当該承諾に係る建物の賃借人から書面等により借地借家法第38条第4項の規定による電磁的方法による提供を受けない旨の申出があったときは、当該電磁的方法による提供をしてはならない。ただし、当該申出の後に当該建物の賃借人から再び前項の承諾を得た場合は、この限りでない。

---

*6の2　借地借家法施行規則1条〜3条

④ 口頭で説明を行う必要性

No.293

3項は、賃貸人の事前説明について、「書面を交付して説明しなければならない」と定めています。この条文に関し、賃貸人の義務は、A.「書面交付＋口頭の説明」なのか、あるいはB. 必ずしも常に口頭の説明が必要とはいえないのかが、争われることがあります。

A.「書面交付＋口頭の説明」の考え方を採用した裁判例として、東京地判令和5.2.28-2023WLJPCA02288008があり、口頭での説明を要するとしたうえで『その内容は、単に契約の更新がなく期間満了により終了する旨の記載を読み上げるだけでは足りず、賃借人が理解してしかるべき程度

第1章 借家

の説明を行うことを要する』としています（同旨の裁判例として、東京地判平成24.3.23および東京地判平成18.1.23）。

他方、B. の考え方がとられることもあります。東京地判平成26.10.8甲では『ここにいう説明とは、口頭でも書面でも良いが、当該賃借人を基準として、十分理解させる程度のものであることが必要というべきである』、東京地判令和3.1.13-2021WLJPCA01136006では『契約の相手方となる個々の賃借人において、当該契約に更新がなく期間の満了により契約が確定的に終了するものであることを理解し得る程度に行われれば足り、事前説明書面の交付に加え常に口頭による説明をすることや現実に賃借人が理解したことまで求められるものではない』と述べられています[6の3][7][8]。

[6の3] 東京地判令和3.1.13については、渡辺晋「不動産判例100」158頁、日本加除出版で解説した。

[7] 東京地判平成26.10.8甲は、代理人である司法書士が契約締結に際して、賃借人の代理人として行動していた事例であった。『賃借人が建物賃貸借契約の締結に当たって代理人を依頼している場合には、その代理人を基準に上記説明の有無を判断することになる』とされている。

[8] 東京地判平成23.2.8も、対面での口頭による説明がなく更新否定条項の効力が肯定されている。ただし、このケースでは、電話を通じて説明がなされており、賃貸人が対面での説明を拒んでいたという事情があったようである。

No.294 **⑤ 宅地建物取引業者の仲介行為との関連**

多くの場合、賃貸借は、宅地建物取引業者（以下「宅建業者」という）の仲介によって成立します。定期建物賃貸借契約の締結に際しては、賃貸人に事前説明の義務が課されているとともに、賃貸借を仲介した宅建業者には、重要事項説明の義務が課されています（宅建業法35条）。この2つの義務の関係が問題となりますが、賃貸人の事前説明と、宅建業者の重要事項説明とは、別々の主体に課された異なる根拠に基づく義務であり、それぞれに法に定められた内容の説明義務があります。

すなわち、まず、義務の主体が違います。事前説明は賃貸人、重要事項

説明は仲介業者である宅建業者に課される義務です。次に、根拠法が異なります。事前説明は借地借家法、重要事項説明は宅建業法です。また、説明事項も異なります。事前説明は更新がないことの説明であるのに対し、重要事項説明は宅建業法により詳細に説明事項が決められています。東京地判令和2.3.18乙では、『事前説明は、建物の賃貸人に課せられた義務であり、宅地建物取引業者がなすべき重要事項説明をもって当然に代替されるものではない』と述べられています。

　もっとも、更新がないことの説明について、宅建業者が賃貸人の代理人ないし使者として行うことは禁じられていません。実務でも、宅建業者が、宅建業法上の重要事項説明を行い、これとあわせて賃貸人の代理人ないし使者として、更新がない旨の説明を行うことが、一般的です（不動産仲介業者の、更新がないことを説明する義務違反などが認められたケースとして、東京地判令和4.10.12-2022WLJPCA10128015、および東京地判令和6.1.29判タ1520号73頁）。

　定期建物賃貸借の事前説明のための書面と、宅建業法による重要事項説明とをひとつの書面で兼ねることができるかどうか、論じられることがありますが、まだこのことに直接に言及した裁判例はみられません。東京地判平成25.1.23甲では、宅建業者の重要事項説明のための書面について、『宅地建物取引業者としての説明ではなく、賃貸人であるXの代理人として同項所定の説明を行う旨の記載はなく、その記載内容に基づいて判断した場合、本件重要事項説明書は、Xが賃貸人として交付すべき同項所定の書面に該当するものとは認められない』として、定期建物賃貸借の事前説明の書面とは認められないと判断されています。

第1章 借家

【事前説明と重要事項説明】

	定期建物賃貸借の事前説明	宅建業法上の重要事項説明
義務の主体	賃貸人	仲介を行う宅建業者
根拠法	借地借家法	宅建業法
説明事項	更新がないこと	宅建業法により定められる事項

No.295 **建物譲渡特約付定期借地契約における利用**

借地権の設定後30年以上経過後に、土地上の建物を借地権者から借地権設定者に対し相当の対価で譲渡する旨の特約を定めた借地権が、建物譲渡特約付借地権です（24条1項。参照👍No.176）。

特約により借地権が消滅した場合に、建物使用者（借地権者・建物賃借人）が請求をしたときは、建物について、請求時に期間の定めのない賃貸借がなされたものとみなされますが（24条2項）、建物使用者（借地権者・建物賃借人）と借地権設定者との間でその建物につき定期建物賃貸借契約をしたときは、その定めに従います（24条3項）。

No.296 **終了通知**

(1) 終了通知の必要性

定期建物賃貸借の期間が1年以上のときには、賃貸人は、期間満了の1年前から6か月前までの間（通知期間）に、賃借人に対し、期間満了により賃貸借が終了する旨の通知（終了通知）をしなければなりません（6項本文）。

終了通知の目的は、賃借人に契約終了に関する注意を喚起し、かつ、代替物件を探すためなどに必要な期間を確保することです（東京地判平成21.3.19）。終了通知は、法律上書面でなくとも差し支えはありません。

期間が1年未満である場合は、通知は必要ありません[*1]。

賃貸人が終了通知をしなかった場合は、期間が満了しても、賃借人に対して賃貸借の終了を対抗できません。

もっとも、通知期間の経過後に通知をしたときには、その通知が到達した日から6か月を経過すれば、賃貸借終了を対抗できるものとされています（6項ただし書）。通知期間経過後に通知がなされ、通知到達後6か月経過後に賃貸借契約終了が対抗可能になったとされた事案として、東京地判平成20.12.24乙があります。

(2) 期間満了の後になされた通知

　終了通知が期間満了の後になされた場合の契約の帰趨については、①定期建物賃貸借は、期間満了によって確定的に終了する、②契約期間後に通知がなされたときは、通知から6か月の経過によって、賃借人に対して、契約終了を対抗することができるとされています（東京地判平成21.3.9、東京地判平成30.6.28、東京地判令和元.12.6甲）。

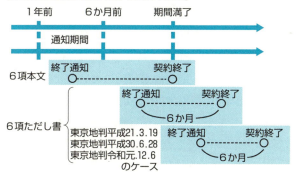

(3) 期間満了の後に通知がなされなかったケース

　一般には、通知時期が期間満了後でも、通知から6か月経過すれば契約終了が対抗可になりますが、期間満了の後に長期間通知がなされず、普通建物賃貸借があるのと同様な状況が生じた場合には、通知後の契約終了の主張が不可となることがあります。東京地判平成27.2.24では、定期建物賃貸借の契約期間満了が平成15年11月であり、その後も、賃借人が賃貸部分の占有を

継続して賃料の支払いを続け、賃貸人も明渡しを求めることなく再契約の具体的内容を示して、賃借の希望の有無を打診していたことなどから、『遅くとも平成16年11月ころまでに、本件賃貸部分について賃貸借契約（第2契約）が合意されたものと認めるのが相当である』『第2契約が書面により契約されたものではなく、第2契約について、契約の更新がなく、期間の満了により賃貸借が終了することを説明する書面も交付されていないのであるから、更新がなく、期間の満了により賃貸借が終了することの合意もされておらず、定期建物賃貸借契約についての借地借家法38条所定の要件を欠くものであって、いずれの点においても第2契約は普通建物賃貸借契約として合意されたものというべきである』とされています。

　また、東京地判平成29.11.22甲では、通知期間に終了通知がなされ、定期建物賃貸借は平成23年8月31日をもって期間満了により終了したとされながらも、その後、『平成26年5月8日までの間、賃借人の建物使用に対し、再契約についての交渉を試みるにとどまり、使用継続に対する異議を述べておらず』『本件定期借家契約の期間満了前における賃料等額と同額の賃料等の請求を平成23年9月以降も継続し、これを受領していた』という事案において、『借地借家法38条1項は、定期借家契約において、借地借家法26条に基づく更新がないこととする旨の定めを置くことができる旨を規定するにとどまり、民法619条に基づく新たな賃貸借契約の成立を排除していない。そして、定期借家契約の終了通知をした場合において、賃貸人がいつでも明渡請求できるとすることは、建物を使用継続する賃借人の地位をいたずらに不安定にするものであって、定期借家制度がそのような運用を予定しているとは解し難い。以上に照らし、期間満了後も賃借人が建物の使用を継続し、賃貸人も異議なく賃料を受領しているような場合には、黙示的に新たな普通建物賃貸借契約が締結されたものと解すべきである』として、『XとYの間では、黙示的に新たな普通賃貸借契約が締結されたものというべきである』として、定期建物賃貸借契約の終了後の使用継続などに基づいて、定期建物賃貸借の終了後に、これとは別の普通建物賃貸借が成立したことを認定しています[*2]

（なお、この東京地判平成29.11.22甲では定期借家契約でも民法619条の適用は廃除されないとしているが、これとは異なり、東京地判平成30.2.28乙、東京地判平成30.6.28では、定期借家契約への民法619条の適用を否定している）。

＊1　期間が1年のときにも、終了通知は必要である。
＊2　東京地判平成29.11.22については、渡辺晋「不動産判例100」162頁、日本加除出版で解説した。

効　果　　定期建物賃貸借には、明示的にも黙示的にも、更新がありません。東京地判平成22.10.7は『性質上、黙示の更新を認めることはできず、また、黙示の更新によって、同契約が普通建物賃貸借契約に転換することを肯定することはできない』と述べています。 No.299

ただ、更新がない点を除けば、民法および借地借家法による建物賃貸借のルールが適用になります。例えば、東京地判平成19.3.9では、定期建物賃貸借にも借地借家法32条が適用され、賃料増額請求権の行使がなされています。

居住用建物の解約申入れ　　居住用建物の定期建物賃貸借については、賃借人からの解約申入れが認められています（7項）。 No.300

賃借人からの解約申入れが認められる賃貸借は、

> ① 居住用
> ② 床面積が200㎡未満

の建物を対象とする賃貸借です。

このような建物の定期建物賃貸借では、転勤、療養、親族の介護その他のやむを得ない事情により、建物を自己の生活の本拠として使用することが困難となったときは、賃借人は、賃貸借の解約申入れをすることができます。

解約申入れがなされた場合、賃貸借は、解約申入れの日から1か月を経過することによって終了します。

第1章　借家

居住用建物の解約申入れがあったとされたケースが、東京地判平成20.9.25
です。

No.301
一方的強行規定　　　　６項（終了通知）および７項（居住用建物賃借人の解約申
入れ）については、一方的強行規定とされています（８項）
（一方的強行規定について、参照👉No.062）。建物の賃借人に有利な特約
は有効ですが、建物の賃借人に不利な特約は無効です。

　６項・７項に反し、建物の賃借人に不利な特約としては、①終了通知を不
要とする特約、②居住用建物の賃貸借で解約申入れの３か月後に賃貸借が終
了するとの特約などが考えられます。これらの特約を定めても、無効です。

　東京地判平成20.9.25では、居住用建物について、中途解約できないとす
る特約が、無効とされました。

　なお、賃借人に有利になる特約は無効にはなりません。例えば、賃借人は
事由のいかんを問わず期間内でもいつでも解約できるとする特約、賃借人の
解約申入れにより直ちに賃貸借は終了するという特約などは、有効です。

No.302
不増額特約と　　　　定期建物賃貸借において、不増額特約（賃料増額請求をし
不減額特約　　　　ない特約）・不減額特約（賃料減額請求をしない特約）が
ある場合には、32条の賃料増減額請求権に関する規定は適用されません（９
項）。普通建物賃貸借では、不増額特約は有効、不減額特約は無効ですが（参
照👉No.260）、定期建物賃貸借では、不増額特約と不減額特約のいずれも
効力が認められるわけです。

　不減額特約について、普通建物賃貸借と定期建物賃貸借とで扱いを異にす
るのは、普通建物賃貸借は、期間が満了しても、法定更新によって契約関係
が繰り返され、長期間継続することが想定されているのに対し、定期建物賃
貸借では、期間が満了すれば契約が終了するので、期間中の賃料の変動要因
を推測しやすく、賃料の変動を契約条項で約定しておくことが有用であり、
特に賃借人の利益を不当に害することもないからです。紛争の原因ともなり

がちである賃料の額について、契約時の合意で定めておいて、後日の紛争を避けておくことが可能になります。

　実際に、事業用の定期建物賃貸借を中心に、数多くの定期建物賃貸借において、賃料増減額請求をしない旨の特約が付されています[*1]。

【不増額特約と不減額特約】

	普通建物 賃貸借	定期建物 賃貸借
不増額特約		有 効
不減額特約	無効	

　不増額特約・不減額特約は、賃料の額を客観的かつ一義的に決定する合意であって、賃料増減額請求権の排除を是認し得るだけの明確さを備えたものでなければなりません。特約の明確さに関しては、賃料改定の協議条項との関係が問題になることがあります[*2]。協議条項の定めがあることによって、特約の効力が制限された事例（不増減額特約の効力を否定して賃料減額請求をすることができるとされたケース）として、東京地判平成21.6.1があり、協議条項の定めがあっても特約の効力が肯定された事例（不増減額特約の効力を肯定して賃料減額請求はできないとされたケース）として、東京地判平成23.3.29があります。

[*1]　東京地判平成27.6.9では、定期建物賃貸借における賃料不増減額特約の効力を肯定しつつも、賃料を増減額することが契約当事者間の衡平に資する等特段の事情がある場合があることを肯定している。『借地借家法38条7項（注：現行法では、9項）により同法32条1項の適用があらゆる場合においても排除されるわけではなく、経済情勢の大幅な変動等による貨幣価値の大幅な変動等定期建物賃貸借契約締結時において、契約当事者間において想定しえない事態が生じた場合であって、賃料を増減額することが契約当事者間の衡平に資する等特段の事情がある場合には、定期建物賃貸借契約であっても賃料の増減額を請求することができると解するのが相当である。』

[*2]　賃料改定の協議条項は、賃貸借当事者間の信義に基づき、できる限り訴訟によらずに当事者双方の意向を反映した結論に達することを目的とするものである。賃料改定の協議

第1章 借家

条項があったとしても、32条に基づく賃料増減額請求ができなくなるわけではない（最判昭和56.4.20）。

No.303 再契約　定期建物賃貸借は期間満了によって確定的に終了します。更新はありません。

もっとも、賃借人が契約終了後も建物の使用を望み、賃貸人がこれを了承するというのも、一般的です*1。

賃貸借が終了した後も賃借人が引き続き建物を使用するためには、新たな契約（再契約）を締結することになります。自由に締結し得ます。契約締結は当事者の自由ですから（契約自由の原則）、再契約の締結にも制約はありません（東京地判平成19.7.25）。

ただ、再契約は新たな賃貸借ですから、再契約を従来の賃貸借と同様に定期建物賃貸借とする場合には、書面を交付したうえでの説明、および書面による契約が必要になります。また、当事者の一方が契約終了後の建物の使用を望んでも、他方がこれを了承しなければ、再契約は成立しないのは当然です。再契約の締結を拒むことも自由であり、違法行為ではありません（東京地判平成22.3.29丙）。

契約書において、繰り返し再契約されることが当然であるかのごとく記載されている場合には、定期建物賃貸借であることが否定される可能性がないとはいえません。例えば、契約期間を「平成16年12月12日から平成19年12月11日までの3年間」としたうえで、「本契約は、上記期間の満了により終了し、更新がないが再契約可。再契約に合意する毎に、契約を7回する事が出来ること」との記載があった事案があります（東京地判平成21.7.28乙）。裁判所は『法38条2項（注：現行法では3項）が設けられた趣旨は、賃貸人に同条項の義務を履行させることにより、賃借人に意思決定のための十分な情報を提供し、賃借人が契約の更新がないことを十分に理解しないまま定期借家契約を締結することのないようにすることにあると解せられるところ、本件再契約の記載は、被告に7回もの再契約の期待を抱かせるものであって、

このような記載がある以上、賃借人に更新がないことを十分に理解させたことにはならず、賃貸人が法38条2項（注：現行法では3項）の義務を履行したとは認められないと解する余地もないではない』と述べています（その事案では、事前説明（38条2項（注：現行法では3項））の有無が争われ、結論としては、「契約の更新がないことの合意についての説明が不十分であったとは認め難い」とされ、事前説明は否定されなかった）。

なお、再契約後の賃貸借は、従前の賃貸借とは、別のものです。敷金や保証金は当然には引き継ぎませんし、従前の保証人について、再契約後の責任を負担させられるものではありません。敷金、保証金、保証人などについては、新たな手続きをする必要があります。

【更新と再契約】

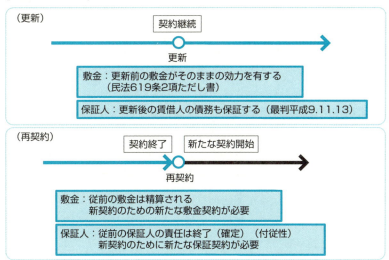

*1　定期賃貸住宅標準契約書（平成12年3月　旧建設省住宅局長・建設経済局長）は、14条1項で「甲（賃貸人）は、再契約の意向があるときは、第2条第3項に規定する通知（終了通知）の書面にその旨を付記するものとする」としたうえで、2条2項ただし書で「た

第 1 章　借家

だし、甲及び乙（賃借人）は、協議の上、本契約の期間の満了の日の翌日を始期とする新たな賃貸借契約をすることができる」と定めている。

No.304

切替え　従前、普通建物賃貸借であった契約の当事者が、その賃貸借を合意により終了させ、引き続き新たに同一の建物を目的とする定期建物賃貸借をすることが、普通建物賃貸借から定期建物賃貸借への切替えです。

　居住用ではない建物(事務所、店舗等の事業用建物)の賃貸借については、普通建物賃貸借から定期建物賃貸借への切替えが可能です（東京地判令和2.12.24-2020WLJPCA12248009、東京地判令和3.9.16-2021WLJPCA09168006）。

　これに対し、居住用建物では、定期建物賃貸借に関する条項の施行前（平成12年3月1日の前）になされた普通建物賃貸借に関して、普通建物賃貸借から定期建物賃貸借への切替えは、当分の間、認められないものとされています（良質な賃貸住宅等の供給の促進に関する特別措置法附則3条。切替えが認められなかったケースとして、東京地判令和3.10.15-2021WLJPCA1015 8014)[*1][*2][*3]。

　なお、居住用建物の賃貸借に関し、東京地判平成27.2.24では、『既に普通建物賃貸借が継続している賃貸人と賃借人との間で、定期建物賃貸借の合意をするためには、賃貸人は、賃借人に対し、普通建物賃貸借を更新するのではなく、これを終了させ、賃貸借の期間が満了した場合には、更新がない点でより不利益な内容となる定期建物賃貸借契約を合意することの説明をしてその旨の認識をさせた上で、契約を締結することを要するものと解するのが相当である』と判示しています。

314

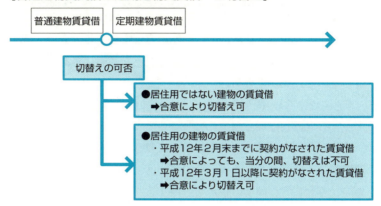

*1 東京地判平成26.11.20は、従来普通建物賃貸借として賃借していた旧建物から、建替えのため、新建物（旧建物の向かい側にある建物）に引っ越して建物賃貸借の契約を締結するに際し、新建物の賃貸借が定期建物賃貸借となるかどうかについて『経済的条件を欠いている』などとして、これを否定した。

*2 良質な賃貸住宅等の供給の促進に関する特別措置法附則3条は、「第5条の規定の施行前にされた居住の用に供する建物の賃貸借（旧法第38条第1項の規定による賃貸借を除く。）の当事者が、その賃貸借を合意により終了させ、引き続き新たに同一の建物を目的とする賃貸借をする場合には、当分の間、第5条の規定による改正後の借地借家法第38条の規定は、適用しない」と定めている。

*3 定期建物賃貸借に関しては、良質な賃貸住宅等の供給の促進に関する特別措置法の制定時に「国は、この法律の施行後4年を目途として、居住の用に供する建物の賃貸借の在り方について見直しを行うとともに、この法律の施行の状況について検討を加え、その結果に基づいて必要な措置を講ずるものとする」と決議されている（同法附則4条）。

第1章 借家

> **第39条**（取壊し予定の建物の賃貸借）
>
> 1　法令又は契約により一定の期間を経過した後に建物を取り壊すべきことが明らかな場合において、建物の賃貸借をするときは、第30条の規定にかかわらず、建物を取り壊すこととなる時に賃貸借が終了する旨を定めることができる。
> 2　前項の特約は、同項の建物を取り壊すべき事由を記載した書面によってしなければならない。
> 3　第1項の特約がその内容及び前項に規定する事由を記録した電磁的記録によってされたときは、その特約は、同項の書面によってされたものとみなして、同項の規定を適用する。

No.305

意　義　都市計画法や土地区画整理法による事業の実施、定期借地権の期間満了にともなう借地返還の必要などによって、近い将来、確実に建物を取り壊さなければならないケースがあります。近い将来確実に建物を取り壊さなければならないときでも、取壊しまでの間、建物を賃貸できることは、当然です。

　しかし、取壊し予定の建物を賃貸したときでも、期間満了にあたって正当事由ルールによって法定更新になると、建物賃貸借は終了しません。建物取壊しを延期せざるを得なくなります。

　建物所有者がこのような事態を慮り、建物の取壊しを確実に予定どおり実施しようとすれば、賃貸を躊躇することにもなりかねません。しかし、取壊しまでの期間とはいえ、建物が利用されないことは、建物所有者にとって不利益であり、社会的な損失でもあります。

　そこで、法令・契約により一定の期間経過後に建物を取り壊すべきことが明らかな場合に、建物取壊しの時に賃貸借が終了する旨の特約を定めることができることとしました。本条は、借地借家法制定に際し、新たに設けられた規定です[*1]。

316

*1　平成11年12月の法改正により定期建物賃貸借に関する38条が設けられた（参照 No. 283）。本条の想定するケースは38条により対応が可能であり、現在では、借地借家法制定当時と比較し、本条の意義は小さくなっている。ただ、38条が期間満了を確定期限に限定しているのに対し、本条は不確定期限であっても、利用できるという点において、38条との関係においても独自性をもっている（40条の一時使用賃貸借が、38条によってほとんど意味がなくなっているのに対し、本条には、実際上の存在意義がある）。

要件と適用範囲

(1) 要件

No.306

本条適用の要件は、法令・契約によって、一定期間を経過した後に建物を取り壊すべきことが明らかな場合であること、および建物を取り壊すこととなる時に賃貸借が終了する旨を特約することです。建物の用途は問われません。

一定期間経過後の時点は、確定している必要はなく、不確定であっても、かまいません。もっとも、法令・契約によって、客観的におおよその期間が示されている必要はあります。

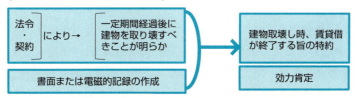

【取壊し予定の建物の賃貸借】

特約は、建物を取り壊すべき事由を記載した書面でなされることを要します（2項）。通常は賃貸借自体を書面で行うことが想定されますが、法律上は、書面が求められるのは、賃貸借そのものではなく、特約です。

書面は、公正証書でなくとも差し支えありません。

書面には、建物を取り壊すべき事由の記載が必要です。東京地判平成18.7.11では、契約書には建物を取り壊すべき事由の記載がなく、契約書のほかに建物を取り壊すべき事由を記載した書面がないとして、取壊し予定の建物の賃貸借であることが否定されています。

第 1 章　借家

No.307（1の2）　**要件（デジタル社会形成整備法による法改正）**
　取壊し予定建物の賃貸借の成立要件に関しても、デジタル社会に対応させる必要があります（デジタル社会に対応する法整備について、参照👉 **No. 162**）。そのため、デジタル社会形成整備法によって、取壊し予定建物の賃貸借の成立要件に関する3項が定められました。特約がその内容および建物を取り壊すべき事由を記録した電磁的記録によってされたときは、その特約は、書面によってされたものとみなされます。取壊し予定建物の賃貸借の成立に関しても、一般定期借地権や定期建物賃貸借と同様に、条文上ペーパーレス化が実現しています。

No.308（2）　**適用範囲**
　本条が適用されるのは、①法令により一定の期間を経過した後に建物を取り壊すべきことが明らかな場合、および、②契約により一定の期間を経過した後に建物を取り壊すべきことが明らかな場合です。
　① **法令により一定の期間を経過した後に建物を取り壊すべきことが明らかな場合**
　　土地区画整理法に基づく仮換地に伴う建物の除却（土地区画整理法77条）、換地処分による敷地所有権の移転（同法104条）、土地収用法に基づく建物敷地の収用・使用、物件の移転（土地収用法2条、102条）、都市再開発法に基づく権利変換処分による敷地所有権の移転（都市再開発法87条）などが、これに該当します。
　　東京地判平成18.8.25では、都心のターミナル駅前の再開発事業において、「駅前再開発事業に基づく権利変換認可決定があった場合は、そのときに本件賃貸借契約は終了するものとする」との特約がある事案について、取壊し予定建物の賃貸借であることが肯定されています。
　② **契約により一定の期間を経過した後に建物を取り壊すべきことが明らかな場合**
　　まず、一般定期借地権（22条。参照👉 **No. 157**）、および事業用定期借

地権（23条。参照👍No.166）は、借地契約が終了した後、借地契約が更新せず、借地上の建物が取り壊され、借地が借地権設定者に返還される契約であり、借地契約によって、契約期間満了時に建物取壊しが明らかな場合にあたります[*1]。

　次に、借地権設定者と借地権者が借地契約を合意解除した後、借地上建物について、借地契約の合意解除を前提にして、借地権者が賃貸借契約を締結するケースも、本条に該当します[*2]。

　借地権設定者が借地を売却し、買主との間で借地上の建物を取り壊したうえで土地を明け渡すことが取り決められ、かつ、建物取壊し・土地明渡しまでにある程度の期間があるときには、その間、建物の賃貸をすることも考えられます。この場合も、本条の対象です。

　和解契約によって土地明渡しを決めたケースも、本条の対象です。

　裁判所の判決・決定・審判・調停・和解による場合は、私人間の契約ではないけれども、私人間の契約以上に拘束力があるので、本条が適用できると考えられます。

[*1]　定期借地権のうち、建物譲渡特約付借地権（24条。参照👍No.174）は、譲渡後も建物が存在することが前提の規定であって、本条には該当しない。

[*2]　借地契約が債務不履行によって契約解除となった後、建物の賃借人が、債務不履行解除を知って、借地上の建物を借りるケースも、本条の対象となるとされている。

効　果　本条の効果は、建物取壊しの時に賃貸借が終了する旨の特約の有効性が認められることです。 No.309

　本来、一定の時点で賃貸借が必ず終了するという特約は、法定更新と正当事由ルールに反して賃借人に不利になるので、30条によって効力が否定されるところ（参照👍No.225）、取壊し予定建物の活用を図るという目的にかんがみ、本条が、特約の効力を認めているわけです。

　一時使用の賃貸借（40条。参照👍No.310）が26条から39条の規定の適

319

第1章 借家

用をすべて排除しているのと比較すると、本条の賃貸借は、これらの規定の適用を肯定しながら、建物取壊しの時に賃貸借が終了する旨の特約の効力だけを認めており、一時使用のための賃貸借と比べて、賃借人を比較的厚く保護するものとなっています。

なお、取壊し予定の建物でも、賃貸借契約終了後その占有を継続する賃借人は、賃貸人に対し、賃料相当損害金の賠償義務を免れません（東京高判昭和62.6.29）。

【取壊し予定建物の賃貸借と一時使用のための賃貸借】

取壊し予定建物の賃貸借	39条	建物取壊しの時に賃貸借が終了する旨の特約の効力だけを認める
一時使用のための賃貸借	40条	26条から39条の規定の適用をすべて排除

第40条（一時使用目的の建物の賃貸借）

この章の規定は、一時使用のために建物の賃貸借をしたことが明らか
な場合には、適用しない。

意　義

借地借家法は、26条から39条に、建物賃貸借に関し、存続 No.310
期間を確保し、あるいは対抗力を具備させるなど、賃借人
保護の規定をおいています。

しかし、期間が限定されるイベントのための賃貸借、建物増改築のための
仮住居・仮店舗としての賃貸借など、これら賃借人保護の規定を適用するこ
とが、現実的な利用の実態に反する場合もあります。

そのため、本条は、一時使用目的の建物賃貸借について、その特質に応じ
て、26条から39条の適用を排除することを定めました。本条は、旧借家法8
条の規定を引き継ぐ規定です[1]。

---

[1]　平成11年12月の法改正により定期建物賃貸借に関する38条が設けられ、現在では本条
の適用が想定されるケースの大部分は38条によってカバーされている（参照 No. 283）。
38条が更新否定条項の効力を認める構成となっているのに対し、本条が26条から39条の適
用を排除する構成となっているという違いがあるため、26条から39条の適用排除を意図す
る場合には、本条の一時使用目的の建物の賃貸借を利用することになるが、38条が設けら
れたことによって、実質的には、本条はほとんど存続意義を失っている。

適用範囲

本条が適用されるのは、建物の賃貸借であって、一時使用 No.311
のための賃貸借であることが明らかな場合です（以下、本
条に基づく賃貸借を、「一時使用賃貸借」という）。建物の賃貸借に該当しな
い場合には、一時使用か否かを論ずるまでもなく、借地借家法の適用は排除
されます。

本条は、借地借家法の条項の適用を排除するという例外的な扱いを認める
規定です。例外が広く認められすぎると、賃借人保護を目的とする法の趣旨

第3編　借家の法制度（第40条）

321

が損なわれてしまいます。そのため、本条の一時使用賃貸借に該当するか否かは、限定的に解釈されることになります。

まず、一時使用賃貸借と認められるためには、賃貸借の目的・動機その他諸般の事情から、客観的に、賃貸借契約を短期間内に限り存続させる趣旨のものでなければなりません（最判昭和36.10.10、東京地判平成18.12.26）。

当事者間で一時使用の合意が成立したり、あるいは、契約書に一時使用の文言が記載されたりしているというだけでは足りず（東京地判昭和55.2.12、東京地判平成元.8.28判タ726号178頁）、例外的に法の適用を排除すべき合理的な理由が必要です（東京地判平成5.7.20）。

大阪高判平成3.12.10は、『該賃貸借が一時使用を目的としたものであると認められるためには、当事者が該賃貸借を短期間に限って存続させる旨の合意が立証されただけでは足りず、該契約が締結された客観的な事情から、同契約を一時使用のためのものである（すなわち、借家法の関係規定の適用を排除するだけの合理性のあること）と評価してよいことを基礎づける具体的事実が立証されることが必要と解すべきである』と判示しています。

当事者の意思も考慮の対象ではありますが、期間満了時には無条件で立ち退く旨の特約条項が記載され、これを確認する趣旨の誓約書も提出されている事案（東京高判平成5.1.21）、および、「本件建物はT駅前都市計画実施の際には収去すべきものであることを相互に確認し、Xは右都市計画実施に至るまでの間各賃借店舗を賃貸するものとし、Yは右条件の下にこれを賃借する」旨の特約が付されていた事案（東京地判平成4.5.29）において、いずれも一時使用賃貸借であることが否定されています。

たとえ裁判上の和解によって一時使用とされていても、借地借家法の適用を排除すべき客観的かつ合理的な理由がなければ、一時使用賃貸借とは認められません（東京地判平成5.7.20）。

次に、賃貸借期間は、一時使用ですから、短期間であることを要します（大阪高判平成3.12.10）。もっとも、一時使用か否かは、単にその期間の長さだけで決定されるわけではなく、契約の趣旨、賃貸借の動機、建物利用の目的・

態様、建物の種類・構造、その他諸般の事情も斟酌されます。1年未満でなければならないというような、具体的な期間の限定もありません（最判昭和36.10.10）。契約から解約まで6年半以上経過していても、一時使用と認められたケースもあります（最判昭和41.10.27）。

　敷金などの契約条件が一時使用の判断に考慮されることもあります。東京地判平成22.9.29乙では、契約期間を5年とした店舗の賃貸借において、『XとY間の賃貸借契約に敷金が設けられていないことも、その賃貸借期間等からして、契約の更新がないことが前提となっていなければ、あまりにYに有利な契約となってしまい不自然である』として、一時使用賃貸借が肯定されました。

　なお、一時使用賃貸借は、書面によって契約をすることは、必ずしも必要とされていません。書面によらずに一時使用賃貸借の契約をすることも、可能です。

効　果
　一時使用賃貸借には、26条から39条の規定は適用されません。その結果、賃貸借に民法の一般原則がそのまま適用され、建物の賃借人も、借地借家法の契約の存続や対抗要件などの保護を受けないことになります。 No.312

裁判例
　以下、本条の適用が肯定された裁判例と否定された裁判例を紹介します。

【一時使用賃貸借であることが、肯定された裁判例】 No.313

最判昭和41.10.27	解約申入れまで6年半 貸主たる公務員が通勤し得る地に転勤してくるまでの期間
東京地判平成2.12.25	中央区銀座のビル1階の焼き鳥屋
横浜地判平成4.5.8	期間4年、貸主の転勤の間の住居

東京地判平成8.9.26判時1605号76頁	パチンコ店舗・事務所・従業員の社員寮
東京地判平成10.7.15	時計宝飾等のディスカウント店舗
東京地判平成13.3.23	渋谷区神宮前 ブランドショップ店舗
東京地判平成18.12.26	港区南青山再開発事業 建物が第三者に占有されることを阻止するための賃貸借
東京地判平成22.9.29乙	飲食および絵画展示販売店舗 定期建物賃貸借であることも否定
東京地判平成28.10.18	Y（もと妻）が無職で経済的信用がなく、自身では居住用建物を賃借することが困難であったところ、X自ら居住用建物を賃借することを選択し、Yが稼働して収入を得るまでの間、子の福祉も考慮して、2年間に限って被告に転貸することとしたという経緯のもとでの転貸借
東京地判平成31.1.17	レンタルオフィス 1か月単位の利用料請求書を発行し、入金確認後に、使用期間が1か月間に限定されたカードキーを発行していた

No.314 **【一時使用賃貸借であることが、否定された裁判例】**

大阪高判平成3.12.10	鍼灸治療院の営業
東京高判平成5.1.21	期間2年、老朽化した木造2階建アパートの1室の賃貸借
大阪地判昭和53.1.25判時897号85頁	木工機械販売店舗兼住居
東京地判平成元.8.28判タ726号178頁	運送事業のためのプレハブ建物建築、正当事由は肯定
東京地判平成3.7.25	コンピュータ室事務所 立退料支払条件の正当事由肯定

東京地判平成3.7.31乙	料亭 使用目的違反での解除を肯定
東京地判平成4.5.29	私鉄駅前の都市再開発事業の区域内の店舗
名古屋地判平成4.9.9	期間1年、パチンコ店舗
東京地判平成5.7.20	不動産会社 正当事由肯定（無条件肯定）
東京地判平成27.9.29丙	スーツ店店舗営業、正当事由も否定
東京地判令和4.4.27乙- 2022WLJPCA04278006	洋服販売店舗、正当事由は立退料と引換えで肯定
盛岡地判令和5.7.21-2023 WLJPCA07216007	菓子製造工場、増改築がなされていたが黙示の承諾が推認

第4編

借地非訟の制度

第1章
借地条件の変更等の裁判手続

第41条（管轄裁判所）

第17条第1項、第2項若しくは第5項（第18条第3項において準用する場合を含む。）、第18条第1項、第19条第1項（同条第7項において準用する場合を含む。）若しくは第3項（同条第7項及び第20条第2項（同条第5項において準用する場合を含む。）において準用する場合を含む。）又は第20条第1項（同条第5項において準用する場合を含む。）に規定する事件は、借地権の目的である土地の所在地を管轄する地方裁判所が管轄する。ただし、当事者の合意があるときは、その所在地を管轄する簡易裁判所が管轄することを妨げない。

第42条（非訟事件手続法の適用除外及び最高裁判所規則）

1　前条の事件については、非訟事件手続法（平成23年法律第51号）第27条、第40条、第42条の2及び第63条第1項後段の規定は、適用しない。
2　この法律に定めるもののほか、前条の事件に関し必要な事項は、最高裁判所規則で定める。

No.315　借地に関する争いは、生活や営業に直接かかわるものであり、しかも、継続的な関係の中で発生します。私人の権利義務は最終的には訴訟で解決しますが、訴訟になると、柔軟性を欠き、時間がかかるという側面があることも、否定できません。

　そこで、借地借家法は、借地に関する争いについて、通常の民事訴訟手続のように単に権利の存否によって勝敗を決するのではなく、具体的妥当性があり、柔軟で迅速な解決を図るための、借地非訟手続という仕組みを採用しました。借地非訟手続は、昭和41年の旧借地法改正によって取り入れられた手続きであり、借地借家法における借地非訟手続も、旧借地法を引き継いでいます[*1]。

借地非訟手続の対象となる事件は、17条から20条で規定されています。

【借地非訟手続の対象となる事件】

17条	借地条件の変更および増改築の許可	17条1項・5項（借地条件の変更申立て） 17条2項・5項（増改築の許可申立て）
18条	借地契約の更新後の建物の再築の許可	18条1項（借地契約の更新後の再築許可申立て）
19条	土地の賃借権の譲渡・転貸の許可	19条1項・7項（土地の賃借権の譲渡・転貸の許可申立て） 19条3項・5項、20条2項・5項（借地権設定者の建物・土地賃借権の譲受けの許可申立て）
20条	建物競売等の場合における土地の賃借権の譲渡の許可	20条1項・5項（競売・公売に伴う土地賃借権の譲受けの許可申立て）

借地非訟手続には、非訟事件手続法が適用されます。41条は、借地非訟手続における管轄を定めています。管轄とは、各裁判所間の事件分担の定めのことです。申立書をどこの裁判所に提出したらよいか、どこの裁判所に判断してもらうのかに関するルールが管轄です。借地非訟手続では、原則として、借地権の目的である土地の所在地を管轄する地方裁判所が管轄することになります（41条本文）。

ただし、例外的に、当事者の合意があるときは、その所在地を管轄する簡易裁判所も、管轄があるものとされています（41条ただし書）。管轄の合意があれば、どちらの裁判所にも管轄があることになります。

42条は、非訟事件手続法のうち、借地非訟手続に不適用の条文を列挙しました。27条（手続費用の立替え）、40条（検察官の関与）、63条1項後段（申立ての取下げ）は、借地非訟手続には適用されません。

＊1　借地非訟手続は、借地契約に関して民事訴訟を補完する手続きである。建物の賃貸借については、借地借家法に民事訴訟とは異なる手続きについての定めはない。

第1章　借地条件の変更等の裁判手続

第43条（強制参加）

1　裁判所は、当事者の申立てにより、当事者となる資格を有する者を第41条の事件の手続に参加させることができる。
2　前項の申立ては、その趣旨及び理由を記載した書面でしなければならない。
3　第１項の申立てを却下する裁判に対しては、即時抗告をすることができる。

第44条（手続代理人の資格）

1　法令により裁判上の行為をすることができる代理人のほか、弁護士でなければ手続代理人となることができない。ただし、簡易裁判所においては、その許可を得て、弁護士でない者を手続代理人とすることができる。
2　前項ただし書の許可は、いつでも取り消すことができる。

第45条（手続代理人の代理権の範囲）

1　手続代理人は、委任を受けた事件について、非訟事件手続法第23条第１項に定める事項のほか、第19条第３項（同条第７項及び第20条第２項（同条第５項において準用する場合を含む。）において準用する場合を含む。次項において同じ。）の申立てに関する手続行為（次項に規定するものを除く。）をすることができる。
2　手続代理人は、非訟事件手続法第23条第２項各号に掲げる事項のほか、第19条第３項の申立てについては、特別の委任を受けなければならない。

> **第46条**（事件の記録の閲覧等）
> 1　当事者及び利害関係を疎明した第三者は、裁判所書記官に対し、第41条の事件の記録の閲覧若しくは謄写、その正本、謄本若しくは抄本の交付又は同条の事件に関する事項の証明書の交付を請求することができる。
> 2　民事訴訟法（平成8年法律109号）第91条第4項及び第5項の規定は、前項の記録について準用する。

　法律上の権利義務の存否は、裁判所の判断によって最終的に決められます。 No.316 十分な法的素養を備えていない者が代理人となって裁判手続が進められるならば、一般の人々に不当な不利益が及ぶおそれがあります。いわゆる事件屋の介入は防止しなければなりません。このような要請から定められている規定が、弁護士法72条、民事訴訟法54条、非訟事件手続法22条です。借地借家法44条1項も、同様の趣旨で設けられた規定です。原則的には、弁護士でなければ、手続きにおける代理人となることはできません。

　もっとも、借地非訟手続では、争いの対象となる金額が小さく、柔軟な対応が望ましいケースもあります。そこで44条1項ただし書によって、簡易裁判所においては、許可があれば、弁護士でない者も、代理人となることができるものとしています。

【代理人の資格】

非訟事件手続の代理人（手続代理人）の資格	法令により裁判上の行為をすることができる代理人、または弁護士に限られる（44条1項本文）
簡易裁判所における特則	許可を得て、弁護士でない者を手続代理人とすることができる（44条1項ただし書）

　46条は、事件記録の閲覧等に関する定めです。非訟事件手続法上は、裁判所の許可を得なければ閲覧等の請求はできませんが（非訟事件手続法32条1項）、借地非訟手続は争訟性が高く、攻撃防御の機会を保証するため、閲覧等に裁判所の許可は不要とするべきです。そこで、当事者および利害関係を疎明した者であれば、閲覧等を認めるものとしています[*1]。

第1章　借地条件の変更等の裁判手続

＊1　民事訴訟では、口頭弁論の公開主義を徹底するため、何人も訴訟記録の閲覧等が可能となっている（民事訴訟法91条1項）。しかし、借地非訟手続では、閲覧等を認める趣旨は、当事者および利害関係のある者の攻撃防御の機会を保障するものであり、民事訴訟とは規定の仕方が異なっている。

第47条（鑑定委員会）

1　鑑定委員会は、3人以上の委員で組織する。

2　鑑定委員は、次に掲げる者の中から、事件ごとに、裁判所が指定する。ただし、特に必要があるときは、それ以外の者の中から指定することを妨げない。

一　地方裁判所が特別の知識経験を有する者その他適当な者の中から毎年あらかじめ選任した者

二　当事者が合意によって選定した者

3　鑑定委員には、最高裁判所規則で定める旅費、日当及び宿泊料を支給する。

No.317　借地非訟手続では、多くの規定において、裁判所が判断を下すために、鑑定委員会の意見の事前聴取が必要とされています（借地借家法17条1項・6項、18条1項・3項、19条1項・6項、20条1項・2項、17条5項、19条7項）。借地非訟手続の解決には専門性が求められることから、実際上、多くの場合に、鑑定委員の意見が尊重されています＊1。

　1項は、鑑定委員会を3人以上の委員で組織することを定めました。

　2項は、鑑定委員は、原則として、地方裁判所が、特別の知識経験を有する者その他適当な者の中から毎年あらかじめ選任した者、あるいは当事者が合意によって選定した者から指定するものとしました。東京地方裁判所では、通常、弁護士、不動産鑑定士、一級建築士の資格を有する者を含む良識者の各1名で構成されています。

鑑定委員会	3人以上の委員で組織する（47条1項）。通常、弁護士、不動産鑑定士、一級建築士の資格を有する者を含む良識者の各1名で構成されている

*1 借地非訟手続は、本来、当事者の意思に基づいて解決されるべき性質をもつものなので、鑑定委員会の意見が提出された後、和解が試みられることも一般的である。

第48条（手続の中止）

　裁判所は、借地権の目的である土地に関する権利関係について訴訟その他の事件が係属するときは、その事件が終了するまで、第41条の事件の手続を中止することができる。

第49条（不適法な申立ての却下）

　申立てが不適法でその不備を補正することができないときは、裁判所は、審問期日を経ないで、申立てを却下することができる。

第50条（申立書の送達）

1　裁判所は、前条の場合を除き、第41条の事件の申立書を相手方に送達しなければならない。
2　非訟事件手続法第43条第４項から第６項までの規定は、申立書の送達をすることができない場合（申立書の送達に必要な費用を予納しない場合を含む。）について準用する。

第51条（審問期日）

1　裁判所は、審問期日を開き、当事者の陳述を聴かなければならない。
2　当事者は、他の当事者の審問に立ち会うことができる。

第４編　借地非訟の制度（第47条〜第51条）

第1章　借地条件の変更等の裁判手続

第52条（呼出費用の予納がない場合の申立ての却下）

　裁判所は、民事訴訟費用等に関する法律（昭和46年法律第40号）の規定に従い当事者に対する期日の呼出しに必要な費用の予納を相当の期間を定めて申立人に命じた場合において、その予納がないときは、申立てを却下することができる。

第53条（事実の調査の通知）

　裁判所は、事実の調査をしたときは、特に必要がないと認める場合を除き、その旨を当事者及び利害関係参加人に通知しなければならない。

第54条（審理の終結）

　裁判所は、審理を終結するときは、審問期日においてその旨を宣言しなければならない。

No.318　　非訟事件においては、一般的にみれば、審問期日を開くかどうか、審問期日に当事者の陳述を聴くかどうかは、裁判所の裁量にゆだねられています。これは、非訟事件が、当事者の権利義務の存否を最終的に判断する手続きではなく、裁判所が後見的に当事者の法律関係についての処理を行うものであるという理由に基づきます。

　これに対して、借地非訟手続で審理される事項は、当事者間に利害関係が対立する事案であって、公平性が求められます。そこで、51条は、借地非訟手続にあっても、民事訴訟手続と同様の対審構造を採用し、必ず審問期日を開いて当事者の陳述を聴き、また当事者には審問に立ち会う機会を与えることとしました。

　他方、民事訴訟では、当事者の提出する主張と証拠に基づいて手続きを進行する弁論主義が採られています。事実認定は、当事者が申し出た証拠に基づき、判断しなければなりません。これに対し、非訟事件（借地非訟事件）に関しては、柔軟にして早期の解決を図る必要があるため、職権で事実の探知をし、かつ、職権でまたは申立てにより、必要と認める証拠調べをしなけ

334

ればなりません（職権探知主義）（非訟事件手続法49条１項）。

【民事訴訟手続と借地非訟手続】

民事訴訟手続	●対審構造 必ず審問期日を開いて当事者の陳述を聴き、また当事者には審問に立ち会う機会を与える（51条）	●弁論主義 当事者の提出する主張と証拠に基づいて手続きを進行する。事実認定は、当事者が申し出た証拠に基づき、判断しなければならない
借地非訟手続		●職権探知主義 柔軟にして早期の解決を図る必要があるため、職権で事実の探知をし、かつ、職権でまたは申立てにより、必要と認める証拠調べをしなければならない（非訟事件手続法49条１項）

　裁判所は、事実の調査をしたときは、特に必要がないと認める場合を除き、その旨を当事者および利害関係参加人に通知する必要があります（53条）。また、審理を終結するときは、審問期日においてその旨を宣言しなければなりません（54条）。

第55条（裁判書の送達及び効力の発生）

１　第17条第１項から第３項まで若しくは第５項（第18条第３項において準用する場合を含む。）、第18条第１項、第19条第１項（同条第７項において準用する場合を含む。）若しくは第３項（同条第７項及び第20条第２項（同条第５項において準用する場合を含む。）において準用する場合を含む。）又は第20条第１項（同条第５項において準用する場合を含む。）の規定による裁判があったときは、その裁判書を当事者に送達しなければならない。

２　前項の裁判は、確定しなければその効力を生じない。

第56条（理由の付記）

　前条第１項の裁判には、理由を付さなければならない。

第1章 借地条件の変更等の裁判手続

第57条 （裁判の効力が及ぶ者の範囲）

第55条第1項の裁判は、当事者又は最終の審問期日の後裁判の確定前の承継人に対し、その効力を有する。

第58条 （給付を命ずる裁判の効力）

第17条第3項若しくは第5項（第18条第3項において準用する場合を含む。）、第18条第1項、第19条第3項（同条第7項及び第20条第2項（同条第5項において準用する場合を含む。）において準用する場合を含む。）又は第20条第1項（同条第5項において準用する場合を含む。）の規定による裁判で給付を命ずるものは、強制執行に関しては、裁判上の和解と同一の効力を有する。

第59条 （譲渡又は転貸の許可の裁判の失効）

第19条第1項（同条第7項において準用する場合を含む。）の規定による裁判は、その効力を生じた後6月以内に借地権者が建物の譲渡をしないときは、その効力を失う。ただし、この期間は、その裁判において伸長し、又は短縮することができる。

第60条 （第一審の手続の規定の準用）

第49条、第50条及び第52条の規定は、第55条第1項の裁判に対する即時抗告があった場合について準用する。

第61条 （当事者に対する住所、氏名等の秘匿）

第41条の事件の手続における申立てその他の申述については、民事訴訟法第1編第8章の規定を準用する。この場合において、同法第133条第1項中「当事者」とあるのは「当事者又は利害関係参加人（非訟事件手続法（平成23年法律第51号）第21条第5項に規定する利害関係参加人をいう。第133条の4第1項、第2項及び第7項において同じ。）」と、

同法第133条の2第2項中「訴訟記録等（訴訟記録又は第132条の4第1項の処分の申立てに係る事件の記録をいう。第133条の4第1項及び第2項において同じ。）」とあるのは「借地借家法第41条の事件の記録」と、同法第133条の4第1項中「者は、訴訟記録等」とあるのは「当事者若しくは利害関係参加人又は利害関係を疎明した第三者は、借地借家法第41条の事件の記録」と、同条第2項中「当事者」とあるのは「当事者又は利害関係参加人」と、「訴訟記録等」とあるのは「借地借家法第41条の事件の記録」と、同条第7項中「当事者」とあるのは「当事者若しくは利害関係参加人」と読み替えるものとする。

　57条および58条は、借地非訟手続の裁判について、その効力の及ぶ人的範囲と給付を命ずる裁判の効力について定めています。No.319

　民事の紛争では、時の経過とともに、当事者も、また当事者をめぐる権利義務または法律関係も変動します。そのため、判決の効力が及ぶ当事者やその権利義務や法律関係が、いつの時点におけるものかを明確にしておく必要があります。民事訴訟法では、確定判決の及ぶ人的範囲について、当事者や口頭弁論終結後の承継人などと定めており（民事訴訟法115条1項）、57条は民事訴訟法に準じ、当事者および裁判確定前の承継人に効力が生ずるものとしました。

　また、借地非訟手続では、給付を命ずる裁判がなされることがあります*1。給付を命ずる裁判があった場合、強制執行が可能とならなければ、紛争の実効性を担保できません。そこで58条は、給付を命ずる裁判につき、強制執行に関しては、裁判上の和解と同一の効力を有するものと定めました。

　さらに、19条1項は、賃借権の譲渡・転貸についての、土地の賃貸人の承諾に代わる許可の制度を定めています。許可の裁判があれば、土地の賃借人は、賃借権を譲渡・転貸し、建物を譲渡する資格を取得します。しかし、このような資格だけ取得しながら、現実の譲渡・転貸をしないまま時が経過すると、当事者間の法律関係は不安定になり、また、経済事情の変動が土地の賃貸人に不利益を及ぼすこともあり得ます。そこで59条は、許可の裁判があっ

第1章 借地条件の変更等の裁判手続

た場合に、裁判確定後6か月以内に土地の賃借人が譲渡・転貸をしないときは、裁判は効力を失うものとして、法律関係の安定を図りました。

もっとも、借地関係の背景にはさまざまな事情があり、一律に法によって6か月と決めてしまうことも、不都合を生じる場合も考えられます。そこで、裁判所は、借地権の譲渡・転貸の裁判において、6か月の期間を適宜伸長したり、あるいは短縮できるものとして、具体的な事案ごと柔軟に妥当な処理ができることも認めています。

【譲渡または転貸の許可の裁判の執行】

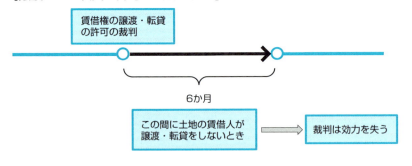

＊1 　借地非訟手続において給付を命ずる裁判がなされる場面は、次のとおりである。
 (1) 借地条件の変更の許可や借地上の建物の増改築を裁判によって許可する場合の財産上の給付を命ずる裁判（17条3項・5項。参照 👉 No. 128）
 (2) 借地契約の更新後、残存期間を超えて存続すべき建物を新築することにつき借地権設定者の承諾に代わる裁判所の許可の裁判において、借地権者に借地権設定者に対する一定の財産上の給付を命ずる場合（18条1項。参照 👉 No. 133）
 (3) 賃借権たる借地権の権利者が借地権の目的である土地の上の建物を第三者に譲渡しようとする場合、借地権設定者である土地賃貸人の承諾に代わる裁判所の許可を求める裁判において、許可を与えるについて、借地権者に借地権設定者に対する一定の財産上の給付を命ずる場合（19条1項・3項。参照 👉 No. 141）
 (4) 賃借権たる借地関係において、借地権の目的である土地上の建物が競売・公売により、第三者がその建物を借地権たる土地賃借権とともに取得した場合、この土地賃借権の移転についての土地賃貸人たる借地権設定者の承諾に代わる裁判所の許可を求める裁判において、土地賃借権を取得した借地上の建物競落人に対し、土地賃貸人に対する一定の財産上の給付を命ずる場合（20条1項。参照 👉 No. 148）

資料編

裁判例・裁判例索引

第6条の裁判例
（借地—正当事由）

- 賃貸人を X、賃借人を Y と表記。建物はいずれも借地上にある。
- 賃料表示は、特段の注記がなければ、1か月当たりの金額

○正当事由の無条件肯定事例

東京高判昭和56.1.29

Yは建物を第三者に賃貸しており、一度も居住したことはない。別に土地建物を所有している。
Xは長男と2人暮らしだが、次女が海外から帰国して同居すれば現住居は手狭になるので、土地上に居宅を建築して住居として使用する計画。

東京高判昭和56.11.24

Yは医薬品、化学薬品の販売等を目的とする会社だが休業状態、またしかるべき場所を借りることはさほどに困難ではない。
Xは公務員、退職後に家業である医薬品卸販売会社を経営する予定。

東京高判昭和59.11.8

Yは別に住居があり、土地も所有。建物に居住しておらず、時折寝泊まりする程度。
Xは医師、勤務医だが独立開業の予定で、病院兼居宅の建築を計画。

東京地判昭和43.1.31

Yはかつて竹材卸商を営んでいたが、高齢により廃業。
Xは重症の胸部結核を患い、老齢の病身の母を抱え公的扶助にたよって生計を維持している。貸ガレージとして利用し、収入の途を図る計画。

東京地判昭和55.1.30

Yはブロック塀を設置し、隣接地上に所有する建物への往来のための道路として使用していた（旧借地法の適用は肯定）。
Xは明渡し後に道路を公道として無償で貸与する予定。

東京地判昭和55.6.4

Yは建物を賃貸して収入を得ている。約30年間賃借しており、当初土地を必要とした事情（居住地確保）はなくなっている。
Xは長男の住宅を建築する計画。

東京地判昭和56.11.27

Yは印刷工場を営んでいたが、すでに移転済み。
Xは住宅の拡張を計画。

横浜地判昭和57.12.24

Yは建物を賃貸していたが、現在は空家で、一部を第三者の倉庫代わりに利用。
Xは長男が居住する予定。

東京地判昭和59.7.10

Yは宗教関係者の宿泊施設を所有。
Xは高齢で自活のために土地を駐車場として利用する予定。

東京地判昭和61.1.28

Yは旅館を経営するが、利用客は少なく細々と営業している。
Xは土地の有効利用を計画。

横浜地判昭和63.2.8

Yは住居として使用。2階を賃貸し、ほかに不動産を所有している。
Xは隣地に布団店店舗兼住居があり、借地上にも建物を建築する計画。

東京地判昭和63.5.31

Yは事実上倒産し、建物は利用されていない。
Xは長男が独立するために建物を建築する計画。

東京地判平成3.6.20

Yは第三者に賃貸。
Xは鮮魚店の店舗兼住宅において、子供と同居する予定。

東京地判平成14.5.14

沖縄県那覇市。
Y（土地の賃借人）は不動産会社。30年間、建物を建築し分譲する事業を営んできた。
Yは投下した資本を回収しており、当初の目的は達成した。旧借地法は、賃料差益を収受できるという経済的利益を保護することを直接の目的としたものではない。

東京地判平成15.11.25

建物全体の劣化・老朽化が相当進行して賃貸や居住に適さなくなっている。
Yは建物を賃貸していたが全室空室、自ら使用する予定はない。

東京地判平成17.4.27

鉄道用事業施設内の土地（約20%が鉄道高架下）。
Yは物販飲食店店舗として利用。
X（鉄道会社）の駅のバリアフリー化工事および耐震補強工事を計画。

東京地判平成22.9.21

Yは自宅の敷地の一部として、隣接するX所有土地の一部を賃借。
Xが自らの敷地から道路に出入りするために通行を認める合意をしていた。
Yが合意に反し、自宅を改築するなど通行を妨害する行為を行った。将来建築確認を取得して再建築を行うためにも借地部分が必要となる。

東京地判平成23.4.8

JR総武線・東京メトロ半蔵門線錦糸町駅付近、借地期間は60年間にわたり、建物は本来的使用が困難となるほど老朽化。
Yは荷物置場や倉庫に使用していたが、ほぼ空家。自己使用する必要性はなきに等しい。
Xは生活環境を確保し生計を立てるため、マンション建築を計画。

第6条の裁判例（借地―正当事由）

東京地判平成23.8.4

昭和46年6月建物建築、約40年経過。
Ｙは別に新居を新築して転居、以来建物は月額20万円で第三者に賃貸している。
Ｘは62歳、独身。地代と年金を合わせて年間収入は105万円、貸家付自宅の建築を計画。
建物買取請求がなされ、立退料はないが、売買代金118万7,600円と引換え。

東京地判平成28.2.9

Ｙは電器店のための資材と自動車の置き場として使用。
Ｘは駐車場として利用する予定。近接地に二世帯住宅を建築する計画。

東京地判平成30.3.5

Ｙは隣接地に生活と営業の拠点としての自宅兼店舗がある。店舗営業のための什器、書類、商品等が点々と置かれている程度の補完的な利用。利用の必要性は高くない。
Ｘは建物を取り壊して建て直す計画。娘に不治の病があり、介護などの必要のために収入を確保することが必要。

東京地判令和2.12.18

千葉県港湾地区。中央埠頭のうちの4000m²。倉庫用地。
Ｙは自ら使用せず、土地上の設備（サイロ等）を第三者に賃貸。
Ｘは県。コンテナヤード等への転用を計画。
建物の賃貸は禁止されていたから、Ｙの賃料収入を得る利益は、考慮対象ではない。

○正当事由の否定事例

最判平成6.6.7

Ｙは相続税支払のため賃借権譲渡許可を受けていた。
Ｘは借地権の存在を前提に安価で土地購入。隣地所有者と共同で高層建物建築を計画。

東京高判昭和51.10.28

Ｙは住居として使用、店舗として第三者に賃貸。
Ｘは冷凍倉庫業の倉庫増設を計画、しかし代替地も資力もある。

東京高判昭和53.12.8

土地は駅前の一等地。
Ｙは夫婦と子供で住居として使用、ほかにみるべき資産はない。
Ｘは広く商売を営み社員寮建設計画を主張したが、その計画は認定されなかった。

東京高判昭和55.12.2

Ｙは妻子とともに居住。
Ｘは高血圧脳症の後遺症により働くことができず、生活費と療養費を捻出するための土地の有利な売却が目的。

東京高判昭和56.11.25

Ｙは建築金物卸売会社の商品保管場所として使用。
Ｘは隣接地で営む理髪業店舗兼居宅の増改築を計画。

東京高判平成3.1.28

中央区京橋、木造2階建て店舗。
Yはカバンの製造販売を行っている。
Xは不動産会社、再開発事業を計画。

東京高判平成29.11.13

Yは同族会社の会社社屋、事務所。
Xは長男が建物を建築して高齢のXとともに居住する予定。一時使用目的の賃貸借であることも否定された。

東京地判昭和53.5.31

Xは隣接地とあわせた建物建築を計画するが、隣接地の明渡し実現は困難。

東京地判昭和55.11.1

Yは倉庫、資材置場として使用。
Xは隣接地所有者で、家族の住居として利用する予定。

東京地判昭和61.12.26

中野区、青梅街道沿いの商業地域、60年以上経過した木造建物。
Yは80歳近い高齢者で昭和6年頃から50年以上居住、娘と2人暮らし。
Xは近隣に数百坪に及ぶ土地や自宅を所有しており、土地の有効利用を計画、単に経済的資本。

東京地判平成元.9.14

JR大森駅付近の商業地域、一帯はすでに高層ビル化している。
Yは一部を息子の公認会計士事務所、一部を賃貸している。建物を新築し、息子が公認会計士事務所とする計画がある。
Xは隣接する所有地とあわせて大型商業施設建築を計画。

東京地判平成2.4.25

中央区銀座、高級商業地、昭和22年頃まで建築の2階建て店舗兼居宅の木造建物、戦災による焼け跡に急造されたもの。
Yは菓子・タバコ販売店営業、港区三田に土地と居宅を所有。土地の賃貸借は江戸時代までさかのぼる歴史がある。Yも高層ビル建築の借地条件変更の申立てをしている。
Xは高層ビルを建築する計画。立退料30億円を提示したが正当事由否定。

東京地判平成4.6.24

中央区銀座、商業地域、木造建物、昭和23年以前に建築、昭和33年頃改築。
Yは昭和23年建物を購入、家族とともに居住し、靴販売店店舗営業。他に現在程度の収入を確保することのできる場所を得ることは困難。
Xは5階建ての本社ビル建築を計画、土地の更地価格（5億5,400万円）の約83%余りに当たる4億5,000万円の立退料を提示したが正当事由否定。

大阪地判平成5.9.13

大阪市、高度商業地。
Yは大手映画会社、映画館を経営。
Xは収益性の高いビルの建築を計画、借地権価格267億1,700万円のところ、50億円の立退料を提示したが正当事由否定。

資料編　第6条の裁判例（借地―正当事由）

343

第6条の裁判例（借地―正当事由）

東京地判平成8.7.29

Ｙは商業店舗に賃貸。
Ｘは消費者金融業者の大手、土地の有効利用を計画。いわゆる土地転がしの対象であった。

東京地判平成17.9.27

Ｙは代表者を同じくする会社に建物を賃貸し、焼鳥店店舗営業。
Ｘは婦人用品販売店店舗用地として使用する計画。ただし、計画は具体的ではない。

東京地判平成17.10.21

都心部、幹線道路沿い、昭和48年３月建築、７階建て店舗ビル。
Ｙは多額の承諾料を支払ってビルを建築し、賃貸して賃料収入を得ている。
Ｘは隣接地との共同建物の建築可能性を主張する。ただし、具体性現実性は乏しい。

東京地判平成19.4.23

Ｙは住居として使用。高齢、徒歩数分の病院に通院している。
Ｘは土地の有効利用を計画。必要性が高いとはいえない。

東京地判平成19.7.6

Ｙは内装業。顧客のほとんどが近隣地区に在住し、事業継続に土地が不可欠。
Ｘは多数の不動産収益物件がある。自宅も広く、生活に土地を必要とする事情はない。

東京地判平成19.9.4

Ｙは身体に障害があり、生活に便利な本件土地で生活する必要がある。
Ｘは隣接する借地との一体的な有効利用を計画。ただし、隣接地の明渡し承諾はない。

東京地判平成19.9.5

Ｙは畳店の営業。
Ｘは私立学校、隣接地に敷地を拡張する計画。

東京地判平成20.3.25

Ｙはビルを建築。一部を息子が歯科医院として使用、一部を賃貸。
Ｘは大学受験予備校等を経営している学校法人。近くに予備校を設置しており、土地上に建物を建築して、専門学校として使用する計画。
Ｘは借地権負担を知りながら、借地権の存在を前提として減価された価格で購入しており、Ｘに不利に斟酌すべき事情とされた。

東京地判平成20.4.25甲

Ｙ自らが生活の本拠として建物に居住している。更新時に更新料授受があった。

東京地判平成20.6.11甲

建築後66年以上が経過した木造住宅、朽廃しているとはいえない。
Ｙは格別の不便もなく、建物に居住している。

東京地判平成20.12.26甲

Yは青果店店舗営業。近隣のマンションに居住し、次男が建物の2階に居住している。
Xは障害等級1級。介護サービスを受けながら。隣地上3階建てビルに単身居住している。建物を新築し1階に住む計画はあるが、計画は抽象的で具体性に乏しい。

東京地判平成21.4.23

Yは高齢の姉妹、年金生活者。建物に居住している。
Xは多額の負債の返済原資に充てるため、複数の不動産を売却し、その代金を返済原資に充てなければならないと主張。

東京地判平成21.4.30

昭和44年5月建築、木造瓦葺2階建て、40年経過。
Yは建物に居住する高齢の姉妹、年金生活者。
Xは多額の負債があり、土地を売却しその代金を返済原資に充てる計画。

東京地判平成21.11.30

中央区銀座、飲食店用建物。昭和39年建築で40年以上が経過するが、老朽化のため営業に支障が生じていることはなく、管理状態はその外観からは、おおむね良好。
Yの経営する会社が昭和39年以来老舗レストランを経営。
Xは再開発の計画があるが、実現可能性は不確実。立退料1億9,700万円を申し出ていた。

東京地判平成22.2.24甲

居住用木造建物。
Yは長年にわたって住み続けている。58歳独身で結婚歴がなく、無職。生活保護を受けている。
Xは事業に失敗して多額の借金が残っているため、2階建て住宅を建築し、1階を自分の居宅とし、2階を第三者に賃貸してその賃料で建築費を支払う計画。

東京地判平成22.6.29

土地は商業地区で大通りに面している。建物は建築後55年以上。
Yは牛乳販売店店舗営業。長年にわたる営業活動により地域に経営基盤がある。
Xは娘夫婦と共同で生活するための新居を建てる計画を主張したが、疑問とされた。
建物は必要な耐震補強をすることにより、補強可能。
Yが同一地域内で同様の条件の転居先を探すことは、全く不可能ではないにしろ、困難である。

東京地判平成22.8.9乙

都心部の地下鉄駅付近、昭和27年頃建築。調停委員会による現地調査で建物は「現時点においては、倒壊等の危険があるとは認められず、使用に十分に耐え得る状況にある」とされた。
Yは天ぷら店店舗営業。
Xは72歳、無職で年金暮らし、多額の借金があり、建替え、土地を有効利用する計画。

東京地判平成22.10.4

東京都中央区銀座、堅固建物所有目的。
昭和36年3月建築、SRC4階建ビル。
Yはビルを賃貸している。
Xは共有持分全部の信託的譲渡を受けた者。再開発の予定。
建物は老朽化しておらず、再開発計画に具体化していないとされた。

第6条の裁判例（借地—正当事由）

東京地判平成22.12.20

東京都墨田区、建物の登記がかつて他人名義であった。
Yは運送会社の車庫兼従業員宿舎として使用。
Xは賃借権の無断譲渡を主張したが、否定された。

東京地判平成23.2.1

東京都世田谷区、昭和29年頃建築の木造建物。中・高層の店舗・事務所ビルの中に低層の古い店舗も残る地域で、近隣地域の土地利用の実情に照らし不相当とまではいえない。
Yは60年以上家具販売業を営んだが、高齢となり営業継続を断念、建物を賃貸する計画。
Xは中高層建物の建築を計画しているが、ほかの土地だけで利用計画を立てることが可能。

東京地判平成23.3.10乙

昭和25年3月建築（昭和37年7月、2階部分増築）。
Yは86歳の女性、新築時から建物に居住。
Xは隣接地に8階建てビルを所有し居住している。

東京地判平成23.3.11

昭和25年建築、木造建物。
Yは57歳、長期間居住。統合失調症に罹患し、無職。さいたま市に建物を、ハワイに不動産を所有していたがいずれも売却した。Xに対し増築許可を申し立てている。
Xは75歳、沼津にマンションを所有して居住、近隣に妻名義の土地とX名義の賃貸用共同住宅を所有している。建物を建築して長男家族と同居して面倒を見てもらう計画。

東京地判平成23.5.25

中央区銀座の中央通りに面する建物。
Yは公開会社（会社法2条5号）、昭和42年から物販店店舗を営業。
Xは再開発を計画、ほかの土地についても明渡し訴訟をしたが、東京地判平成21.11.30で否定、計画は具体化していない。

東京地判平成24.8.1

東京都豊島区。増改築から40年経過。区から地震により倒壊するおそれがあると指摘されている。
Yは高齢で1人暮らし。単独歩行が困難であり、車いすにより移動している。転居は困難。
Xは将来の介護のための自宅が必要と主張したが、現在2階建ての自宅があり、自己使用の必要性が否定された。

東京地判平成24.11.8

東京都墨田区。普通建物所有目的。
Yは45年にわたって店舗（表具店）として建物を使用している。
Xは飲食店開業の予定と主張。ただし具体性はない。
主位的に賃料不払による契約解除を理由に明渡し請求を求めていたが、催告がなかったとして、解除の効力が否定された。立退料400万円を申し出ていた。

東京地判平成25.1.25丙

建物は建築後60年経過。
Yは借地上の建物を住居として使用。
Xは社宅に居住。自宅を確保する必要があると主張。ほかに土地を所有している。
建物の無断増改築を主張したが、正当事由の存在を根拠付ける事情とはならないとされた。

東京地判平成25.5.14

建物は昭和35年に建築され、築後50年程度経過。
Yは87歳。長年住み続けてきた。別の建物で一人暮らしをすることは難しい。
Xは隣接土地で酒類等販売店舗営業。来客用駐車場や倉庫等を建設する必要性はあるが、どうしても本件土地を使用しなければならないという必要性があるとはいい難い。

東京地判平成25.5.21

Yは建物を賃貸し、賃貸収入を得ている。平成20年頃、裁判所の許可を得て改築した。
Xは建物を取り壊して新築し、居住の予定。
相当額の立退料により正当事由が認められるがXの申し出る立退料の額では不十分。

東京地判平成25.10.17

Yは現在は居住していないが、建物を改築した後、居住することを希望している土地を使用する必要性がある。
Xは隣地に建物を所有しているが、土地を利用する計画ないし必要性は認められない。
Xの隣地建築に関してトラブルはあったが、正当事由として必ずしも重視はできない。

東京地判平成26.2.28甲

土地上の建物は空き家。
Yにより約60年間に4回増改築許可の申立てがなされていた。
Xは子供たち3人が住居にすると主張したが、必要性は認められなかった。

東京地判平成26.3.25甲

Yは借地上の建物を賃貸。生計を維持するには賃料収入が必要。
Xは建物を取り壊し、建替えを予定。具体性がなく、実現可能性に乏しい。

東京地判平成26.6.23

Yは出生時から長年にわたり土地上に居住している。
Xは96歳、親族の所有するオフィスビルに居住している。現在の住居または長男夫婦の住む杉並区永福の建物において同居することが可能であるとされた。

東京地判平成26.11.4

Yは長年にわたり居住。
Xは隣地とあわせて建物建築の予定。

東京地判平成26.12.16

Yは転貸し、転借地権者が建物を建てて自宅として使用。
Xは医師。自宅兼賃貸住宅を建築予定。
無断転貸による解除を主張したが否定。

東京地判平成27.6.2

Yは57年間居住。ほかに不動産を所有していない。
Xは親族と同居する建物建築の予定。具体的な計画はない。

資料編

第6条の裁判例（借地―正当事由）

第6条の裁判例（借地—正当事由）

東京地判平成27.9.7

建物は築70年以上経過。傷んでいる部分はあるが、一応居住できる状態にある。
借地上建物には、Yと妻、長女とその子の4名が居住している。
Xは、子とともに、現住所地に、土地建物を所有して居住している。本件土地を使用しなければならない必要性が高いということはできない。

東京地判平成27.9.10乙

Yは借地上の建物をZに賃貸。生活のため賃料収入を必要としている。また、Zは牧師。7人で居住し、他に移転できる場所はない。
Xは隣接地と合わせた土地の高度利用の必要性を主張した。
『正当事由の有無の判断に当たって、本件建物の利用に関するZ（借地上の建物の賃借人）の事情についても借地人側の事情として斟酌することができる』とされた。

東京地判平成27.9.14

Yは妻、義母とともに居住。高齢であって、その生活は、本件建物から近い品川に勤務するYの収入に頼っている。
Xは相続税延滞解消のため賃貸アパートを建築して賃貸事業をするという計画を主張するが、計画実現には資金が必要であり、明渡しを受けることで、相続税の未納解消のために合理的な資金繰りが可能となるとはいえない。

東京地判平成27.9.29乙

建物は老朽化が進んでいるが、修繕可能である。
Yは、本件建物において居酒屋を経営しており、それによって生計を立てている。本件建物と異なる場所で同等賃料で同様に居酒屋を経営することが可能とも認め難い。

東京地判平成28.4.27

Yは借地権マンションの所有者。2階建ての共同住宅（23室）。
Xは自宅兼賃貸物件の建築予定。

東京地判平成28.9.23

Yはパチンコ店。風営法違反の嫌疑を受け、営業許可証を返納し、営業を停止している。
XはYがグループ会社の不動産管理のために設立した会社。パチンコ店を経営する予定。
株式の譲渡をめぐって係争中。Xは中途解約特約に基づき解約を主張している。

東京地判平成28.9.28

Yは40年間居住。本件土地において生活しなければならない理由はない。
Xは土地を処分して生活費に充当したうえ、長女らとともに居住するための建物を建築する予定。

東京地判平成29.3.21

Yは信用金庫。建物は地域の防災力向上のための防災用品備蓄拠点等として使用。
Xは商業施設、福祉施設等に利用する予定との主張をするが、使途が定まっていない。

東京地判平成29.6.15

Yは陶器店舗のための倉庫・賃貸アパート。
Xは自ら所有するアパートの居住者用避難通路を開設する計画。これまで通路を設置することができたにもかかわらず、これを行わなかったために、公道に通じる通路を持たない状況に置かれていた。

東京地判平成29.10.18

Yは60年以上生活の本拠として居住。ほかに居住するに適切な場所は見当たらない。
Xは自宅兼賃貸用共同住宅の建設予定。

東京地判平成29.11.30

Yは高齢者。土地上の建物を賃貸し、その賃料収入と年金収入により生計を立てている。
Xは自宅（賃借物件）が手狭であり、土地上に自宅を建てる計画。

東京地判平成30.2.27乙

Yは住宅に居住し、賃貸アパートから収益を得ている。
Xは不動産業者。建売住宅を建設して販売する予定。

東京地判平成30.3.9

東京都北区。Yは74歳。昭和27年以降、65年以上にわたり生活の本拠としてきた。
Xは建物を取り壊し、自宅建築予定と主張。
Xは建物設計を依頼したり、見積りをとったりしておらず、必要性が切迫していない。

東京地判平成31.2.28甲

最寄り駅は京浜急行空港線駅、事務所。
Yは70年以上事務所として使用。
Xは家庭用品販売店舗を経営。2店舗目の開店を予定。

東京地判令和元.12.12甲

東京都荒川区。
Yはひとりで居住。賃料を支払っていなかったが、Xが賃料の受領を拒んでいた。
Xには土地を有効利用する具体的な予定はない。賃料不払いによる契約解除の効力は否定された。

東京地判令和2.1.17甲

東京都荒川区。工場と住宅が混在し、道路は不整形で幅員が狭く、住宅の多くは小規模で密集して建てられている。再開発計画のモデル地区に選定され、再開発推進組合が設立された。
Yは昭和35年6月以降居住。東京地裁により増改築の許可がなされている。
Xは建物を取り壊し、再開発に参加する予定。しかし、再開発推進組合は活動していない。

東京地判令和2.1.29乙

東京都葛飾区東新小岩地区、建物は昭和35年・昭和36年建築。
Yは建物に居住し、居住部分以外を賃貸している。
Xは建物を取り壊し、鉄骨造3階建ての建物を建築、1階部分を代表者の長男・二男の自宅、2・3階部分を賃貸用の共同住宅とする予定。

東京地判令和2.2.6甲

契約締結から60年以上、建物建築から50年以上経過している。
Yはもと製缶及び鉄骨工場を営んでいたが、昭和48年頃工場を廃止、その後1階は車庫、2階は倉庫として使用。駐車場収入で生活している。
Xは医療モールやドラッグストア開設の予定。
Xの計画は具体化しておらず、実行可能な状態にはない。立退料3,000万円程度を提示しているが、借地権価格（限定価格）は3億5,200万円を下らず、少額に過ぎる。

第 6 条の裁判例（借地―正当事由）

東京地判令和2.3.27

東京都目黒区。建物は 2 階建て木造建物、建築後56年経過。
Y は81歳。50年以上居住。1 階に居住、2 階を賃貸し、家賃収入を生活の原資としている。
X はマンションを賃借し居住しているが、立退きを求められている。
立退料1,500万円を提示しているが、土地の価格は9,000万円超であり、正当事由は補完されない。

東京地判令和2.5.28

東京都大田区。建物は隣接地に Y が所有ビルに増築する形で新築された 6 階建て賃貸マンション。検査済証を取得していない。緊急輸送道路に面している。
Y は高齢でもと診療所として使用。現在は隣接地の Y 所有ビルと一体となった借地上の建物からの収入により生活している。建物には Y 長男の生活根拠となっている診療所がある。
X は賃貸ビルを建築する予定。周辺の土地を広く所有している大地主である。
判決中で「かつては我が国の建物の多くが完了検査を受けていなかったことは公知である」と述べられている。

東京地判令和2.12.15甲

東京都江戸川区。契約から40年以上経過。木造密集住宅市街地整備促進事業（整備事業）の対象となり、セットバックが必要。
Y は71歳。土地上の共同住宅・店舗を建築し、6 室のうち 5 室は第三者に賃貸、1 室は被告の実兄に使用貸借。うつ病、身体症状症があり働けず、貯蓄も多くない。
X はほかに少なくとも10以上の不動産を所有、これらの賃料収入および年金により生計を維持している。
周辺建物もセットバックが完了しておらず、本件建物だけが防災上の障害になっているものではない。

東京地判令和4.2.28

東京都足立区。利用権原（借地権）は法定地上権。
Y は貸金業等を営む会社。収益物件を保有し、賃貸業をも営んでいる。建物は第三者に賃貸。
X は隣接地に 3 階建て建物を所有し、居住。歩行に障害がある義母とともに、バリアフリー設備を整え、平屋建て建物の 1 階に居住すると主張。
X はリフォームの検討をしていない。正当事由の判断に転借人の事情も考慮された。X の提示する500万円の立退料では正当事由は補完されない。

東京地判令和4.6.8

東京都渋谷区。
Y は平成12年 9 月借地権付き建物として購入、改築し現在に至っている。
X は土地の返還を受けて、介護対応の二世帯住宅を建築する予定。
Y は転居して生活を成り立たせることが極めて困難で使用の必要性が極めて高い。X は他の土地を所有するなどの資産を有しており、他の土地に介護対応の二世帯住宅を建築することは不可能ではない。

○立退料支払と引換えの正当事由肯定事例

東京高判昭和51.2.26　立退料1,690万円

Y は製麺機製造販売業の商品置場兼事務所として使用。
X は土地の有効利用を計画。

大阪高判昭和58.9.30　立退料4,500万円

Yはパチンコ営業のための倉庫として使用。
Xもパチンコ営業店舗として使用する計画。

東京高判昭和61.4.28　立退料9,000万円

Yは住居として使用。
Xは土地を有効利用し、中高層ビルを建築する計画。

東京高判平成11.12.2　立退料1,000万円

Yは公認会計士事務所として使用。
Xは住居として使用する予定。

東京高判平成12.4.20　立退料300万円、1,000万円

Y1、Y2は高齢者、住居として使用、一部は鉄工機械部品加工工場。
Xは賃貸マンションを建築する計画。

東京地判昭和49.9.30　立退料1,690万円

Yは衣料品問屋店舗を営んでいたがすでに閉鎖。
Xは居宅から北側公道への通路として利用する必要。

東京地判昭和59.12.21　立退料1,700万円

Yは焼鳥店店舗兼住居として使用。
Xは住居兼三男の公認会計士事務所を建築する計画。

東京地判平成元.7.4　立退料700万円

Yは高齢者で、住居として使用。
Xは土地の賃借人かつ転貸人で、土地所有者との間で調停により、借地権と敷地の一部との等価交換の合意が成立している。建物の朽廃による借地権の消滅を防ぐために解約を申入れ。

東京地判平成6.8.25　立退料10億3,800万円

新宿副都心、都市再開発を促進すべき地域内。
Yは高齢者で、住居として使用。
Xは土地の有効利用を計画。

東京地判平成7.2.24　立退料6,450万円

Yは印刷業を営んでいる。
Xは新聞販売店経営者であり、従業員用寄宿舎を建築する必要がある。

東京地判平成7.9.26　立退料3,000万円

Yは住居として使用。
Xは土地の有効利用を計画。

東京地判平成8.5.20　立退料4,000万円

Yはラーメン店営業。
Xは土地の有効利用を計画のため明渡し請求をした。

第 6 条の裁判例（借地—正当事由）

東京地判平成10.8.21　立退料6,500万円

Y は住居として使用。
X は高層ビル建築を計画。

東京地判平成13.9.28　立退料3,500万円

Y は段ボール製造工場として使用。
X は自宅住居を建築する計画。

東京地判平成14.11.27

東京都世田谷区、昭和12年頃賃貸借開始、683m²（4筆）のうち、約22％にあたる152m²の明渡請求、賃料16万254円。
Y は残地に居住（居住地は明渡請求の対象ではない）。明渡請求対象の土地は、木造の物置倉庫、駐車場。
X は76歳。年間2,000万円超の賃貸収入がある。土地の返還を受けたときには相続に備えてこれを物納する予定。
2,000万円または裁判所が相当と認めた額を提供する旨申し出ている。

東京地判平成21.5.7　立退料3,000万円

現在の建物は昭和31年以前に建築、木造平家建て、賃貸借契約は昭和4年開始。
Y（先代を含む）はすでに80年間土地を占有。Y には承諾なく大修繕するという債務不履行がある（単独では信頼関係を破壊するとまではいい難いが微細な債務不履行ともいえない）。
X は隣接土地とあわせて賃貸用建物を建築する計画。
立退料の金額は、想定される借地権価格の50％弱。将来請求を肯定。

東京地判平成21.12.4　立退料2,500万円

中央区築地、昭和30年頃建築木造3階建建物。
Y は50年間以上、水産品加工業等を営み、事務所兼冷凍庫冷蔵庫の設置場所として使用している。
X は取壊し後7階建てビルを建築する計画。
借地権価額は1,957万9,560円。

東京地判平成23.11.25甲　立退料1億4,000万円

建物はガソリンスタンド。
Y は昭和34年以来ガソリンスタンドを営んできたが、平成19年8月には営業を中止。
X は駐車場賃貸事業を計画している。

東京地判平成25.1.25甲　　立退料2,000万円

東京都新宿区。借地面積約10坪。建物は建築後42年。
Y は69歳。自宅兼店舗である建物に妻と居住するとともにうどん店を経営し生計を立てている。
X は学校法人。
老朽化の進んだ大学関係施設の耐震性の確保は人命に関わる喫緊の課題であり、建替計画を円滑に実施する要請は、公益にも適うとされた。

東京地判平成25.3.14　　立退料5,000万円

東京都中野区沼袋の住宅地、借地面積202.97m²。
Y は家族とともに建物に居住している。土地上の建物以外に不動産を所有していない。
X は大型スーパーおよびそれに付帯関連する施設の建設を計画している。
Y が代替的移転先に移転すること自体は十分可能。建物についても、建物買取請求権の行使により、その補償を求めることができる。

東京地判平成27.1.27　立退料5,000万円

Yは建物を賃貸し、賃貸収入を得ている。
Xは事務所倉庫を建築する計画。建物買取請求権を行使した。
正当事由の判断において建物賃借人の事情は考慮されない。立退料の支払いと引換えによる指図による占有移転の判決となった。

東京地判平成27.3.4　立退料400万円

Yは訴訟が提起された後になって居住を始めた。
Xは居住のための一戸建て建物を建築する計画。

東京地判平成30.3.30　立退料200万円

Yは79歳。長年本件建物で生活してきた。収入は年金のみ。契約期間は70年に及ぶ。
Xは地域の基幹病院である医療機関。病院において身体障害者専用駐車場を設ける必要がある。
Yの必要性は主観的要素が中心であって、客観的に必要性が高いとはいえない。
長期の契約期間中一貫して廉価な地代を維持し、かつ権利金や更新料等を受領していなかった。

東京地判平成30.6.27　立退料1億3,000万円

Yは薬局。
Xは隣地（道路予定地になっていない残地部分）とあわせて一体開発を計画。
隣地の大部分は道路予定地として買収の対象となっている。

東京地判平成30.12.6　立退料300万円

境内地。昭和20年の終戦直後から復員住民が居住、後日賃貸借契約が締結された。
Y自らは居住しておらず、平成19年以降、建物の共有者（親族関係はない）が居住している。
Xは宗教法人。

東京地判平成31.1.15　立退料1,500万円

元は公衆浴場。
Yは公衆浴場を廃業。通所型の地域デイサービス事業の実施を計画、ただし具体的ではない。
Xは自宅・バレエスタジオ・賃貸用アパートを併設した建物建築を計画。
代表者らの個人に対する建物からの退去請求も肯定。

東京地判令和元.10.30　立退料3,023万円

東京都墨田区、建築後65年経過、屋根瓦が数箇所で剥落し、雨樋が腐食した状態である。
Yは一人暮らし。公務員として安定した収入があり、平成20年に東京都世田谷区豪徳寺の土地建物を購入して全く居住しなかったにもかかわらず、平成28年まで住宅ローンを支払い続けた（その後売却）。
Xは隣接地に本店がある会社。ポンプや配管の資材置場として利用する計画。ただし計画のための準備がかなり具体化しているとまではいえない。
立退料は借地権価格に準じる金額。賃貸人と賃借人は共有者。共有物分割請求も認められた。

東京地判令和2.2.21乙　立退料1,500万円

東京都中央区、5棟長屋（昭和初めまでに建築）のうちの1棟。昭和63年8月に東京都から払い下げられた土地。
Yは店舗として利用。平成27年までは住居であった。地下鉄の敷設の際、借地権の減価に対する補償金として1,120万2千円を受領している。
Xは建物を取り壊し、建て替える計画。
用法違反による契約解除を主張したが否定された。

資料編　第6条の裁判例（借地—正当事由）

353

第6条の裁判例（借地—正当事由）

東京地判令和2.9.8

東京都豊島区。土地上の建物にはZ（建物賃借人）が40年間にわたり居住し続けている。Zはもとの借地権者。
Yは土地の貸借人で、Zから借地権を譲り受けた。
Xは八丈島に単身居住中の妻の祖母を呼び寄せて、同居する必要性がある。
立退料9,341万円。
賃借人の必要性については、土地の借地権の譲渡が形式的に親族間でなされたという経緯などから、建物賃借人を実質的に同一視することができる。

東京地判令和3.8.6

借地上の建物に建物の賃借人が居住。
Yは建物を賃貸し、建物の賃借人Zが昭和50年頃から居住している。
Xは、土地の自社使用を主張。
Xの自社使用の必要性は主張立証がなく、朽廃の主張も否定された。建物はかなり老朽化し、取り壊すことが最有効使用。立退料は、自用の借地権付建物の価格から名義書換料相当額を控除し、さらに30%減価した額とされた。

東京地判令和3.11.19乙

東京都中野区。
Yは、平成13年5月、競売によって建物を取得し、その後建物を賃貸。
Xは平成4年生まれの女性。祖母や母が所有していた複数の土地建物を相続。結婚の予定があり、夫婦で居住するための居宅を建築するために、本件土地が必要と主張。
Xは立退料として借地権価格（4,471万円）に基づいて3,800万円を提示していた。

東京地判令和4.3.17

東京都新宿区。建物は築後50年以上経過、リフォームまたは建替えを行わなければ、新たに賃貸するのは困難。
Yはかつて建物に居住していたが、平成2年に転居し、その後は賃貸して、賃料収入を得ている。建物建築時点から期間満了まで長期間経過し、本件賃貸借契約の目的及び投下資本の回収は既に達成されている。
Xは借家住まいで自宅を所有しておらず、本件土地以外に自宅の建築に適した土地も所有していない。土地に自宅を建築する計画。
立退料は、借地権価格5,499万円の1割強の600万円が相当。

第11条の裁判例（借地—賃料増減額）

- ウェイトづけの項目では、差額配分法→差、利回り法→利、スライド法→ス、賃貸事例比較法→比としている。
- 賃料として記載した金額は、特段の注記のない限り、月額賃料

用 途 （地上建物の用途）	増減額の別	ウェイトづけ	コメント
従前賃料			新賃料
大阪高判平成27.12.11 ＊			賃貸人は地方公共団体
関西地方の大規模テーマパーク。事業用借地権	増額	差：利：ス＝2：1：1	
平成19年6月〜　6,668万8,182円			平成22年4月　7,594万255円
東京高判平成29.9.13			賃貸事業分析法が否定された
JR三鷹駅の南西、戸建て建物	増額	差：利：ス＝3：2：2	
平成13年1月〜　1万4,220円			平成25年10月　2万1,300円
東京地判平成17.2.28			供託がなされていたが、供託原因を欠き、無効とされた
木造アパート	減額	スを採用	
平成6年4月〜　2万6,947円			平成11年4月　2万3,168円
東京地判平成17.12.14			JR総武線錦糸町駅から約650m付近
JR錦糸町付近	増額	差：ス：比＝20：20：60	
（時期不明〜）6万8,440円			平成12年9月　9万6,700円
東京地判平成18.6.16			
東京都中央区銀座、店舗事務所ビル	減額	差：利：ス＝1：1：1	
平成12年4月　462万1,839円			平成13年4月　439万円

＊　渡辺晋「大型テーマパークの地代増額請求」（月刊不動産鑑定2017年3月号、住宅新報出版）

第11条の裁判例（借地―賃料増減額）

用 途 （地上建物の用途）	増減額の別	ウェイトづけ		コメント
従前賃料			新賃料	
東京地判平成18.6.30				
木造建物	増額	差：利：ス：比＝ 1：1：1：1		
平成9年1月～　7,367円			平成17年7月　1万1,000円	
東京地判平成18.8.4			比は参考	
木造建物	減額	差：利：ス＝3：1：1		
平成8年4月～　30万7,700円			平成17年2月　24万6,000円	
名古屋簡判平成19.3.30			経済的価値に即応した性質の強い差を加重	
木造建物	増額	差：利：ス＝2：1：1		
平成15年10月～　1万4,000円			平成16年1月　1万8,000円 同年8月1日　2万円	
東京地判平成19.6.22			鑑定結果の信用性を検討し、それが認められればその結果により相当額を認定すべきである	
東京都武蔵野市吉祥寺東町	増額	差・利・ス・比を関連づけ		
（時期不明～）4万5,000円			平成16年4月　5万4,000円	
東京地判平成19.8.31				
5階建て店舗事務所ビル	増額	差を重視、利・スを関連づけ、比は参考		
平成7年8月～　152万円			平成15年7月　160万円	
東京地判平成19.10.16			利は基礎価格のとらえ方が難しいこと、賃は賃貸人側のみの事例であることから、適用しなかった	
JR西日暮里付近の商業地域	増額	差とスの中庸値		
平成14年7月～　52万6,951円			平成17年7月　59万円	
東京地判平成19.10.18			差については、ほかの5手法に比べて突出して高額であることから、相当でない	
JR駒込駅付近、木造平屋建て	減額	利・ス・比・活用利子率法・公租倍率法の中庸値		
平成7年6月頃～　7万500円			平成15年3月　5万3,800円	

用途 (地上建物の用途)	増減額の別	ウェイトづけ		コメント
従前賃料			新賃料	
東京地判平成19.11.14				
介護老人保養施設	増額	差：利：ス：比＝ 1：1：3：4		
平成7年〜　4万6,860円（供託額）			平成17年11月　6万500円	
東京地判平成19.11.29乙				定期借地
介護老人保養施設	減額	利と差を重視		
平成10年10月〜　163万74円			平成16年12月　131万5,000円	
東京地判平成20.2.14				賃借人は町会（地方自治法260 条の2により認可を受けた地縁 団体法人）
町会の建物	増額	原告鑑定の差・利と被告 鑑定の差・利・ス		
平成13年7月〜　10万3,700円			平成15年7月　14万9,000円	
東京地判平成20.3.28甲				スによる試算賃料が、継続性、 客観性に富む
ガソリンスタンド	増額・減額	スに75％		
平成8年4月〜　31万154円			平成16年7月　26万9,897円	
東京地判平成21.3.13				増額請求後の確認の訴え。おお よそ従前の賃料額と同額である ことが確認されている
住宅	増額	比を標準とし、差・利・ スを比較考量		
平成12年1月〜　1坪当たり600円、198.37㎡			平成17年3月　3万9,300円	
東京地判平成21.4.30				経済賃料（近隣の継続賃料水準） を限度として決定
大田区、住居地域 の居住用木造建物	減額	…		
平成7年8月〜　15万1,869円（2,234円／坪）			平成18年9月　10万円（1,471円／坪）	
東京地判平成21.11.26甲				調停委員会の提示した約10％増 額案を採用
大田区、木造また は混凝土造住宅	増額	…		
平成9年春頃〜　8万1,400円			平成19年10月　8万9,500円	
東京地判平成21.11.27甲				借地面積は約424坪
東京都練馬区、住 宅用木造建物	増額	…		
平成7年8月〜　40万円			平成19年10月　47万9,000円	

第11条の裁判例（借地―賃料増減額）

用　　途 （地上建物の用途）	増減額の別	ウェイトづけ	コメント
従前賃料			**新賃料**
東京地判平成21.12.9			借地権は地上権。特約（地代は土地の固定資産税、都市計画税の合計額に2.18倍をかけた金額を下回らない）を考慮
借地権マンションの地代	増額	差を有効なものと位置づけ、スを関連づけ、利を参考	
平成6年6月〜　6,442円など			平成17年9月　1万1,678円など
東京地判平成22.1.18			借地権は地上権。東京メトロの地下鉄トンネルが通っている
木造建物	減額	差：利：ス：比＝ 7：1：1：1	
平成11年1月〜　68万1,000円			平成19年8月　61万9,000円
東京地判平成22.1.28甲			賃貸人は更新料の支払いも求めたが、認められなかった
居住用建物	増額	差およびスを標準とし、比および平均的活用利子率を参考	
平成8年4月〜　3万7,249円			平成19年11月　3万8,500円
東京地判平成22.2.9			
事務所・工場・宿舎	増額	差：ス＝1：2	
平成8年11月〜　40万円			平成19年6月　55万2,333円
東京地判平成22.2.24乙			賃借人からは減額請求がなされていた
木造3階建建物	増額	…	
平成4年9月〜　12万円			平成20年12月　12万6,000円
東京地判平成22.3.30			住宅地の木造住宅
東武東上線成増駅付近	減額	差を中心、スも比較考慮、利は参考程度	
平成7年1月〜　5万7,000円			平成19年2月　3万400円
東京地判平成22.5.17乙			
居住用建物	増額	差：ス：利：比＝ 1：3：3：3	
平成18年1月〜　28万7,208円（調停による）			平成21年2月　37万2,000円

用　途 （地上建物の用途）	増減額の別	ウェイトづけ	コメント
従前賃料			新賃料

東京地判平成22.10.25			土地の価格の大幅な上昇がそのまま反映されることがないよう考慮した
渋谷区、高度商業地域のビル	増額	差：利：ス＝1：1：1	
平成10年12月10日〜　136万7,678円		平成20年7月1日　143万3,000円	
東京地判平成23.3.25			
ビル	増額	差：利：ス＝6：2：2	
平成13年4月〜　20万円		平成21年4月　20万1,000円	
東京地判平成23.4.22			
住宅	増額	差・利・スを総合	
昭和56年7月〜　5,200円（坪200円）		平成13年10月　1万400円 平成14年6月　1万3,000円 平成20年3月　1万6,100円	
東京地判平成23.8.31			従前賃料が経済賃料と比較して高額に設定されていたことを加味
学校用建物	減額	差を重視し、利・スを比較検討	
平成6年1月〜　186万円		平成19年5月1日　133万円	
東京地判平成23.9.21			固定資産税額および都市計画税額の合計額の4倍相当額を12分し、毎月末日に翌月分を支払うと合意されていた
堅固建物	減額	差を重視し、利およびスを参酌、比を参考	
平成20年10月〜　不明		平成21年4月　74万1,000円	
東京地判平成23.11.11			
港区六本木、商業地域、RC造建物	増額	…	
平成12年2月〜　33万5,250円		平成19年12月　42万5,000円	
東京地判平成24.2.13乙			
品川区、共同住宅	増額	…	
平成15年5月〜　35万7,946円（年額）		平成21年4月　3万2,000円	
東京地判平成25.2.8甲			平成23年5月1日時点の減額請求もなされたが否定
中央区銀座のビル	増額	差・ス・比の平均	
平成13年4月〜　435万111円		平成21年7月　460万円	

第11条の裁判例（借地―賃料増減額）

用途 （地上建物の用途）	増減額の別	ウェイトづけ		コメント
		従前賃料	新賃料	
東京地判平成25.4.12				長期間にわたり固都税の額を下回る低廉な額に据え置き、中央区の商業地の地代に対する公租公課倍率の平均が3.88
ビル	増額	差額配分法、活用利子法、公租公課倍率法の平均		
平成元年6月～　2万4,480円			平成22年12月　12万7,000円	
東京地判平成25.5.15				江東区の地代の公租公課に対する平均倍率は、商業地系で4.53倍、住宅地系で5.04倍、公租公課倍率を5.0倍とすることには一定の合理性がある
住宅	増額	差：利：公租公課倍率法＝1：1：1		
平成11年4月～　1万6,320円			平成22年2月　2万533円	
東京地判平成25.10.21				土地の一部を道路用地として売却、敷地が縮小したことを契機として改築
東京都足立区、公衆浴場	増額	…		
平成22年4月～　12万3,456円			平成24年3月　14万4,000円	
東京地判平成25.10.29				急激に新規賃料の水準まで賃料を減額させることは相当でない
東京都世田谷区	減額	差：ス：比＝3：2：1		
平成8年1月　17万200円			平成23年12月　16万100円	
東京地判平成25.12.5				
荒川区の南東部の台東区に近い地域	減額	差：利：ス：比＝50：10：20：20		
平成6年4月～　5万5,000円			平成24年1月　4万7,000円	
東京地判平成26.2.26				
台東区の高度商業地域内のビル	減額	差：利：ス＝50：25：25		
平成11年12月～　71万6,000円			平成24年1月　62万4,000円	
東京地判平成26.9.9				平成8年に地代増額請求がなされたが、黙示的に撤回したものとされた
ビル（音楽スタジオ）	増額	スを尊重し、差・利・比を参考		
平成7年～　66万円			平成23年7月　80万円	

用　途 （地上建物の用途）	増減額の別	ウェイトづけ	コメント	
		従前賃料	新賃料	
東京地判平成26.10.30			試算賃料のいずれをどの程度重視して適正賃料を算定するかは、鑑定人の裁量	
JR山手線徒歩圏内、5階建てビル	増額	差・利・ス・比の中庸値		
平成17年4月1日～　31万7,000円			平成23年12月14日　38万4,000円	
東京地判平成26.11.27			試算価格の調整には言及されていない	
用途不明	増額			
平成8年7月～　2万9,550円			平成25年1月1日　3万9,888円	
東京地判平成27.1.15甲			協議の申入れであっても、増額の求めが読み取れれば、地代増額請求の意思表示とみなせる	
住宅地	増額	差：比＝2：1		
昭和62年9月～　3万2,670円			平成19年9月　4万1,900円	
大阪地判平成27.3.6			賃貸人は地方公共団体。事業用借地権。控訴審の大阪高判平成27.12.11でも維持されている	
大規模テーマパーク	増額	差：利：ス＝2：1：1		
平成19年6月～　6,668万8,182円			平成22年4月　7,594万255円	
東京地判平成27.6.16			差では、土地の地代が低水準に推移しているという観点、すなわち借地権者の側の立場を考慮して、3分の1法を採用	
JR西日暮里駅付近駅前商業地域、信用金庫店舗	増額	差とスの中庸値		
平成20年6月～　60万7,700円			平成23年6月　70万円	
東京地判平成27.7.21			条件変更による承諾料の運用益を控除するとの主張は否定	
4階建てビル、1階が花屋、2階～4階が住居	減額	差：利：ス＝2：1：1		
…			平成24年9月　5万1,000円	
京都地裁宮津支部判平成27.8.28				
用途不明	減額	差：利：ス：比＝1：1：1：1（四試算賃料の平均値を端数整理）		
平成11年2月～　57万円			平成25年11月　40万4,000円	

第11条の裁判例（借地―賃料増減額）

用　途 （地上建物の用途）	増減額の別	ウェイトづけ	コメント
従前賃料			新賃料
東京地判平成27.11.5			
…	増額	差・利・ス・比と公租公課倍率法、平均的活用利子率法を関連づけ	公租公課倍率法を採用（併用）
昭和60年4月～　8万3,300円		平成25年5月　23万567円	
東京地判平成28.5.19			
…	増額	差：利：ス：比＝ 40：10：40：10	
平成11年4月～　10万2,935円		平成26年10月　13万3,700円	
東京地判平成28.5.31			地代算定の計算式が定められていたがその効力は否定
東京都板橋区	減額	差：利：ス＝2：1：2	
平成3年6月～　9万9,400円		平成26年5月　8万5,000円	
東京地判平成28.7.4乙			
…	増額	専門委員の意見による	
平成5年2月～　8万円（調停による）		平成21年1月1日　10万7,000円	
東京地判平成28.9.29			
東京都新宿区	増額	差・スを重視し、利は参考	
平成16年4月～　6万8,600円		平成24年1月　8万8,900円	
東京地判平成28.10.24			
…	増額	差・利・ス・比を総合的に勘案	
平成12年4月～　1万2,279円		平成27年4月　1万7,000円	
東京地判平成28.11.8			
東京都葛飾区新小岩、3階建て店舗兼住宅	増額	差・リ・ス・比の平均値	
平成17年11月～　25万5,000円（調停による）		平成26年5月　27万6,000円	

用　途 (地上建物の用途)	増減額の別	ウェイトづけ	コメント
従前賃料			新賃料
東京地判平成29.1.17甲			Yは生命保険会社。底地割合が相続税路線価図では10%のところ鑑定では15%とされた
東京都中央区銀座、昭和58年建築、9階建てビル	増額	差・利・ス・比を総合考慮	
平成21年7月〜　460万円（判決による）			平成26年7月　495万1,000円
東京地判平成29.1.26			更新料請求を否定
…	増額	差・利・スの平均値	
平成13年3月〜　20万2,299円			平成27年11月　20万9,000円
東京地判平成29.3.9			権利金が授受されていないことが考慮された
賃貸ビル	減額	スを重視、利・差・比を比較考量	
昭和57年3月〜　37万5,000円			平成25年7月　36万290円
東京地判平成29.11.24甲			差・利は参考にとどめる。調停前置を欠く訴えの提起でも却下されるわけではない
…	増額	比と平均的活用利子率法を重視、スを比較考量	
24年間　年額14万8,800円			平成28年7月　1万9,600円
東京地判平成29.11.24乙			公租公課倍率法を用いていない
東京都品川区	増額	差・リ・スを同等と判断	
昭和62年1月〜　3万2,820円			平成27年6月　4万2,790円
東京地判平成30.2.14甲			差・利は参考
東京都新宿区神楽坂、商業地域	増額	比・平均的活用利子率法を重視、スを比較考量	
平成7年9月〜　10万7,000円			平成28年7月　14万円
東京地判平成30.2.26			継続賃料の算定にあたっては建替承諾料と更新料を考慮することは不相当ではない。譲渡承諾料は継続賃料には影響を与えない
東京都目黒区、木造建物	増額	差・利・スを総合的に勘案	
平成16年7月〜　25万2,021円			平成27年12月　29万5,000円

資料編　第11条の裁判例（借地―賃料増減額）

第11条の裁判例（借地―賃料増減額）

用途 (地上建物の用途)	増減額の別	ウェイトづけ	コメント
		従前賃料	新賃料
東京地判平成30.4.13			借地条件変更承諾料と更新料がいずれも賃料に影響を与えない（減価の要因ではない）
東京都港区、学校法人の校舎	増額	差・利・ス・比を等しく尊重	
平成18年11月〜　26万1,990円		平成28年1月　39万円	
東京地判平成30.7.3			直近合意時点の必要諸経費等の額が不明
東京都足立区、住宅	増額	差：ス：比＝50：25：25	
東京地判平成30.8.3			増額請求に係る債権はそれぞれの弁済期から消滅時効が進行する
東京都台東区	増額	差：利：ス：比＝2：1：1：1	
平成3年〜　1万8,135円		平成22年9月　2万9,255円	
東京地判平成30.8.21			利は不採用。第三者鑑定では借地権の範囲が異なっていた
東京都北区、平成18年7月建築	減額	スを重視、差・比を参酌	
平成7年7月〜　9万7,470円		平成26年9月1日　6万900円	
東京地判平成31.1.30甲			公租公課倍率法による検証を行っている
駅前の商業地	増額	差・リ・スを平均	
平成18年7月〜　4万9,500円		平成28年10月　5万3,200円	
東京地判平成31.2.28乙			公租公課の減免措置に関し、時限措置であっても、それが現実に継続されている以上は、減免措置の適用を前提とすることに不都合はない
東京都中央区銀座、昭和25年3月賃貸借開始	増額	差・リ・スを調整のうえ、比を参考	
平成7年8月〜　152万円（判決による）		平成21年7月　178万5,000円 平成26年7月　191万8,000円 平成27年7月　207万円 平成28年7月　221万2,000円	
東京地判平成31.4.25			差は基礎価格、利回りの相当性の検証が難しいことから参考にとどめた
RC造4階建ビル	増額	利・ス・比を等しく尊重、差を参考	
平成19年12月〜　42万5,000円		平成29年9月　48万円	

用　途 （地上建物の用途）	増減額の別	ウェイトづけ	コメント
従前賃料			新賃料
東京地判令元.7.4			
東京都新宿区、RC増3階建ビル	減額	差：リ：ス：比＝3：3：3：1	
平成25年4月〜　9万4,200円			平成29年1月　9万900円
東京地判令元.7.11			借地権の譲渡がなされているが、譲渡前は住宅であった
事務所	増額	差・リ・ス・比の中庸値	
平成23年12月〜　5万8,500円			平成28年7月　9万3,000円
東京地判令元.7.18甲			理由づけに公租公課倍率法・平均的活用利子率法による各賃料水準に収まっていることを付け加えている
昭和21年2月に賃貸借開始	増額	差・スの中庸値	
平成24年6月〜　6万1,579円			平成29年8月　8万8,700円
東京地判令元.8.27			
東京都渋谷区、京王線駅から50m、商業地域、5階建店舗兼住宅	増額	差・利・ス・公租公課倍率法の4つの手法を総合衡量	
平成2年1月〜　6万1,000円			平成29年8月　8万2,705円
東京地判令元.9.19甲			調停手続で調停に代わる決定（民事調停法17条）がなされたがXが異議を申し立てた
2階建て共同住宅	増額	差：リ：ス：比：公租公課倍率法＝20：20：20：20：20	
平成28年9月〜　4万6,200円			平成30年1月　6万1,700円
東京地判令元.11.28甲			更新料支払の慣行を否定
都心部の普通建物	増額	差：リ：ス：比：公租公課倍率法＝2：2：2：2：2	
平成13年8月頃〜　32万円			平成30年1月　32万2,000円
東京地判令元.11.28乙			不整形地であり、かつ、特殊建築物の建築が原則として制限されている路地状敷地であることから、賃は不採用
昭和53年から使用、簡易宿泊所	増額	…	
平成18年7月〜　46万7,200円			平成29年7月　53万1,500円

第11条の裁判例（借地―賃料増減額）

用途 (地上建物の用途)	増減額の別	ウェイトづけ	コメント
従前賃料			新賃料
東京地判令和2.1.29丙			
東京都新宿区、Xはビルの区分所有者でもある	増額	差・利を重視	地上権に関する地代の増額請求
…		平成29年7月	211万6,393円
東京地判令和2.1.31乙			
…	増額	差：リ：ス：比＝ 3：3：2：2	ス・比は相対的な規範性がやや劣る
平成20年1月～ 3万900円（判決による）		平成29年12月 3万8,000円	
東京地判令和2.2.12乙			
東京都北区、木造2階建て	増額	利・スを中心に、公租公課倍率法による試算賃料を比較考量	差・比を参酌
平成18年4月～ 5万1,480円		平成31年1月 5万7,900円	
東京地判令和2.2.20			
事業用地	増額	…	地代等自動改定特約（固都税の2倍の金額とする特約）があったがその効力は否定された
…		平成30年12月 100万9,737円	
東京地判令和2.2.26甲			
東京都台東区、大型商業施設	増額	差：利：ス＝4：3：3	
平成14年1月～ 715万3,900円		平成30年9月 886万6,000円	
東京地判令和2.3.11			
堅固建物所有	増額	…	『固定資産税および都市計画税の合計額が賃料の30％以下という特約』がある。鑑定の結果においては、地代を公租公課の3.3倍以上とするというのは「概ね標準的な水準」
平成6年6月～ 65万円		平成29年5月1日 71万2,000円	

用 途 (地上建物の用途)	増減額の別	ウェイトづけ	コメント
従前賃料			新賃料
東京地判令和2.7.15			賃貸事例比較法については、各事例の契約内容が必ずしも明確でないことなどから、適用を断念
東京都中野区、東京メトロ線駅徒歩2分、普通建物所有	増額	差：利：ス＝1：1：1	
平成10年12月～　2万1,632円			平成30年12月21日　3万1,200円
東京地判令和2.9.4			『賃料差額のうち貸主に帰属すべき部分の割合を5分の1と査定』
…	増額	差：利：ス：賃：公租公課倍率法＝10：30：30：10：20	
平成14年3月～　4万2,000円			令和2年3月1日　4万7,000円
東京地判令和2.9.11			賃貸事例を補完するものとして、a地区における底地の取引事例を多数集計し、本件土地に係る試算賃料を推計する手法（統計的手法）を採用した
昭和37年9月R造2階建建物。Xは宗教法人、Yは避難器具の製造販売会社	増額	差：ス：利：統計的手法＝15：35：35：15	
平成8年1月～　11万240円			平成29年12月17日　14万9,900円
東京地判令和2.9.16			
東京都新宿区、商業地域、4階建賃貸ビルのうちの賃貸人2名	減額	差を重視、利・スを参考	
平成14年1月～　1人あたり55万円			平成29年4月　1人あたり46万8,666円
東京地判令和2.9.23			『公租公課倍率法は、鑑定評価基準では、正式な鑑定評価手法と認定していないし、法則性が確定されておらず、参考にとどめる』
東京都板橋区、住宅	増額	スを重視、差は参考にとどめる。利はスとほぼ同額	
昭和58年～　（金額は不明）			平成23年6月　10万8,129円
東京地判令和2.10.7甲			『鑑定評価額は公租公課の2.69倍（借地上の建物は非住宅用途）であり、東京都23区非住宅用途の平成30年倍率2.86倍と概ね一致している』
信用金庫の建物が建っていたが、建物借地権が譲渡された	増額	差：利：ス＝50：25：25	
平成9年3月～　20万3,000円			平成29年10月7日　25万5,300円

資料編　第11条の裁判例（借地—賃料増減額）

第11条の裁判例（借地―賃料増減額）

用　途 （地上建物の用途）	増減額の別	ウェイトづけ	コメント
従前賃料			新賃料
東京地判令和2.10.7乙			
東京都品川区、大手企業の本社所在地 事務所および倉庫	増額	差・利・スを関連付け	更新料支払の合意が認められた
平成 8 年 6 月～　49万2,800円			平成28年 1 月 1 日　61万6,000円
東京地判令和2.10.29甲			
東京都新宿区百人町、駅から徒歩 2 分、商業地	増額	利とスの中庸値と賃を重視、差を参考値	
…			平成30年 8 月18日　20万円
東京地判令和2.11.10			更新料の合意があったことは否定
…	増額	差・利・スを等しく考慮	
平成25年 1 月～　3 万2,000円			令和 2 年 1 月　3 万6,900円
東京地判令和2.11.13			
東京都杉並区、商業地	増額	差：利：ス：賃公 ＝10：30：25：10：25	公租公課倍率法を採用した
平成15年12月　7 万円			平成29年 9 月 1 日　7 万2,700円
東京地判令和3.3.19			
4 階建マンション、3 階・4 階の区分所有者	増額	差：利：ス＝60：20：20	借地権は準共有だが、賃料は区分所有ごとに定められている
平成16年11月～　（金額不明）			平成30年10月 1 日
東京地判令和3.3.25乙			
東京都大田区、商業地域、堅固建物所有目的	増額	賃を中心とし、差・利・スを比較衡量	増額請求後も従前の賃料を受領していたが、請求を撤回したとはいえない
平成18年 9 月～　3 万7,500円			平成30年 5 月 1 日　4 万3,000円

用 途 （地上建物の用途）	増減額の別	ウェイトづけ		コメント
		従前賃料	新賃料	
東京地判令和3.3.26乙				特約（賃料の決定方法につき、土地固定資産税の2.5倍と定める）が有効であることを前提としたうえで修正を加えた
東京都台東区、木造建物および10階建ビル	増額減額	差・利・ス・賃を関連づけ		
…			平成28年 9 月10日　 8 万4,712円 平成29年 4 月15日　 8 万6,813円	
東京地判令和3.3.26丙				『公租公課倍率法を用いた試算賃料をも考慮しなければ適正な賃料の算定が困難であるというべき事情はうかがわれない』
…	増額	差・利・ス・賃を総合的に比較考量		
平成24年 4 月〜　51万3,658円（裁判上の和解）			平成29年 1 月 1 日　55万8,000円	
東京地判令和3.3.31				『賃貸事例比較法は、規範性の高い適切な賃貸事例が収集できなかったため採用しない』
パチンコ店舗、事業用借地権、鉄骨ALC建築	減額	差：利：ス＝40：40：20		
平成24年 8 月〜　440万円			平成30年 7 月 1 日　375万2,000円	
東京地判令和3.4.13乙				平均的活用利子率で検証した
東京都中央区、事業用ビル	増額	差・利・ス・賃の中庸値		
平成27年 9 月〜　100万円			平成30年 5 月 1 日　121万円	
東京地判令和3.4.14				原告が原告鑑定書を提出。裁判所鑑定はなされていない
住宅家屋所有目的	増額	…		
平成 2 年 1 月〜　 1 万5,000円			平成23年 1 月 1 日　 1 万8,630円	
東京地判令和3.5.27				X は期待利回りを 4 ％とする私的鑑定を提出していたが採用しなかった
東京都世田谷区、木造 2 階建住宅	増減	差・利・スを考慮して継続適正賃料を査定		
平成18年 1 月〜　 6 万円			平成31年 2 月 1 日　 7 万1,700円	
東京地判令和3.7.1				土地の適正賃料の算定において相続税額を考慮すべきであるとする主張は否定された
…	増額	差・利・スを均等に評価して関連付け		
平成 8 年 7 月〜　 5 万1,700円			平成27年 1 月 1 日　 5 万6,400円 平成31年 1 月 1 日　 6 万4,600円	

第11条の裁判例（借地―賃料増減額）

用　途 （地上建物の用途）	増減額の別	ウェイトづけ	コメント
従前賃料			新賃料
東京地判令和3.9.6			一定期間の経過は賃料が不相当になったか否かを判断するための一事情にすぎない。隣接地との同一効用説に立った
隣接地とあわせて1棟の建物が建っている	増額	…	
平成28年11月～　58万1,000円		令和元年11月　69万1,000円	
東京地判令和3.9.8			裁判所鑑定はなく、X意見書を裁判所が大幅に修正し、判断した
東京都世田谷区、コンビニエンスストア	増額	…	
平成27年～　年額206万6,799円		平成30年1月　年額360万円	
東京地判令和3.9.15			スライド法による試算賃料は個別性の反映の困難性を鑑み、やや規範性の面で劣るものと把握した
非堅固建物所有目的	増額	差・利を関連付け、スを勘案	
平成2年1月～　3万円		平成31年1月1日　5万8,000円	
東京地判令和3.10.14乙			更新拒絶による明渡訴訟、増改築許可の非訟事件手続など係争が続いている
東京都杉並区、中央線沿線、住居	増額	賃を重視、差・利・スを参考	
平成8年5月～　6万1,100円		平成30年9月1日　7万円	
東京地判令和3.11.5			差・利・スには格別な優劣はない
長野県、生命保険会社の賃料減額請求、事務所	減額	差・利・スを相互に関連付け、端数調整した	
平成29年1月1日～　年額2,760万円		平成30年10月1日　年額2,520万円	
東京地判令和3.11.24乙			更新料請求が認められた
東京都中央区銀座、商業ビル	増額	利・ス・賃の中庸値、差額配分法を参考にとどめた	
平成21年8月～　210万円		平成30年12月1日　340万円	

用 途 (地上建物の用途)	増減額の別	ウェイトづけ	コメント
従前賃料			**新賃料**
東京地判令和3.12.24乙			直近合意賃料が低額に定められたとはいえ、賃貸人と賃借人との間で裁判上の和解により定められたもの。Xもこれを前提に本件土地を取得している
東京都目黒区、普通建物所有	増額	利：ス：差＝45：45：10	
平成17年1月～　8万3,750円（裁判上の和解）		平成28年6月1日　10万9,900円	
東京地判令和4.2.9甲			Xは、特殊な人的関係により、本件土地賃貸借契約の賃料額が著しく低額な金額とされていたが特殊事情が解消されたと主張したが、もともと人的関係によって賃料額を低額に設定されたといった事情があったとは認められなかった
東京都文京区、住宅地、堅固建物の所有	増額	差・利・スを調整	
平成18年12月～　42万円		令和元年9月　50万5,000円	
東京地判令和4.3.1			X意見書から、公租公課に対する倍率を5倍に判断するのが相当とされた
東京都中野区、住宅	増額	…	
…		平成30年10月1日　1万7,600円	
東京地判令和4.3.28甲			
住居兼英会話教室	増額	差・利・スにより試算地代を算定し、それらを調整の上、鑑定評価額を決定した	
平成17年8月～　1万9,790円		平成29年2月　2万2,700円	
東京地判令和4.4.15			
非堅固建物所有目的、RC造4階建	増額	差：利：ス＝6：2：2	
平成8年6月～　51万4,000円		令和元年7月24日　54万7,400円	
東京地判令和4.4.19乙			公租公課倍率法、活用利子率法の手法による試算賃料を参考にしている
JR中央線a駅から約700m	増額	差とスを均等に重視、他の手法は参考	
平成26年4月～　7万8,200円		平成30年7月　12万9,000円	

第11条の裁判例（借地—賃料増減額）

用　途 （地上建物の用途）	増減額の別	ウェイトづけ	コメント
従前賃料			**新賃料**
東京地判令和4.4.19丙			
東京都台東区、53年以上経過したビル	増額	差・スを重視、利を参考	
平成21年10月〜　（金額不明）		令和元年11月　42万3,500円	
東京地判令和4.5.19			平成18年にＸの承諾（承諾料200万円）のもとに建物を建て替えている
東京都新宿区、木造２階建共同住宅	増額	差：利：ス＝４：３：３	
平成11年12月〜　（金額不明）		令和２年６月１日　５万9,700円	
東京地判令和4.6.29			
木造建物所有目的	増額	差・利・スを関連付け	
平成12年９月（分筆と同時に合意）〜　7,428円		令和３年６月１日　１万3,950円	
東京地判令和4.7.19甲			Ｘは音楽関係の人材育成を目的とする一般財団法人、もとの所有者から遺贈によって土地を取得。当初親族間の情誼に基づく生活支援的な性質を有していたものの、締結後に賃貸人及び賃借人の地位の承継が生じた
住居店舗	増額	差：利：ス＝２：２：１	
平成23年１月〜　12万9,103円		平成30年11月１日　26万1,890円	
東京地判令和4.7.19乙			平成16年２月、平成26年10月の賃料も判決によって決められていた
…	増額	差をやや重視しながら、利とスによる賃料を比較考量	
平成26年10月１日〜　13万3,700円		令和２年８月１日　16万2,000円	
東京地判令和4.9.27			Ｘが評価書を提出、Ｙがこれに反論。そのうえで裁判所が判断をした
…	増額	スを基準に査定	
平成29年４月〜　11万円		令和３年４月　12万円	
東京地判令和4.12.16			地代等自動改定特約があるが、基準を定めるに当たって基礎となっていた事情が失われた
東京都中央区銀座、普通建物所有目的	増額	差：利：ス：公租公課倍率法＝２：５：１：２	
平成22年４月〜　114万5,700円		令和２年１月　182万8,000円	

用　途 （地上建物の用途）	増減額の別	ウェイトづけ		コメント
		従前賃料		新賃料
徳島地判令和5.11.1				
JR駅100m、13階建建物、大規模商業施設の1階	減額	差・利を基礎とし、スを参考		相当賃料は、歩合賃料を除外したもの
昭和62年6月～　（基本賃料）50万7,200円			令和元年9月　（基本賃料）42万3,390円	

○賃料増額を否定された事例

東京地判平成22.5.20	
事務所ビル	自動改定特約（相続税路線価の変動にあわせる特約）の効力を肯定。

東京地判平成28.6.2	
2階建て木造建物	更新料支払義務を否定。

東京地判平成28.9.15甲	
東京都大田区	平成6年と比較して、公示価格と都道府県地価調査の結果のいずれも平成26年の方が下落している。賃料水準。

東京地判令和2.1.24	
東京都足立区、普通建物所有	XとYがそれぞれ鑑定書を提出。調停委員会から、X鑑定書およびY鑑定書の双方の内容を踏まえた上で、適正賃料は、むしろ本件現行賃料よりも低額である旨の心証開示を受けていた。
平成21年1月～　4万4,730円	増額請求は平成28年9月

東京地判令和2.11.5乙	
普通建物所有目的	XがX鑑定書を提出したが、鑑定の過程の重要な点で疑問があるとして、その評価額は採用されなかった。
平成10年8月～　1万3,000円	増額請求は平成30年8月

東京地判令和3.3.4	
4階建ビル、1階・2階、カメラ店舗	XYがそれぞれ鑑定を提出。『直近合意時点から価格時点までの間の経済事情の変動等により賃料が不相当になったということはできない』
平成21年5月～　50万円（調停による）	増額請求は平成29年7月

第11条の裁判例（借地─賃料増減額）

東京地判令和3.6.21	
RC造の堅固建物所有目的、賃貸借の開始は昭和36年12月	Xは公租公課だけに依拠して増額請求をしたが、増額が否定された。
平成6年1月〜　15万2,500円	増額請求は平成27年1月

東京地判令和3.7.16乙	
普通建物所有目的	賃借人は増額後の賃料を供託。賃料不払解除による明渡請求をしたが、否定された。賃貸人は利のみを用いて適正賃料主張したが、疑問があるとされた。
平成18年3月〜　2万5,562円	増額請求は平成28年8月

東京地判令和3.9.7乙	
東京都台東区、54室の借地権マンション	増額請求は賃借人全員に到達しなければ効力がないとして却下。
平成22年9月〜　25万8,807円	増額請求は平成29年1月

東京地判令和3.9.14	
非堅固建物所有目的	X鑑定が提出されたが、基礎価格につき借地権がある場合には『更地価格に底地割合を乗じて算定した底地価格を基礎価格として相当賃料額を算定するのが相当であり、これに反する鑑定書を根拠とするXの主張は、採用することができない』
平成17年10月〜　10万1,000円（判決による）	増額請求は平成31年2月

東京地判令和3.9.28乙	
RC造9階建建物、土地の所有者が地上権の準共有者のうちの一名に対し増額請求	『地代について原告が主張する直近合意が認められないから、原告の請求はいずれも既に理由がない』
…	増額請求は令和2年3月

東京地判令和3.11.11	
堅固建物所有目的	『直近合意時点を認定することができず、現行賃料が不相当となったとする根拠を欠くといわざるを得ないから、その効力を生じない』
（合意時点不明）7万円	増額請求は平成元年10月

東京地判令和3.11.19甲	
非堅固建物敷地使用	Xは所得税や相続税の負担を増額の理由としていたが、認められなかった。
平成25年10月〜　3万2,500円	増額請求は令和2年12月

東京地判令和4.2.10	
堅固建物所有目的	『公租公課倍率法を採用し、その倍率を2.06倍とする』との裁判上の和解が成立していた。『本件合意を定めるに当たって基礎となっていた事情が失われていない』

| 301万1,681円（特約に基づく地代） | 増額請求は平成31年4月 |

○賃料減額を否定された事例

東京地判平成22.10.29丙	
東京都新宿区	公租公課倍率法を採用しなかった。

東京地判平成23.1.21甲	
東京都新宿区、商業地域	自動改定特約（公租公課（固定資産税および都市計画税）の3倍に1.25を乗じた金額とする）の効力を肯定した。

東京地判令和2.6.5	
SC建設予定地であった土地。賃借人は温浴施設運営	SC建設計画は頓挫。XYがそれぞれ評価書を提出していた。

| 平成24年2月～　100万円 | 減額請求は平成30年4月 |

東京地判令和3.8.10	
住居	減額請求がなされたが『直近合意賃料が合意以降、賃料を減額すべき経済事情の変動等とは相反する経済事情の変動等が生じている』

| 平成28年5月～　2万4,000円（調停での減額合意） | 減額請求は令和元年8月 |

第28条の裁判例
（借家—正当事由）

- 賃貸人を X、賃借人を Y と表記している。
- 賃料表示は、特段の注記がなければ、1 か月当たりの金額

○正当事由の無条件肯定事例

東京高判昭和55.4.14

Y は会計事務所として使用。ただし、ほかにも事務所があり、週 2 回程度しか利用していない。
X は行政書士。自らの行政書士事務所兼居宅として使用する予定。

東京高判令和6.1.18

RC 造 2 階建アパート、4 室。
Y は 4 室を一括借上げ（マスターリース）して、転貸。
X は、賃貸部分以外を自宅として使用している。
契約期間が短期間（1 年）とされていた。

大阪地判昭和45.8.31

Y は住居として使用しているが、経済的にも他に住居を求めることは比較的簡単である。
X は高齢者。屋内において寝たり起きたりの状態。長男と X の住居は畳敷の 6 畳、3 畳の間と炊事場および 4 畳半の板の間という間取りであり、ここに 7 人が生活している。長男は肺結核のため収入はなく、X の妻の内職による収入で生計を立てている。
X は明渡しを受ければ日用品の販売等をして生計維持をはかる計画。

東京地判昭和55.2.13

Y は 1 階をスナック喫茶店店舗、2 階を更衣室として使用。
X は 1 階を釣竿店店舗、2 階を住居とする予定（2 階部分だけ正当事由を無条件肯定。1 階部分は正当事由否定）。

大阪地判昭和55.7.11

Y は住居として使用。ガレージの使用料集金などの管理を行うことになっていた。
Y は適切なガレージの管理を行っていなかった。

東京地判昭和56.10.7

Y は新聞販売店従業員寮として使用、ただし、近隣にもアパートを賃借。
X は高齢、別居中の長男家族と共に生活する予定。

東京地判昭和56.10.30

Y は運送事業の事務所と住居として使用。当初もぐりの運送事業者であったが、免許を取得して事業を拡張し、賃借の目的を一応達したと評価し得る。
X 夫婦は高齢、特に夫は入退院を繰り返している。建替えのうえ三男とともに同居する予定。

東京地判昭和60.2.8

Ｘ一家が将来海外から帰国し使用が必要になったときは明け渡す旨の合意があり、この合意との関係で賃料が減額されていた。Ｘ一家はほかに居住用の家屋を所有していない。

東京地判昭和61.2.28

Ｙは不動産業店舗として使用。
Ｘは建物を建て替えて賃貸することを計画。

東京地判昭和63.10.25

中央区銀座、昭和通り沿い、大正12、3年頃建築の木造2階建て建物。朽廃化が顕著で構造的にも物理的にも安全ではない状態。廃屋といっても過言でない外観を呈している。
Ｙは照明器具貸付業を営んでいる。

東京地判平成2.3.8

木造の古い建物、期間1年だったが更新を繰り返し、5年余の間継続。
Ｙは倉庫として使用、Ｙは歩いて4〜5分の所に土地を購入し倉庫を建築。そこに管理人を常駐させ、物品保管業務を行っている。

東京地判平成3.11.26

昭和2年建築、60年経過した木造建物、地盤崩壊の危険もある。
転借人Ｙ2が薬局営業。Ｙ2は近隣にビルを所有し、Ｙ2所有のビルに賃借人Ｙ1が居住。薬局の移転先をみつけるのは不可能ではない。
Ｘはビルへの建替えを計画。

東京地判平成5.7.20

新宿区のビルの1階。
Ｙは不動産会社。赤字の連続で営業成績は芳しくなく、赤字状態の営業を不本意に継続している。
Ｘは洋書販売店。オートバイによる宅配を行っているが、本件建物での洋書店営業を再開する必要が大きい。

浦和地判平成11.12.15

埼玉県、住宅都市整備公団（Ｘ）の団地。建築後40年近く経過。
Ｘが建替事業を計画。国の住宅政策に沿って、居住水準の向上と土地の高度利用を目的として行われる公共性の強い事業である。建物の設備性能水準が今日の居住水準に適合しておらず、社会的に陳腐化している。

東京地判平成12.4.21

小田急線沿いの側道。昭和19年に保存登記、50年以上経過した平家建て。都市計画事業の道路用地、本件建物敷地を除いてはほとんどの買収が完了している。

東京地判平成17.2.3

Ｙは立退料を取得することを主たる目的とする占有であった。
Ｘは抵当権の実行による競売による買受人。

東京地判平成20.7.18

渋谷駅の至近距離、区分所有の建物。建替決議がなされ、「建替え、取壊日が確定した場合、賃借人は、本件建物を賃貸人に明け渡す」とする明渡し条項があった。

第28条の裁判例（借家―正当事由）

東京地判平成21.7.9乙

昭和45年11月建築で40年弱が経過したアパートの1室。
YはXの長男。平成11年には新潟県上越市内へ転出して同所を生活の本拠としている。会社の事務所として使用はしているが、別途営業所を有している。
Xは要介護3の健康状態、Xの住居は借地上にあり、借地契約の契約期間が満了している。

東京地判平成21.8.28／東京地判平成21.9.11

文京区本郷の住宅街、明治38年頃建築、104年経過した木造3階建て建物。当初は旅館として、大正8年頃からはいわゆる下宿屋として使用されてきた。
同じ建物の別の賃借人について、東京地判平成21.10.2では、立退料10万円との引換給付判決となっている。

東京地判平成23.4.14丙

東京都豊島区、昭和42年1月建築、RC造。雨漏り、水漏れ等が頻発している。
Yはグループホームとして使用。
Xは建物を取り壊し、土地を地主に返還する計画。
建物は老朽化が進み改修には2億円以上の費用がかかる（月額賃料は35万円である）。建物を解体または改修する必要が生じたときは契約を更新しない場合があるとの約定がある。Yの移転先は豊島区の基準に適合した移転先を豊島区内で少なくとも4か所存在する。

東京地判平成25.1.23乙

都心部、昭和35年8月建築、2階建て木造建物の4室。
Yは、主に外国人を対象として事業を営んでいる。3部屋については、現在では利用者はいない。畳をフローリングに変え、トイレを洋式に変更する等の改装がなされていた。
Xが建物を取り壊して新たな建物を建築する等の必要性は高い。
改装禁止特約・転貸禁止特約には違反するものの、信頼関係が破壊されていないとされた。

東京地裁立川支部判平成25.3.28

東京都日野市、昭和46年5月20日建築、11階建てUR団地（住戸数250戸）のうち7住戸、Is値X方向0.6未満、最小値0.26。
Yは、転居を拒否していた。
Xは、UR（日本住宅公団の権利義務を継承）。耐震改修については経済合理性からその実施を断念。204戸のうち、197戸との間で、住替えの合意が成立していた。

東京地判平成26.2.28乙

東京都渋谷区原宿竹下通り沿い。
Yは衣料品や雑貨等の販売。偽ブランド品の販売行為（商標法に違反する行為）がなされ、スピーカーから大きな音で音楽を流すことがあり、複数回にわたり苦情や注意を受けていた。
解除の主張もなされたが、否定された。

東京地判平成27.3.20

昭和33年以前に建築された木造住宅。
Yはたばこの卸売をする事業を営んでおり、書類等を保管するために使用している。貸室を立ち退き、その代替物件を確保する場合に生じ得る経済的な損害の程度も限定的なものにとどまる。
Xは建物の西側部分に居住。3階建ての新建物を建築し、同所で生活する計画。

東京地判平成28.9.6

東京都杉並区、昭和38年12月建築、木造アパート（6室）。ガラス戸が突然落下、土台が崩れるなどの状況にある。
Yは本件訴訟の提起の前後を通じて、不合理な行為を繰り返している。
Xは建物を取り壊す計画。
Y以外の賃借人は退去済み。

神戸地判平成28.12.8

文化施設・K市所有の文化交流施設の転貸借。
Yは文化交流施設の運営。賃料が継続的に延滞していた。
XはK市の外郭団体。Yの退去後、新たに施設の整備・運営事業者を公募する予定。

東京地判平成29.5.23

Yは元Xの社員であり、社宅として使用していた。退職後も退去していない。
XはYの在職中にYに建物を使用させていた。賃貸借ではないと主張したが、否定された。
XとYの賃貸借は通常の賃貸借契約とは異なる。また、借地借家法が適用されるとしても、建物の性質、賃料の低廉性からすれば、特段の事情のない限り、従業員としての身分を喪失したことをもって賃貸借契約の更新を拒絶するに足りる正当の事由があるとされた。

東京地判平成30.11.9

東京都大田区、3LDKの戸建て住宅を改造した簡易宿泊所。
Yは簡易宿泊所として利用。宿泊者と近隣住民のトラブルが放置されていた。
Xは苦情への対応などの負担を負うことになっていた。
契約解除については否定された。

東京地判令和元.9.24

Yは事務所として使用。
XはYに荷物の撤去を何度も要請していたが、共用部分に大量の荷物を置く行為を繰り返していた。

東京地判令和3.3.25甲

東京都目黒区、昭和46年2月建築、3階建、増築後延床面積1,148m²、平成17年12月劣化状況調査では「劣化が顕著に見られ、早急の修繕が必要」との最低評価。
Yは広告資材の企画制作会社、事務所。
Xは早急に使用を停止して解体し、ビルを建築する計画。
令和2年3月調査で飛散性が高いアスベスト検出。Xは立退料500万円を提示していたが、判決は無条件での明渡しを認めた。

東京地判令和4.4.27甲

飲食ソシアルビル。昭和62年6月4日建築、飲食店舗営業のための転貸を予定したいわゆるサブリース契約。
Yは抵当権に劣後する賃借権者。
Xは平成16年4月に競売の買受人から建物を取得。
Yは抵当権設定登記に後れて賃借権を取得した者であり、Yは短期賃貸借の保護（改正前の民法395条）を受け得た者であるが、現在ではXの解約申入れが権利濫用に類するような事情があるとは認められない。

第28条の裁判例（借家—正当事由）

東京地判令和4.6.6

東京都板橋区。昭和36年8月建築、60年超経過。木造2階建て。基礎にひび割れが生じており、耐力壁が少ないため、地震の揺れ幅が大きく建物倒壊のおそれが増している。総合評価の評点は0.32。修繕は不可能。
Yは2階の約半分を住居として使用。Y以外の居住者は退去済み。

○正当事由の否定事例

【事務所】

東京高判平成5.12.27

Yは会計事務所を営んでいる。
Xは自社ビルを建築する目的で建物購入を主張するが、自社ビル建築の必要性も具体的計画もない。

東京地判平成元.6.19

千代田区神田神保町、昭和49年3月建築。
Yは十数年来営業の本拠として出版業を営んでいる。
Xはオフィスビル再開発計画事業者。再開発事業者が周辺の土地を順次取得していた。

東京地判平成2.7.30　（正当事由関係＝事務所否定）

東京都渋谷区。マンションの一室の事務所としての賃貸借。
Yは金融業等の事務所として使用。
Xは社宅として使用が必要と主張。Yの不信行為を主張したが否定された。

東京地判平成25.9.17乙

千代田区神田神保町の近隣、建築後38年経過したビル。
Yは昭和54年8月以来出版社の事務所として使用。
Xは震度6以上の地震による倒壊の危険性があることによる取壊しの必要性を主張したが、否定。立退料を支払う意思はないと明言していた。

東京地判平成29.3.28甲

Yは化粧品販売、日用品雑貨販売の事務所。
Xは耐震性能の欠如を主張。
補強工事によって耐震性能の向上を図ることができる。

東京地判平成30.2.16甲

マンションの1室を事務所として使用。
Yは自動車販売業。
Xは負債を返済するために不動産を売却しようしている。

東京地判平成30.5.29甲

昭和43年4月建築、木造建物。
Yは土地家屋測量士業、事務所として使用。
Xは建物を取り壊し、賃貸マンションを建築予定。
耐震補強によって耐震性能を高められる可能性があることを否定することはできない。

東京地判平成30.5.29乙

Ｙは第三者に転貸し、第三者が建物を使用。
ＸはＹが現実に使用していないことから使用の必要性がないと主張していた。

東京地判令和2.1.30

Ｙはサブリース事業者。ビル１棟を借り上げて、転貸している。
Ｘはサブリース契約への借地借家法の適用否定を主張していたが、認められなかった（サブリース契約に借地借家法は適用されると判断された）。

東京地判令和2.10.1

賃貸住宅の一室のサブリース。
Ｙはサブリース業者。１住戸当たりの利益は小さい。
Ｘは相続税対策としていつでも自由に売却可能な状態にしておく必要があると主張。
Ｙはサブリース物件管理で法人としての収益を上げており、本件によって得る利益の額のみから居室を使用する必要性が低いとはいえない。

東京地判令和3.1.28

昭和45年１月建築、RC３階建ビル、耐震性に問題がある。
Ｙは営業用事務所。本店が徒歩１分の場所にある。
Ｘは解体し建て替える予定。
Ｙ以外に４世帯の入居者がいたがいずれも退去済み。耐震性に問題があっても、そのことのみによって解体の必要があるとはいえない。

東京地判令和3.5.20

東京都豊島区、平成５年６月９日建築、５階建。
Ｙはサブリース業者であり、第三者に転貸している。
Ｘは資金繰りのため、直接転借人に賃貸する等による建物使用の必要性を主張。
Ｙがサブリース事業者であることは、正当事由の有無において特段異なる判断基準を採用すべき合理的な理由とはならない。

東京地判令和3.6.23

賃貸住宅の一室のサブリース。
Ｙがサブリース事業（転貸事業）を営んでいることは使用の必要性となる。
Ｘによる使用の必要性については主張されていない。
契約書の表題が「管理業務委託契約書」となっていたが、賃貸借契約であって、借地借家法が適用されると判断された。

東京地判令和4.3.30

東京都大田区、昭和59年７月建築、木造２階建建物、耐震性の問題は修繕工事で対処可能であり、建替えを要する状況にはない。
Ｙは害虫の駆除を行う会社の事務所として使用している。室内にシャワー室、流し台等を設置。早朝に車への薬品、機械の積込み、シャッターの開閉を行い、また、夜間に荷物の積下ろし等を行う必要がある。

資料編 第28条の裁判例（借家―正当事由）

第28条の裁判例（借家—正当事由）

【店舗】

大阪高判平成3.12.10

Ｙは鍼灸治療業、患者数は400名を超える。治療業で生計。
他に同様の条件の店舗を探すことは容易ではない。

福岡高判平成27.8.27

都市計画法の用途地域規制によって、カラオケボックス等の遊戯施設は建築不可。ただ、建物は用途地域指定よりも前に建物が建築されていた。
Ｙはカラオケ店店舗営業。規制前に建築された既存のカラオケボックスを探すのは困難。
Ｘは自社ビルの建築を予定しているが、法的規制により建築ができるかどうかは疑問（熊本地判平成27.3.3が維持された）。

東京高判平成30.3.29

都心部、高級ブランドが集中する繁華街、10階建て、40年経過、Is 値は0.4前後。
Ｙはオーガニック自然食品の専門店。
Ｘは隣地を含めて地上12階建て建物を建築予定。
原審は正当事由を肯定していたが、控訴審では再開発の主体が確認も特定もされていない、スキームは確定的ではなく、具体的な見通しが明らかでないとして、原審の判断が覆された。

東京高判令和3.5.18

東京都日野市。
Ｙはハンバーガーの販売等業。
Ｘは再開発の予定。
委託販売契約だが、借家法の適用が肯定された。

東京地判昭和55.1.31

Ｙは喫茶店店舗の営業。
Ｘは返還後自ら喫茶店営業を計画しているが具体的な準備はない。
営業委託契約名目で締結されており、賃貸借契約か否かも争われた。

東京地判昭和55.4.16

建築後相当の年数を経ているが、危険な状態ではない。
Ｙは和風飲食店。固定客がつき順調。店舗収入が生計の基盤となっている。
Ｘは隣接地のビル所有者。建物を取り壊し自己所有のビルと一体として利用するため買い受けた。

横浜地判昭和59.3.2

東急東横線沿線の商店街、木造２階建て店舗兼居宅。
Ｙは婦人服等販売店店舗として使用。
Ｘは建物の東側部分で文房具店営業、明渡し後自らの店舗として使用予定。

大阪地判昭和59.5.30

Ｙは昭和36年から賃借、子供３人を居住させる必要がある（自らは内縁の夫と別の建物で同居しクロス縫製業を営んでいる）。
ＸはＹが賃借し使用の必要があることを承知のうえで購入した。

東京地判昭和61.7.22

大田区蒲田、鉄筋コンクリート造 4 階建て建物の 1 階部分。
Y は医療品販売薬局。
X は 2 階・3 階で診療所、1 階に拡張を計画。

東京地判昭和62.6.16

千代田区神田神保町、昭和41年建築の鉄筋コンクリート造 5 階建てビル。
Y は中華料理店店舗を昭和52年から営業、賃料12万円。
X は周辺区画とあわせ高層ビル建築の再開発計画をし、昭和58年 3 月にビルを購入、立退料8,000万円を提示しても正当事由否定。

東京地判昭和63.7.19

Y は企業組合。合唱練習場として使用、移転する場所を確保することは困難。
X は経理簿記の専門学校。現在利用している校舎について明渡し請求の訴えを提起されている。

東京地判平成3.5.13

新宿区の高度商業地域、竣工後20余年経過の 9 階建てビル。
Y は紳士服製造販売。Y はビルの安全確保工事に反対し仮処分を申請したこともあった。
X は有名書店。自らの店舗、事務所として使用するため改修工事を計画。

東京地判平成4.9.25

東京都世田谷区の木造 2 階建て店舗兼住居、建築後20年以上経過し老朽化。
Y は洋菓子製造販売。
X は、賃貸目的に則した管理を行わなかったのであり、老朽化による建替えの必要性を自ら招いたものとしてその責任を被告に求めるような更新拒絶は認められない。

東京地判平成8.7.15

スーパーマーケット内のパンの製造販売店舗。
Y は売場の売上げで経営を成り立たせている。
X は自ら営業を行うことを計画。

東京地判平成9.2.24

JR 池袋駅西口近くの商業地区、昭和37年建築、木造 2 階建ての建物の 1 階。
Y は昭和31年頃から飲食店店舗営業。
X は再開発を計画。しかし、金融機関から競売を申し立てられ、税金の滞納により差押えもされ、ビル新築計画を完成する能力は、多大の疑義が残る。

東京地判平成17.4.22

東京都港区、JR 山手線駅に近接し、人通りが多い。昭和46年 3 月建築、RC 造 5 階建て商業ビルの 3 階、エレベーターはない。補修すべき箇所はあるが、今後30年程度の使用が可能。
Y は麻雀店店舗営業。
X は建替えを計画するが、現状においてすでに地域の状況に沿って有効利用が図られ、また今後も図ることができると判断された。

資料編

第28条の裁判例（借家―正当事由）

第28条の裁判例（借家─正当事由）

東京地判平成18.10.12

東京都渋谷区、建築後45年以上を経過。Is 値0.232〜0.668。
Y は飲食店とダイビングスクール。
定期建物賃貸借の期間満了による明渡し請求は肯定。

東京地判平成18.11.20

東京都中央区、晴海通り沿い、昭和23年 5 月以前に建築の 6 階建てビル、Is 値0.24〜0.84、平成 3 年以降ビルの外壁全体が工事用のネットで覆われている。
Y は昭和59年 2 月頃から喫茶店経営。
X は再開発を計画、約80室のうち明渡し係争中のテナントが 8 件で大半が空家、東京都の道路事業によってビル全面が収用されている。

東京地判平成19.12.26

西武池袋線、駅前ロータリー、通行人が多い場所に位置。
Y は洋菓子販売店および喫茶店経営、唯一の営業店舗。
X はパチンコ店店舗営業を目的として建物を買受け。

東京地判平成21.1.22

東京都新宿区、繁華街、昭和56年建築、外壁剥落などの危険があるが修繕による対応も不可。
Y は CD・DVD 販売店舗、海外アーティストが多数来店した経歴があるなどの著名な店舗。
X は建物を取り壊し、建替えを計画。

東京地判平成21.1.28甲

兵庫県姫路市内、昭和63年 3 月建築の 9 階建てビル。
Y は居酒屋経営（チェーン店）。
X はかつてイタリア料理店を経営していたが撤退して、その後 Y に賃貸。借入金返還のために建物と敷地を売却する予定。明渡しの必要性は、大きくない。

東京地判平成21.3.24甲

東京都千代田区地下鉄内幸町駅付近、昭和38年 8 月建築。Y 1 喫茶店・Y 2 古美術商。
Y 1 ・Y 2 は店舗で生計を営む。
X は高層階建物建築の計画、ただし隣接地のみでも建築が可能。

東京地判平成21.12.16

昭和37年建築、47年経過のビル。屋内の漏水、外壁タイル面のひび割れなど、相当程度劣化している。修繕するのが経済的に不合理とはいえない。X が的確な修繕をしていれば、老朽化の程度はより軽度にとどまっていた。
Y はカラオケボックス店舗経営。

東京地判平成22.3.17

昭和39年 8 月建築、木造 2 階建。補強工事に要する費用は低廉なものであり、補強工事を実施することにより、耐震性能が、飛躍的に向上する。
Y 1 は 1 階で洋品雑貨販売店舗、Y 2 は 2 階で飲食店店舗。

東京地判平成22.7.8

Y は酒類販売店経営、顧客は、地域の固定客であり、酒類販売の収入によって生計を立てている。
X はマンションを建築する計画だが、ほかにも自宅と不動産があり、不動産は賃貸している。

東京地判平成22.7.29

東京都新宿区、昭和23年頃建築、木造瓦葺2階建て店舗居宅。
Yはフラワーショップ店舗。
Xは建物の共有持分権者、賃貸中の建物を有利に売却するために賃借人に明渡しを求めた。

東京地判平成22.9.7

昭和50年建築。耐震補強工事を行うことが可能。
Yは食料品のディスカウントストアを経営。

東京地判平成22.9.30

東京都豊島区、昭和30年代に建築、2階建物(3階を増築)。豊島区の担当部署から早急に維持保全のため適切な措置を講じるよう指導されているが、他方、地下部分を残して地上部分の壁量を確保することで耐震性能の増強は可能との別の一級建築士の意見もある。
Yはファッションパブの営業。

東京地判平成23.5.27乙

Yはそば屋兼そば打ち教室を営業。
Xが自ら使用する必要性は特段見当たらない。
用法違反や無断改装の主張がなされたが否定された。

東京地判平成24.9.27

東京都渋谷区代々木、ビルの2階・3階部分。
Yは居酒屋大型店舗。
Xは耐震性を確保するためのビルの建替えの必要性を主張したが、耐震補強工事によって耐震性能を十分に確保できる、耐震補強工事によることに経済的合理性があるとされた。

東京地判平成25.2.25

東京都豊島区池袋。
Yは焼鳥店店舗営業。
Xは建替えを主張したが、建替えや不動産の有効利用については具体的な内容は全く不明。

東京地判平成25.9.10

私鉄および地下鉄の駅の改札から約70mに位置。
昭和44年4月1日建築、5店舗が連なる長屋形式木造平家建て。
Yは焼肉店営業、退去することとなれば、その収入を失って、生活に大きな影響を与える。好条件の代替物件を確保することが可能であるかは明らかではない。
Xは建物を取り壊して新たに賃貸目的のビルを増築する計画。
建替えの通知を受けたときは明け渡すという建替応諾条項があったが、無効とされた。

東京地判平成25.12.24

地下鉄駅徒歩5分、昭和41年11月建築。
Yは72歳。40年以上レストラン経営。従業員は9名、うち3名は40年以上在籍。
Xは建物を取り壊し、駐車場経営の予定。具体的な計画はない。
借家権相当額である2,985万円を立退料として提示したが正当事由否定。

第28条の裁判例（借家─正当事由）

東京地判平成26.7.30

東京都練馬区のマンション内の１室。
Ｙは健康サロン店舗の営業。
ＸはＹの用法違反（店舗内での寝泊まり）、管理組合からの管理規約違反の警告を正当事由の根拠として主張。

東京地判平成27.7.16

昭和37年１月より前に建築、２階建て建物の１階部分の一部。
Ｙは昭和40年代からもつ焼の看板を掲げて飲食店を営業。昭和10年生まれの高齢者。
Ｘも本件建物から数十秒の距離にある建物で、もつ焼の看板を掲げて飲食店を営業。自己使用の必要性と倒壊の危険性は否定された。

東京地判平成27.8.31

Ｙはパン屋店舗営業、一部を風俗店に転貸。パン屋営業と転貸収入で生活している。
Ｘは敷地の有効活用のため建物新築を計画。
Ｙの転貸については、黙示的な承諾があったとされた。

東京地判平成27.9.29乙

昭和44年12月建築、３階建て建物（各階床面積約33m²）の１階。
Ｙは居酒屋店舗営業。
Ｘは取り壊しの必要性を主張したが、補強工事では対応できるとされた。

東京地判平成27.9.29丙

Ｙはスーツ店店舗営業。
Ｘは不動産業や調剤薬局の経営計画を主張したが、具体性がないとされた。
一時使用も否定。

東京地判平成27.11.18

JR駅前。
Ｙは寿司店・ラーメン店・パチンコ景品交換所。
Ｘは耐震性不足による建物の取壊しおよび建替えの予定。
賃借人７名のうち４名は退去済み。無断転貸の主張も否定された。

東京地判平成28.1.28

表参道沿い、商業ビルの１階・２階。Is値は0.6を下回る。
Ｙはブランドショップ。店舗数425、売上げ789億円であり、旗艦店を出店していた。
Ｘは６階建ての商業ビル建築予定。月額賃料460万円のところ、立退料８億円（訴訟手続では12億円）を提示していた。
ビルの耐震性の問題は補強工事によって回避することができるとされた。

東京地判平成28.3.11

昭和10年建築、５階建て、消防関連の法令違反がある。
Ｙは飲食店。
Ｘは法令違反状態を解消するための改修工事のために退去を求めた。
Ｙを建物から退去させなくても、一時的な休業で施工できるとされた。

東京地判平成28.4.8

東京都港区白金、大正年間建築、90年経過、木造瓦葺2階建て。
Yは日本建築の古民家を利用した和風バー営業。
Xは建物を取り壊し、新築建物の建築を予定。
平成12年に大規模な改装工事が施され、現在に至るまで店舗として問題なく使用されている。

東京地判平成28.5.12甲

東急池上線駅の駅前商店街、昭和41年6月建築、48年経過、木造2階建て。
Yは飲食店。長年飲食店を営み、その営業収入が生計の維持に不可欠である。
Xは建物の建築予定と主張したが、具体的な建築契約が認められなかった。
Xが代替店舗を確保するのは容易ではない。Yは内装・設備に約500万円の費用を投じている。

東京地判平成28.7.26

JRターミナル駅付近、昭和43年11月建築、4階建て区分所有建物の1階店舗。
Yは約15年間パチンコ景品交換所、利用客は多く、取引先からも経営継続を期待されている。
Xは2階・3階に居住し、1階で飲食店営業を予定。
Xの飲食店を経営するための具体的な計画や準備がなされていなかった。

東京地判平成28.12.8乙

都営三田線駅付近、建築後31年経過、Yとの賃貸借を前提として建築された建物であった。
Yは飲食店。29店舗経営のチェーン店。
Xは建物を取り壊し、10階建てマンション建築予定。
代替物件は一定規模の駐車場用地が確保できる必要があって限定的。

東京地判平成29.1.17乙

JR駅前の飲食店街、建築後50年以上経過。
Y1はシャンソンバー、Y2は麻雀店。
Xは一帯の土地の再開発構想をもつが、計画は進展していない。

東京地判平成29.1.23

駅から50m圏内、繁華性が高い。昭和42年6月建築、44階建てRC建物、1階部分。
Yは焼き鳥店。
Xは商業ビルに建替えを予定。
立退料600万円を提示していた（月額賃料等は25万円）。

東京地判平成29.3.24乙

昭和32年2月建築。
Yはクリーニング店。
Xは解体撤去が必要と主張したが、取り壊した後の敷地を利用する差し迫った必要性はない。

東京地判平成29.3.28乙

Yはツアーガイド店。
Xは長女の夫が飲食店およびゲストハウスを経営する予定。事業の具体的な計画はない。
無断転貸による解除も否定されている。

資料編 第28条の裁判例（借家—正当事由）

第28条の裁判例（借家―正当事由）

東京地判平成29.7.19

8階建てのビル地下1階部分、地上階は貸店舗や住居用マンションとして利用。
Yはカラオケ店。
XはYの私物放置、夜中のパーティー、室内での花火破裂などを主張。

東京地判平成29.10.19

駅から徒歩5分、国道沿い。
Yは洋服リフォーム店。
Xは二男が2階に居住しており、お好焼き店開業予定。
350万円の立退料を提示していた（月額賃料10万円）。

東京地判平成29.11.28

建築後約65年した建物。
Yは焼き鳥店営業、営業収入が生活のための重要な収入源。
Xは建物取壊し、再築予定。
耐震性改善が技術的に不可能であるともいえない。300万円を大幅に超える金額の立退料を支払うことは予定していない（賃料月額8万5,000円）。

東京地判平成30.2.2甲

JR駅前約40店舗の飲食店街、昭和31年8月登記、木造建物。
Yは1階を小料理、2階を住居として使用。
Xは再開発予定と主張。具体的な計画は確定していない。

東京地判平成30.2.2乙

6階建てビルの1階から3階部分。
Yはカラオケ店。
Yは無断で増改築、看板・アンテナを設置していたが、解除は否定されている。

東京地判平成30.2.14乙

東京メトロ千代田線駅から60m、商業地域、昭和52年8月建築、6階建て。
Yは居酒屋、大手チェーン店。
Xは改修費用の支出は経済的に不可能と主張。しかし、ほとんど使用の必要性はなく、賃借人がいることを知りながら、明渡しが得られる見込みのないまま、ビルを購入していた。
3階部分から6階部分までは賃借人のいない空室となっている。

東京地判平成30.7.20

昭和46年4月建築。RC造の3階建てビル。
地震の際に倒壊または崩壊する危険性が高く、建替えまたは耐震補強工事が必要。
Yは居酒屋営業。
Xは211万円の立退料の支払いを申し出ている。
正当事由を具備するには1,156万円の立退料が必要。申出額の約5倍にも上る立退料との引換給付を裁判所が認めるのは、処分権主義との関係からみて、相当でない。

東京地判平成31.1.21

昭和55年建築、4階建てビルの1階、3階・4階の賃借人は退去済み。
Yは酒類販売業の営業。
Xは90歳前後の高齢者。エレベーターのあるビルへの建替えを主張をしていた。

東京地判平成31.1.29

Y は焼鳥店。
X は建物の取壊しを予定している。修繕には経済合理性がないことが取壊しの理由。
取壊し後の具体的な計画は明らかではない。

東京地判平成31.1.31

東京都世田谷区深沢、昭和41年建築、2 階建て鉄骨造建物。
Y は理容室・美容室。住居も兼用している。
X は建物を取り壊し、建替え予定。ディベロッパーの役員。
1,416万円（このうち250万円は敷金の返還金である）の立退料の支払いを申し出ていた（月額賃料は建物 1 が12万9,000円　建物 2 が12万円）。

東京地判令和元.12.19甲

Y は賃貸人の承諾を得て転貸、転借人がラーメン店営業。
X は建物を買い取り、Y に明渡しを求めた。
転貸により賃料差額を得ていることは、転貸等の目的に照らして、当然のことであり、賃貸借契約当事者間の信頼関係に影響を与えるものとも評価できない。

東京地判令和2.8.31

JR 駅近く。昭和26年ころ建築、木造 3 階建。
Y は飲食店、代表者と家族の生計の維持には、営業収入が不可欠。
X は周辺地と共に有効利用する計画を主張するが、計画の具体的な内容が明らかでない。
耐震性としては、1 階0.192、2 階0.233。しかし Y が貸室を使用する必要性が高いと判断された。

東京地判令和2.12.4

西武池袋線駅から徒歩 1 分、昭和56年建築、R 造 3 階建 1 階部分。
Y はコンビニエンスストア、フランチャイジーに転貸。
X は高齢で持病があり、病院に近く利便性が高い本件建物に居住する必要がある、妻が料理店開業予定と主張。

東京地判令和3.2.16

東京都港区、建築後60年以上、木造 3 階建、幹線道路に面し、区役所から耐震補強のための建替工事の指導を受けている。
Y は佃煮類の製造販売の営業。
X は建て替える計画。2,000万円を超えて立退料を支払う意思がない。
3,500万円の立退料の支払と引換えに明渡しを求めることができるが、X に支払い意思がないために正当事由を否定する判決となった。

東京地判令和3.3.12

東京都新宿区、幅員40m の都道に面する。昭和56年 6 月建築、RC 3 階建。
Y は30年以上バーの営業。22の飲食店を経営。
X は隣地も取得しており、12階建飲食テナントビルを建設する予定。
耐震性に問題があるが、補修や修繕を行うことにより対処すべきものとされた。

第28条の裁判例（借家―正当事由）

東京地判令和3.6.30

JR 京浜東北線駅付近の商店街、昭和32年頃建築、必要な耐力の 8 ％しかない。
Y は昭和32年建築当時から借り受けて 1 階で中華そば屋営業、2 階は住居。立退料は374万円を超えて支払う意思はない。
X は建物を取り壊し、新たに建築の予定。
立退料2,130万円の提供があれば、正当事由を具備するが、X が支払う意思のある金額と大きくかけ離れているので、正当事由が否定された。

東京地判令和3.7.29

Y は居酒屋営業、生計のために必要不可欠。
X はインド料理店を開業予定。
正当事由のほか、看板の無断設置と更新料不払いが問題とされた。

東京地判令和3.8.12

東京都千代田区、交通至便な駅徒歩 1 分、昭和56年11月建築、9 階建ビルの 6 階の一室。
Y は居酒屋営業。
X はビルを建て替える予定。立退料2,947万円を申し出ている。
耐震補強工事をせずに建替えを行うことには相応の経済的合理性がある。相当な立退料の金額は5,510万円であるが、X は立退料を大きく見積もっても2,947万円を上回ることはない旨を主張しているから、5,510万円の立退料をもって明渡しを命じるとなれば、原告の申立てない事項について判決することになるとして、正当事由を否定する判決となった。

東京地判令和3.9.2

建築後70年経過、3 階建 1 棟の長屋形式の建物のうちの一室。
Y は韓国料理店を営業、生計のために必要不可欠。
X は平成24年 3 月に建物を購入し、38年間経営していた焼肉店を移転させる予定。
Y が 3 階にゴルフネットを設置し、ゴルフの練習に使用しているとして契約解除が主張されたが、契約解除は否定された。

東京地判令和3.9.29

東京都墨田区、昭和45年11月建築、鉄骨造、3 階建。
Y は隣地でそば屋店舗を営業。本件建物を製麺所として使用。
X は陶芸の作品や材料等を保管するために使用する必要があると主張するが、墨田区内所在の建物を妻と共有し、陶芸の作業所として使用しており、必要性がない。
X は倉庫が使用目的であり、製麺所としての使用は用法違反と主張したが否定された。

東京地判令和3.12.3

昭和33年建築、RC 造建物、1 階ないし 3 階の Is 値は、それぞれ0.21、0.21、0.35、隣接建物と物理的に一体となっており補強は難しい。賃借人は Y だけ。
Y はインド料理店。
1,200万円を限度として立退料を申し出ているが、相当額は 3 分の 2 （≒2,193万円）を下回ることはなく Y の申し出額では正当事由は補完されない。

東京地判令和4.1.14

東京都京橋地区、比較的幅員の広い道路沿いの交差点の角地、RC 3 階建、建築55年超、早急な建替えや大規模な修繕を要するほど老朽化してはいない。
Y は居酒屋営業、個人営業で従業員はいない。年間所得がおおむね120万円から140万円、マンションの賃料支払に充てられている、ほかに収入はない。体調不良のため営業は月の半分程度。

Xは仙台に本社のある不動産会社。建物を建て替えて東京支店として利用する予定。
全6戸の貸室中、4戸退去済み、1戸退去予定。代替店舗を提示している。

東京地判令和4.6.28

都道に面する71.07m²の土地上の建物、X寺正面出入口に隣接、昭和38年4月までに建築された木造2階建建物。
Yは昭和36年5月から土地を賃借し、居宅兼店舗（1階が飲食店、2階が住居）として使用。生活資金を飲食店の売上で得ており、他の方法で収入を得られない。
Xは宗教法人、眼病治癒の対象として信仰を集める著名な寺。境内地を檀家、周辺住民、参拝客、観光客のために使用する必要がある。

東京地判令和4.6.30乙

4階建建物、2階から4階。
Yは美容室営業、2階・3階で営業、4階は洋室および屋上。
Xは4階の無断増改築、無断使用、目的外使用（住居、ワークショップやヨガ教室）を理由にして正当事由を主張。
建物の使用態様が美容室としての使用態様と大きく異なるものとは考えられない。

東京地判令和4.7.29甲

東京都港区のビルの一室。
Yは飲食店営業。
Xは無断で内装工事をしていたことによって正当事由があると主張していた。

東京地判令和4.10.14

東京都港区、緊急輸送道路に面する通行障害建築物、8階建ビル内の1階店舗。
Yは高齢女性、洋服販売店、賃料共益費8万7,000円。
Xは建替え予定。
立退料の額は900万円を下回らないところ、Xの申出額は300万円が上限、申出額の上限の3倍を超える金額の立退料の額を認定して引換給付判決を求める趣旨でないことは明らかである。

【住宅】

東京高判昭和60.12.12

昭和8年頃建築、平家建て一棟二戸建て建物（昭和36年頃2階部分を増築）。
Yは老齢で病身、長年居住し強い愛着を抱いている。
Xは隣接地の建物を取り壊し、あわせて自己経営会社の従業員寮として使用する予定。

東京高判平成24.12.12

Yは約19年間本件建物を生活の本拠としている。賃料支払等を遅滞なく誠実に履行してきた。
Xは多額の負債があるため本件建物の敷地を利用しなければならないと主張するが、差し迫った事情や建物を建て替える必要性は認められない。
原番では、立退料と引替えに明渡し請求が肯定されていたが、控訴審で結論が覆された。

東京地判昭和55.6.30

40年経過の一棟二戸建ての長屋式木造建物のうちの1戸、もともとは荷馬車の馬方達を収容するためのバラック造り建物。建物はすでに朽廃に近い状態にある。

第28条の裁判例（借家—正当事由）

Yは妻と年少の子供4人を抱え余裕のない生計を立てており、転居を強いられる場合に予想される生活上、経済上の不利益はかなり大きい。

東京地判昭和56.10.26

建築後50年以上、十分な修理もなされていない。借地上の建物なので借地権の消滅を防ぐためにも明渡しを受け修繕する必要がある。
Yは夫婦2人で、毎月年金8万円余の収入。子供もなく、他に頼るべき者もいない。
Xは道路をはさんで向い側にあり本件建物とほぼ同じ間取りの建物を賃借し居住。所有建物は本件建物だけ。老齢（明治41年10月生まれ）となり、本件建物に居住することを強く希望している。

東京地判平成3.2.28

東京都港区北青山、商業地域、昭和35年頃建築、青山通り沿いの賃貸住宅。
Yは昭和35年から賃借しているが昭和55年川崎市に転居、通勤に便利なため宿泊場所として使用。
Xは事務所用に賃貸することによって賃料の増収を図る目的。

東京地判平成4.3.26

東京都新宿区、日本住宅公団の12階建てマンション、昭和35年建築で30年余を経過、1階部分と3階部分。
Xは1階の床が腐食し火災時の熱や地震の振動により抜け落ちることがあり得ると主張した。

東京地判平成14.12.19甲

東京都世田谷区。木造2階建建物の2階部分。
Yは平成7年から居住。強固に退去を拒否している。立退料2,000万円を要求。
Xは81歳。交通事故の後遺症により下肢装具を付けて生活している。建物を有効利用したいという希望はあるが、具体的な計画はない。建物は借地であるが借地条件が変更できるかどうかは不明。
Xは代替物件を確保して提供しているわけではない。立退料100万円を提示している。

東京地判平成18.2.14

東京都荒川区、昭和39年3月建設の木造2階建て建物。
Yは住居兼診療所。
Xは親族が診療所として使用する予定。

東京地判平成18.6.15

一戸建住宅、大正時代の建築物であり、老朽化は著しく構造の補強に多額の費用を要する。
Yは昭和20年頃から居住を継続、自らの費用で適宜修繕を加えてきた。
Xは高齢により、現在の生活に不自由を感じており、娘夫婦と同居の生活を望んでいる。

東京地判平成21.3.5

昭和61年建築、94m²の2階建て住宅。
Yは家族で平成15年10月1日以降居住、二女に精神的な疾患がある。
Xは居住を望んでいるが、ほかに居住場所を確保することが可能。

東京地判平成21.3.24乙

中野区、住宅、昭和16年5月頃建築、約65年経過。
Yは一人親方の造園業者、家族とともに居住し、住居兼営業の本拠。
Xは音楽家、建物を取り壊して共同住宅を建築する計画。

東京地判平成21.6.15乙

東京都台東区、店舗兼住宅、昭和3年建築の木造2階建て建物。賃借人は2名、建物は相当程度傾斜しているが、老朽化が著しいとまでいえない。
Y1（82歳）は、建物1の1階でたばこ店を営み、2階を住居として使用。Y2（90歳）は、以前建物2で理髪店を営んでいたが、現在は閉店し1人暮らし。いずれも他に居住場所はない。
Xの明渡し後の計画は明らかではない。

東京地判平成21.6.16

JR山手線日暮里駅近辺、住宅、著しい劣化が認められるものの、修繕し得ないものではない。
Yは昭和60年から24年間余居住。

東京地判平成21.8.31

JR日暮里駅付近、マンション。長期間にわたり、補修等がされずに放置されてきた。ただし、相当部分がX自身による管理の結果である。
Yは昭和60年頃以降、約24年余りにわたり居住。
相当な立退料により正当事由を補完する余地はあるが、Xは最低限の移転費用の倍額程度（30万円）を提示するにすぎず、正当事由を補完するのに十分なものとは到底言い難い。

東京地判平成22.3.31

昭和16年建築の木造建物、ピアノ教室兼住居。老朽化しているが、直ちに取り壊さなければ、倒壊するなどして隣接建物等に被害を及ぼしかねないとはいえない。
Yは昭和18年頃から賃借。
Xは土地建物を売却して相続税に充てるための資金とする計画。

東京地判平成22.8.6

昭和41年5月建築、44年経過したビルの1室。ビルの外壁や柱の一部表面にひび割れがあることはわかるものの、重大なひび割れであることを示す証拠は何もない。
Yは30年近く居住。
Xは高層階建ての新築ビルに建て替える計画。

東京地判平成23.2.24乙

東急多摩川線沿線、住宅街、昭和57年頃建築、4階建てマンション。
Yは家族と共に居住。妻は不眠症と心臓病を患っており、転居は症状を悪化させる。
Xは平成19年11月所有権取得、取壊しの後7階建てマンションを建築する計画。居住者はYだけ。敷地内にほかにもマンションが建っていたが取壊し済み。

東京地判平成23.6.24

昭和58年7月建築、鉄骨造3階建てマンション、雨漏り、壁面剥離などがある。
Yは50代半ば、平成5年以降単身で居住。
Xは定年退職している。建物を取り壊して改築する計画。Y以外は明渡し済み。
立退料50万円の提供を申し出ているが、正当事由の補完事由としては足りない。

東京地判平成25.12.25

昭和53年12月建築、マンションの1室。
Yは住居として使用。さらに、生計を維持するための笛の稽古場という使用目的があり、このような笛の稽古場という目的で他の賃借物件を探すことは困難が予想される。
Xは建替えを主張するが、耐震補強工事の可能性等について、具体的な主張立証はない。

第28条の裁判例（借家─正当事由）

東京地判平成26.3.25乙

新宿区、6階建てビル。
Yはデイサービスセンター事務所として使用。
Xはビル全体を所有者Aから賃借してYに転貸。Aとは合意解約をして、ほかの部分は、明渡し済み。Aに対し、本件建物部分の明渡し義務を負っている。

東京地判平成26.4.18

庭付きの戸建て住宅。
Yは妻、2人の子と居住。フリーカメラマン。近隣にマンションを所有し、仕事場としている。
Xは85歳の高齢者、要介護2の認定を受け、独りでの生活は困難、老人ホームに入居している。
Xはリロケーション会社に賃貸し、リロケーション会社がYに転貸している。

東京地判平成27.1.15乙

マンション1階の賃貸借。2階にXの子、3階にXの孫が居住している。
Yは住居として使用。
Xは3階に居住する孫の歯科医院とする予定。付近に戸建てを所有している。

東京地判平成27.2.5

東京都北区。木造住宅。建築後79年。
Yは昭和19年生まれ。北区やその周辺地域で貨物の運送業を営み、運送業収入と基礎年金で生計を立てている。
Xは建物新築を計画。

東京地判平成27.2.12甲

大正3年建築。隣接建物が一体となり3つの建物が接着している。
Yは65歳。生まれたときから居住している。タクシー運転手として稼働し、個人事務所でもある。
Xは隣接建物とあわせて2階建て共同住宅を建築する予定。平成24年9月に建物購入。
Xが購入するときにすでにYが居住しており、立退きを拒まれる可能性を十分認識していた。

東京地判平成27.5.20

Yは住居として使用。同居人がピアノ教室を開き、生計を維持している。
Xは執拗に立退交渉を要求してきた。その方法は穏当を欠くものであり、生活妨害により不法行為が肯定されている。
建物は建築から長期間が経過しているものの、Yが幾度も建物の修繕工事を行ってきた。

東京地判平成28.10.28

昭和43年10月建築、3階建て、店舗兼用住宅。
Y1は英語教室兼住居、Y2は美容室兼住居として使用。
Xは喫茶店を兼ねた趣味のための教室を開くとともに、家族で居住の予定。
Y2はXの妹、Y1はY2の夫。Xは賃貸借を否定したが、使用料は支払われている。

東京地判平成28.12.20

昭和31年12月頃建築、共同住宅。建物が傾斜していて、大地震時に倒壊する可能性が高い。
Yは昭和13年生まれ女性、現在、パーキンソン病により通院治療中、要支援1、歩行および外出が困難。ピアノを指導することで生計を維持している。
Xは電気工事士として会社勤務。建物を取り壊し、建物建築予定。

東京地判平成29.3.6

建築後55年以上経過しているが、建物として通常使用することに危険性や大きな支障はない。
Yは自宅兼牛乳販売店、昭和40年頃から営業。
Xは建物には倒壊の危険があると主張していた。

東京地判平成29.5.16

昭和33年建築、木造アパート、1階部分は店舗が使用。
Yは30年近く居住。
Xは建物の老朽化による補修の必要性などを主張。

東京地判平成29.5.29

平成10年11月建築、木造3階建て。
Yは住居として使用。
Xは別の場所に居住しているが、子と同居するために転居が必要と主張。
Yの無断転貸や用法義務違反は否定された。

東京地判平成29.7.7

Yは両親が住居として使用。
Xは建物の老朽化と使用目的違反を主張したがいずれも否定。

東京地判平成29.12.26

Yは住居として使用。
Xは建物を取り壊し、7階建てマンション建設予定。

東京地判平成30.2.21

昭和51年2月建築、木造2階建8室の賃貸アパート、交通至便な場所に位置する。
Yは高齢の独身者、舞台俳優であった。
Xはアパートを取り壊し、建物建築の予定。
Xは、賃借人がいることを知りながら、その明渡しが得られる具体的な見込みのないまま建物を取得した。8室中、4室は空室、残り4室は明渡交渉中または係争中である。

東京地判平成30.3.14

Yが本件居室において生活しなければならないとする個別具体的な利益は比較的乏しい。
Xは4階建ての賃貸用物件を建築する予定。

東京地判平成30.9.28

投資用ワンルームマンションのサブリース。
Yは第三者に転貸、第三者が住居として使用している。
Xは相続によりマンションを取得。老後の資金の捻出のため、資金を得る必要があると主張。
賃貸借契約を解約しなくても、売却すること自体は可能である。

東京地判平成30.11.1

Yは承諾を得て転貸している。
Xは中国国籍。マッサージ店の経営に参画するため、在留資格を取得。自らの在留中の滞在場所として使用の予定。

資料編 第28条の裁判例（借家―正当事由）

395

第28条の裁判例（借家─正当事由）

東京地判令和元.6.27乙

事務所兼住宅の8階建てビルの3階の一室。
Yは住居として使用。
XはYが廊下に植木鉢を吊るした，屋上にプランター等を置いて植物を育てていたなどと主張。
Xは貸室を利潤追求の目的で使用することを必要とするにとどまり，老朽化により建替えを要するなどの事情もない。

東京地判令和元.7.5

昭和57年6月建築、SRC造10階建建物の7階部分。
Yは住居として使用。
Xは外国国籍、賃貸住宅を購入したうえ自ら居住することを主張。
大規模な修繕等を要するなどといった事情は認められない。

東京地判令和元.7.18乙

Yは住居として使用。
XはYが漏水事故を起こした、水道水についてのクレームを申し立てたなどと主張。
Yの契約違反行為は正当事由を基礎づける事情として強いものとはいえない。

東京地判令和元.10.28甲

建築後52年経過の共同住宅。
Yはクリーニング店、昭和43年から居住しながら家業として営業を続けている。
XはYがクリーニング店の騒音・臭気によって近隣に迷惑を及ぼしていると主張。
Xの自己使用の必要性については主張されていない。

東京地判令和元.11.26

住戸ごとのサブリース3室。
Yはサブリース業者。入居者に転貸している。
Xは相続対策として納税資金を捻出するために可能な限り高額で売却する必要があると主張。

東京地判令和元.12.12乙

西武新宿線a駅から徒歩約5分の住宅街、戸建て住宅。
Yは84歳。57年間家族共同生活の本拠として生活してきた。
Xは建物を取り壊し、共同住宅を建築予定。
Xは相当規模の賃貸事業を営んでいる。計画が実現しても増収は月額3万円程度。

東京地判令和2.3.13乙

昭和44年11月建築、RC造3階建12戸の共同住宅のうち、2部屋。Y以外の賃借人は退去済み。
Yは住居として使用。Xとは親族の関係。
Xは賃貸マンションに建て替える予定。
共同住宅は、重要無形文化財保持者に認定された俳優の親族間における相互扶助のため建築されたものであった。

東京地判令和2.5.27

Yは居住しながら賃貸住宅の管理を行っていた。
XはYの管理が不適切であったと主張していた。
賃貸借契約を否定する主張がなされていたが、賃貸借契約および滞納保証契約書とする契約書が作成されており、賃貸借契約とされた。

東京地判令和2.12.15乙

賃貸物件1棟のサブリース。
Yは入居者に転貸している。
XはYに管理費の徴収やフリーレントなどに関する契約違反があったことから正当事由があると主張。
契約解除も主張されたが、契約違反は軽微として契約解除も否定された。

東京地判令和2.12.25

賃貸住宅の一室のサブリース。
Yは住宅を借り上げて、入居者に転貸している。ただしサブリース契約に基づいて得る収益が少額。
Xは相続税対策としていつでも自由に売却可能な状態にしておく必要があると主張。
サブリースの収益が少額であることは、正当事由を肯定するために積極的な評価の要因とはならない。

東京地判令和3.2.9

Yは住居の転貸事業を営んでいる。転貸事業を営んでいた事業者から賃借人の地位を承継した。
転貸の場合、転借人が使用する必要性があることも判断要素となる。
Yが賃借人の地位を承継する前の前賃借人の賃料不払は、正当事由の判断にあたっては考慮されない。

東京地判令和3.5.11

昭和49年3月建築、RC4階建ビル、1階が事務所、2～4階が共同住宅。
Yは平成16年から16年以上にわたって3階に居住。
Xは使用の必要性を主張していない。

東京地判令和3.10.20

神奈川県川崎市、13階建マンションの4階の一室の賃貸借。
Yはサブリース業者、転貸を目的としてマスターリース（サブリース）契約を締結。
Xは個人、ほかに不動産を所有していない。自らが居住すると主張。
Xは、居住の必要性を主張する一方で、本件契約が解除されて転借人は保護されると主張するが、Xの居住と転借人の保護は両立しない。

東京地判令和4.2.1

東京都杉並区、賃貸アパート、2階建4部屋のうちの2階の一室。
Yは住居として使用。
Xの娘が1階の一室に居住するが、家族5人で住むには手狭であると主張。
XはYが大型犬を飼育していることが契約違反と主張していたが、契約上大型犬の飼育は禁止でないとされた。

東京地判令和4.3.28乙

昭和53年5月建築、RC造3階建建物（B棟）の一室。
Yは住居として使用。徒歩5分の大学に勤務。
Xは建物所有者の兄で、隣接する建物（A棟）（B棟と接合されている）の所有者である。
A棟とB棟のほかの賃借人は退去済み。Xは将来敷地を売却することを希望しているとの限度で本件B棟の使用の必要性を主張しているにすぎず、自己使用の必要性が低い。

資料編 第28条の裁判例（借家―正当事由）

397

第28条の裁判例（借家―正当事由）

東京地判令和5.2.22

東京都港区、JR駅から徒歩9分、大正11年（1922年）に建築された築100年超の木造建物、再開発地区内、12万6,000円。
Yは86歳女性、80年以上居住している。
Xは11階建マンションまたは7階建事業用ビルを建築予定。
XはYという賃借人がいることを認識して建物を取得している。

東京地判令和5.9.26

昭和58年建築、2階建木造アパート4室のうちの一室。
Yは住居として使用。
Xは取り壊しを含む増改築工事の実施の予定。
ほか3室は空室。建物には相応の不具合は認められるものの、建物の躯体部分に関する老朽化には当たらない程度とされた。立退料200万円を申し出ていた。

【その他】

（倉庫）

東京地判平成19.9.21

運送業者の倉庫。
Yは貨物の一時保管用倉庫として使用。
Xは競売により取得。建物の老朽化により維持管理に過分の費用を要する。
老朽化のみでは正当事由は認められない。長期間賃料が支払われていない時期があり、賃貸借が使用貸借に変わったとも主張したが否定された。

東京地判平成20.12.26乙

Yは大手倉庫業者、大手飲食販売業の物流拠点としての倉庫兼事務所。
Xは代表者の相続税対策としての売却を予定。

東京地判平成22.10.29乙

昭和55年6月建築、木造建物。
Yは古書店の倉庫として使用。店舗の所在地や書籍の搬出搬入の容易さ、賃貸面積、賃料、駐車場の存在などを考えると、移転が容易であるとはいえない。
Xは、400坪の土地に4棟の建物を所有。建物取壊し後の跡地の利用予定はない。

東京地判平成28.7.11

近畿地区の倉庫（ドライ・チルド）。
Yは倉庫・生鮮加工センター・事務所。
Xは、Yに荷役作業を発注する義務があったと主張したが、否定された。
非賃貸部分の通行や消火器等の設備点検が遵守されていないという事情もあった。

東京地判平成30.3.19

Yは建物の1階を倉庫として使用。
Xは倉庫内で車の排気ガスを充満させるなどしたため、建物2階の住居で生活できなくなったなどと主張。
解除の通知は更新拒絶通知としての趣旨を含む。

東京地判平成30.4.9

冷凍倉庫用建物。
Yは冷凍倉庫業。
Xは経済状況が逼迫し、土地を売却予定。

東京地判令和元.11.8

ビルの3階部分、トランクルーム（倉庫）。
Yはトランクルームとして転貸。
Xは漏水事故に対するYの請求が過大であるなどと主張していた。

（病院・診療所・介護施設）

東京地判平成21.3.17

昭和40年頃建築。
Yは1階で整形外科を開業。
Xは2階に母親と同居しているが、母親が高齢で1階の使用が必要と主張。Xにおいて改装を検討した形跡はなく、生活環境の問題は介護サービスの利用や昇降機の設置などによって解消できる。

東京地判平成21.11.12

東京都港区赤坂、昭和48年建築、6階建て事務所建物内の診療所。
Is値は0.17（1階）、0.15（6階）耐震改修工事によって一定程度改善する。ビル内のY以外の賃借人は退去または退去が予定されている。
Yは、大型の医療機器を搬入設置するなどして人間ドック、予防診断等を柱としたクリニック事業を行っており、一定の顧客や患者を有し、約20名の従業員が働いている。

東京地判平成27.9.17甲

東京都中央区。東京メトロ銀座線駅北西至近にある。昭和49年3月建築。SRC造建物。
YはZに転貸。Zが10年にわたり美容医療を行うクリニックを運営している。
Xは建替え計画を主張したが、具体的な建築計画を有していなかったとされた。

東京地判平成27.9.25

昭和53年9月建築。
Yは介護施設（デイサービス施設）運営。
Xはこの建物で生まれ育った。離婚して生活の苦しい親族と同居する必要を主張。
Yのデイサービス施設は別の場所でデイサービス施設を開設することができない可能性がある。

（工場等）

東京地判平成19.12.27

建物は老朽化しているが、直ちに建替えをしなければ重大な危険が生ずるとはいえない。
Yは修理工場経営。

第28条の裁判例（借家―正当事由）

東京地判平成21.12.17

昭和40年2月20日建築。
Yは自動車整備工場経営、40年以上にわたって使用、条件に合う移転先は見当たらない。
Xは共同住宅建築を計画。XはYの用法違反も併せて主張していたが否定された。

東京地判平成30.3.15

昭和55年12月建築。
Yはバレエ教室。
Xは耐震性に問題があるとして、建替えを予定。

東京地判平成30.11.7

Yは自動車整備工場。50年近くの長期間にわたって自動車整備事業を営んできた。
XはYの経営者の親族。Yを退社し、自ら自動車整備事業をする予定。

東京地判令和2.2.7

駅から徒歩5分程度の商業地域内、国道にも面する、昭和62年9月建築の3階建てのビル。
Yは葬祭場および駐車場。
Xは建物を取り壊し、8階建ての賃貸マンションを建設してサブリースすることを計画。
立退料1億1,000万円を支払うことにより正当事由が認められるが、Xは8,500万円を超える立退料を認める場合は、請求を棄却すべきであると主張していた。

東京地判令和2.6.4

ホテル用の建物の賃貸借。
Yはホテルを経営。
Xは自社でホテルを運営すると主張。Xが自らホテル運営を行う必要性は高くない。YはXの建物譲渡が賃貸人の義務違反と主張したが否定された。

東京地判令和3.5.19甲

客室133室ホテルの一室の区分所有権。管理組合が区分所有者を代表して、Yに一括賃貸。賃貸借契約の効力が区分所有者に及ぶ。
Yはホテルの運営会社、133室中111室の専有部分を所有して、ホテルを運営。
Xは区分所有者のひとり。
Yがホテルを一体として使用する必要性が高いとして、正当事由が否定された。

東京地判令和4.5.24乙

東京都港区、表参道地区、RC造9階建ビル、平成3年8月建築、4階・5階。
Yは内科・美容皮膚科の診療所（美容整形）を運営。平成17年開業以降富裕層の顧客を獲得しており、関連グループは国外でも店舗を増やしている。
Xは建物の所有者であり敷地の信託受益権者。収益を上げるために建替えを予定。立退料2億円を提示。
賃貸人がより多額の収益を上げたいというだけでは、ただちに正当事由は認められない。土地の有効利用が車路によって制限されているという事情があるが、正当事由の判断における建物使用を必要とする事情に該当するとはいえない。

○立退料支払と引換えの正当事由肯定事例

【事務所】

東京地判平成元.7.10　立退料6,000万円

東京都新宿区西新宿、商業地域、昭和25年～45年建築、複数の木造建物。賃料33万7,300円。
Yは印刷会社、地元密着の営業を行っている。
Xは建替えを計画、具体的に準備を進め、建築確認を得るまでに至っている。
Xは借家権価格2,500万円の立退料を申し出ているが、Yの不利益は単に賃借権の喪失にとどまらず、顧客の喪失等による営業上の損失が大きく、2,500万円の立退料の提示では正当事由を具備しない。

東京地判平成3.5.30　立退料8億円

東京都中央区銀座、高度商業地域。昭和4年頃建築。SRC造5階建。エレベーターが1基設置されているが、老朽化がはなはだしく、現在は全く使用されていない。相当賃料945万8,750円。
Yは印刷工場。
Xは8階建ての店舗・事務所ビルに建替えを計画。

東京地判平成3.7.25　立退料1億円

東京都文京区、昭和46年2月建築。賃料134万2,000円。
Yは通信販売会社コンピュータ室として使用。

東京地判平成8.3.15　立退料800万円

東京都千代田区麹町・番町地区、昭和43年11月建築。区分所有形態、賃料15万2,000円。
YはOA機器販売会社事務所、ほかのテナントは平成4年までに退去済み。

東京地判平成11.1.22　立退料8,000万円

東急目蒲線駅近辺、建物は4棟、昭和31年～43年頃建築。賃料56万円(13万円、30万円、13万円)。
各建物はいずれも老朽化し、近い将来において建替えを行う必要性が生じることは確実。
Yは造花製造工場の事務所・作業所として使用。
Xは建物を解体し新築分譲マンションを建築する目的で競売によって土地建物を買受け。

東京地判平成17.3.14乙　立退料1,280万円

東京都港区、商業地域、昭和49年3月建築の7階建てビル。賃料19万円。
Yは30年にわたり、営業場所として使用。
Xは競売により買い受け、建替えを計画、他の賃借人は退出済み。
立退料は借家権価格の3倍。

東京地判平成19.4.17　立退料180万円

昭和43年1月建築、木造2階建て建物。1階部分、賃料18万7,000円。
Yは屋根工事等の事務所として使用。インターネットを利用した工事の受注等。通行人が事務所を訪れ発注するという業務の形態ではない。
Xは2階に居住するが、高齢で建物1階部分で生活する必要が高い。
Yが建物部分に寝泊まりし、煮炊きをしていることは、正当事由を補強する事情になる。

東京地判平成19.6.26　立退料1,300万円

東京都港区御成門、商業地域、13階建てビル、昭和38年6月建築、44年経過。賃料63万4,950円、建築基準法令についての多くの不適合事由が存在する。

資料編

第28条の裁判例（借家―正当事由）

401

Yは昭和43年頃から賃借、音響装置の保守調整管理、電話用テープ製作などの業務を行う事務所。Xは20階建てのビル建築を計画。
立退料は賃料差額方式に修正を加えて算定し、その妥当性を借家権割合方式により算出された価格により検証することとするのが比較的妥当。

東京地判平成19.8.9　立退料3,034万円

東京都港区青山通り沿い、商業地域、昭和37年・昭和47年建築。建物の物理的状況から大修繕・建替えが早晩避けられない。賃料は、貸室A19万5,000円・貸室B13万5,027円。
Yは不動産業者。他所においても営業の継続が可能。

東京地判平成20.10.31乙　立退料3,000万円

東京都港区青山通り沿い、商業地域、昭和43年9月建築5階建てビル、エレベーターはない。
賃料共益費合計56万円。アスベスト、PCBが使用されている可能性が高い。
Yは不動産会社、約30年間賃借している。通りをはさんで斜め向かいに本社がある。
Xは建物を取り壊して高層ビルを建築する計画。Y以外の賃借人はすべて明渡し済みまたは明渡しの交渉が成立している。

東京地判平成21.9.24　立退料400万円

東京都中央区銀座、昭和29年頃建築、50年余経過した鉄筋コンクリート4階建ての店舗兼事務所ビルの3階。月額14万円。
Yは不動産業の事務所として使用。
Xはビルを建て替える計画。不動産業を営む事務所としての貸室には原則として代替性があるとされた。立退料の額は、借家権価格の約60%相当であり、かつ、Xが申し出ていた金額。

東京地判平成22.7.21　立退料4,026万円

東京都港区虎ノ門、昭和38年12月建築、12階建ての事務所。賃料127万6,400円。Is値X方向0.5〜0.627、Y方向0.572〜0.798。Y以外のテナントは1階の喫茶店を除いて退去済み。

東京地判平成22.7.26　立退料1,000万円

東京都渋谷区、住宅街、事務所（従業員18名）および住居（建物2棟）。建物1が木造瓦葺2階建て、昭和40年建築。建物2が鉄骨造陸屋根3階建て、昭和46年建築。賃料36万円。
Yは建物1をYの事務所、建物2を事務所およびY代表者の住居として使用。埼玉県に土地建物を有しており、代表者も山梨県などに土地建物を所有している。代替物件を探して賃借することは困難ではない。
Xは、賃貸用共同住宅を建設する計画。

東京地判平成22.7.28甲　立退料1,250万円

東京都目黒区中目黒駅付近、昭和39年4月建築。事務所・店舗、賃料20万4,000円（2物件）。
Yは統括する飲食店グループの統括事務所として利用、事務所（店舗としての営業を行わない）の場所は代替性がある。
Xは建替えを具体的に計画。建替えを行った場合には収益の大幅な増加を見込むことができ、耐震性と収益性からみて、建替えの要望は、それ自体無理からぬものがある。

東京地判平成22.8.9甲　立退料571万円

東京都港区虎ノ門、昭和34年建築、51年経過の14階建てビル内の事務所。賃料等19万3,717円（賃料15万1,500円、共益費4万2,117円）。Is値はX方向、Y方向いずれについても0.25から0.42で、老朽化し耐震上問題がある。

東京地判平成22.11.25　立退料1,000万円

東京都千代田区番町地区、昭和39年2月建築。ダイレクトメール・物流サービスを行う会社の事務所と駐車場。事務所35万1,130円、駐車場12万6,000円。
Is 値は判定基準の0.6を下回り著しく低い。
Y は本件建物でなければ営業に著しく支障が生じるほどの使用の必要性は認められない。多数の代替物件が存在し、多数の代替物件を紹介。
X は18階建てマンション建築を計画。テナント全8社のうち6社が立ち退きに応じており、Y 以外の1社も調停成立。

東京地判平成23.10.27　立退料600万円

東京都渋谷区、近隣商業地域、昭和40年1月頃建築の2階建て A 棟。昭和49年1月増築の5階建て B 棟に各1室（A 棟205号室、B 棟201号室）。賃料合計43万9,800円（消費税別）。Is 値は、低い部分では0.227程度。
Y はスポーツ事業の振興を図る組合支部、比較的代替物件を探しやすい。
Y 以外のテナントはすべて明渡し済み。

東京地判平成25.9.17甲　立退料896万円

昭和45年6月2日建築、鉄骨・鉄筋コンクリート造9階建て、明治通り沿いの角地、都市再生緊急整備地域、賃料26万7,150円。
Y は留学生の出航手続の代行業務および介護事業を営業。
X は33階地下5階の複合ビル建築を予定している。
立退料は、移転に伴い発生する損失、不利益に、借家権価格の2分の1を合計した額。

東京地判平成27.2.27　立退料150万円

戸建て住宅、74.93㎡、賃料15万3,000円。
Y は行政書士、電気用品安全法に基づく許認可申請等の業務を行っている。自宅兼事務所。大小様々な電気製品等を分解し、部品や構造等を確認する作業が必要。
X は臨床検査技師、もとは居住していたが、平成22年3月に都立病院を定年退職し、その後仙台市内に病院勤務していたが雇止めとなり、都内で UR 賃貸住宅（53.07㎡）を賃借している。
Y について、代替物件を確保することも不可能とはいえない。

東京地判平成27.12.16　立退料530万円

東京都新宿区、新宿区役所から800m 圏内、都市再生緊急整備地域。昭和41年12月建築、RC 造、鉄筋1階から3階の X 方向の Is が0.3未満、賃料37万1,700円。
Y は事務所など。昭和54年11月以降使用、建物のメンテナンス業務および管工事の業務。
X は建物を取り壊し、12階建ての建物建築を計画。
『移転費用や営業補償に加え、立退きにより消滅する借家権そのものの経済的利益としての借家権価格を立退料として補償する必要があるとまではいえない』として、移転費用、動産移転補償、移転雑費補償、営業補償の合計額とされた。

東京地判平成28.2.29　立退料2,069万円

東京都渋谷区、首都高速道路に隣接するビル、賃料等81万5,000円。
Y はビル管理会社の事務所。
X は耐震工事を行う計画。
Y は立退きに伴う一定の経済的補償を得ることを前提に、立退きに応ずる意向を示している。

第28条の裁判例（借家―正当事由）

東京地判平成28.8.26甲　立退料500万円

昭和41年建築、RC 7階建て、耐震診断は1階・4階の各階のX方向および4階のY方向について0.6を下回る状態、賃料16万円。
Yは公認会計士。5階部分を公認会計事務所として使用。
Xは大規模修繕または建替えを計画。
Yの業務は、代替物件に移転することが比較的容易。立退料算定における営業補償相当額は公共用地の取得に伴う損失補償基準要綱等を準用している。

東京地判平成29.2.14　立退料43万2,000円

東京都千代田区一番町。昭和43年7月建築、7階建てビル、賃料4万5,000円。
Yは図書の出版販売の事務所。データを保管するために利用。
Xは建替えを現実的に想定している。
Is値が0.3を下回っている。Y以外のテナントとの契約は順次、定期建物賃貸借契約に切り替えている。
Xには賃料月額の10か月分を立退料として提供する意思がある。

東京地判令和2.3.24甲　立退料3億5,400万円

建築後40年以上経過、都心の7階建てビル。賃料712万8,000円。
Yは生花の展示販売および空間デザイン事業の事務所・ショールーム。
Xは地下鉄事業者。本件ビルを含む5棟のビルを取り壊して、ひとつの大きなビルに建て替える計画。
Xは仮店舗の候補物件を紹介し続けてきた。立退料は解約時とされる時点における狭義の借家権価格と、通常損失補償の額を考慮して求めるのが相当。

東京地判令和4.4.20　立退料450万円

東京都港区南青山、昭和46年11月建築、RC 3階建ビルの一室。平成29年4月一部取壊し済み。賃料7万2,000円。
Yは倉庫として使用。
Xは5階建て共同住宅の建築を計画。
立退料としては、借地権価格240万円、移転料30万円、賃料の増加その他の営業補償を考慮すると、賃料2年分程度の約180万円の合計450万円。

【店舗】

東京高判平成元.3.30　立退料1億6,000万円

東京都豊島区西池袋、幹線道路沿い、昭和22年建築。木造2階建長屋式建物、基礎がなく土台の一部は腐朽が著しい。賃料3万1,200円。
Yは酒類販売業、住居兼店舗。昭和55年に室内改装。
Xは昭和58年3月買受け。高層ビル建築を計画。

東京高判平成2.5.14　立退料2億8,000万円

東京都新宿区JR高田馬場駅近辺、商店街、昭和4年頃建築、木造建物。賃料40万円。
Yは衣料品販売店の本店店舗。代替店舗の取得も容易でないが全くできないとまではいえない。
Xは開発、高度利用がその業務の遂行上必要で、これをしなければ会社運営も困難となってきている。建替えの計画は具体化している。
立退料はXの申出額、借家権価額とほぼ同額。

東京高判平成3.7.16　立退料1,500万円

東京都港区外苑東通り沿い、低中層の事務所ビルや小売店舗が立ち並ぶ商業地域、明治37、38年頃建築の木造2階建て。賃料3万5,800円。
Yは長年家族で小規模な電器店を経営、1階を店舗および倉庫に、2階を家族の住居に使用。
Xは信濃町界隈に千数百坪余りの土地を所有。
立退料はいわゆる借家権価格を基礎にするのではなく、Yが建物で得る収入と残された使用可能期間を基礎にして、年間収入の4年分程度を支払うことをもって足りる。

東京高判平成10.9.30　立退料4,000万円

東京都港区麻布十番、商業地域、昭和21年10月建築、木造2階建建物。老朽化し、原判決では建物朽廃を理由として賃貸借契約が終了したとされていた。賃料26万1,360円。
Yは昭和30年代半ば頃から、高級婦人下着等の小売店舗営業。元麻布に住居としてマンションを所有しているが、本件店舗による営業が唯一の生活の資。
Xは建物を取り壊し、7階建て程度の事務所ビルまたは賃貸マンションへの建替えを計画。
借家権価格2,675万円程度だが、Yの不利益は単に借家権の喪失にとどまらず営業上の損失も大きいことから借家権価額に一定額を加算して立退料を算出。

東京高判平成30.10.31　立退料1億3,680万円

駅徒歩約7分の場所に所在し、周辺には商業ビル等が立ち並び、店舗需要が非常に旺盛な地域。地域の人気の高まりを受け、開発が著しく進んでいる。賃料64万1,277円。
Yはブランド商品の販売店舗。
Xは建物を取り壊し、6筆の土地を一体として再開発し、2棟を建築する計画。
再開発計画によって本件建物の容積率に比して2倍以上とすることができ、本件建物の敷地およびその周辺の土地を含め、格段の高度利用が可能となる。

東京地判昭和61.5.28　立退料3億4,000万円

東京都港区JR新橋駅前、商業地域、大正時代建築の鉄筋コンクリート造の5階建てビル、約60年程度経過、賃料20万円。構造躯体の老朽化が激しく、耐震、耐火性能を失い、出火等の災害が発生した場合、直接生命の危険にさらされる心配がある。
Yは中華料理店営業、新橋のほかの場所に4階建てビルを所有し賃貸している。
Xは建替えを計画、ほかには1件の入居者だけで、明渡しの即決和解が成立している。

大阪地判昭和63.10.31　立退料9,000万円

JR大阪駅至近距離、商業地域、戦後建築の木造2階建ての建物(当初1階建)。賃料69万300円。
Yは薬局店舗、昭和26年から賃借して住居兼店舗として使用、生計の資を薬局経営から得ている。
Yの営業の規模、土地周辺の状況に照らすと、十分な資金的な裏付けがあれば、近隣に店舗を確保し営業を継続することは可能。
Xは一団の土地に高層建物を建築する計画。
借家権価格を立退料とした。

東京地判平成2.9.10　立退料1億5,000万円

東京都港区六本木の中心地、昭和32年頃建築、3階建て。賃料17万円。
Yは日本料理店を18年間営業。
Xは喫茶店経営の会社。従業員数百名を雇用。隣地とあわせて自社ビルを建築する計画。
Yの営業は適当な代替建物を見つけることは不可能ではない。Y使用部分以外は明渡し済み。

第28条の裁判例（借家―正当事由）

東京地判平成7.10.16　立退料2億2,500万円

新宿駅西口近く、繁華街、昭和35年建築3階建てビル。賃料210万円。エレベーターがないなど機能的に劣るが、老朽化がはなはだしいというほどではない。
Yはゲームセンター店舗として使用。
Xは5階建ての店舗ビル建築を計画。立退料は借家権価格2億2,500万円と同額。

東京地判平成9.9.29　立退料4,200万円

東京都新宿区、目白通り沿い、昭和42年6月建築、鉄骨造4階建てビル。老朽化が著しい。建物はYのみが使用する賃貸ビルとして新築された経緯がある。賃料33万5,000円。
Yは再生オフィス用家具の販売業、約30年間営業。ほかに多数の店舗がある。
Xは大手不動産会社、再開発による38階建てビル建築を計画、周辺開発地内の土地のほとんどの所有権を単独で取得、借地人もほぼ全員が再開発に賛同。

東京地判平成14.12.27甲　立退料800万円

東京都豊島区、ターミナル駅から450mに位置し、交差点角地。商業地域、防火地域。昭和38年2月建築、木造3階建建物の1階部分、建物のうち本件店舗の存続に必要のない部分は、取壊し完了、現在使用されているのは、面積9坪程度の本件店舗のみ、賃料11万円。
Yらはショットバーを経営、ただし営業実態は不明。
Xは建物を取り壊し、新たなビルを建築する計画。
店舗営業には代替性がある。Yらは2名であり立退料はあわせて800万円（1名につき400万円）。

東京地判平成16.3.30　立退料3億1,000万円（Y1）、1億2,500万円（Y2）

JR上野駅至近、商業密集地、昭和11年3月建築、8階建て商業ビル。区役所建築課から、構造上の安全性の確認ができなければ、現況以上の使用は不可能である旨伝えられている。賃料は、Y1が160万円、Y2が18万円。賃料の合計額は、土地建物の公租公課に満たない。
Y1は飲食店。昭和11年から一貫して飲食店を経営しており、上野地区ではJR線の高架下などにおいても飲食店を経営している。
Y2は薬局。昭和25年6月本件建物で創業し現在他に18店舗を経営。

東京地判平成17.5.31　立退料650万円

JRと私鉄の両方の駅に近い場所、昭和28年10月建築、50年以上経過、木造2階建て、賃料11万円。
Yは宝石商卸売。約36年間営業を継続。主たる業務は卸で、本件建物でなければならない理由はない。
Xは新築ビル建築を計画、一部を次男が営業に使用する予定。
立退料は借家権価格440万円、損失補償額865万9,000円の合計1,305万9,000円の約2分の1。

東京地判平成17.9.30　立退料300万円

JR中央線の駅付近、昭和41年12月頃建築、40年近く経過した木造建物。賃料7万円。
Yは美容院、昭和51年頃以来営業、夫所有の建物に夫と2人で居住。夫は定年退職し失業保険を受給。美容院の適当な代替物件を見つけること自体は比較的容易。
Xは経済的に困窮し生計維持等のために隣接地との一括売却を計画。
立退料の額はXの申出額と格段の相違のない範囲。

東京地判平成19.3.7　立退料407万円

東京都中野区、昭和29年3月建築、木造建物。昭和59年に第三者の運転する車両が建物に突っ込む事故発生。年数回本件建物で雨漏りが起こっている。賃料11万4,000円（供託額）。
Yは中華料理店経営、昭和57年以来25年近くにわたり営業、平成16年3月頃別の場所でも新たに中華料理店を開店。週5日夜3時間程開店にとどまる。

Xは79歳の女性、81歳の夫と別の場所に居住、建物は取壊しを計画。

東京地判平成20.1.18乙　立退料300万円

東京都中野区、軽量鉄骨造2階建て、敷地が軟弱地盤であり、耐震補強が必要。賃料7万円。
Yは住居として使用。ヨガ講師。
Xは建物を取り壊し、建替えを計画。建築工事請負契約を締結済み。
Y以外の入居者はすべて退去済み。

東京地判平成20.7.17　立退料3,800万円

東京都大田区、東急多摩川線駅近辺の商業地域、昭和33年4月建築、賃料20万5,000円。
Yは昭和33年4月頃から精肉販売業店舗営業、地域密着の営業だが、代替店舗が確保できれば新たな店舗において精肉販売業を継続することは一応可能。
Xは建物を取り壊し4階建ての建物を建築する計画。
立退料は、移転に伴う休業補償（休業期間1年間、従業員1月分の給料）、売上減少に伴う営業損失、移転費用、設備廃棄費用等により算出。これに加えて借家権価額を考慮すべき理由はない。

東京地判平成20.7.31丙　立退料3,100万円

東京都港区西新橋、昭和39年建築、9階建てビル。賃料共益費合計約37万円。Is値すべて0.6未満、3方向で0.3未満、大地震が起きた場合に倒壊または崩壊の危険性が高い。
Yはステーキ店店舗。40年間営業を継続。
Xは建替えを計画、ほかのテナントはすべて明渡し済み。
立退料3,100万円はXの提示した金額。

東京地判平成20.12.15　立退料620万円

昭和22年12月以前に建築、60年以上が経過した木造2階建て建物。賃料9万円。大地震には倒壊の可能性が高い。
Yはスナック店店舗の営業収入で妻との生活を支えている。妻は障害等級1級の認定を受けていて、将来的な体調不安を抱えている。
Xは60歳の専業主婦、横の別建物に居住、賃料と夫の年金で生活。本件店舗以外全室明渡し済み。
損失の全部ではなく、立退料額はその8割相当とするのが相当。

東京地判平成21.3.12　立退料330万円

都心部私鉄の駅前、賃料10万円。
Yは不動産業の店舗を営業、代替店舗は賃料9万円から20万円の範囲内で複数存在し（ただし保証金として70万円から200万円は必要）、同一地域内での移転は困難ではない。
Xは71歳、伊豆の長岡で賃料3万800円の物件に居住しているが、身体の不調のため、次男夫婦と同居し、老後の面倒を見てもらう必要がある。

東京地判平成21.3.23　立退料800万円

東京都台東区浅草、昭和47年1月建築。約37年が経過したビル。傾斜していて倒壊の危険があり、補強補正工事費用よりも建替え工事のほうが費用が低額となる。賃料14万7,000円。
Yは32年間美容院経営。

東京地判平成21.5.21　立退料500万円

東京都練馬区、昭和25年頃建築、60年近く経過した木造瓦葺2階建て。食堂。賃料24万円。耐震性能を有するように改修することができず、引き続き使用することは著しく困難。
Yは長らく食堂を経営し、その営業収入によって生計を立てている。
Xは建物を取り壊したうえ、駐車場にする計画。

第28条の裁判例（借家―正当事由）

東京地判平成21.5.26　立退料535万円

都心部、繁華街、昭和36年頃建築の木造家屋のうちの5.4m²（約1.64坪）、45年以上経過。賃料3万5,000円。
Yはクレープ店店舗営業。
立退料は借家権価格・移転費用・損失補償の合計金額。

東京地判平成21.6.23　立退料1,100万円

昭和33年7月建築、鉄筋コンクリート造3階建て。老朽化が進み、耐震性が劣る。地下1階をYに賃貸するほかは賃貸が困難、賃料17万8,500円（かなり低額）。
Yは地下1階でバーを経営。ほかに都内を中心に11店舗の飲食店を経営。
立退料は、5年間分の利益の約3割、賃料約5年間分である1,100万円。

東京地判平成21.6.24乙　立退料1,500万円

東京都中野区、昭和47年11月建築のRC造4階建ての建物。激しく老朽化。賃料10万8,650円。
Y（65歳）は新築以来37年にわたり住居として使用しながら美容院を経営。ほかの場所での美容院経営は困難。別の場所にマンションを購入し賃貸している。
Xは、隣接する建物とともに収去し、7階建てのオフィスビルを新築する計画。

東京地判平成21.10.8　立退料5,000万円

JR山手線の駅前の商業ビル、ブランド婦人服・装飾品のリサイクルショップ。建築後32年以上経過、賃料40万5,600円（208号室22万3,200円、209号室18万2,400円）。
Yはすでにリサイクルショップを閉店、商品を搬出済みだが、新たな事業展開計画もあり、店舗を使用する必要もなくなっているとまでは認め難い。

東京地判平成21.12.22甲　立退料8,500万円

東京都中央区日本橋三越前、SRC造9階建てビル、約35年経過。賃料共益費合計約96万円。
Yは飲食店の営業。
Xは10階建てビル建設を計画、ビルに入居している賃借人は、Y以外に1名となっている。

東京地判平成22.1.29　立退料3,230万円

東京都中央区銀座、中央通り沿いRC造7階建てビル、昭和42年11月建築、物販店舗。賃料28万円。Is値は、1階0.445。
Yは昭和42年から物販店舗営業、本駒込に4階建てビルを所有している。
Xは再開発計画を立案、具体的に進行している。

東京地判平成22.3.29甲　立退料360万円

東急線沿線、昭和38年に建築された鉄骨造の建物。地震によって外壁崩壊、賃料28万円。
Yは賃借部分を日貸し店舗として第三者に賃貸、外部に看板を取り付けており、区役所から撤去を命じられている。
Xは周辺地域の再開発に伴い、建物を取り壊して共同ビルを建築する計画。

東京地判平成22.5.14甲　立退料250万円

東京都世田谷区駒沢、昭和53年建築、軽量鉄骨造建物の調剤薬局。賃料16万5,000円。
Yは約30年間にわたって近くのH病院の意向を踏まえながら調剤薬局を営んでいる。代替建物を求めることはそれほど困難ではない。
Xは建替えのうえ自ら居住する予定、老齢で持病を有する両親の居住地に至近距離。

東京地判平成22.5.20　立退料2,000万円

東京都中央区銀座、昭和39年建築、45年以上経過したビル内の料亭。Is値は、X方向0.57〜0.73、Y方向0.51〜0.65。賃料127万1,000円、共益費21万7,000円。
Yは料亭経営。代替物件を探すことは可能であり、現に、XはYに対して代替物件を紹介していた。
Xはビルの建替えを計画。Yほか1名を除く他のテナントはすでに退去済み。

東京地判平成22.9.1　立退料300万円

東京都荒川区、近隣商業地域・防火地域、昭和15年建築、70年以上経過、2階建て木造建物（外壁・屋根はトタン板張りの簡易な造り）。賃料5万7,000円。
Yは酒屋営業。近隣で他の賃貸物件を賃借することも著しく困難とはいえない。
Xは建替え、賃貸建物を建築する計画。

東京地判平成22.12.17　立退料100万円

昭和30年建築、54年経過した木造家屋。賃料10万7,000円。
賃貸借契約第9条（＝「本件建物の壁・基礎・土台・柱等その構造上主要な部分について大修繕の必要が生じたときには、本件賃貸借契約は終了するものとする」）に該当し、契約の定めによれば、本件賃貸借契約は終了する。
Yは化粧品・雑貨販売店舗。昭和32年から店舗として利用してきた。通し柱がYにより無断で撤去され、家屋の構造上の弱体化が生じている。
（契約の終了事由と契約の解除事由がいずれもあることを認めたうえで、Xの請求が立退料との引換給付を求める判決であったことから、立退料との引換えによる明渡しを肯定している）

東京地判平成22.12.27　立退料1億円

東京都中央区、東京駅八重洲口開発事業地域に近接（事業地域には含まれていない）、昭和49年2月建築、9階建てのペンシル建物。1階喫茶店舗。賃料36万円、共益費4万5,000円。
Yは昭和50年4月から店舗として利用。代表者の個人会社であって家族の生活は店舗の売上げに依拠している。店舗の従業員は6名。
Xは12階建ての複合用途ビルを計画。Yを除くテナントはすべて立退き完了。

東京地判平成23.1.17　立退料6,000万円

東京都中央区銀座、昭和34年建築、50年経過の6階建てビルの2階。賃料28万8,750円。
Y（65歳）は飲食店経営。営業状態は何とか赤字にはならないといった程度。Yおよび従業員（Yの弟）は店舗の収入が唯一の生計の糧だが、代替物件を確保することは可能。
Xは9階建て店舗・事務所ビル建築を具体的に計画。

東京地判平成23.1.18甲　立退料4億2,800万円

東京都渋谷区、繁華街、昭和53年12月建築、32年経過の4階建てビル。1階と3階スポーツ用品店店舗。1階賃料259万4,072円、3階賃料22万8,920円。
Yは、スポーツ用品店店舗営業、本社は台東区上野、東京23区内に7店舗がある。
Xは特定目的会社、平成19年7月所有権を取得。14区画のうち9区画を賃貸していたが、1区画は明渡し済み、3区画は明渡しの合意済み。

東京地判平成23.1.25乙　立退料400万円

JR恵比寿駅近辺、昭和35年9月建築、50年経過、木造瓦葺2階建て建物。賃料10万円。
Yは婦人用洋服店店舗。店舗から得られる利益を主たるものとして、生計を立てている。
Xには建物全体の敷地を含む周辺土地の再開発計画があるが、最終計画は策定されていない。
Xは長年にわたって近隣相場と比較して著しく低額の賃料の取得に甘んじてきたのであり、一方

409

第28条の裁判例（借家―正当事由）

でYは、長年にわたり低廉な賃料による利益を十分に享受してきたものであると評価し得る。

東京地判平成23.2.2　立退料6,850万円

東京都渋谷区、繁華街、昭和53年12月建築、４階建てビル。地下１階、占い店舗、賃料47万6,000円。Is値はY方向の耐震性評価指数0.7。
Yは昭和61年から店舗として使用。
Xは特定目的会社、平成19年７月に所有権を取得。利用している区画は14区画のうち８区画、３区画は明渡しの合意済み。

東京地判平成23.4.14甲　立退料372万円

賃料21万円。
Yは中古自動車販売営業、本件建物のほか近隣３か所の土地を賃借して使用。
Xは不況による営業不振、資金繰りは苦しく、金融機関から売却を求められている。
調停委員から、休止の補償、造作の補償、新しく賃借物件を確保するための費用および引越代の合計額として372万円の立退料が適切であるとの意見が述べられていた。

東京地判平成24.4.17　立退料4,600万円

東京駅・有楽町駅周辺地域、地下鉄最寄駅約80m。昭和35年８月建築、RC造６階建て。賃料49万2,500円（貸室は47万2,500円と２万円の２室）。
Yは中華料理店を経営、年間5,210万円～5,450万円の売上げがある。
Xは旧所有者から平成19年９月27日に建物を買い受け、賃貸人の地位を承継。Y以外の賃借人はすべて本件建物から退去済み。36階のビルの建築を計画。

東京地判平成25.2.8乙　立退料265万円

大正14年１月建築、木造２階建て。賃料７万5,000円。
Yは親の代から生活の本拠として使用。
Xは時間貸し駐車場として利用する計画。
立退料は代替物件の想定賃料13万4,000円、差額補償期間２年などから算定した。

東京地判平成25.4.16　立退料720万円

昭和29年建築、60年経過、木造２階建て、賃料２万6,000円。補修には新築とほとんど変わらない費用がかかる。
Yは青果小売店兼住居。50年以上にわたって使用。
Xは建物の老朽化のみを主張し、自己使用の必要性は、主張していない。
立退料：借家権価格、営業補償金、引越費用、住居補償等の合計金額。

東京地判平成25.6.5　立退料500万円

昭和44年５月新築、改修費用は4,935万円、建物を取り壊し、新築する場合の費用は約5,943万円、賃料９万2,000円。
Yはクリーニング店店舗を営業、昭和44年５月以来賃借。
Xは建物を新築する計画。

東京地判平成25.6.14乙　立退料4,130万円

東急電鉄田園都市線駅付近、昭和36年建築２階建て建物商業建物、震度５弱程度の地震でも人命を損ないかねないほどに深刻で、早急な耐震改修が必要、賃料315万円。
Yはゲームセンターを営業、関連会社が近隣でパチンコ店を経営しており、契約締結の動機は、競合他社のパチンコ店開業阻止にあった。ゲームセンター経営は赤字。
Xは建替えを計画、耐震補強工事には建物の現在価値をはるかに上回る費用を要する。

東京地判平成25.11.13　立退料120万円

東京メトロ日比谷線駅徒歩1分、国道4号線に面している、60年以上経過、天井の不陸が激しく、手を加えると天井全体が崩れる可能性があるなど、相当に危険な状態にある、賃料8万円。
Xは隣接建物とともに、新たな建物を建築することを計画。
Yは中華料理店舗を営業。

東京地判平成26.3.6　立退料740万円

東京都台東区、東京メトロ銀座線駅から2分、昭和50年3月建築。7階建てビルの6階・7階部分。ビルは、1階スーパーマーケット、2階から4階まで事務所・駐車場など。賃料30万円。
Yはゴルフ練習場営業（6階、喫茶、ゴルフ練習場。7階は開放空間）。屋上をネットで覆って打球を飛ばす場所としたうえで、開放空間に打席を設置しているという使用方法。
Xは建替えを目的として平成24年12月に取得した。立退料は借家権価格として算定された額。

東京地判平成26.4.17　立退料124万円8,000円

神奈川県座間市、小田急小田原線駅前地区都市計画道路事業および駅前西地区第一種市街地再開発事業の一環として、改良工事が予定されている道路に面している、賃料20万8,000円。
Yはゲームセンターを営業していたが、すでに閉鎖している。
Xは、私道を拡幅するための用地として、建物を取り壊したうえで、座間市に売却する予定。

東京地判平成26.5.13　立退料240万円

東京都台東区。昭和39年6月建築。建築後50年。2階建て木造家屋。Is値は1階・2階の各方向について、最小で0.12、最大でも0.42、防火の面にも問題がある。賃料7万3,500円。
Yは小料理屋店舗を営業。
Xは建替えを計画。

東京地判平成26.7.1　立退料①5,120万円、②5,215万円、③180万円

新宿駅西口付近。昭和46年建築の12階建てビル。賃料は①82万円、②96万円、③7万5,500円。
Y1は喫茶店店舗営業（①と②の2件）。西新宿のほかの場所でも喫茶店営業を行っている。
Y2は鍵・靴の修理店舗営業。平成25年8月以降営業を行っていない。
Xは家電、カメラ等の量販店経営。周辺に所在する各店舗と一体化する建物を建築する計画。テナントの多くが退去済みで、空室率は約95%。Y1については、金銭的補償がなされれば、適当な代替物件を選定し、店舗を移転することも不可能ではない。Y2については、店舗を使用する必要性は相当程度低下している。

東京地判平成26.8.29　立退料1,000万円

東急電鉄の駅付近。木造建物、大正3年10月2日までに建築、2軒一体。隣接店舗は空室となっている。昭和39年以前からYの妻の父親が賃借していた。賃料6万5,000円。
Yは理髪店営業。2階を従業員の休憩室や物品の保管場所等として使用。
Xは6階建ての賃貸マンション建築を検討。

東京地判平成26.12.10　立退料3,318万円

東京都豊島区。昭和62年11月建築。RC造7階建て。賃料77万5,600円、共益費8万7,880円。
Yは生協。商業店舗営業。
Xは老健施設に建て替える計画。老健施設の開設主体となり得るZと一体となって計画を実現することは、建物をXが自ら使用することを必要とする場合と実質的に変わらないとされた。
2階から7階までの賃借人は退去済みまたは退去に同意している。

第28条の裁判例（借家―正当事由）

東京地判平成26.12.19　立退料3,237万円

秋葉原駅付近、昭和46年3月31日建築、築43年、SRC造10階建ての1階部分。Is値は、基準値を下回る。台東区長から、耐震改修等の実施の勧告および指導を受けている。特定緊急輸送道路の指定を受けた道路に接している。月額賃料120万円・月額共益費30万円。
Yは釣り具店舗営業。

東京地判平成27.1.30　立退料2,376万円

渋谷駅付近の大規模再開発地域。平成3年7月建築。RC造6階建ての1階部分。賃料72万7,000円、管理費8万800円、消費税分4万390円。
Yは成人向けDVD等の販売買取店舗営業。
駅周辺地域が平成17年12月に都市再生緊急整備地域に指定され、ガイドライン2007やまちづくり指針2010、渋谷駅中心地区基盤整備方針がそれぞれ策定・公表されて、周辺地域の再開発が進行している。

東京地判平成27.3.6　立退料1億3,000万円

東京都新宿区内の映画館を中心とする大規模商業施設、昭和32年頃建築、賃料275万4,000円。
Yは居酒屋店舗営業。国内外に2,000店以上のチェーン店を展開する大手事業者、移転先を確保することに困難ではない。
Xは本件ビル等を解体した後、周辺の土地と一体として再開発する予定である。
法定更新された後の解約申入れがなされた事案。

東京地判平成27.7.28　立退料1,000万円

東急池上線駅の至近距離に立地。昭和27年建築。木造建物。耐震性能は不十分で、多数の店舗が密集し、多数の通行人が往来する場所でもあり、安全性を確保することが望ましい。賃料88万円。
Yはドラッグストア（薬局）営業。
Xは大規模な耐震補強工事を行う計画。

東京地判平成27.9.17乙　立退料Y1・760万円、Y2・630万円、Y3・625万円、Y4・555万円

東急東横線の駅前から続く一本道の商店街に位置し、飲食店が立ち並び、昼夜を問わず人通りが多い通りに面している。昭和28年頃までに建築。木造2階建て、連棟式の建物。
Y1飲食店・賃料15万円、Y2ラーメン店店舗・賃料月額15万7,500円、Y3そばや店舗・月額12万750円、Y4焼き肉店店舗・月額12万750円。
Xにおいて、自己使用の必要性は認められない。老朽化の程度と修繕を要する費用等との関係をみると、社会経済的には大規模な修繕をしてまで修復、維持を図るべきことを原告に要求することは無理である。
いずれの被告についても、適当な代替建物を見つけ、そこで営業することができる。

東京地判平成27.9.18　立退料1億7,000万円

新宿駅西口付近。昭和46年2月建築。RC造12階建ビル。地下2階部分。『止むを得ぬ事情あるときは、この契約を解約することができる』との条項に基づいて、解約の申入れ。
Yはコンビニエンスストア営業。
Xは家電、カメラ等の量販店経営。周辺に所在する各店舗と一体化する建物を建築する計画。駅が都市再生緊急整備地域に指定されている。
Y以外のテナントはすべて退去し、本件ビルの賃貸区画の空室率は98.78％となっている。

東京地判平成28.1.12　立退料1,000万円

東京都新宿区歌舞伎町、48年余り経過。RC造の建物。賃料33万3,333円。
Yはバングラディッシュ国籍、昭和63年からDJレストランバー営業。

Ｘは建物を取り壊し、８階建ての建物の建築を計画。
耐震補強には壁面設備の越境部分の修繕やエレベーターの改修等を行う必要があり、修繕を行ったうえで使用を継続することは現実的ではない。

東京地判平成28.3.18　立退料3,000万円

昭和49年建築、11階建てのビル。緊急輸送道路沿道建築物の耐震診断が義務づけられる対象ビル、大地震時に崩壊する可能性が高く、非常に危険。賃料40万4,250円。
Ｙは輸入雑貨販売店舗。
Ｘは建物を取り壊し、ビルを建築する計画。
Ｙ以外は１テナントを除いて退去済み。

東京地判平成28.5.12乙　立退料１億3,313万円

東京都目黒区、昭和39年６月10日建築、50年以上を経過、地震の震動衝撃に対して、倒壊また崩壊する危険性がある。賃料124万4,000円。
Ｙはマンガ喫茶、百円ショップ、自販機コーナー。
Ｘはディベロッパーへ敷地を売却し、等価交換方式で、新たなビルを建築する計画。
立退料は移転実費、営業補償等に借家権価格を加えた額の９割。

東京地判平成28.5.23　立退料（Ｙ１：2,500万円、Ｙ２：250万円）

東京都港区虎ノ門地区、９階建て、昭和39年建築、50年以上経過、都市再生緊急整備地域。Ｙ１は賃料42万円・共益費７万2,450円、Ｙ２は賃料26万5,650円・共益費７万2,450円。
Ｙ１は中華料理店、Ｙ２：事務所（Ｙ１の親会社事務所）
Ｘは建物を取り壊し、周辺の敷地と一体として10階建てビルの建築を計画。
公道上に看板を設置し、行政から撤去を求められたにもかかわらず設置を継続している。立退料の算定では、開発利益の考え方が否定された。

東京地判平成28.8.26乙　立退料1,300万円

建物は昭和33年保存登記、耐震補強工事には約1,400万円が見込まれる。賃料16万円。
Ｙは自宅兼理髪店。昭和60年から使用している。
Ｘは隣地に居住。建物の建替えを予定しているが、具体的な計画はない。
立退料は借家権価格、営業補償（３年分）、差額家賃（２年分）などから算定。

東京地判平成28.12.22　立退料350万円

東京都千代田区。昭和48年建築、木造２階建１階部分約47㎡、２階は空家。賃料９万円。
Ｙは妻と同居している。
Ｘは相続により取得した。建物を取り壊し、賃貸物件を建築する計画。
相続税支払いの必要性を重要視することは相当ではない。立退料は、借家権価格に基づくことが否定され、引越料その他の移転実費、転居後の賃料と現賃料の差額の２年分程度を基準として算定された。

東京地判平成29.5.11甲　立退料900万円

建築から50年以上が経過した木造２階建て建物、賃料20万円（賃貸人２名、それぞれ10万円宛）。
Ｙは焼肉店。80歳を超える高齢であって、店舗の収益のみによって生計を立てている。
Ｘは建物を取り壊し、貸店舗、賃貸住宅、自宅からなる３階建て建築の計画。
立退料は移転実費、賃料差額、営業補償などから算出。

東京地判平成29.7.18　立退料972万5,636円

木造瓦葺２階建て。昭和24年頃までに建築。賃料12万3,000円。
Ｙは理髪店。遅くとも昭和41年頃までに営業を開始していた。東京都文京区に不動産を所有。

資料編

第28条の裁判例（借家―正当事由）

413

第28条の裁判例（借家―正当事由）

Xは建物を取り壊し、建て替える計画。
立退料は、借家権価格、営業補償（3年分）などから算定。

東京地判平成29.12.25　立退料601万円

京王電鉄沿線駅前、昭和41年2月建築、木造・鉄筋コンクリート造3階建て、賃料8万円。
Yは居酒屋。
Xは建替えを計画。ほかの部屋は空室。
立退料は移転補償額と借家権価格を比較検討し、より高額な借家権価格を採用した。

東京地判平成30.3.7　立退料1,556万円

東京都世田谷区、東急田園都市線b駅約340mの商業地域。昭和50年頃建築。賃料13万8,889円。
Yはラーメン店。
Xは建物を取り壊して建て替え、新たな建物において飲食店を営業する計画。
何の補強工事もなくその利用をすることは、周囲への影響等も考えると、相当とはいいがたい。
立退料は、借家権の取引について、一般的とは言い難いといった事情も踏まえると借家権価格を
加えることは相当といえない。

東京地判平成30.5.18　立退料1,730万円

昭和38年8月建築、3階建てビル。賃料10万円。
Yは昭和14年生まれ。古美術商。
Xは平成18年に建物を取得。
Yは店舗を他所に移転が可能。移転に伴い生じる不利益は金銭的な補償を受けることで補塡が可
能。Y以外の賃借人は退去済み。立退料は借家権価格と賃料差額などの合計して算出。

東京地判平成30.5.23　立退料1,270万円

東京都中央区、百貨店等が立ち並ぶ中心街から南東に位置する昭和通り沿いの商業地域。建築後
70年経過。木造2階建て。賃料21万6,000円（税込み）。
Yは甲冑、刀剣類等の骨董品の鑑定、買取、販売。
Xは建替えを前提に取得。
立退料はXの提示額。

東京地判平成30.8.28　立退料2億円

東京都中央区の商業地域、幅員約11mの舗装区道に面し、a駅中央口から徒歩3、4分程度に
位置する。昭和42年建築の7階建て建物。賃料195万5,000円。
Yは居酒屋。大手チェーン店の象徴的な店舗である。
Xは建物を取り壊し、隣接地と併せて、ビジネスホテルを建築する計画。
立退料は借家権価格相当分と、本件建物部分の明渡しに伴い生ずる営業補償等の損失補償分とを
合算して、算定するのが相当。

東京地判平成31.3.27乙　立退料779万円

都営大江戸線駅の東方約170mに位置する。昭和29年建築、木造2階建て建物。賃料8万円。
Yは鍵屋店舗として使用。
Xは自社ビルを建築する計画。
周辺には代替となり得る物件が存在している。建物の入居者はYだけになっている。

東京地判令和元.5.20　立退料219万円

マンション1階の1室。賃料43万1,601円。
Yは鍼灸整骨院。
XはYの賃料・更新料の一部、電気料金の不払いを正当事由の要因として主張していた。

Yの前面道路への物品放置の契約違反による解除は否定。

東京地判令和元.9.3　立退料3,000万円

東京都港区、地下鉄駅出口すぐの場所。青山通りに面している。昭和37年建築、5階建て店舗兼事務所ビル。Is値は1階から3階について0.6を下回り、最小値は0.231。賃料40万円。
Yはとんかつ屋。
Xは建物を取り壊し、建て替える計画。
立退料は家賃差額、収益補償などから算出。

東京地判令和元.12.5　立退料3,326万2,433円

昭和48年12月建築、特定緊急輸送道路沿いの特定沿道建築物、Is値が平均約0.11。賃料38万8,080円。
Yは美術商（画廊）。
Xは12階建てビルを建築する計画。
正当事由具備は、建替え工事に関する計画の策定や銀行からの融資の予約の取得を完了した時。

東京地判令和2.1.16　立退料3,000万円

東京メトロ駅から約140m、飲食店や商店が立ち並ぶ遊歩道付近。昭和47年4月建築、3階建ての2階。Is値は0.3を下回っている。賃料55万円。
Yはタイ料理店。転貸借であるが、賃貸人は所有者とは経済的に同一。
Xは建物を取り壊し、建て替える計画。
1階の賃借人との間では建物明渡調停が行われている。

東京地判令和2.3.12　立退料2,330万円

昭和47年建築、10階建てビル、エレベーターの補修工事が必要で高層階の利用は不可能、配管に漏水が生じ修繕不能、営業を継続しているのは1階の4店舗だけ、賃料48万6,460円。
Yは台湾料理店、20年にわたり営業している。
Xは建物を取り壊し、建て替える計画。
立退料は3種類の方式(控除方式、賃料差額等による方式、借家権割合法)による試算額のうち、最も高額となった方式による価格にほぼ近い価格。

東京地判令和2.12.10　立退料5,238万円

東京都墨田区、JR駅から120m、商業地域、昭和40年11月以前に建築、軽量鉄骨造3階建、区から必要に応じた適切な対応を取るよう通知されている、賃料120万円。
Yは個室ビデオ・DVD鑑賞店。
Xはビルを解体し、建て替えた上で、ビルの一部を事務所として使用する計画。
立退料は鑑定による借家権価格。

東京地判令和3.5.24　立退料400万円

東京都文京区、都営三田線駅徒歩1分、商業地域、昭和42年6月建築、中高層店舗兼事務所ビル、都から水道設備の更新を求められている、賃料11万7,900円。
Yは中華居酒屋。
Xはビルの建替えを計画。
ほかの賃借人は退去済み。Yだけが建物を利用している。

東京地判令和3.11.9　立退料1,838万円

商業地域内、駅80m。幅員約12mの道路に面する。昭和47年建築10階建区分所有ビル。平成29年12月建替え決議がなされている。
Yは建物1を賃料17万5,780円管理費2万680円で賃借し、営業委託料月額30万4,761円でZ1に

第28条の裁判例（借家―正当事由）

韓国家庭料理店の営業を委託。また建物２を賃料17万6,680円管理費月額１万8,930円で賃借し、賃料44万2,800円共益費２万444円でＺ２にタイ料理店の営業を委託している。
Ｘは商業施設の建築を計画。立退料については、借家権価格と移転補償額の合計額。

東京地判令和4.1.19甲　立退料3,000万円

東京都港区北青山、４階建建物の３階部分、ほかの賃借人は退去済み、昭和51年建築、賃料98万円。
Ｙは美容業（まつげエクステンション専用サロン）の営業。
Ｘは隣接する原告の運営する結婚式場施設との一体開発を計画。早期の明渡しがされる場合には立退料２億3,246万円を支払う旨の提案がなされていた。第一東京弁護士会仲介センターの仲裁では、仲裁委員から立退料を4,000万円とする案が提示されていた。相当な立退料は、賃料差額補償等及び営業補償等の合計額（3,036万8,357円）に照らして3,000万円をもって相当な金額とされた。

東京地判令和4.3.4　立退料２億9,650万円

東京都新宿区、昭和41年建築、SRC造８階建ビル（地上階は百貨店）、地下１階の一室。駅改札口に近接している。３階ないし７階の各Is値（構造耐震指標）がいずれも0.60を下回る。賃料は月額売上金額（1,350万円から約1,700万円）に対する歩合制（歩合の割合は判決文に記載がない）。
Ｙは老舗のそば店。
Ｘは東京メトロの子会社。都から耐震改修や建替え、除却を行うよう勧告を受けている。
Ｓ飲食店街の賃借人はＹほか１社以外は退去に合意している。立退料の額は、狭義の借家権価格２億円、借家人である被告が立退きにより事実上失う利益の補償額9,650万円の合計額。

東京地判令和4.3.16甲　立退料986万円

東京メトロ丸ノ内線から60m、低層階を店舗、上層階を事務所とする中小規模のビルが建ち並ぶ地域、昭和47年５月建築のSRC造建物。賃料は10万。
Ｙはカフェ店舗。
Ｘはホテルないしオフィスビルなどを含めた複合施設に建て替える計画。
立退料は借家権価格（691万円）と営業補償（295万円）の合計額。

東京地判令和4.4.27乙　立退料400万円

丸ノ内線駅から続く商店街。昭和36年頃建築、２階建ての店舗併用住宅のうち、１階南側部分。建物の内部は壁によって２分された２軒長屋構造、建物は老朽化し、１階北側部分と２階南側部分は空き家になっている。賃料９万円。
Ｙは洋服販売業を営業。売上げは月額50万円から100万円。
Ｘは年金生活者。建物を取り壊して駐車場として整備し、その収入を生活費に充てる計画。
立退料は、賃料差額、引越費用、休業補償、固定客喪失などから算出された。
一時使用目的の賃貸借であることは否定。

東京地判令和4.4.28乙　立退料820万円

東急目黒線駅から５分の立地、昭和39年建築、木造建物の一室、Ｙ以外の賃借人はいずれも退去済み。賃料９万5,000円。
Ｙは洋食店営業。
Ｘは賃料36か月分342万円を提示。
立退料は、おおよそ（１）移転に伴う内装工事費用、（２）営業補償、（３）動産移転費用、（４）差額賃料の合計額。訴訟前の交渉時に700万円程度の支払を提案していた。

東京地判令和4.5.25　立退料855万円

Ｘは寺、建物は寺の大門に隣接し、表通りに面している。昭和53年建築、３階建建物、主用途は住宅だが、昭和62年に改築が行われ、１階の物販店舗がクリーニング取次店と飲食店に用途変更

された。アスベストが検出された。賃料19万。
Yはラーメン店営業。本件のほかにもう1店舗を営んでいる。
Xは宗教法人。建物を取り壊し、客殿兼礼拝堂を建築する計画。
立退料は移転費用に100万円、休業補償、売上げ減少分を加算した額。再開発利益の分配を認める余地はない。

東京地判令和4.5.31　立退料（Y1 3,200万円、Y2 2,080万円）

東京都渋谷区、渋谷駅に比較的近接する5階建てビル、60年経過、賃料は、Y1：28万7,300円、Y2：26万8,300円。
Y1は居酒屋営業、Y2は歯科医院経営。
立退料はY1について3,200万円、Y2について2,080万円。

東京地判令和4.6.27　立退料2,043万円

東京都中央区銀座、商業ビルが立ち並ぶ地域、昭和37年8月建築、9階建建物。賃料46万5,000円、共益費9万3,000円、合計55万8,000円。
Yは美容鍼灸整体院エステティックサロン。
Xは建替えを計画。
立退料は『引越料その他の移転実費と移転に要する期間の営業補償など、移転のための資金を補填するものとして認めるのが相当』とされた。

東京地判令和4.7.20　立退料1,640万円

昭和45年2月建築、6階建ビル、耐震性に疑問がある。賃料22万円。
Yは飲食店営業。
ビルには17店舗入居していたが、令和2年中にその大部分が退去予定。
立退料は移転補償額としての試算価格に、借家権割合法による試算価格の50％を加算する方法で算定。

東京地判令和4.8.3　立退料2,037万円

東京都文京区、昭和20年代建築、賃料30万円。
Yは飲食店営業。
Xは令和3年3月土地建物を取得。令和2年3月には隣接する土地建物を取得、取壊し済み。隣接地を一体のものとして開発して高層建物を建築する計画。
立退料は、借家権価格の2／3と移転に伴う損失補償の合計。

東京地判令和4.10.28　立退料3,058万円

東京都港区の商業地域、昭和37年1月建築、RC造5階建ビルの一室、賃料20万2,000円。
Yは居酒屋営業。平成28年ころリニューアル費用600万円支出。
Xは建替えを計画。立退料5,500万円を提案したが、Yは拒絶した。
立退料は借家権価格939万円と損失補償額2,550万円のうち損失補償額を採用し、隣地を併合して利用した場合の容積率増加分508万円を加算。

東京地判令和4.12.26　立退料250万円

昭和36年11月建築、地上は木造3階建、地下はRC造、賃料20万円。
Yは飲食店の営業。
Xは建替えを計画。

第28条の裁判例（借家―正当事由）

【住宅】

最判平成3.3.22　立退料300万円

建物は老朽化、賃料1万9,500円。
Yは老齢であって50年以上にわたり居住し、近所で服地店を経営して生計を立てている。
Xは建替えを計画、娘家族が社宅住まいだが手狭で建物を所有させる予定。

東京高判平成12.3.23　立退料200万円

賃貸アパート、昭和34年頃に建築、木造建物。賃料は不明。経済的な効用をすでに果たした。
Xは建物の改築を計画。
立退料は、Yの必要性が住居とすることに尽きており、そのような場合引越料その他の移転実費
と転居後の賃料と現賃料の差額の1、2年分程度の範囲内の金額が、移転のための資金の一部を
補填するものとして認められるべきもの。それ以上に借家権価格によって立退料を算出するのは、
正当事由があり賃貸借が終了するのにあたかも借家権が存在するかのような前提に立って立退料
を算定するもので、思考として一貫性を欠き相当ではない。

東京地判平成2.1.19　立退料700万円

地下鉄丸ノ内線新大塚駅、昭和25年頃建築、昭和31年頃に2階増築の建物。1階はXの自宅、
2階が賃貸アパート、賃料1万7,000円。
Yは57歳税理士、同居家族はなく近くにワンルームマンションを購入し知人と共同利用。
立退料は借家権価格340万円、移転雑費18万2,000円の合計の約2倍。

東京地判平成3.7.26　立退料30万円

壁と板戸で廊下と区切られた6畳1間とこれに附属する水屋付板の間、賃料3万5,000円。
Yは独身、月のうち3分の2程度宿泊に利用。
Xは孫を住まわせる予定。

名古屋地判平成14.2.22　立退料250万円

幹線道路沿い、大正年間に建築、80年以上経過した連棟式借家。賃料1万5,000円（供託）。
Yは表具師の仕事を行っているが寝泊まりはしていない。本件区画以外に店舗を借りて仕事を行
うことがYにとって困難とも認められない。
Xはロードサイド型の賃貸店舗建築を計画、連棟のほかの賃借人はYら3名を除き明渡し済み。

東京地判平成16.4.23甲　立退料300万円

中野区、昭和53年2月建築、25年経過の2階建て木造アパート。賃料8万5,000円。
Yは67歳で現在無職、年金と30歳代後半の息子からの援助で生活。
Xは4階建ての新築マンション建築を計画。8戸のうち明渡し未了は2戸。

東京地判平成17.3.25　立退料80万円

昭和34年10月建築、木造2階建て建物。賃料4万6,000円。
Yは生活保護、本件建物に居住しなければ社会復帰に支障を来すような事情はない。
立退料は、転居費用、賃料差額分として、新家賃（6万円）と旧家賃（4万6,000円）の差額で
ある1万4,000円を2年分、これらに若干の雑費を加算。

東京地判平成17.10.11　立退料350万円

平成5年建築の2階建て、賃料29万5,000円。
Yは妻と息子とともに平成5年以来居住。近辺で同種の賃貸物件を見つけることは可能。
X夫妻は医師。仕事の都合で栃木に居住していたが、契約終了時には戻って診療所として利用す

る予定だった。

東京地判平成18.1.18　立退料2,500万円

東京都港区青山、45年以上経過した狭わいな2項道路に面する敷地上の4階てマンション。賃料共益費合計13万7,000円。
Xは隣接地とあわせた敷地に建物建築を計画、ほかの賃借人はすべて明渡し済み。

東京地判平成19.8.29甲　立退料205万円

東京都文京区本駒込、35年経過の戸建住宅、Xの自宅敷地上の建物、賃料10万5,000円。
Xは明渡し後米国在住の娘夫婦の帰国後の住居を建築する計画。
立退料はYの必要性が住居とすることに尽きているから、引越料その他の移転実費と転居後の賃料と現賃料の差額の1、2年程度の範囲内の金額。

東京地判平成19.8.29乙　立退料50万円

昭和8年頃建築、木造2階建てアパート4畳半の居室、賃料等1万6,000円。
X1は71歳の年金生活者、X2は63歳の自営業者、いずれも遠隔地に居住、建物の改修費用を支払う資力はなく、第三者に管理をゆだねることもできず、土地を売却する必要がある。

東京地判平成20.4.23　立退料50万円〜850万円

昭和4年頃築造、木造3階建アパート、床および壁の劣化が激しく、3階廊下の天井は、長年の漏水などの影響で天井板の一部が腐り始めている。賃料2,170円〜1万420円。
Xは5階ないし6階建ての建物建築を計画、図面も作成している。
立退料は補償方式による金額と割合方式による金額の平均値を採用。

東京地判平成20.8.28　立退料50万円

昭和40年建築、RC造4階建て。もと公衆浴場の住宅で1階が空洞。耐震補強工事は、技術的にも経済的にも困難。他の部屋はすべて空室。賃料7万5,000円。
Yには、賃料滞納が繰り返され、賃料減額になったという経緯があった。
XはYだけのために共用部分の点灯、給水槽の管理などを負担。

東京地判平成21.3.10　立退料200万円

大正2年建築、木造2階建て。賃料1万9,000円（相場は7万円）。建物は補修工事がなされ、外観は、朽廃の様相を呈していない。他方、今後大修繕を施さなければ、居住用としての使用に耐えない。

東京地判平成21.7.30　立退料185万円

東京都豊島区、地下鉄千川駅付近、昭和56年2月建築。軽量鉄骨造2階建て。賃料8万3,000円。
Yは妻と子が気管支喘息だが、生活基盤は形成されている。代替物件を探すことは可能。
Xは会社だが代表者Aと実質は同一。Aの妻Bは精神状態に異常を来すことがあって体調がすぐれず、離婚の話がもちあがっている。離婚後の妻や子の生活費捻出のため共同住宅新築を計画。
立退料はおおよそ借家権と立退費用の合計額。

東京地判平成21.10.29　立退料100万円

昭和32年頃建築木造2階建ての2戸のうちの1戸、賃料2万円。建物を現状のまま維持することで近隣へ危険が及ぶ可能性がある。補修には新築費用を上回る費用を要し経済的に不相当。
Xは建物を取り壊して倉庫を建築して利用する予定だが、本件建物および西側建物に居住者が存在することを知りながら購入した。
賃料相当使用損害金について、賃料額の1.5倍の3万円が相当。

第28条の裁判例（借家—正当事由）

東京地判平成22.2.24丙　立退料500万円

東京都世田谷区、木造住宅、遅くとも昭和22年11月までには建築、賃料8万7,000円。
Xは近々結婚予定であるところ、建物を取り壊して、敷地に新築した建物に住むことを計画。ただし、Xは、Yが立退きをあくまで拒み、前所有者との交渉が決裂に至っているという経緯を知ったうえで建物および敷地を購入した。

東京地判平成22.3.25甲　立退料900万円

小田急線・井の頭線下北沢駅付近、昭和12年頃建築。木造平家建ての連棟式長屋。
Yについては、大正生まれのYの母が1人で本件建物に居住していたが、解約申入れ時には特別養護老人ホームに入所していた。
Xは建物を取り壊し、木造3階建ての住宅2棟を建築することを計画し、土地建物を購入した。

東京地判平成22.3.29乙　立退料200万円（Y1）、250万円（Y2）

昭和24年頃建築された建物（構造不明）、賃料1万7,000円（Y1）、賃料6万円（Y2）。
Xが自ら使用する必要性は明らかではない。

東京地判平成22.4.13　立退料200万円

世田谷区、築後約35年が経過した木造建物。賃料15万3,000円。
Yは画家であり、約26年間1階は住居、2階部分をアトリエとして使用。
Xは遺産分割よる土地の分筆にあたって取り壊す計画。

東京地判平成22.5.28　立退料100万円

JR常磐線北千住駅付近、大正12年頃建築、木造2階建て建物、住居、建物としての安全性を著しく欠いている。液状化の可能性があるといわれている地域。賃料5万8,000円。
Yの賃借期間は70年を超える。

東京地判平成22.7.22　立退料100万円

昭和33年頃建築、相当程度に老朽化が進み、倒壊のおそれも指摘されている。賃料20万円。
Yは住居兼具服商、昭和47年頃から呉服商を営んでいるが、年齢等にかんがみると、今後も呉服商の営業を維持していくこと自体が厳しい状況にある。持ち家がある。
Xは80歳、公団住宅に単身で居住、心臓機能障害によって障害等級1級の認定を受けているが、建物を建て替え、長女と同居し援助を受けることを希望している。

東京地判平成22.7.28乙　立退料230万円

50年近く経過した木造2階建て共同住宅。賃料2万9,000円（ただし、近隣相場7万円程度）。
Yは17年間単身で居住、付近に貸室がないわけではない。
Xは建替えを計画しているが、具体性はない。

東京地判平成22.9.29甲　立退料50万円

昭和26年11月建築、58年経過の木造2階建てアパート。北側への傾きおよび床勾配が生じており、土台や柱脚に腐食箇所がある。賃料2万5,000円。
居住しているのはYだけ。Yが転居することにつき不都合な点は見当たらない。

東京地判平成23.6.23　立退料150万円

東京都豊島区、昭和46年11月建築、39年経過、木造アパートの1室、賃料5万円。
Yは67歳、生活保護を受給、腰足が悪いため、2階以上の部屋に住むことは困難。
老朽化に加え周辺の土地の再開発計画がある。アパートの入居者はYだけになっている。

東京地判平成23.9.13　立退料45万円

居住用マンション、賃料15万円。
Ｙは弁護士で家族と居住、他の賃貸物件を探すための資力がある。
Ｘは会社勤務の独身女性、平成19年4月ペットを飼育できる住居として購入したが、平成20年10月から2年間の米国勤務、帰国したら再び自身が居住するつもりで賃貸した。

東京地判平成25.1.16　立退料60万円

40年経過、木造2階建ての共同住宅（10室）、倒壊の危険性は最も高い。賃料4万5,000円。
Ｙは転居を拒否してはいない。
Ｘは建物を取り壊し建て替える予定。具体的計画はない。
Ｙ以外の入居者はすべて退去済み。Ｘは転居先を紹介している。立退料としては40万円を提示。

東京地判平成25.10.10　立退料102万円

東京都文京区、平成2年建築、軽量鉄骨造3階建ての二世帯住宅、Ｘ夫婦がその子どもの家族と同居することが予定されていた。賃料17万円。
Ｙは20年以上居住、自宅を拠点として翻訳やコピーライターなどの自営業を営んでいる。
Ｘは健康状態に不安があり、二男の家族とともに居住する必要がある。
更新料支払いを巡りＸＹの信頼関係は破壊されていた。

東京地判平成25.12.11　立退料215万円

東京都墨田区、95年経過、長屋形式4室の木造アパート、倒壊寸前と判断されている。区から安全確認が求められている。賃料2万4,960円。
Ｙは大正5年生まれ、昭和27年頃から使用している。
Ｘは建て替えて、3階建ての共同住宅を計画。建築確認を得ている。
原審では立退料が175万円とされていたが、控訴審で立退料が増額となった。

東京地判平成26.5.14　立退料170万円

昭和51年6月借地上に建築。木造2階建て共同住宅で、母屋と賃貸用居室4室からなる。母屋は空き家。賃料7万5,000円。
Ｙは昭和8年生まれ。単身で居住。要介護2の状態にあり、生活保護を受けている。
Ｘには自宅のローンの借入金残債務1,380万円などがあり、地主所有の借地と一括して共同住宅（およびその借地権）を売却する必要性が高い。

東京地判平成26.11.12　立退料300万円

昭和53年5月建築。2階建建物。賃料13万円。
Ｙは喫茶店経営。喫茶店経営は苦しく、あわせてタクシー運転手の職を有している。
Ｘは隣接地とあわせて3階建て店舗併用共同住宅を新築する準備を整えている。

東京地判平成27.6.30　立退料200万円

東京メトロ丸ノ内線の駅から数分の場所にある。昭和9年建築。木造建物。賃料5万2,000円。
Ｙは単身者。
Ｘは新規に賃貸住宅を建築し、土地を経済的に有効活用するための計画を有している。
ＹがＸの意向に反する柱の根接工事等の補修工事を行ったとして、契約違反が主張されたが、否定された。

東京地判平成28.3.8　立退料100万円

昭和37年建築、木造家屋の2階の1室。賃料4万5,000円。
Ｙは住居として使用。

第28条の裁判例（借家―正当事由）

Xは成年被後見人。法定代理人が訴訟追行。
耐震改修工事には1,194万円程度を要し、経済的合理性がない。

東京地判平成28.7.14　立退料200万円

マンションの3階の1室。賃料7万3,000円。
Yは3度の癌手術を経て不眠等の症状が出ている。仕事に就くことができていない。
Xは85歳。身体障害者に準じ要介護1の状態、同じマンションの1階和室（6畳1間の部屋）に
居住しているが、足腰が不自由で介護必要。長男夫婦と同居の予定。

東京地判平成29.1.17丙　立退料200万円

東急東横線駅から徒歩圏の住宅街、昭和47年3月建築、軽量鉄骨造アパート。賃料7万4,000円。
Yと配偶者がうつ病に罹患しており、転居は相当な負担となる。
Xは建物を取り壊し、建て替える計画。敷地内に築70年超の貸家があり、これを取り壊してあわ
せて新築する計画は具体的。ほかの賃借人も退去の予定。

東京地判平成29.1.19　立退料35万円

建築後47年、木造アパートの1室。賃料3万8,000円。
Yは目が不自由であるが、介護ヘルパーによる訪問介護を毎日60分程度受けて1人で生活。
Xはアパートを取り壊すことを前提として、アパートと敷地を第三者に転売する計画。
耐震補強を行うには、これを建て替えるのとほぼ同額の工事費用がかかる。ほかの入居者は立退
料35万円程度で明け渡すことになっている。

東京地判平成29.5.11乙　立退料360万円

東京メトロ千代田線駅から徒歩6分程度の住宅街、近隣には、多数の賃貸マンションが存する。
大正9年8月建築、6棟の木造2階建て建物のうちの1棟、賃料4万4,450円。
Yは70歳代で無職、年金収入のみで生活、昭和33年頃から居住している。
Xは建物を取り壊し、建替えを計画。
不動産鑑定書では立退料512万6,000円とされていたが、固有の事情も併せ考慮して3割減額され
た。

東京地判平成30.1.26甲　立退料50万円

昭和45年3月建築、木造の共同住宅、耐震診断によって倒壊する危険性が高い。平成25年にほか
のすべての賃借人が退去し、新規の賃借人の募集をしていない。賃料4万8,000円。
Yは成年被後見人。サービス付き高齢者向け住宅に実質的な生活の本拠を移している。
Xは建物を取り壊す計画。
立退料50万円は、本件建物と同程度の床面積、設備を有する他の建物に転居するための費用とし
て十分なものである。ゴミの放置などによる契約解除は否定された。

東京地判平成30.2.16乙　立退料1,000万円

耐震工事自体には新築以上の費用がかかる。早急に解体する必要性がある。賃料5万5,000円。
Yは現在80歳を優に超える。かつては店舗であったが、現在は住居として使用。
Xは建物を取り壊す計画。転居による不利益は、財産的給付によって補充される。
立退料は1,000万円提示。

東京地判平成30.2.22　立退料802万円

東京都豊島区、徒歩30秒の距離には地下鉄有楽町線駅出口があり、また、再開発が進んでいる。
昭和41年7月建築、木造2階建て。耐力壁が極めて少ない。賃料10万3,000円。
Yは理容店。妻とともに営んでいる。
Xは建物を取り壊し、賃貸駐車場として利用する計画。

東京地判平成30.5.30甲　立退料77万円

昭和45年２月建築。建替えを行うことが不可避な状況にあるが、公道に接しておらず、建替えは不可能。賃料３万7,000円。
Ｙは平成３年頃から居住。
Ｘは建物を取り壊し、土地を有効活用する計画。
周辺地域において大規模なマンション建設に係る再開発計画が進行中。２室の貸室のうち、もう１室は賃貸されていない。

東京地判平成30.6.11　立退料500万円

昭和12年以前に建築、耐震診断の結果評価点0.04。賃料９万7,000円。
Ｙは現在75歳。自宅として使用するほか、翻訳業のための事務所としても使用している。
Ｘは建物を建て替えて長男およびその家族と同居する予定。
改修には3,560万7,600円が必要。立退料は借家権価格を参考としつつ、同程度の広さを近隣で賃借する場合の賃料差額は月額約10万円であり、差額補償期間を２年と考え算出。

東京地判平成30.9.14　立退料8,300万円

東京都品川区、JR・地下鉄駅から徒歩約10分の場所、閑静な高級住宅街、昭和62年10月建築、４階建て高級賃貸マンション、賃料65万円。
Ｙ代表者はアメリカ人、昭和49年来日し日本の永住資格を有し、日本人女性と婚姻している。
Ｘは建物を取り壊したうえで、地上７階建ての分譲マンションを建築する計画。
建物の使用を継続している賃借人はＹのみ。立退料は移転補償額による評価額から算出。

東京地判平成30.12.12　立退料139万円

東京都墨田区、昭和45年４月建築、４階建て共同住宅の１室、賃料４万5,000円。
Ｙは70歳近くの無職の単身生活者、収入は月額約15万円支給される年金のみ。最近、入院して治療を受け、医療施設でリハビリを受けている。
Ｘは建物を取り壊し、建て替える計画。
大規模修繕を実施するのは経済的合理性を欠く。

東京地判平成31.1.22　立退料250万円

東京都荒川区、大正10年建築、木造２階建て。賃料４万3,000円。
Ｙは84歳。昭和42年から居住。
Ｘは建物を取り壊して建て替え、息子家族を住まわせる計画。

東京地判令和元.7.9　立退料200万円

昭和31年以前に建築、木造平屋、賃料10万円。
Ｙは58歳。生活の本拠は別の場所（浜松市内）に存在し、本件建物を使用する必要性は低い。賃貸借は昭和31年以前（当初はＹの父親が賃借人）から継続している。
Ｘは建物を取り壊し、２階建てアパートの建築を計画。平成29年３月に建物を購入。

東京地判令和元.10.28乙　立退料80万円

50年以上前に建築。２階建て木造建物であり、開口部が多い反面、筋交いの入っていない壁面が多く、建物全体の傾斜や柱の傾きがあり、基礎にひび割れが生じている。補強工事には多大な時間や費用がかかる。賃料３万5,000円。
Ｙは住居として使用。
Ｘは近い将来建物を取り壊し、建て替える予定。

第28条の裁判例（借家―正当事由）

東京地判令和元.11.18　立退料42万円

昭和22年頃建築。耐震性は極めて低い。賃料3万5,000円。
Yは78歳の高齢者。無職の独身者。腰部脊柱管狭窄症による腰痛、座骨神経痛、歩行障害がある。
Xは建物を取り壊す予定。
Yが転居先を見付けることは容易でない。立退料は1年分の賃料に相当する額。

東京地判令和元.12.12丙　立退料90万円

昭和52年3月建築、賃貸アパート（10室）のうちの1室、2方向避難路も確保されていない。賃料8万円。
Yは長年居住。世田谷区経堂にある実家の不動産を妹とともに相続。
Xはアパートを取り壊し、建て替える計画。建替え後のアパートの1室に母親が居住する計画。
Yは無断で土地上物置を設置しており、物置についての土地明渡しが認められている。

東京地判令和2.1.20甲　立退料228万円

東京都品川区、建築物の建替え等を促進する旨の都市計画決定がなされている。昭和32年3月頃建築、木造平屋、賃料9万5,000円。
Yは55歳。81歳の母親とともに33年間にわたって住んできた。母親は身体障害者3級の認定を受け、階段の昇り降り等が困難なうえ、本件建物に強い愛着を示している。
Xは建物を取り壊し、敷地を売却する予定。
Yの母親の要望は、バリアフリーの建物に住むことによって実現可能である。

東京地判令和2.2.18　立退料100万円

昭和46年11月建築、賃貸アパート、耐震改修工事には相応の費用を要する。賃料4万8,000円。
Yは住居として使用。
Xは、アパートを相続。今後の生活資金等のために現金確保の必要性が高く、建物を取り壊しの上、その敷地を第三者に売却して相応の現金を確保すべき必要性がある。
立退料は賃料の20か月分以上に相当する100万円。

東京地判令和2.3.31　立退料400万円

昭和55年4月建築、賃貸アパート、1階2室、2階2室。賃料7万5,000円。
Yは昭和57年4月以降住居として使用、86歳、要介護4、長男も無職。
Xは66歳、隣接する自宅に居住、敷地の一部を売却して、資金を捻出し、本件建物および自宅を取り壊して、二世帯住宅を建て、長男夫妻と同居する予定。
立退料としては、概ね4年分の賃料相当額に移転費用を上乗せした程度の400万円。

東京地判令和2.6.8　立退料150万円

木造2階建ての建物、4SLDK。1筆の土地上に本件建物とX自宅がある。賃料12万円。
Xは昭和8年生まれ。西側に隣接する自宅に単身で居住。身体機能の低下のために家族による生活の支援が必要であり、子や家族と居住する計画。
Yは東側に隣接する建物を本店所在地とする有限会社。Y所有建物2階で英語教室として、1階の一部を鍼灸接骨院として、残りの1階部分を社宅として居住。
立退料は賃料の約1年分を上回る額。

東京地判令和3.3.26甲　立退料144万円

東京都港区。賃料18万円。
Yは子を学区内の公立中学校に通学させるために居住が必要。
Xは両親を居住させる計画。
立退料は賃料差額補償分（2年分）と移転の初期費用（敷金、仲介手数料等）、引越費用の合計

額。借家権価格上乗せの主張は否定。賃貸借終了前だが将来請求が認められた。

東京地判令和3.7.14　立退料100万円

東京都府中市、昭和43年5月建築、木造平家建、3DK、改修工事費用は1,239万7,000円、平成31年度固定資産税評価額は56万5,102円、賃料6万6,000円。
Yは妻と共に居住。ただし都内で会社を経営していて平日は都内に居宅があり、週末のみ本件建物に帰宅している。Yの妻は50年以上居住している。
Xは100万円立退料支払いを申出。賃料の15か月分以上、近隣物件への転居費用としても十分。

東京地判令和3.7.16甲　立退料105万円

昭和43年7月建築、木造2階建アパート、全10戸、完了検査申請書の提出と完了検査済証の交付がなされていない。改修のために必要な建築確認申請を提出することができない。賃料4万3,000円。
Y以外の賃借人は退去済み。
Xは転居先の候補（賃料7万3,000円）を提示している。

東京地判令和3.7.30　立退料150万円

東京都板橋区、東武東上線駅から徒歩2分、昭和48年建築、木造2階建全4室のアパートのうちの2部屋、Is値0.3、賃料月額はいずれも6万円。
Y1は昭和48年から現在まで妻と共に貸室1に居住、Y2はY1の長男で昭和48年から現在まで貸室2に居住している。
Xは隣地の店舗兼住居を所有し、居住して店舗営業をしていたが、建替えを計画して、転居済み。隣地とあわせた土地に新たに住居兼共同住宅を建築する計画。
立退料はY1とY2のそれぞれについて150万円。

東京地判令和3.8.18　立退料1,500万円

東京都大田区。シェアハウス。平成30年11月には小火発生。建築基準法の用途変更手続がなされておらず、条例違反。区から不適合の指摘を受けた。賃料44万円。
Yは全国でシェアハウスの賃貸事業を営んでいる会社。
Xは相続税対策のために自宅（東京都渋谷区所在）を共同建物（賃貸マンション）に建て替える計画であり、これに伴い本件建物を自宅として利用する予定。
Xは善管注意義務違反による契約解除を主張したが否定された。

東京地判令和3.10.14甲　立退料492万円

昭和56年建築の賃貸アパート。
Yは住居として昭和57年から使用、一人暮らし、代替物件が存在する。
Xは平成30年に競売で取得、建替えを計画、6室の貸室のうち入居者のYのみ。
立退料492万円を申し出ていた。

東京地判令和3.10.18　立退料200万円

昭和33年11月以前に建築、4戸連棟式の建物のうちの1戸。令和元年9月にはガス管の老朽化によるガス漏れがあった。賃料7万円。
Yは90歳を超える女性。単身で居住。平成29年1月に死亡した夫の地位を引き継いだが、夫は昭和33年ころ住戸を賃借、夫婦で長年居住してきた。以前は本件建物で理髪店を営んでいた。
Xはコンビニエンスストアへの賃貸を行う建物に建て替える計画。
Xは立退料170万円を提示していた。原審の簡裁の判断が維持された。

第28条の裁判例（借家―正当事由）

東京地判令和3.12.14乙　立退料27万円

JR 山手線の駅北口徒歩数分、昭和43年7月建築、2階建木造アパートの一室、倒壊が懸念される。他の賃借人は退去済み、賃料4万3,000円、共益費2,000円。
Y は平成12年居住開始。当時は父が賃借し、父死亡後は賃借人の地位を引き継いだ。
X は隣地に別の自宅と賃貸物件を所有。低層マンションを建築する計画。
立退料は賃料および共益費の合計額の6か月分相当額。

東京地判令和3.12.15

昭和49年3月建築のビルの一室、特定緊急輸送道路に面している、Is 値0.09、賃料5万3,000円。
Y を含めて転借人が2名残っているが、それ以外は退去済み。
Y は住居として使用。
X は所有者からビルを賃借して、入居者に転貸している。
立退料は賃料の10か月分相当額。

東京地判令和3.12.24甲　立退料250万円

東京都板橋区、昭和48年1月建築、木造2階建14室のアパートの一室。修繕では限界があり、地盤改良も含めて建替えを要するとされる。
Y は平成11年から居住している。
X は平成29年1月1日に建物を購入。Y に転居先を紹介している。
ほかの賃借人は退去済み。X は立退料150万円を提示していた。

東京地判令和4.7.1　立退料100万円

東京都世田谷区、昭和52年6月建築、2階建木造アパート1階の一室、Is 値0.38、賃料9万円。
Y は平成7年から居住し、書道教室を経営している（現在は休業中）。
X は隣地とあわせてより広い建物に建て替える計画。
X は立退料100万円を提示。

東京地判令和4.7.11　立退料30万円

昭和50年建築、木造アパート、6戸のうちの1戸、アパートを直ちに取り壊さなければならないような緊急性までは見当たらない、賃料5万6,000円。ほかの賃借人はすべて退去済み。
Y は住居として使用。
X は6階建建物に改築する計画。
X はアパートの改築に向けて平成30年3月には更新料の支払を免除しており、Y はその頃には近い将来に本件アパートの改築がされることを認識し又または認識し得たものであるし、少なくとも従前は必要とされていた更新料が免除されるという利益を得ている。
立退料は、引っ越し費用、同程度の建物を借りる費用などから30万円。

東京地判令和4.9.9乙　立退料270万円

東京都世田谷区、木造2階建。賃料11万5,000円。
Y は歌手や司会業のための事務所として使用。
X は高齢の単身者。長男二男と一緒に住むことを希望している。
立退料は270万円（現在の月額賃料額の約2年分に相当する金額）。

東京地判令和5.1.24　立退料240万円

平成11年に建築、二世帯住宅として建築された建物の2階、月額賃料13万5000円。
Y は2階に家族で居住。
X はもと2階に居住していた。娘が令和4年12月頃に鹿児島から東京に戻り原告と居住する予定。
1階部分には、高齢の原告の父が居住している。

東京地判令和5.04.27　立退料113万円

Yはサブリース業者。賃料6万8,523円。
Xは住宅購入のローン借入れのために、本物件についてはローンを返済する必要がある。
Yが物件の使用を必要とする事情は、本件物件を転貸することにより経済的利益を得ることに尽きる。
立退料は解約予告金の2倍である6か月分の賃料に相当する額。

【その他】

東京地判平成19.10.17　立退料117万円

JR東日本、東京駅八重洲中央口コンコース。賃料約5万円。
Yは電光掲示板を操作するための作業場として使用。

東京地判平成20.3.28乙　立退料5,779万円

昭和33年建築、倉庫。耐震強度が乏しく建築基準法令不適合部分が多々ある。消防署から是正勧告がなされている。賃料合計261万6,600円。
Yは倉庫業のための自動二輪車の駐輪場として使用。
Xは耐震性・防火性を確保するため、取壊しか建替えに等しい補修が必要。

東京地判平成23.2.22　立退料2,200万円

港区赤坂、3階建て地下1階のテナントビル。30年近くが経過、賃料46万2,000円。
Yは歯科医院を営んでいるが、代替貸室において営むことも不可能ではない。
Xは隣接地とあわせてビルを建て替える計画。ほかのテナントの明渡しは完了している。
立退料は借家権の評価額。

東京地判平成23.3.10甲　立退料2億5,000万円

都心部、昭和41年建築、サウナ浴場営業。賃料465万9,120円・共益費77万6,520円。Is値X方向0.3以上0.6未満、Y方向0.3未満。
Yの収益源は専ら本物件におけるサウナ浴場等の営業であり、数十名の従業員を抱えている。サウナ浴場の営業等を行うことが可能な物件を確保することは相当に困難。

東京地判平成23.8.10　立退料150万円

東京都品川区、木造2階建て建物のうちの1階、倉庫・車庫。賃料2万5,000円。
建物は遅くとも昭和16年頃には存在し、腐食やシロアリによる侵食、壁面のひび割れもある。
Yはかつて牛乳販売店店舗を営んでいたが平成14年に廃業。以降洗濯機等の日用品の置場や自動車の車庫代わりとして使用。近隣に土地建物を所有し、普段はそこで起居生活している。
Xは、一帯の再開発を予定している開発業者に対して、隣地と一緒に売却する予定で取得。

東京地判平成25.1.25乙　立退料6,000万円

東京都調布市、昭和49年建築、3階建て建物、Is値1階0.35、2階0.52、耐震補強工事には経済合理性に疑問がある。賃料19万円・駐車場使用料等5万円。
Yは昭和58年から歯科診療所を開業。
Xは分譲マンション建築を計画。

第28条の裁判例（借家—正当事由）

東京地判平成26.10.8乙　立退料3,760万円

JR ターミナル駅前広場に面する、昭和46年2月建築12階建て、3階の一部58.85m²（17.8坪）。
賃料63万3,181円。
Yは歯科医院（Y1が賃借人、Y2は歯科医、Y1とY2は夫婦であったが離婚し、離婚後はY2が独立の占有）。
Xはカメラ・家電量販店経営。近接する自社ビルと接続する店舗ビルに建替え計画。
「Y2は、Y1が立退料の支払いを受けるのと引き換えに明け渡せ」との主文となっている。無断転貸による契約解除は否定された。

東京地判平成29.5.19　立退料1億円

賃料269万4,300円。
Yは廃棄物処理法所定の許可を受け、テント倉庫において廃プラスチック類（ひも、袋、シートに限る）の圧縮梱包業務を行っている。
Xは土地をS地区の再開発の計画のために利用することが必要不可欠な状況。
テント倉庫が借地借家法上の建物にあたると判断された。

東京地判平成30.9.7　立退料72万円

昭和32年建築、木造2階建て共同住宅、11.00m²、賃料3万円。
YはXの承諾のもとに物品倉庫として使用。インターネットのネットショップ営業。
XはYの契約違反を主張していた。

東京地判令和元.10.8　立退料5,223万円

東京都文京区、昭和54年建築、7階建てビル、賃料42万5,520円。
Yは70歳。歯科医院を開設、昭和60年から使用している。
Xは建物を建て替える予定。Xは隣接に6階建建物を所有。
ほかの賃借人はいずれも退去済み。立退料は転居費用、設備投資費用、休業補償売上補償および借家権補償の額の合計。

東京地判令和元.12.4甲　立退料2億円

東京駅から徒歩2分という場所に位置する。東京駅に隣接したオフィス街。再開発地域内。昭和63年5月建築。賃料39万3,000円。
Yは歯科医院。
Xは再開発地域内にホテルを建設する計画。
立退料の支払いが明渡しと引換えではなく、条件（先履行）とされた。

東京地判令和元.12.6乙　立退料500万円

昭和59年11月建築、鉄骨・木造スレート葺2階建て、賃料20万円。
Yは倉庫。
Xは建物を建て替える計画。建築業者と建築請負契約を締結し、建物の設計も完了している。
Y代表者尋問が予定されていた期日に出頭せず、乙号証も未提出。賃貸借契約継続の必要性が高いことの立証ができていない。移転先を見つけることが不可能ということはできない。Xは立退料として500万円を提示。

東京地判令和元.12.25　立退料288万円

基礎がなく、壁を化粧ボードで囲む構造、トタン葺平屋建てを増築した2階建て。賃料24万円。
Yは倉庫。事務所兼用。
Xは運送業。経営不振のため、建物を取り壊し、土地を売却する必要がある。

東京地判令和4.2.28甲　立退料3,180万円

東京都千代田区、昭和49年8月建築、SRC6階建ビルの3階の一室、主要設備の多数が、その竣工以来40年以上更新されていないが、補強工事は実施されていない。賃料58万1,420円。
Yは平成22年1月から画廊を経営。
Xは学校法人。平成29年に記念事業としてビルを建て替えることを決定し、建築する予定の建物に係る基本設計を完了している。
立退料は原告意見書において示された3,180万円をもって相当とされた。

東京地判令和4.4.19甲　立退料110万円

昭和52年10月建築、賃料4万5,000円。
Yは建物を自宅として使用するとともに、個人タクシーの営業所として使用している。
Xは建物と敷地を購入したが、賃料収入が、建物および敷地の購入資金を月あたり15万円以上下回っており建物および敷地の売却を検討している。
以前Y代理人弁護士が立退料110万円で建物を明け渡す旨提案したことがあった。

東京地判令和4.7.28　立退料4,540万円

東京都渋谷区、都営大江戸線駅440m、昭和54年3月建築、10階建マンションの1階、賃料12万6,000円、共益費1万2,000円。
Yはバイクの修理場として使用（バイク整備認証工場）。
Xは不動産業者。ビルを建て替える計画。
5階から9階のIs値が0.6未満。
口頭弁論期日にYが立退料4,540万円を主張、Xがこれを争わない旨陳述していた。

第32条の裁判例
（借家―賃料増減額）

● ウェイトづけの項目では、差額配分法→**差**、利回り法→**利**、スライド法→
ス、賃貸事例比較法→**比**としている。

● 賃料として記載した金額は、特段の注記のない限り、月額賃料

用　途	増減額の別	ウェイトづけ	コメント
従前賃料			新賃料
【事務所】			
東京高判平成30.1.18			区分所有建物の修繕積立金の増額も考慮された（原審が東京地判平成29.6.30）
東京都心部、事務所	増額	差：リ：ス＝6：2：2	
		平成23年12月　242万8,455円	
東京地判平成2.7.30			解約申入れの正当事由否定、更新料支払合意があっても法定更新の場合には支払義務否定
東京都渋谷区。マンションの一室の事務所としての賃貸借	増額	差：ス：賃＝3：2：1	
昭和60年3月～　16万5,000円		昭和62年10月　19万1,700円	
東京地判平成5.6.3			2つの鑑定書が提出されていたところ、『平均して調整するのがより妥当』として、平均値とした
渋谷区、事務所	増額	…	
昭和62年9月1日～　33万円		平成2年9月1日　48万2,000円	
東京地判平成14.12.19乙			転借料の変動等経済情勢の変化に伴い低下した適正賃料の割合分だけ減額するのが相当
東京都千代田区SRC8階建ビル、サブリース	減額	…	
平成7年10月　2,246万2,200円		平成13年9月　2,113万4,600円	
東京地判平成16.4.23乙			マスターリース、Yは転貸賃料を大きく超える賃料を支払っていた（契約開始時平成5年3月から平成16年3月まで常に赤字）
東京都目黒区、事務所	減額	…	
平成5年3月～　1億6,884万円		平成13年10月　1億436万円	

用　途	増減額の別	ウェイトづけ	コメント
従前賃料			新賃料
東京地判平成18.3.27			
武蔵野市、事務所・店舗	減額	差：利：ス：比＝2：2：3：3	
平成11年3月19日〜　154万900円			平成14年3月11日　149万2,000円
東京地判平成18.9.26			
事務所	減額	差：利：ス＝2：1：1	
平成17年7月〜　66万2,445円（消費税込）			平成17年7月　54万8,100円（消費税込）
東京地判平成19.4.4			
事務所	減額	4手法を総合的に評価	自動増額特約（「賃料は3年経過ごとに7％増額改定する。ただし、経済の著しい変動のある場合は、特に甲乙協議のうえ決定することができる。」）があった
（合意時期不明）608万3,760円			平成16年12月1日　533万3,333円（消費税抜）
東京地判平成19.12.14甲			
港区青山、事務所・店舗	増額	差：利：ス：比＝1：1：1：1	
平成13年8月1日〜　411万840円			平成18年4月　503万1,110円
東京地判平成20.4.9乙			
東京都墨田区、事務所兼倉庫・工場・駐車場	増額	スと正常実質賃料を中心に、差を参考	新耐震基準導入前に建築された建物を採用しているが、構造、経過年数等について考慮しているので、採用例が不適切であるとはいえない
平成5年10月〜　330万円			平成19年1月1日　363万円
東京地判平成20.4.25乙			
千代田区九段、事務所	増額	差：利：ス＝1：1：1	
平成15年8月14日〜　79万8,945円			平成18年9月5日　91万6,571円
東京地判平成20.6.23			
事務所	増額	差：利：ス：比＝3：1：1：1	
平成17年3月30日〜　49万81円（別途消費税2万4,504円）			平成19年4月1日　54万6,000円（別途消費税2万7,300円）

資料編　第32条の裁判例（借家―賃料増減額）

第32条の裁判例（借家─賃料増減額）

用　途	増減額の別	ウェイトづけ	コメント
従前賃料			新賃料
東京地判平成21.1.21甲			
事務所	増額	差・利・ス・比を比較検討し、相互に関連	
平成17年9月1日〜　218万円		平成19年9月1日　235万円	
東京地判平成21.1.30			
弁護士事務所	増額	差：利：ス＝1：1：1	
平成12年4月21日　52万9,500円		平成18年6月1日　61万6,350円	
東京地判平成21.3.25			所有者は競売で買受け
事務所	増額	差・利・スを総合調整	
平成13年3月頃〜　37万4,912円		平成17年4月4日　41万1,000円（消費税抜）	
東京地判平成21.4.27乙			電気保安協会に対する保安管理料も、賃料、管理費（共益費）には含まれず、電気基本料に含まれる
事務所	増額	…	
平成15年5月〜　賃料28万3,500円(消費税込)、管理費5万6,700円（消費税込）		平成19年6月　賃料32万7,000円（消費税抜）、管理費（共益費）8万1,000円（消費税抜）	
東京地判平成21.6.12			
事務所	増額	差：利：ス：比＝1：1：1：1	
平成16年10月1日〜　25万円		平成18年10月1日　29万9,000円	
東京地判平成21.7.9甲			従前賃料は訴訟上の和解
都心部、大規模オフィスビル	増額	差：利：ス：比＝1：1：3：3	
平成17年11月1日〜　725万7,343円(消費税抜)		平成19年11月1日　856万1,000円（消費税抜）	
東京地判平成21.8.24			利と比は直接には採用しない
新宿区、高層ビル内の事務所	増額	差を標準に、スを比較衡量	
平成16年1月20日〜　636万6,202円		平成18年9月1日　770万3,325円	

用　途	増減額の別	ウェイトづけ	コメント
従前賃料			新賃料

東京地判平成21.8.27

目黒区中目黒付近、事務所	増額	差を標準に、その他の方法による試算賃料を関連づけて算定	
平成5年11月1日～　27万9,000円（判決）		平成21年2月27日　34万1,000円	

東京地判平成21.11.9

港区南青山、4階建てビル一棟貸し	増額	利：差：ス：比＝1.5：1.5：3：4	
平成17年9月1日～　1か月230万円		平成19年12月1日　274万円	

東京地判平成21.12.22乙

宝石販売会社	増額	差およびスを重視	鑑定書が敷金の運用益年5％とした点については、長期預金の金利等に照らして年2％程度に修正した
平成14年11月10日～　139万2,754円		平成20年1月1日　150万円	

東京地判平成22.4.9

都心部、銀行店舗	増額	…	
平成17年5月1日～　2,296万2,279円		平成20年2月1日　3,017万6,960円	

東京地判平成22.6.4

港区、事務所ビル	増額	差とスを関連づけ	利について、地価上昇率と継続家賃上昇率は必ずしも一致しないことから、参考にとどめた
平成18年2月17日～　57万円（判決）		平成19年12月1日　57万8,500円	

東京地判平成22.8.25

品川区、大規模施設内の貸室	…	…	
平成17年9月1日～　174万9,750円		平成20年9月1日　242万円	

東京地判平成22.9.24

事務所	増額	差：利：ス：比＝2.5：3.5：3.5：0.5	
平成15年7月1日～　114万4,570円		平成21年6月1日　129万円	

東京地判平成22.9.28

渋谷区、事務所	増額	差：ス：比＝1：1：1	
平成15年6月1日～　105万3,996円（消費税込）		平成19年12月1日　114万1,245円（消費税込）	

資料編

第32条の裁判例（借家―賃料増減額）

433

第32条の裁判例（借家―賃料増減額）

用　途	増減額の別	ウェイトづけ	コメント
従前賃料			新賃料
東京地判平成22.12.15			平成20年9月の金融危機（いわゆるリーマンショック）後の新規賃料水準も検討したうえで賃料を決定した
東京都渋谷区渋谷駅付近、6階建てビル内の事務所	増額	差とスを関連づけ	
平成17年4月11日〜　33万円			平成20年8月　35万円
京都地判平成23.2.28			
事務所	減額	差：利：ス＝ 5：2.5：2.5	
平成8年8月1日〜　1,333万6,655円（消費税抜）			平成21年7月1日　893万3,000円（消費税抜）
東京地判平成23.5.18			賃貸人は競売によって建物の所有権を取得
事務所	増額	利を参考とし、スと差の中庸値	
平成14年1月15日〜　87万6,699円（内消費税4万1,747円）			平成22年1月19日　110万円（消費税抜）
東京地判平成23.5.31			従前賃料は判決による。増額請求が否定されたケース
都心部、大規模オフィスビル	増額	差およびスの中庸値	
平成19年11月1日〜　856万1,000円（別途消費税42万8,050円）			平成21年9月1日　月額795万円（別途消費税39万7,500円）
東京地判平成24.11.12			X鑑定、Y鑑定それぞれにつき、差とスを各2分の1の割合で加重平均したうえで、両者の中間値を算出（142万円）。X主張の賃料がこれを下回っているので、適正賃料額とした
JR四谷駅周辺、弁護士事務所	増額		
平成15年7月1日〜　122万8,080円（消費税別）			平成22年7月1日　141万2,290円（消費税別）
東京地判平成25.4.25			金融機関の店舗として建築された特殊な物件である
事務所	増額	差：利：ス＝7：1：2	
平成15年5月1日〜　59万円			平成22年11月1日　63万3,400円

用　途	増減額の別	ウェイトづけ	コメント
従前賃料			新賃料
東京地判平成26.1.31			管理費も増減額請求の対象となる
事務所	減額	各試算賃料を算出したうえ、各手法の特徴等を考慮した	
…		平成23年９月　賃料35万3,000円、管理費７万6,200円	
東京地判平成27.2.4			Ｙに旧建物から立ち退いてもらうため、その対価として賃料を当時の相場賃料の半額以下としたという特殊事情が、約30年経過して消滅したとされた
店舗、転貸	増額	差とスの中庸	
平成12年12月〜　10万5,000円		平成25年４月　14万5,000円	
東京地判平成29.3.31			私的鑑定を修正して判決に利用した
事務所	増額	差：利：ス：比＝3：1：1：5	
平成24年８月３日〜　25万円（消費税抜）		平成26年８月３日　29万2,582円（消費税抜）	
東京地判平成29.4.19			
東京都目黒区、昭和38年建築のビルの１階、事務所	増額	差を採用	
平成25年５月７日〜　30万円（消費税の改定によって、30万8,571円）		平成28年８月１日　35万6,670円	
東京地判平成29.10.12甲			
法律事務所	増額	…	
平成19年６月20日〜　30万8,980円（消費税抜）		平成24年５月１日　34万8,000円（消費税抜）平成28年２月１日　36万1,000円（消費税抜）	
東京地判平成29.11.17			共益費の増額請求は否定
東京都区部の８階建てビルの１階事務所	増額	差・リ・スを等しく尊重	
平成24年４月〜　15万円（消費税抜）		平成27年５月１日　17万3,880円（消費税込）	

第32条の裁判例（借家—賃料増減額）

用　途	増減額の別	ウェイトづけ	コメント
従前賃料			新賃料
東京地判平成29.12.7			途中に一定期間の減額合意があったが、直近合意時点は平成22年1月とされた
東京都心部の事務所	増額	差：リ：ス：比＝5：25：25：5	
平成22年1月〜　1,255万3,580円			平成27年4月　1,375万2,464円
東京地判平成30.1.26乙			
特許事務所	増額	差とスの中庸値	
平成22年6月10日〜　39万9,100円			平成28年4月1日　45万7,900円
東京地判平成30.3.23			比は、参考程度にとどめる
東京都中央区銀座、9階建てビルの3階・4階、事務所	増額	差・リ・スの平均値	
平成25年3月1日〜　630万3,367円（消費税込）（平成26年4月以降、消費税率の変更により、648万3,463円）			平成27年4月1日　714万3,336円（消費税込）
東京地判平成30.5.30乙			原告鑑定を採用した
東京都心部の中規模ビルの事務所	増額	差・利・ス・比が同等程度の信頼性を有する	
平成26年10月1日〜　16万4,290円（消費税抜）			平成29年3月1日　23万4,700円（消費税抜）
東京地判平成30.8.10			直近合意時点について争いがあった
弁護士事務所	増額	…	
平成25年5月1日〜　110万円			平成28年9月1日　117万円
東京地判平成30.11.14			ショールームとしての用途もある
事務所	増額	差・利を関連づけ、ス・比を参考にした	
平成23年7月16日〜　39万477円（消費税抜）			平成25年7月16日　41万7,000円（消費税抜）平成28年6月1日　43万9,800円（消費税抜）
東京地判平成30.11.30			賃貸人たる地位が承継された場合には前賃貸人との合意によって定められた現行賃料が基礎となる
事務所	増額	差・リ・スの平均値	
平成25年3月18日〜　21万5,150円（消費税込）			平成29年4月1日以降　月額23万7,816円（消費税込）

用　途	増減額の別	ウェイトづけ	コメント
従前賃料			新賃料

東京地判令和元.6.27甲			
弁護士事務所	増額	…	
平成25年4月16日〜　37万円		平成29年8月16日　39万5,000円	
東京地判令和元.10.31			
東京都中央区銀座、事務所	増額	差を重視、利・スを関連づけ	
平成19年9月25日〜　51万1,200円（消費税抜）		平成29年10月1日　56万2,000円（消費税抜）	
東京地判令和2.1.22			ＸとＹの各私的鑑定がなされ、Ｙ鑑定が採用された
事務所	増額	…	
平成24年1月10日〜　36万3,487円（消費税相当額を含まない）		平成27年6月1日　39万2,000円（消費税相当額を含まない）	
東京地判令和2.3.6			比は、近隣同類型の約定賃料に牽引される不動産の価格（賃料）形成の指向性・代替の原則に基づく合理性を考慮すれば、重視すべきもの
事務所	増額	差：リ：ス：比＝20：5：5：70	
平成7年2月〜　20万円		平成29年11月1日　24万6,250円（消費税抜）	
東京地判令和2.9.24			差は、差額の配分に当たって当事者の事情を考慮することができ、周辺店舗の賃料水準の高さを理由とした賃料増額の適否を判断するに当たっては資料として重要性が高い
JR駅歓楽街の入口、付近には再開発計画がある	増額	差：利：ス＝6：1：3	
平成25年9月分〜　14万円		平成30年7月　15万3,700円	
東京地判令和2.10.29甲			自動増額特約があったが、改定時点ごとに協議や交渉を行い、賃料を現実に合意していた
東京都杉並区、5階建ビルの1階〜4階、本社ビル	減額	差・利を標準、スを比較考量	
平成24年10月〜　4,774万円		平成26年11月　3,665万円	
東京地判令和2.10.30			賃につき、比較に用いる事例から、係争当事者の一方を契約当事者とする事例を回避することは合理的
東京都千代田区神田須田町	増額	差・利・スの平均値	
平成27年1月〜　133万円		平成30年8月　140万円	

第32条の裁判例（借家—賃料増減額）

用　途	増減額の別	ウェイトづけ	コメント
従前賃料			新賃料
東京地判令和2.11.5甲			従前賃料は周辺の再開発事業が進行中のため劣悪であったという環境が考慮されて決定されたものであったが、再開発事業の完成により、周辺環境は良好なものとなった
東京都中央区	増額	差・利・スを関連づけ	
平成23年1月〜　30万900円		平成29年10月　34万1,300円	
東京地判令和2.12.3			差額の配分は賃貸人7、賃借人3。賃料不増額合意の主張は否定。裁判所鑑定を判決で修正した
東京都港区南青山、SRC造9階建マンションの5階、不動産業者の事務所	増額	差を重視	
…		平成30年4月　34万400円	
東京地判令和3.2.19			
JR中央総武緩行線駅90m、昭和37年4月建築RC3階建建物	増額	差・利・スの平均値	
平成12年6月〜　45万円		令和元年9月　49万6,000円	
東京地判令和3.5.7			平成29年に一括借りのテナントが退出
京浜急行線駅最寄り駅、2階建ビル、サブリース	減額	差・利・スを同程度に関連付け	
平成21年1月〜　977万6,195円		平成29年9月7日　782万5,884円	
東京地判令和3.10.12			
東京都中央区銀座、商業地域、10階建ビルの一室、事務所	増額	差・スを重視、利を参考	
平成23年10月〜　51万1,200円		令和元年10月　59万3,000円	

用　途	増減額の別	ウェイトづけ	コメント
従前賃料			新賃料

東京地判令和4.2.16乙

用途	増減額の別	ウェイトづけ	コメント
東京都品川区、事務所棟と住居棟が存在する大規模開発の中のオフィスビル	増額	差を重視し、利・ス各試算賃料の特徴に応じたウェイト付けに基づいて比較衡量	『管理共益費は賃料の一部を構成するものと認めるのが相当である』
平成26年2月〜　164万1,920円		平成30年2月13日　179万3,936円 令和2年3月　188万3,936円	

東京地判令和4.3.23

用途	増減額の別	ウェイトづけ	コメント
東京都中央区日本橋	増額	…	
平成30年1月〜　213万6,983円		令和2年1月　256万507円	

東京地判令和4.9.12

用途	増減額の別	ウェイトづけ	コメント
…	増額	差を重視、利を参酌、スを参考	前所有者の孫が賃借人の代表者と交際していて生活補償のため低廉な賃料にしていたが、平成30年2月にビルが売却されたという特殊事情が増額要因として考慮された
平成28年5月1日〜　40万円（消費税別）		平成30年5月1日〜　72万5,000円（消費税込）	

東京地判令和4.9.28

用途	増減額の別	ウェイトづけ	コメント
仙台市、オフィスビル	増額	差・利を関連付け、利を参考	原告が実施した私的鑑定も裁判所鑑定とほぼ同一の評価を下している
平成23年7月〜　24万2,800円		令和2年10月　32万496円	

東京地判令和4.10.27

用途	増減額の別	ウェイトづけ	コメント
東京都葛飾区、昭和55年9月建築、木造2階建、事務所（リサイクル販売）	増額	スを重視、差・利を比較衡量	現行賃料も判決による
平成28年7月〜　26万4,000円		令和元年5月　27万3,000円	

第32条の裁判例（借家―賃料増減額）

用　途	増減額の別	ウェイトづけ	コメント
従前賃料			新賃料
東京地判令和4.12.7			
東京都品川区五反田・大崎地区、オフィスビル、事務所	増額	差・利・スの平均	Xが所有者からマスターリースし、Yに転貸
平成25年10月〜　41万8,977円		令和元年12月　68万6,484円	
東京地判令和5.1.17			コロナ禍により、近傍同種の建物の賃料は著しく低下したことを理由に減額請求がなされた
東京都中央区東日本橋、事務所	減額否定	…	
減額請求は令和2年7月		令和元年11月以降　月額51万7,800円	
東京地判令和5.1.25甲			
都心5区のビジネスエリア、繁華性の高い商業地域、税理士事務所	増額	差を中心に、スを関連付け、利も参酌	
平成30年3月〜　92万2,600円		令和3年3月　101万2,300円	
【店舗】			
東京高判平成18.10.12			不動産変換ローン方式の一環としての契約であっても32条は適用される
JR新宿駅近接、大規模百貨店	減額	…	
平成11年10月3日〜　10億6,072万円（消費税抜）		平成11年10月3日　10億4,236万円（消費税抜）	
東京高判平成19.9.12			
スーパーマーケット	減額	差：利：ス＝1：1：1	
平成5年10月〜　5,557万399円		平成16年2月10日　4,620万円（消費税抜）	
大阪高判平成20.4.30			
大阪市、ターミナル駅商業施設内店舗	増額	差：利：ス＝1：1：1（ほぼ均等）	
平成12年11月〜　58万3,800円		平成16年2月1日　77万8,400円	

用　途	増減額の別	ウェイトづけ	コメント
従前賃料			新賃料
大阪高判平成30.6.28			歩合賃料併用だが歩合が発生する可能性はほとんどない
大型物販店舗	増額	差を採用した（配分割合は25%）	
平成22年6月1日〜　270万円（固定賃料・消費税抜）			平成27年11月23日　386万円（固定賃料・消費税抜）
東京高判令和元.12.19乙			
百貨店	増額	差：利：ス：比＝3：3：3：1	
平成23年6月7日〜　3,336万9,938円（裁判上の和解による）			平成27年8月1日　3,341万1,900円
江戸川簡判昭和52.9.29			従前の賃料がは賃借人の自主的な支払い。鑑定人の鑑定を採用しなかった
JR駅付近、海産乾物類の販売	増額	スを妥当として基礎とした	
昭和36年8月〜　5,000円			昭和48年10月　3万円
東京地判平成14.12.27乙			増額請求は賃料の増額に限られ、共益費は含まれない。賃貸人は競売による買受人
東京都渋谷区、4階建ビル、1階部分、電気製品販売店舗	増額	…	
平成7年5月〜　25万2,000円			平成12年10月　31万9,000円
東京地判平成17.9.29			前回合意は調停。減額した賃料の供託を続けて請求額の支払いをしなかったために、解除肯定
神奈川県川崎市、パチンコ店	減額	差とスを関連づけ	
平成10年10月〜　360万円			平成15年10月　315万円
東京地判平成18.2.6			
新宿区、エステ店舗	減額	差：ス：比＝2：1：1	
平成15年2月12日〜　85万円			平成16年9月1日　74万6,000円

資料編　第32条の裁判例（借家―賃料増減額）

441

第32条の裁判例（借家―賃料増減額）

用　途	増減額の別	ウェイトづけ	コメント
従前賃料			新賃料

東京地判平成18.11.13

東武東上線、駅前のビルの1階ラーメン店店舗	減額	差：ス：比＝2：4：4	
平成13年9月〜　26万円		平成16年9月1日　19万4,000円	

東京地判平成18.11.22

延岡市、スーパーマーケット	減額	差：ス：比＝1：0.5：8.5	
平成7年11月23日〜　2,466万2,445円（消費税抜）		平成14年9月1日　2,192万円（消費税抜）	

東京地判平成18.12.12

寿司店	増額	差だけで算出	
最終合意（時期不明）時点　8万5,000円		平成16年3月1日　12万8,778円	

東京地判平成19.2.1

百貨店	増額	差：比＝1：1	従前は賃貸借が業務提携の一環として低額に設定
平成14年2月〜　1,101万円		平成16年7月1日　1,924万5,625円	

東京地判平成19.2.14

東京都杉並区、商店街、雑貨商	増額	…	調停委員によって作成された調停試案は信頼性が高い
平成7年9月〜　15万5,000円		平成14年9月　18万4,867円	

東京地判平成19.3.9

中央区銀座、4階建て店舗ビルの一括賃貸借	増額	差：利：ス：比＝2：2：3：3	
平成13年8月10日〜　220万円		平成17年9月1日　228万円	

東京地判平成19.6.21

東京都、竹下通り近く、雑貨商	増額	差：リ：ス＝45：45：10	土地価格が上昇したり店舗用建物の賃料が急激に上昇している事情状況の下では、他の手法により求めた賃料に比較して規範性が劣る
平成15年2月〜　105万円		平成17年12月1日　138万2,000円	

用　途	増減額の別	ウェイトづけ		コメント
従前賃料				新賃料
東京地判平成19.8.27				
新宿区歌舞伎町、5階建て店舗ビル	増額	比による試算賃料を中心にして、差・利・スの単純平均額を勘案		賃料の増額は否定、管理費の増額を肯定
平成12年11月1日　3万円（管理費）			平成15年12月28日　3万2,400円（管理費）	
東京地判平成19.8.28				
スーパーマーケット	減額	…		転貸がなされていた
平成6年10月〜　621万3,000円			平成16年7月　554万7,000円	
東京地判平成19.10.3				
貴金属販売店舗	減額	差：ス：比＝2：3：1		
平成6年6月23日〜　39万円			平成8年7月16日　38万3,000円（消費税抜） 平成16年7月16日　28万円（消費税抜）	
東京地判平成19.12.3				
東京都中央区銀座、書店	増額	差　：リ　：ス＝0.45：0.45：0.1		
平成16年2月〜　賃料685万1,370円、管理費90万2,870円			平成18年2月1日　873万1,000円	
東京地判平成19.12.10				
埼玉県川越市	減額	差：ス：比＝1：1：1		利は考慮しない
平成8年11月〜　79万8,776円			平成18年1月　76万5,600円	
東京地判平成19.12.14乙				
東京都新宿区	増額	…		建物の維持・管理状況が劣悪なので減価修正率マイナス40％
平成15年10月〜　25万円			平成18年10月　28万5,000円	
東京地判平成19.12.20乙				
渋谷区代官山、美容院店舗	増額	差：利：ス＝1：1：1		
平成7年11月1日〜　30万9,000円			平成19年1月1日　38万9,000円	

資料編　第32条の裁判例（借家―賃料増減額）

第32条の裁判例（借家―賃料増減額）

用　途	増減額の別	ウェイトづけ	コメント
従前賃料			新賃料
東京地判平成20.5.22			差では賃貸人に帰属する賃料を3分の1とした
東京都中央区、6階建てビルの1階、シューズ、バッグ、レザーウェアー等の輸入販売	増額	差・利・スを併用	
平成18年9月〜　230万2,686円			平成19年6月　253万3,000円
東京地判平成20.6.11乙			
生協店舗	減額	差：利：ス＝3：1：2	
平成6年1月1日〜　300万円			平成16年4月1日　254万5,400円
東京地判平成20.7.31乙			
中央区銀座、有名紳士服店店舗	増額	差：利：ス＝5：2：3	
平成15年9月1日〜　498万6,000円（共益費・消費税抜）			平成19年9月1日　610万1,000円（共益費・消費税抜）
東京地判平成20.11.28			更新契約における賃料の合意は通常の改訂賃料の合意であって、暫定措置の延長ではない口頭弁論終結後の賃料支払請求は却下された
東京都新宿区歌舞伎町の一等地、まんが喫茶	増額	試算賃料をそれぞれ算定し、総合調整	
平成15年5月〜　110万円（消費税抜）			平成18年3月　121万6,000円
東京地判平成20.12.5			
百貨店	増額	差：利：ス＝1：1：1	
平成16年4月〜　2,244万5,440円			平成19年10月1日　2,680万円
東京地判平成20.12.24甲			
ショッピングセンター	増額	差：利：ス＝1：1：1	
平成9年6月14日〜　229万円			平成17年6月14日　232万8,131円
東京地判平成21.1.21乙			看板の係争も同時に審理
飲食店	増額	…	
平成6年4月6日〜　118万7,200円（管理費・共益費込。消費税抜）			平成18年4月11日　130万8,200円（管理費・共益費込。消費税抜）

用　途	増減額の別	ウェイトづけ	コメント
従前賃料			新賃料
東京地判平成21.1.23			
郊外型大型商業施設	減額	…	
合意時期不明　1,174万500円			平成18年11月1日　1,120万5,326円（消費税抜）
東京地判平成21.3.3			
飲食店店舗	増額	差を中心に、利・スによる試算賃料額と比較考慮する	悪臭の有無の争点もあった
平成7年11月1日〜　39万円（消費税込で毎月末までに翌月分を支払うとの約定）			平成18年10月1日　51万4,500円（消費税込）
東京地判平成21.3.24丙			
新宿区、大規模施設内のカフェ営業	増額	差：利：ス：比＝4：2：3：2	売上歩合賃料を採用する場合の固定賃料部分の増額
平成10年3月20日〜　固定賃料189万9,800円（歩合賃料は月額基準売上高1,899万8,000円（1坪当たり35万円）を超えた金額の4％相当額）			平成18年4月1日　固定賃料243万円
東京地判平成21.6.25			
パチンコ店店舗	減額	差を重視、他の手法（利とス）は、参考にとどめる	
平成15年6月6日〜　850万円			平成19年8月4日　791万円（消費税抜）
東京地判平成21.7.9丙			
調剤薬局	増額	比に差を加味	近隣のＩ病院が院外処方箋の全面発行を開始した場合には、協議のうえ、賃料の増額改定を行うとの特約
平成12年8月28日〜　30万円			平成19年7月1日　47万6,000円
東京地判平成21.11.10			
中央区銀座、割烹料理店	増額	スを重視	
平成3年8月21日〜　53万9,000円（消費税別・管理費抜）			平成19年5月22日　60万1,000円（消費税・管理費抜）

第32条の裁判例（借家―賃料増減額）

用　途	増減額の別	ウェイトづけ	コメント
従前賃料			新賃料
東京地判平成21.11.24乙			賃貸人は投資法人
複合商業施設内の飲食店	増額	差：ス：比＝5：2.5：2.5	
平成14年10月5日～　固定賃料＋売上歩合賃料		平成19年7月1日　170万6,000円（消費税抜）	
東京地判平成21.11.26乙			
中央区銀座、店舗	増額	差を重視し、他の手法を関連づけ	
平成10年8月1日～　（1階部分）73万5,000円 平成13年7月1日～　（中2階部分）28万円		平成18年8月1日　（1階部分）101万円、（中2階部分）29万6,000円	
東京地判平成21.11.27乙			賃借人が平成16年12月7日時点の減額請求、賃貸人が平成19年2月1日時点の増額請求をしていた。平成16年12月7日時点の減額請求は棄却
JR山手線駅前、再開発区域内の大規模スーパーマーケット	減額・増額	（平成16年12月7日）差：利：ス＝3：2：3、（平成19年2月1日）3：1：3	
平成13年7月1日～　賃料2,146万1,700円 平成12年4月1日～　管理費1,079万8,847円		平成19年2月1日　2,186万2,000円、管理費1,079万8,847円	
東京地判平成21.12.3			ドア枠歪みが併せて問題とされた
世田谷区、寿司店店舗	増額	差を標準とし、利およびスを参考	
平成16年3月1日～　14万1,260円（判決）		平成20年4月1日　14万7,260円	
東京地判平成22.2.17			
中野区、7階建てビル1階喫茶店	増額	差：利：ス＝5：2：3	
平成6年4月8日～　99万円		平成19年5月28日　123万7,000円	
東京地判平成22.3.9			賃貸人は平成18年に競売によって建物を買受け
台東区浅草商店街、店舗	増額	差を重視し、利およびスを参考	
平成5年6月1日～　40万円（別途消費税2万円）		平成20年6月1日　45万5,000円（消費税抜）	

用　途	増減額の別	ウェイトづけ		コメント
従前賃料			新賃料	
東京地判平成22.3.24				
中央区銀座、大型商業施設	増額	差・利・ス・比を平均／差および利を各25％、スを50％		
平成17年3月～　2,596万1,000円			平成18年12月1日　3,073万4,000円 平成20年8月1日　3,048万1,175円（同日一部返室）	
東京地判平成22.5.14乙				
飲食店ビルの一棟貸し	増額	…		
平成10年12月～　270万円			平成19年2月1日　309万円	
東京地判平成22.11.17				
港区新橋、店舗	増額	4手法による試算賃料を関連づけ		
平成18年7月1日～　30万円（消費税抜）			平成20年9月5日　31万1,000円（消費税抜）	
東京地判平成22.11.19				
物販店舗	増額	差を重視し、ス・利を参考		
平成18年6月1日～　27万6,000円			平成21年10月1日　33万円	
東京地判平成22.12.2				かつては個人的な関係があったが、賃貸人が変更した
中央区銀座、居酒屋	増額	差が適正と判断		
平成6年4月～　44万円			平成20年8月1日　70万350円（消費税込）	
東京地判平成22.12.3				32条類推による敷金・保証金の減額請求を否定
店舗	減額	…		
平成10年5月1日～　120万円（消費税抜）			平成21年6月1日　109万4,000円（消費税抜） 平成22年4月1日　99万7,000円（消費税抜）	
東京地判平成23.1.18乙				契約締結から2か月半後の平成21年4月11日にも減額請求がなされたが、否定された
ネイルサロン店舗	減額	差：利：ス＝1：2：2		
平成21年2月1日～　58万1,020円（消費税抜）			平成22年1月29日　52万7,720円（消費税抜）	

第32条の裁判例（借家—賃料増減額）

用　途	増減額の別	ウェイトづけ	コメント
従前賃料			新賃料
東京地判平成23.1.27			減額請求もなされたが否定された
渋谷区、カフェバー店舗	増額	…	
平成16年6月11日〜　40万円（消費税込）		平成20年8月1日　47万1,450円（消費税込）	
東京地判平成23.3.10丙			Yは転借人のZ1・Z2に転貸しており、転貸料はZ1が1,150万円、Z2が3,800万円である
店舗	増額	差：利：ス＝3：1：1	
平成18年3月分〜　2,410万円		平成20年8月1日　3,390万円	
東京地判平成23.4.27			
京浜急行沿線、ショッピングセンター	減額	差：利：ス：比＝2：1：2：1	
平成15年1月16日〜　1億3,860万円		平成20年4月1日　1億2,500万円 平成21年6月1日　1億2,000万円	
東京地判平成23.5.10			
ドーナツ店フランチャイズ店舗	増額・減額	差：利：ス＝2：4：4	
平成19年8月1日〜　189万3,000円（共益費込）		平成20年8月1日　233万1,000円（共益費込） 平成22年6月1日　203万5,000円（共益費込）	
東京地判平成23.6.27			
文京区、商業施設	増額	差：利：ス：比＝7.5：1：1：0.5	
平成17年8月1日〜　254万5,400円		平成19年7月1日　283万9,000円	
東京地判平成23.7.12			利は不採用。減額請求と増額請求の両方がなされていた
都心部ターミナル駅、ショッピングセンターの共有持分	減額	ス：差および比＝3：7	
平成5年4月1日〜　39万6,188円（消費税抜）		平成19年4月1日　39万1,000円（消費税抜）	
東京地判平成23.7.25乙			平成18年2月1日および同年3月1日の賃料増額請求もなされたが、否定された
新宿区、立食そば店店舗	増額	差・スを比較し、利を参考	
平成9年9月19日〜　40万円（消費税抜）		平成20年4月1日　47万5,000円（消費税抜）	

用　途	増減額の別	ウェイトづけ	コメント
従前賃料			新賃料

東京地判平成23.10.17

用　途	増減額の別	ウェイトづけ	コメント
郊外住宅地、大規模ショッピングセンター	減額	差：利：ス：比＝3：1：1：1	
平成19年5月1日〜　6,365万円			平成21年4月24日　4,810万円

東京地判平成24.4.19甲

用　途	増減額の別	ウェイトづけ	コメント
千葉県、商業複合施設の家電販売店	減額	差を基準	
平成22年1月1日〜　202万5,890円（消費税抜）			平成10年3月14日　276万5,950円（消費税抜）

東京地判平成24.4.19乙

用　途	増減額の別	ウェイトづけ	コメント
都心部ターミナル駅、超一等地の喫茶店	増額	差：ス＝7：3	平成20年5月23日に対象物件の一部変更あり
平成12年7月25日〜　207万9,000円（消費税抜）			平成21年9月1日　230万5,000円（消費税抜）

東京地判平成24.4.25

用　途	増減額の別	ウェイトづけ	コメント
大型百貨店の一部	減額	…	建物全体を所有者Xが Y 百貨店に賃貸し、そのうちの一部を Y 百貨店が X に転貸しており、建物全体については、20％減額の訴訟上の和解が成立している
平成7年6月9日〜　106万4,000円			平成18年1月　95万円

東京地判平成24.4.26甲

用　途	増減額の別	ウェイトづけ	コメント
インターネットカフェ	減額	差・利・スのうち、利およびスを重視	
平成19年9月1日〜　117万円（消費税抜）			平成21年12月1日　115万円（消費税抜）

東京地判平成24.5.30

用　途	増減額の別	ウェイトづけ	コメント
中央区銀座、宝石店店舗	増額	差：ス＝2：8	
平成19年6月1日〜　33万3,900円（消費税抜）（訴訟上の和解）			平成22年5月15日　37万5,000円（消費税抜）

第32条の裁判例（借家―賃料増減額）

用　途	増減額の別	ウェイトづけ	コメント
従前賃料		新賃料	

東京地判平成24.8.31

用　途	増減額の別	ウェイトづけ	コメント
複合映画施設（シネマコンプレックス）	減額	差を中心として総合評価	
平成18年3月31日〜　賃料2,322万1,344円・共益費2,131万6,135円（合計4,453万7,479円）		平成21年1月1日　3,652万円（共益費込）	

甲府地判平成24.10.16

用　途	増減額の別	ウェイトづけ	コメント
百貨店	減額	差：利：ス：比＝5：1：2：2	共有持分の賃貸
平成16年11月分〜　871万6,671円		平成21年2月1日　804万円	

東京地判平成25.2.22甲

用　途	増減額の別	ウェイトづけ	コメント
港区六本木の歓楽街、商業ビル内のクラブ営業	増額	利：ス＝5：1、差を参考	第三者鑑定を行わず、原告と被告から提出された鑑定書をもとにして、裁判所が自ら相当賃料を認定している
平成15年4月18日〜　229万5,510円（消費税抜）		平成19年8月　267万8,000円（消費税抜）	

東京地判平成25.5.9

用　途	増減額の別	ウェイトづけ	コメント
着物の染め等の店舗	増額	差：ス＝6：4	利回り法は、『スライド法との関係で独立の試算賃料としての意味に乏しい』とされた
平成20年4月13日〜　13万3,348円（共益費込。消費税込）		平成23年4月13日　15万4,350円（共益費込。消費税込）	

東京地判平成25.8.28

用　途	増減額の別	ウェイトづけ	コメント
中央区銀座の中華料理店	増額	…	賃貸借開始時の賃料が近隣相場よりも低廉であったことから、賃貸借契約において、「引渡日から1年後に諸般の経済情勢の変化、公訴公課等を考慮して、その額を甲乙協議のうえ決定する」と定められていた
平成22年2月2日〜　84万円（消費税込）		平成23年10月1日　91万4,200円（消費税込）	

用途	増減額の別	ウェイトづけ	コメント
従前賃料		新賃料	

東京地判平成25.9.10

用途	増減額の別	ウェイトづけ	コメント
私鉄および地下鉄の駅の改札から約70m 昭和44年4月建築、長屋形式木造平家建て、焼肉店	増額	試算賃料の調整への言及はない	
平成13年3月3日〜　17万円		平成24年6月26日　17万9,000円	

東京地判平成25.9.24

用途	増減額の別	ウェイトづけ	コメント
パチンコ店	減額	差：リ：ス＝2：1：1	前回賃料も訴訟。第三者鑑定は3つの試算賃料の価値を等しい価値と評価していたが、差を重視する加重平均に見直した
平成19年8月〜　791万円		平成22年6月1日　741万円	

東京地判平成25.9.26

用途	増減額の別	ウェイトづけ	コメント
中央区銀座クラブ営業	減額	差：利：ス＝50：25：25	
平成20年3月1日〜　171万2,256円		平成23年5月1日　155万3,000円	

東京地判平成25.11.27

用途	増減額の別	ウェイトづけ	コメント
荒川区のJR駅徒歩1分のビル1階。中華料理店	減額	差：利：ス：比＝1：1：1：1	平成22年9月分から平成23年3月までの期間は90万4,000円（税込）に減額されていた
平成21年6月1日〜　105万円（消費税込）		平成23年4月1日　91万4,550円（消費税込）	

東京地判平成25.12.19

用途	増減額の別	ウェイトづけ	コメント
日本そば店、木造2階建て、一軒家	増額	…	鑑定内容についての言及はなされていない
平成19年8月24日〜　33万円		平成23年12月13日　34万4,400円	

東京地判平成26.3.7

用途	増減額の別	ウェイトづけ	コメント
東京都渋谷区、渋谷センター街、そば店	増額	差を尊重し、利とスを参考	看板の使用料も請求していた
平成6年12月〜　21万円		平成24年3月　44万8,300円	

第32条の裁判例（借家—賃料増減額）

用　　途	増減額の別	ウェイトづけ	コメント
従前賃料			新賃料
東京地判平成26.3.18			土地の相続税路線価（正面道路沿いの価格）は、平成14年と比べ平成24年は48.7％上昇
東京都渋谷区宇田川町、カラオケボックス	増額	差：利：ス：比＝4：1：1：4	
平成14年6月～　234万6,000円		平成24年9月　293万2,000円	
東京地判平成26.3.27			
東京都港区六本木、飲食店	減額	差・利・スを調整	
平成16年6月～　180万810円		平成23年9月　172万3,000円	
東京地判平成26.4.16			更新料を授受する場合の賃料
繁華性のある商業地域、焼肉店	減額	差：利：ス＝45：10：45	
平成18年7月1日～　60万4,745円		平成24年5月1日　58万5,300円	
東京地判平成26.4.23			所有者が変更した
目黒区自由が丘の中心部、飲食店舗・事務所	増額	差を重視、スを参考、利を関連づけ	
平成17年12月1日～　40万円		平成22年2月1日　100万1,300円	
東京地判平成26.6.13			無断転貸による解除の主張がなされたが、認められなかった
大型商業店舗	増額	差・利・スを比較考量	
平成10年3月～　392万4,000円		平成23年11月1日　477万円	
東京地判平成26.9.4甲			共有持分の賃貸借。賃借人が大手スーパーマーケットに転貸している
大型SC	減額	差・利・スを相互に等しく関連づけ	
平成20年4月1日～　86万722円		平成24年4月1日　82万1,954円 平成26年4月1日　84万5,439円	
東京地判平成26.9.4乙			月額実質賃料から保証金の運用益を控除して支払賃料を査定
商業地域の1階飲食店	増額	差：利：ス＝2：1：1	
平成16年7月15日～　賃料 162万249円（消費税抜）、管理費 26万2,878円（消費税抜）		平成25年8月　218万4,000円 平成26年4月　224万6,400円	

用　途	増減額の別	ウェイトづけ		コメント
従前賃料			新賃料	
東京地判平成27.3.18				特殊事情の消滅という事情があった
韓国料理店	増額	差を標準とし、スを比較考量し、さらに、個人的関係から別途無償で使用していた倉庫が使用できないことによるマイナス要因等を考慮		
平成21年10月11日〜　26万2,500円（消費税込）			平成24年10月11日　35万円（消費税抜）	
東京地判平成27.4.22				減額請求と同時に増額請求もなされていた。汚水が溢れる事故があり、訴訟となっている
商業地域の焼き鳥屋	減額	差を重視、利・スは重視しない		
平成13年5月1日〜　55万5,000円			平成25年1月1日　52万1,000円	
東京地判平成27.8.7甲				駐車場付き（土地賃貸借）
国道沿いの土地建物、ラーメン店	増額	…		
平成16年10月〜　27万8,460円			平成24年12月1日　31万円	
東京地判平成27.8.7乙				比は不採用、同一用途での一括貸しの事例収集が困難
コンビニエンスストア	減額	差：利：ス＝2：1：2		
109万6,000円（消費税抜、消費税5万4,800円）			平成26年4月　99万9,800円（消費税抜）	
東京地判平成27.9.29甲				Yは店舗事業者に転貸している
飲食店	増額	差・利・スを調整		
平成15年10月20日〜　50万円（消費税込）、管理費9万7,200円を別途Y負担とする			平成25年9月1日　71万3,850円（消費税抜）	
東京地判平成27.9.30				都市再開発法に基づく権利変換後の賃料を求めた（同法73条1項10号）
川崎市、スーパーマーケット	増額	…		

第32条の裁判例（借家―賃料増減額）

用　途	増減額の別	ウェイトづけ	コメント
従前賃料			**新賃料**
東京地判平成27.11.24			適正賃料の算定は、『不動産鑑定の専門家である鑑定人の裁量にゆだねられており、算定方法が著しく不合理といえるような特段の事情がない限り、鑑定結果は正当』
東京都港区六本木地区、寿司店（チェーン店）	減額	差を重視し、利・スを関連づけて調整。比は、規範性の高い賃貸事例が収集できず不採用	
平成18年5月～　497万円			平成23年9月　469万1,000円
東京地判平成27.12.22			期待利回り5.0％との査定を『合理性を欠くものとはいえない』とした
地下鉄駅から徒歩約5分、高級住宅街、中華料理店	増額	差・利・スを調整	
平成23年1月～　38万952円 平成25年10月～平成27年3月　41万4,000円			平成27年4月　44万円
東京地判平成28.1.14乙			共益費として支払われた金銭の中に賃料に相当する部分がある場合、差額配分法、スライド法の適用に当たって共益費込賃料を用いた試算はありうる
居酒屋(大手チェーン店)	増額	差・利およびスを関連づけ。比は事例収集が困難で不適用	
平成22年4月～　150万円			平成25年7月　157万円
東京地判平成28.1.19			Ｙはサブリース（第三者への転貸）をしている。物件1と物件2では最終合意時点が異なり、物件1は減額、物件2は増額
郊外ターミナル駅ビル、大規模商業施設	減額・増額	差・利・スを適用、比は事例収集が困難で不採用	
物件1は平成21年4月～　8,806万円 物件2は平成11年11月～　2,178万			物件1は平成24年4月　8,620万円 物件2は平成24年12月　2,650万円
東京地判平成28.3.30			
マンションの1室、カフェテラス	減額	差・利およびスを比較考量	
平成20年6月～　73万5,000円（消費税込）			平成25年9月　63万7,000円（消費税抜）
東京地判平成28.8.17甲			差の配分率について、用途が店舗である場合、プロとプロ同士の契約であるため、原則として2分の1法を採用するのが公平
東京都港区Ａ商店街、飲食店（喫茶店・甘味処）	増額	差を重視、スを比較考量	
平成22年4月～　23万円（消費税込）			平成26年4月　30万2,400円（消費税込）

用　途	増減額の別	ウェイトづけ	コメント
従前賃料			新賃料
東京地判平成28.9.13			差を重視する理由として、新規賃料を踏まえたうえで、現行賃料をどのように改定するかが賃貸借契約当事者に理解を得られやすいとしている
東京都台東区、理美容室	減額	差を重視、他の試算賃料を比較考量	
平成20年11月〜　75万円			平成26年4月　66万9,000円
東京地判平成28.12.8甲			賃料増減額請求権を行使した後の事情は結論には影響しない
寿司店	増額	差：利：ス＝1：1：1	
平成17年2月〜　210万円			平成24年4月　214万3,500円
東京地判平成28.12.16			比は、比較可能な適切な継続賃料の賃貸事例が入手できず不適用
東京都渋谷区道玄坂周辺、4階建てビルの1階店舗、飲食店	増額	差を重視、利とスを比較考量	
平成元年4月〜　25万円			平成26年12月　34万6,000円
東京地判平成29.3.1			相当賃料は固定賃料を18万690円増額した額
居酒屋	増額	差・スを重視、比を関連づけ	
…			平成26年10月1日　固定賃料142万2,270円（共益費35万5,650円を含む）
東京地判平成29.3.29			昭和52年の契約当初賃料は19万円であった
東京都、飲食店	増額	差：利：ス：比＝30：30：10：30	
平成16年10月〜　19万円			平成26年11月分　25万2,761円
東京地判平成29.7.13			直近合意時点からの経過期間が3年と比較的短いことからすれば、差額配分法を特に重視しなければ不合理であるということはできない
10階建てビルの一部、韓国料理店	増額	差：利：ス＝1：1：2	
平成24年10月11日〜　41万円（消費税抜）（判決による）			平成27年10月11日　44万5,000円（消費税抜）

第32条の裁判例（借家—賃料増減額）

用　途	増減額の別	ウェイトづけ	コメント
従前賃料			新賃料
東京地判平成29.9.8			賃料とは別に、共益費14万833円（消費税抜）の負担もある
JR駅前、商業地域、喫茶店（大手チェーン店）	増額	差を重視	
平成12年5月16日〜　73万1,600円（消費税抜）		平成27年5月16日　84万3,167円（消費税抜）	
東京地判平成29.11.22乙			
東京都港区、平成24年3月建築、9階建てビルの1階、バーガーカフェ	増額	差：利：ス＝1：1：1	
平成24年9月1日〜　220万3,643円		平成27年7月1日　232万6,900円（消費税抜）	
東京地判平成29.12.20			賃貸借の範囲に争いがあった
6階建てビルの地下1階、居酒屋	増額	差を中心に、スを比較考量	
平成25年7月26日〜　172万7,700円		平成27年1月29日　178万円	
東京地判平成30.2.14丙			転貸借であることを契約減価として考慮していない
JR駅近くの商業エリア、9階建て大型商業ビルのうちの1階・2階、書籍等の販売を営む店舗	増額	差・利・スを等しく尊重	
平成24年3月1日〜　561万923円（消費税抜）		平成27年3月1日　566万4,795円（消費税抜）	
神戸地判平成30.2.21			賃料は基本賃料。共益費についても増減額請求はできるが、本件では減額請求は認められなかった
大都市主要ターミナル駅の駅ビル、商業施設	減額	…	
平成23年6月〜　3,639万6,740円		平成24年12月22日　3,490万9,000円（消費税抜）	
東京地判平成30.3.8			
店舗、ビル1階・2階	増額	差・リ・ス・比を均等なウェイトで按分	
平成26年9月15日〜　51万7,000円		平成28年11月1日　67万1,000円（共益費を含み、消費税抜）	

用途	増減額の別	ウェイトづけ	コメント
従前賃料			新賃料
東京地判平成30.3.22乙			
東京都港区南青山、1階・5階とされている	増額	差・利・ス・比を均等に評価	
平成22年11月1日〜　71万円（消費税抜）			平成26年11月1日　80万8,633円（消費税抜）
東京地判平成30.7.10			スについては、継続賃料が新規賃料を上回る結果を導くことは妥当でない
ドラッグストア	増額	差を重視、利・スを参酌	
平成21年11月1日〜　147万3,920円（消費税抜）			平成26年12月1日以降　1か月148万9,470円（消費税抜）
東京地判平成30.7.23			
東京都銀座地区	増額	差・利・スを等しく重視	
平成18年3月15日〜　46万8,000円（消費税抜）			平成28年3月15日　50万9,000円（消費税抜）
東京地判平成30.9.4			
東京都文京区、木造2階建て、時計店	増額	…	明渡し請求も肯定された
平成26年3月25日〜　11万7,540円（消費税込）			平成28年3月1日　16万9,790円
東京地判平成30.10.24			利は価格変動がそのまま賃料に反映される結果、現実の賃料水準と乖離が生じてしまうため、抑制的に適用すべきだとして、参考に留めた
東京都豊島区、JR駅北口から徒歩3分の商店街、中華料理店	減額	差・スを重視した	
平成21年10月1日〜　45万円			平成29年10月1日　43万2,333円
東京地判平成30.11.14			明渡し請求も認められた
パチンコ、飲食	増額	差・リ・スによって決定	
平成22年9月21日〜　156万円（消費税抜）（調停による）			平成29年6月1日　163万8,150円（消費税抜）
東京地判平成31.1.30乙			
コンビニエンスストア	増額	差を重視し、利・スを特徴に応じたウェイトづけに基づいて比較考量	
平成22年3月1日〜　336万5,715円			平成27年9月1日　392万円

第32条の裁判例（借家―賃料増減額）

用　途	増減額の別	ウェイトづけ	コメント
従前賃料			新賃料
東京地判平成31.3.28			
東京都港区、昭和57年10月25日建築9階建てビルの地下1階、ビル内の通路は、東京メトロ駅に直結している	増額	差：リ：ス＝45：10：45	更新直前の賃料の12%増とする旨の定め（バブル時期の合意、その後実際には賃料は減額されている）があったが、不増額の特約であることが否定された
平成23年8月1日〜　55万3,000円			平成29年1月1日以降　月額59万6,000円（消費税抜）
東京地判令和元.9.9			
地方都市の百貨店	減額	スを重視	再開発事業に基づいてYの百貨店事業等のために建てられたものであるという事情があっても、価格時点における本件建物の現行賃料額は不相当になったとされた
平成18年3月14日〜　7,663万7,408円			平成28年1月1日　7,001万7,786円
東京地判令和元.12.4乙			
都心部の繁華街、地下鉄出入り口の前、長年帽子店を営む老舗店舗	増額	差を標準、利を比較考量	スは参考にとどめた
平成20年2月15日〜　82万9,791円			平成30年6月1日　123万2,000円
東京地判令和元.12.6丙			
東京都渋谷区渋谷、喫茶店	増額	差・リ・スを再吟味	スライド法の変動率の査定を飲食店以外の店舗の賃料に利用している
平成23年12月5日〜　39万8,000円			平成29年10月1日　47万6,000円
東京地判令和元.12.18			
駅徒歩4分、昭和32年建築、木造瓦葺2階建て、洋品雑貨店舗	増額	…	
平成9年10月15日〜　8万5,000円			平成29年10月15日　9万4,000円（消費税抜）

用途	増減額の別	ウェイトづけ	コメント
従前賃料			新賃料
東京地判令和元.12.24乙			商店街の一画を形成し、長らく地域の発展に貢献してきたことを3分の1法の根拠としている
駅から近接の商店街、昭和47年から入居する老舗中華料理店	増額	…	
平成26年5月1日〜　45万3,146円（消費税抜）			平成29年5月1日以降　1か月46万4,000円（消費税抜）
東京地判令和2.1.17乙			直近合意時点と増額請求時点との間に消費税率が変更されている
飲食店舗（ショットバー）	増額	差を重視、利・スは参考	
平成22年11月〜　20万8,950円			平成30年6月1日　24万8,400円
東京地判令和2.1.20乙			平成23年4月分から平成24年12月分までの賃料差額については、5年の消滅時効期間（民法169条）が経過していて、否定
昭和36年12月建築7階建てビルの1階店舗	増額	差を重視、利・ス・比を参考	
平成21年12月15日〜　102万円（裁判上の和解による）			平成23年3月30日　110万円 平成26年3月30日　115万円 平成29年3月30日　124万円
東京地判令和2.1.29甲			直近合意時点から増額請求までの期間や裁判所鑑定による相当賃料額と現行賃料額との乖離の程度が小さいことは従前賃料の不相当性を判断する際の要素のひとつとなる
駅近接のビルの2階部分、飲食店	増額	差・比を重視、利・スを比較考量	
平成28年1月1日〜　47万6,252円（消費税抜）			平成30年11月20日　53万8,700円（消費税抜）
東京地判令和2.2.21甲			従前は当事者間の人間関係を背景として相場よりも低い賃料だったが、世代交代等の事情変化により客観的に不相当なものとなった
写真館	増額	差：利：ス＝60：30：10	
平成22年7月〜　35万円			平成30年4月1日　50万5,000円（消費税抜）
東京地判令和2.3.18甲			増額請求権を行使するには、現行の賃料が定められた時から一定の期間を経過していることを要しない
ふぐ料理店	増額	差・リ・ス・比の平均値	
平成28年11月1日〜　67万1,000円（判決による）			平成30年11月1日　76万6,000円

第32条の裁判例（借家―賃料増減額）

用　途	増減額の別	ウェイトづけ	コメント
従前賃料			新賃料
東京地判令和2.3.23甲			
飲食店	増額	差・リ・スを等しく関連付け	
平成27年12月分〜　190万円		平成31年1月8日　203万3,000円	
東京地判令和2.6.10			共有者間の使用関係も約定に従った効力が認められるのであり、賃貸借契約としての法定性質は否定されない
共有ビル、店舗	増額	賃を標準にした	
平成27年2月分〜　450万8,535円		令和元年10月1日　459万2,026円	
東京地判令和2.6.23			直近の賃料も判決による
東京都中央区銀座	増額	差を重視し、利・スを関連づけた	
平成28年3月15日〜　50万9,000円		平成30年3月26日　55万6,000円	
東京地判令和2.7.9			もと電力会社所有。利益に関心を示さず著名なブランドを保有する賃借人に長期間賃借することで十分だったという特別な関係が、売却によって消滅
東京都渋谷区、大手ファーストフード店舗	増額	比準賃料を重視して積算賃料を関連付けた	
平成22年10月分〜　128万5,715円		平成26年1月1日　205万8,407円 平成29年1月1日　231万5,971円	
東京地判令和2.7.30			契約が更新されても賃料の協議がなされていなかったならば直近合意時点とは扱われない
東京メトロ丸ノ内線駅から30m、コンビニエンスストア	増額	差・利・スの中庸値	
平成15年5月分〜　63万円		平成30年3月1日　69万2,000円	
東京地判令和2.11.25			
…	増額	差・賃を関連づけ、利・スを参考にした	
平成9年3月分〜　13万円		平成30年8月1日　16万5,000円	
東京地判令和2.11.26			賃貸人は所有者からビルを一括賃借している
神奈川県茅ヶ崎駅前、商業地域内	増額	差を重視、利を関連づけ、スを比較考量	
平成22年1月分〜　19万476円		平成31年1月1日　30万6,800円	

用　途	増減額の別	ウェイトづけ		コメント
従前賃料			新賃料	
東京地判令和3.1.15				差額の配分について、3分の1法を採用したことは合理的。必要経費として空室損失相当額5％の計上は不合理ではない
東京メトロ副都心線駅から160m、商業地域、6階建商業ビル、大型物販店舗一括貸	増額	差：利：ス＝6：2：2		
平成27年10月分〜　2,077万5,100円			平成30年9月1日〜　2,570万円	
東京地判令和3.2.4				売上げが一定額以上の場合には賃料を増額するとの特約があったが、増額請求をすることができるのは、特約に定められた場合に限られない
寿司店	増額	差・利・スを用いてそれぞれ試算賃料を算出した上、それらの整合性等を検討した		
平成24年1月〜　214万3,500円（判決による）			平成30年8月　231万700円	
東京地判令和3.3.24				給排水設備、換気設備、警備装置が備わっていない
東京都港区青山、表参道エリア、ビルの地下1階	増額	差・利・スを相互に関連付け		
平成26年6月〜　28万円			平成29年6月　34万円 令和2年1月　36万6,500円	
東京地判令和3.3.29乙				
東京都中央区、飲食店	増額	差を重視、スを勘案して、利を参考		
平成23年5月〜　41万円			平成30年4月　42万1,000円	
東京地判令和3.4.8甲				無断転貸による解除否定。東京高判令和4.1.20甲-2022WLJPCA01206008で控訴棄却、最判令和4.9.22-2022WLJPCA09226004で上告棄却、上告審不受理
神奈川県川崎市、飲食店	増額	差を重視、ス・利を参考		
平成18年9月1日〜　57万円			平成29年12月1日　58万円	
東京地判令和3.5.19乙				
東京メトロ銀座線駅130m、商業地域、喫茶店	増額	差：利：ス＝3：1：1		
平成9年10月〜　201万5,000円			平成30年10月1日　299万3,200円	

資料編　第32条の裁判例（借家—賃料増減額）

461

第32条の裁判例（借家―賃料増減額）

用　途	増減額の別	ウェイトづけ	コメント
従前賃料			新賃料
東京地判令和3.7.15			Xは平成31年3月にビル一棟を買い受けた 『同種同類型の賃貸事例の収集や契約の経緯等個別事情の把握が困難であったため、賃貸事例比較法の手法を採用しなかった』
ビル内の一室	増額	差：利：ス＝2：1：1	
平成23年11月8日〜　45万円		令和元年5月1日　51万3,000円	
東京地判令和3.9.22乙			『本件においては、現行の賃料を決定した時点（直近合意時点）が確定できないため、利回り法及びスライド法の適用は採用できなかった』
美容室	増額	差による	
平成元年頃〜　　月額21万4,300円		令和元年10月1日　33万8,900円	
東京地判令和3.10.1			個人的関係があったために賃料が低額だったという主張を否定
東京都新宿区、商業地、昭和42年11月建築、8階建ビルの地下1階、カラオケ店舗	増額	差を標準に、利・ス・賃を比較考量	
平成24年7月〜　42万円		平成30年8月7日　月額50万5,700円	
東京地判令和3.10.21			平成29年1月に所有者が変更していたが、直近合意時点は平成15年6月とされた
酒類販売店舗	増額	差を重視、利とスを関連付けた	
平成15年6月〜　94万7,960円		令和2年2月　117万7,000円	
東京地判令和3.10.28甲			裁判所鑑定なし、『原告鑑定は、原告が依頼した鑑定であるが、資格を有する不動産鑑定士によるものであること……に鑑み、原告鑑定に特段不合理な点がない限り、これを重視して判断すべきである』
酒類販売店舗	増額	…	
平成19年1月〜　55万円		平成31年2月1日　67万4,000円	

用　途	増減額の別	ウェイトづけ	コメント	
従前賃料			新賃料	
東京地判令和3.10.29			Yは以前に会社更生法が適用され、別の大手量販店が株主となった。直近合意時点を平成9年4月と平成14年7月のいずれとしても、平成28年10月の相当賃料に変わりはない	
大規模商業施設	減額・増額	差を重視し、標準に、利・スを参考		
平成9年4月〜　3,249万3,000円			平成28年10月　2,203万4,000円	
東京地判令和3.11.25			直近合意時点から価格時点までの間が約8年間と比較的長く、この間の用益の増減を反映させる手法としてより適切な差額配分法を重視することが妥当	
9階建ホテル内、地下1階から3階、そば店舗	増額	差を中心に、スを関連付け、利も参考		
平成23年7月〜　112万円			令和元年10月1日　131万円	
東京地判令和4.1.26			『賃貸事例比較法については、近隣地域あるいは同一需給圏内における類似地域において、契約内容の同一性を含む規範性を有する継続に係る賃貸事例の収集が困難であったため適用していない』	
東京都品川区大井町、近隣商業地域、昭和51年建築、木造2階建建物、お好焼店舗	増額	差・利・スを調整の上、鑑定評価額を決定		
平成26年7月〜　15万円			平成30年6月　15万5,000円 令和2年8月　15万7,000円	
東京地判令和4.2.17			賃貸事例比較法は『近隣地域又は同一需給圏内における類似地域において、契約内容の同一性を含む規範性を有する継続に係る賃貸事例の収集が困難であったことから、本件においては適用しない』	
飲食店舗	増額	差・利・スの概ね中庸値		
平成18年10月〜　16万円			令和元年11月1日　19万2,000円	
東京地判令和4.3.11乙			賃貸事例比較法は採用していない	
コンビニエンスストア店舗	増額	差：利：ス＝50：25：25		
平成24年1月31日〜　40万7,000円			令和元年5月1日　53万8,000円	

第32条の裁判例（借家─賃料増減額）

用　途	増減額の別	ウェイトづけ	コメント
従前賃料			新賃料
東京地判令和4.3.18			
東京都新宿区大久保、JR山手線駅周辺、3階建ビル、1階部分 韓国料理店	増額	差・利・スをそれぞれを関連付けた	
平成29年11月14日〜　161万円		令和3年8月1日　168万8,000円	
東京地判令和4.4.25			一般に増（減）額を請求する側の自己所有物件の賃貸事例を用いることには慎重であるべきであるので参考にとどめるとした鑑定の判断を是認した
東京都渋谷区、大型電化製品量販店舗	増額	差：利：ス＝ 5：2.5：2.5	
平成21年9月〜　1,021万50円		令和2年12月　1,254万9,000円	
東京地判令和4.5.24甲			Yは昭和47年10月から賃借。Xは平成29年7月21日に建物を買い受けた
東京都港区六本木、眼鏡店	増額	…	
平成26年11月1日〜　84万3,372円		平成30年4月21日　117万円	
東京地判令和4.6.3			店舗としての使用に必要な範囲で敷地利用権を有する。利とスではより低めになることを考慮し1／3法採用
住宅地にある店舗	増額	差による。配分決定に利をスにより想定される額を考慮	
平成28年9月〜　73万834円		令和元年10月　77万3,000円	
東京地判令和4.6.10			
東急東横線駅から徒歩1分、昭和32年建築、ビル	増額	差とスを尊重、利を参考	
平成25年9月1日〜　19万円		令和元年10月1日　22万7,500円	
東京地判令和4.7.6			『説得力が勝る差額配分法に基づく試算賃料を重視した』
東武東上線駅周辺、印章小売店	減額	差：利：ス＝8：1：1	
平成15年1月1日〜　20万円		令和3年2月1日　16万4,000円	

用　途	増減額の別	ウェイトづけ	コメント
従前賃料		新賃料	
東京地判令和4.8.25			
居酒屋店舗および事務所	増額	差：ス：利＝4：4：2	
平成24年4月〜　136万7,141円		令和元年7月　154万5,700円	
東京地判令和4.9.15			『継続家賃の賃貸事例比較法を適用することは、実務上困難である場合が多く、本件においても、a駅付近の継続家賃事例を探索したが、十分に説得力を有する事例は取得できなかった』
9階建ビルの一室、焼肉店	増額	差：利：ス＝5：2：3	
平成15年1月〜　40万円		令和3年3月　43万2,000円	
東京地判令和5.2.17			保育所として使用されている
平成19年11月建築、31階建建物、低層は商業施設、中高層は共同住宅、3階の一室	増額	差を標準、利・スを参考	
平成21年10月〜　56万8,800円		令和3年10月　73万4,000円	
【住宅】			
東京高判平成30.7.25			サブリース
神奈川県内、サービス付き高齢者住宅	減額	差：利：ス＝5：3：2	
平成18年5月〜　295万円		平成28年6月　264万円	
東京地判昭和61.9.3			公営住宅の賃貸借にも借家法7条が適用される
東京都千代田区	増額	…	
昭和41年7月〜　1万3,850円ほか		昭和51年12月　2万760円ほか	
東京地判平成18.9.8			
文京区、マンション、サブリース	減額	スを中心として、積算賃料と比準賃料を比較考量した	
平成11年8月1日〜　118万6,000円		平成16年9月9日　109万円	

資料編
第32条の裁判例（借家—賃料増減額）

第32条の裁判例（借家─賃料増減額）

用　途	増減額の別	ウェイトづけ	コメント
従前賃料		新賃料	
東京地判平成20.5.9			
東京都港区、住宅	増額	…	
平成6年〜　64万円		平成18年6月　71万8,000円	
東京地判平成20.5.28			賃料増額請求の効果は遡及しない
住宅	増額	差：利：ス＝1：1：1	
平成14年5月24日〜　8万円		平成16年10月7日　9万6,000円	
東京地判平成21.1.26			
住宅	増額	…	
平成4年6月1日〜　11万円		平成19年1月　11万9,300円 平成20年4月　12万5,400円	
東京地判平成21.4.24乙			
文京区、昭和27年12月以前の木造建物	増額	スを重視し、差を加味し、利を参考	
昭和59年2月〜　12万円（裁判上の和解）		平成18年12月1日　15万8,000円	
東京地判平成22.2.15			減額の意思表示の範囲を限定
住宅供給公社の借上げ、特定優良賃貸住宅	減額	差を中心とした継続賃料3、サブリース契約を前提とする新規（正常）賃料7	
平成15年12月1日〜　392万1,000円		平成18年5月　345万円	
東京地判平成25.1.23丙			前所有者との間で賃料を5年間安価に設定するとの取決めがあったが、所有者が交代した。賃料月額15万円は、適正な賃料額と比べて著しく低額であることが明らか
マンションの1室	増額	…	
平成18年6月〜　15万円、共益費2万円		平成23年6月　30万円　（共益費2万円を含む）	
東京地判平成25.4.26			
私鉄駅徒歩6分の住宅地、マンションの1室	減額	差とスを標準とし、利を参考	
平成5年7月〜　10万円		平成19年7月1日　9万7,000円	

用　途	増減額の別	ウェイトづけ	コメント
従前賃料			新賃料

用途	増減額の別	ウェイトづけ	コメント
東京地判平成26.11.17			賃貸人提出の鑑定書が基本的に合理的なものとされ、その結論について、8％の限度で減額調整がなされている
住居（転貸目的の区民住宅の借上げ）	減額	スを重視、差を関連づけ、利を斟酌	
平成20年5月29日〜　182万4,000円			平成24年4月20日　163万6,300円
東京地判平成27.2.26			かつての所有者と賃借人の密接な関係という特殊事情から賃料は著しく低額だったが、この特殊事情は、競落による賃貸人の地位の移転により消滅した
住居	増額	差：利：ス＝4：1：5	
平成10年6月〜　5万円			平成23年11月　7万2,600円
東京地判平成27.5.20			賃貸人の賃借人に対する生活妨害による不法行為を認めた
住居	増額	差：利：ス＝1：1：1	
平成22年5月〜　8万7,000円			平成24年7月1日　9万1,000円（消費税抜）
東京地判平成28.9.15乙			利・スは、賃料が極めて低く設定されていて純賃料（実際実質賃料から必要経費を控除したもの）がマイナスになることから適用が困難であるため不適用
事務所	増額	差を採用	
平成23年5月〜　5万円			平成26年3月　8万6,700円
東京地判平成29.1.12			平成28年10月1日時点新規支払賃料は35万8,000円との不動産鑑定評価書がある
駅から10分、住居	増額	…	
平成20年5月〜　15万円			平成27年4月1日　20万円
東京地判平成29.3.27甲			当事者間の個人的な事情の変動による賃料増額
7階建てビルの1階住居。2階以上は貸事務所、住居	増額	差：利：ス＝20：20：60	
平成23年4月〜　15万円			平成25年2月　17万5,000円
東京地判平成29.10.11			
住居	増額	差・スをそれぞれ2分の1ずつ	
平成22年2月1日〜　10万円			平成28年1月1日　13万9,000円

第32条の裁判例（借家―賃料増減額）

用　途	増減額の別	ウェイトづけ	コメント
従前賃料			新賃料
東京地判平成29.12.12乙			直近の合意時点を合意更新がなされた時点としなかった。不動産鑑定評価が利用されていない
住宅	増額	差額分配、上昇率を3分の2とした	
平成24年7月11日～　29万8,000円		平成28年7月1日　31万8,000円	
東京地判平成31.3.26			利回り法に対しては当事者が必ずしも利回りに着目して賃貸借契約を締結しているわけではないとの批判があることから、参考にとどめた
住宅	増額	差：ス＝7：3	
平成28年1月1日～　36万円		平成30年7月18日　36万9,200円	
東京地判令和元.8.9			直近の合意があった平成5年3月1日から価格時点である平成28年11月1日までに23年という長期間が経過しており、その間の経済情勢の変動の大きさからすると、利やスによる試算賃料を、差と同程度に重視することは適切ではない
昭和39年9月建築、木造平家建て	増額	差を重視し、利・スを比較衡量	
平成5年3月頃～　5万8,000円		平成28年11月1日　7万5,300円	
東京地判令和元.12.16			土地の賃借人であるXが、土地所有者から借地借家法11条1項に基づく賃料増額請求を受けている
東京都文京区、マンション（16階建て、全439戸、借地権、昭和44年12月建築）の賃貸借	増額	差を重視、利・ス・比は参考	
		平成28年1月　348万円	
東京地判令和2.7.17			裁判所鑑定では差額配分率を1／3としていたが、判決では1／2に修正された
武蔵小杉駅周辺のタワーマンションの一室	増額	差・利・スの中庸値	
平成20年3月分～　24万3,000円		平成28年11月1日　26万1,600円　平成30年4月1日　26万5,200円	

用　途	増減額の別	ウェイトづけ	コメント
従前賃料			新賃料
東京地判令和3.2.26			
西武鉄道新宿線駅から450m、昭和42年頃建築された木造2階建て、幅員約15mの舗装都道に接面、1階は店舗兼住宅、2階は住宅	増額	差・ス・賃の平均	当事者は鑑定を申し立てなかったので、原告鑑定を基礎資料として判断した
平成元年頃～　3万6,000円			平成30年9月1日　4万1,000円
東京地判令和3.7.19			原告は、令和3年1月21日、強制競売により、本件建物の所有権を取得。欠席判決。原告意見が採用された
…	増額	差を採用、利・スは参考にとどめた	
平成27年4月頃～　3万円			令和3年2月　5万5,000円
東京地判令和3.10.19			建物が老朽化しているので、試算賃料（差額配分法）は、全面リフォームを想定したうえで算出し、個別修正率0.8を乗じた
京王線駅から徒歩4分、木造家屋（連棟長屋）、店舗併用住宅	増額	利とスの中間値を求め、差とその中間値を等しく尊重した	
平成24年8月～　13万円			平成30年6月　15万6,000円
東京地判令和3.10.20			解約申入れによる明渡しを求めたが、正当事由がないとして明渡請求は否定
住宅	増額	差を採用、利・スを参考	
平成26年10月～　12万9,200円			平成30年10月　13万6,213円
東京地判令和4.6.30甲			勤務先が変更された場合、賃料を見直す（値上げする）という特約に基づいて増額を請求したが、認められなかった
住宅	増額否定	特約に基づく	
平成29年9月～　7万円			増額請求は令和3年9月

資料編　第32条の裁判例（借家―賃料増減額）

第32条の裁判例（借家―賃料増減額）

用　途	増減額の別	ウェイトづけ	コメント
		従前賃料	新賃料
東京地判令和4.7.5			賃料には駐車場2台分の使用料を含む。直近合意以降、3回所有権が移転した
マンションの一室	増額	4手法で試算賃料を求め、賃は参考にとどめた	
平成21年12月～　68万円		平成30年9月　80万3,500円	
東京地判令和4.8.31			賃借人によるリフォーム費用の支出の事実があることを被告に有利に斟酌することには合理性がある
戸建て住宅、居宅兼珠算塾	増額	差・利・スを総合	
昭和60年5月～　2万5,000円		平成29年5月　4万5,200円	
東京地判令和5.1.31			
4棟からなるテラスハウスの1住戸	増額	差を重視	
平成30年1月～　18万円		令和2年1月　20万円	
【その他】			
東京高判平成29.8.3			歩合賃料も併用されていたが、固定賃料についての減額。敷金運用益を控除して適正賃料（支払賃料）を算定。1年間の期間限定で減額する旨の合意が繰り返されていた
インターチェンジ付近の多機能複合型商業地区、シネマコンプレックス	減額	差を重視、スを比較考量、リを参考	
平成17年6月～　1,522万9,760円		平成26年1月　1,465万円	
東京地判平成2.11.29			マンション内の駐車場の増額請求が肯定された（借法7条1項準用）
東京都大田区、マンション内の駐車場	増額	スに依拠して算定するのが相当	
東京地判平成15.8.15			賃借人が賃貸人に多額の建設協力金を融資して建物を建築していたという特殊事情が考慮された
東京都江戸川区、営業場所（配送センター）	減額	継続賃料60：売上高に対する家賃負担割合から求めた賃料（収益分析法に準ずる賃料）20：当初の契約賃料を拠り所とする賃料20	
平成7年7月～　1,990万6,000円		平成9年7月～13年3月　1,831万4,000円 平成13年4月　1,661万8,000円	

470

用　途	増減額の別	ウェイトづけ	コメント
従前賃料			新賃料

東京地判平成19.1.23

画廊	増額	差と比を重視	
昭和60年6月〜　28万7,280円			平成16年8月26日　36万5,000円

東京地判平成19.6.28甲

作業所	増額	差：ス＝7：3	差では3分の1法を採用。現行賃料を下回った利は参考程度に止める
平成15年3月〜　19万円			平成17年11月　20万1,000円

東京地判平成19.6.28乙

ホテル	減額	差：利：ス＝1：1：1	訴訟では持分に対応する部分が争われた（持分に対応する新賃料は2,653万5,600円）
平成12年10月13日〜　7,631万9,320円			平成15年10月13日　6,480万円

東京地判平成19.9.19

横浜市、シネマコンプレックス（複合映画施設）	減額	差：ス：比＝1：1：1	
平成8年6月28日〜　1,200万3,324円			平成17年10月1日　1,060万円

東京地判平成21.6.2

グループホーム	増額	…	Xの母がグループホームに入居する可能性がなくなったという事情を考慮
平成15年9月1日　22万円			平成19年9月　23万1,500円

東京地判平成21.6.15甲

進学予備校	増額	差：利：ス：比＝4：1：2：3	
平成13年8月〜　202万9,800円（消費税込）			平成19年2月　257万2,500円（消費税込）

東京地判平成21.7.23

東京都都心部、山手線駅から徒歩2分、接骨医院	増額	差：リ：ス＝2：1：1	看板撤去請求は否定
平成12年9月〜　賃料1か月8万円（別途消費税4,000円）			平成14年7月1日　10万4,685円（管理費除く。消費税込）

資料編

第32条の裁判例（借家—賃料増減額）

第32条の裁判例（借家―賃料増減額）

用　途	増減額の別	ウェイトづけ	コメント
従前賃料			新賃料
東京地判平成21.10.28			賃貸人はＡが経営する会社であり、Ａと賃貸人との親子関係の情誼に基づいて賃料が低額なものに設定されていた
歯科医院	増額	差を標準とし、スを参考	
平成15年1月10日〜　15万円			平成18年10月1日　30万円
東京地判平成22.1.22甲			
画廊	増額	差：利：ス：比＝ 2：2：3：3	
平成10年7月16日〜　517万1,084円			平成20年7月1日　593万3,000円（消費税抜）
東京地判平成22.11.18			賃貸事例比較法の考慮は不相当
歯科医院	減額	差：利：ス＝1：1：1	
平成15年5月1日〜　38万3,000円（判決、上告により確定）		平成21年5月1日　37万2,000円	
東京地判平成22.12.7			
シネマコンプレックス	増額	…	
平成17年10月1日〜　1,060万円（判決により確定）		平成19年10月17日　1,104万6,000円（消費税抜）	
東京地判平成23.5.27甲			賃貸人は破産手続開始決定を受けている。相当賃料額は現行賃料月額450万円を継続性のある額としながら、建物の不具合を考慮して減額を認めた
京浜東北線西川口駅付近、ビジネスホテル	減額	…	
平成14年4月3日〜　450万円			平成20年12月16日　400万円
東京地判平成23.10.13			賃料は契約上、第1賃料、第2賃料、第3賃料に分かれており、減額が争われたのは第1賃料と第3賃料の合計金額
スポーツクラブ	減額	差：利：ス＝ 7：1.5：1.5	
平成18年4月〜　650万3,415円		平成20年11月16日　600万6,000円 平成21年10月1日　586万6,000円	

用途	増減額の別	ウェイトづけ	コメント
従前賃料			新賃料

東京地判平成23.11.25乙

用途	増減額の別	ウェイトづけ	コメント
スポーツクラブ	減額	差および利をそれぞれ採用して求めた賃料を重視し、スにより求めた賃料を参考	賃料負担限度額により求めた賃料も比較考慮の対象としている
平成14年6月〜　558万7,989円		平成20年7月1日　425万円（消費税抜）	

東京地判平成24.1.26

用途	増減額の別	ウェイトづけ	コメント
都心部、高層ビル内のスポーツクラブ	増額	差およびスを用いて調整	
平成14年2月26日〜　1,264万200円		平成19年9月1日　1,347万5,000円	

東京地判平成24.2.20

用途	増減額の別	ウェイトづけ	コメント
都心部、高層ビル内のサービスオフィス	減額	…	大規模オフィスビルの賃料相場の動向に著しい変動が見られない中では、平成22年2月の前回契約更新時に約15%の賃料減額改定がされてから2年の契約期間中にされた平成22年12月1日（10か月後）および平成23年10月1日（1年8か月後）の各賃料減額請求時においては、建物の借賃が不相当になっていたとはいえない。控訴も棄却（東京高判平成24.7.19）
平成22年4月21日〜　1,043万7,459円		平成22年12月1日／平成23年10月1日いずれも減額を否定（請求棄却）	

東京地判平成24.7.10

用途	増減額の別	ウェイトづけ	コメント
港区、高層ビル内のサービスオフィス	減額	差：利：ス：比＝7：1：1：1	
平成21年9月1日〜　1,640万7,863円（賃料1,313万7,921円＋管理料326万9,951円）（消費税抜）		平成22年12月1日　1,420万1,814円（管理料込、消費税抜）	

東京地判平成24.8.8

用途	増減額の別	ウェイトづけ	コメント
中央区銀座、クリニック	減額	差：利：ス＝7：1.5：1.5	
平成19年11月19日〜　賃料133万8,750円、共益費23万6,250円（いずれも消費税込）		平成22年1月15日　賃料125万8,425円、共益費1か月22万2,075円（いずれも消費税込） 平成23年5月19日　121万3,800円、その共益費は同日以降1か月21万4,200円（いずれも消費税込）	

第32条の裁判例（借家―賃料増減額）

用　途	増減額の別	ウェイトづけ	コメント
従前賃料			新賃料
東京地判平成25.2.14			利は、『基礎価格が大きく変動した場合に、試算賃料に反映されやすいため、賃料の保守性の観点から疑問を持たれる』ものでやや説得力を欠く
診療所	増額	差とスを均等に重視	
平成20年9月〜　23万3,100円		平成22年11月　24万5,700円	
東京地判平成25.3.26			賃料には、建物内に存在する人工透析関連機器を含む什器備品等の使用の対価も含まれていた
千葉県船橋市　診療所	減額	差および利を重視し、スを加味	
平成14年5月31日〜　500万円		平成21年11月1日　420万円	
東京地判平成25.7.22			
ホテル	減額	差・利・ス、および収益分析法の各方法による試算賃料の中庸値	
平成17年9月1日〜　1,900万円		平成22年9月8日　1,700万円	
東京地判平成25.8.2			
工場	増額	差を適用。利・スは不適用	
昭和56年11月頃〜　20万円		平成22年8月1日　56万7,000円	
東京地判平成26.1.27			雨漏り工事や瓦取替工事の費用を借主が負担していると認められることを考慮すれば、近隣の店舗や事務所等の賃貸事例における賃料と比較して低廉であることをもって不合理であるということもできない
東京都足立区、公衆浴場	増額	差・利・スを適用し、調整	
平成10年頃〜　10万円		平成24年7月　12万円	
東京地判平成27.7.9甲			第三者鑑定では管理費5万円とされていたが、やや高額であるため鑑定評価額を修正して3万9,000円とされた
歯科クリニック	減額	差およびスを中心にし、利は参考。比は規範性に富む賃貸事例が入手できないので不採用	
平成23年10月〜　賃料25万3,258円、管理費6万9,000円（合計32万2,258円）		平成26年8月　賃料24万2,000円、管理費3万9,000円（合計28万1,000円）	

用　途	増減額の別	ウェイトづけ	コメント
従前賃料			新賃料
東京地判平成28.5.18			価格時点平成24年5月1日、減額の意思表示平成25年2月20日とかい離があるが、当事者が異議はないと述べていること、かい離が1年に満たないことを踏まえ、鑑定評価額を用いることができるとした
歯科医院	減額	差を標準に、利とスを比較考慮して、比を参酌	
平成24年4月〜　298万9,600円			平成25年3月　227万5,100円
東京地判平成29.2.28			利回り法は信頼性が低く、スライド法は、本件のような店舗にあっては、マーケット賃料の変動率は把握し難く、信頼性が低い
商業地、高層ビルの1室、語学教室	増額	差：利：ス＝3：1：1	
平成15年6月〜　90万円			平成27年7月　112万円
東京地判平成29.12.1			水道の故障により月額賃料のうち5日分の損害が生じた
ダンス教室	増額	利・差をやや重視、ス・比を関連づけ	
平成26年7月2日〜　28万5,715円（消費税抜）			平成29年2月1日　29万9,840円（消費税抜）
東京地判平成30.3.20			
東京都葛飾区、倉庫・リサイクルショップ	増額	差：リ：ス＝2：1：2	
平成24年5月15日〜　25万円			平成28年7月24日　28万3,000円
東京地判平成30.12.20			
スポーツクラブ	減額	差：リ：ス：比＝3：3：3：1	
平成21年1月1日〜　3,512万6,250円（裁判上の和解による）			平成27年10月1日　3,297万1,800円
東京地判平成31.3.1			不動産の適正賃料の査定に当たり、いかなる手法を採用するかについては、不動産鑑定の専門家である鑑定人の裁量に委ねられており、鑑定人が選択した手法が著しく不合理といえない限りは、これを尊重すべきである
京浜地区、ホテル営業	増額	差・リ・スをいずれも等しく客観的説得力を有するとした	
平成22年9月8日〜　1,850万円			平成29年4月1日　1,994万9,800円

第32条の裁判例（借家―賃料増減額）

用　途	増減額の別	ウェイトづけ	コメント
従前賃料			新賃料
東京地判令和元.9.19乙			裁判所鑑定は、鑑定人が中立かつ公平な立場から、その学識経験に基づいて鑑定評価を行ったものであり、その手法および判断内容については基本的に信頼できる
さいたま市、老人ホーム	増額・減額	差を重視し、利・ス・比を各試算賃料の特徴に応じたウェイトづけに基づいて比較考量	
平成18年3月9日〜　560万円			平成28年3月10日　500万円
東京地判令和2.2.26乙			多額の敷金（月額賃料の100か月分）が預託されている
東京都葛飾区、JR線150mの商業地域内、昭和52年11月新築、大規模商業ビル	増額	差：リ：ス＝6：2：2	
平成21年9月〜　20万円（消費税抜）			平成30年3月1日　43万4,160円
東京地判令和2.3.13甲			利（積算賃料）を検証手段とした
歯科診療所	増額	比を標準とした	
平成18年11月1日〜　42万8,571円			平成30年11月1日　43万8,000円
東京地判令和2.7.8			差額配分法による試算賃料が、衡平の観点から規範性に優れている
東京都江戸川区、修理工場	増額	差を適用、利・スを参考にした	
平成12年10月分〜　5万円			平成30年5月1日　9万5,000円
東京地判令和2.11.12			裁判所鑑定なし、原告鑑定を採用せず、被告鑑定に基づいて判断した
駅320m、茅ヶ崎市道に接する6階建ビルの一室、接骨院	増額	…	
平成24年10月分〜　11万9,048円			平成31年1月1日　12万7,391円
東京地判令和2.12.1			台所、浴室、脱衣場等が備え付けられた住居用の間取り
JR山手線駅400m、7階建建物、7階、ヨガスタジオ	増額	差・利・スを総合的に勘案した	
平成29年3月分〜　44万円			平成31年3月1日　48万9,240円 令和元年10月1日　49万8,300円

用　途	増減額の別	ウェイトづけ	コメント
従前賃料			新賃料
東京地判令和3.4.8乙			賃料額の高低そのものをもって継続賃料に係る算出方法を用いない理由とすることはできない
学校の校舎として一棟貸し	増額	差：利：ス：賃＝2：3：3：2	
平成28年4月1日～　170万円		平成31年4月分　197万5,517円	
東京地判令和3.4.28			土地価格の大幅な上昇と賃料水準に影響する各種指標の上昇から、スが継続賃料の本来のあり方に適合する方法として重視した
札幌市、ビルの1階、歯科医院	増額	差：利：ス：賃＝1：1：3：1	
平成24年9月1日～　21万3,680円		令和2年6月1日　26万円	
東京地判令和3.11.24甲			高齢者施設の利用者は転借人、賃は適切な事例の収集が困難で不適用、減額請求もなされていたが、棄却
介護付き高齢者施設	増額	差・利・スを同じ割合で考慮	
平成23年1月～　325万円		令和3年5月25日　330万8,500円	
東京地判令和4.2.16甲			階層別効用比について、鑑定書の取扱いが著しく合理性を欠くものということはできない
東京都江戸川区、昭和53年5月建築、7階建ビル4階、歯科医院	減額	差とスを均等に考慮する。利は検証にとどめて勘案しない	
平成10年5月～　31万円		平成13年12月1日　29万1,000円	
東京地判令和4.3.11甲			かつては親族間の賃貸借で恩恵的な契約関係があったが、その特殊性には格別の考慮はなされていない
東京都台東区、都営浅草線駅から410m、5階建てビルの一室、舞踊教室	増額	差を重視し、スを相応に勘案	
平成27年9月～　12万7,542円		令和2年1月1日　14万4,100円	
東京地判令和4.7.29乙			『賃貸人が自らの私的鑑定において採用している対象不動産内の他の賃貸事例について、直ちに裁判所鑑定の中で採用できるものではない』
神奈川県茅ヶ崎市、診療所	増額	差：利：ス＝50：25：25	
平成25年8月～　94万円		令和2年1月1日　99万8,000円	

第32条の裁判例（借家―賃料増減額）

用　途	増減額の別	ウェイトづけ	コメント
従前賃料			新賃料
東京地判令和4.9.9甲			賃料は月額最低賃料
都心繁華街、地下駐車場	増額	差を重視し、スを相応に勘案し、利を参考	
平成2年4月1日〜　149万5,560円		令和元年10月1日　182万円	

〇賃料増額を否定された事例

東京高判平成28.10.19	
事務所、店舗等	一部を転貸している。
東京高判平成29.4.26	
スポーツジム	
東京高判平成30.5.30	
昭和62年3月建築3階建ての事務所ビルの2階事務所	現行賃料と適正賃料の差が2.5%では不相当になったとはいえない。
東京高判平成31.2.27	
平成24年3月建築10階建て、延床面積3万坪超の大型オフィスビル、7階〜10階	賃料増減額請求の要件を、特約により「賃料等を維持することが著しく不相当」な場合になしうるものとして加重しており、適正な賃料との差異が約6.6%にとどまることから増額請求の要件にあてはまらないと判断した。
東京地判平成20.10.17	
音楽スタジオ	Xの建物取得前に賃料減額および共益費ゼロでの契約更新がなされていた。
広島地判平成22.4.22	
広島市、大規模商業施設	賃料決定の当初から賃料が不相当であったとしても、それのみでは賃料増減額請求の理由とはならない。
東京地判平成22.7.9	
…	賃料増額請求の前訴がなされ、その控訴審の判決言渡し後、半年も経たないうちに賃料増額請求をおこなわれた。

東京地判平成23.5.20	
繁華街性の高い商業地域に存する賃貸中の店舗ビル	サブリース

東京地判平成25.5.16	
ショッピングセンター	第三者鑑定はなされなかったようである。

東京地判平成25.5.22	
東京都江戸川区、カラオケ喫茶	適正賃料を継続賃料の各評価手法を適用して算出する必要があるところ、資料が提出されていない。

東京地判平成26.2.7乙	
店舗	保証金に関する特殊事情の変更が増額の理由との主張が否定された。

東京地判平成28.2.8	
	「経済事情の著しい変動があった場合、原告は被告と協議して賃料を改定することができる」という定めは、『当事者の一方的意思表示ではなく当事者の協議により賃料を改定することのできる場合について定めたものであるから、借地借家法32条1項本文の定める賃料増減額請求権の要件を加重するものとは解されない』。

東京地判平成28.5.16	
冷凍冷蔵倉庫	賃料値下げの合意がなされていたが、暫定的であった。

東京地判平成28.8.17乙	
歯科医院	賃貸借契約が法定更新となって、法定更新後の更新料が発生しなくなったとしても、従前の合意賃料で両当事者を拘束することが公平の理念に反することにはならず、現行の合意賃料が「不相当となったとき」に当たると解することはできない。

東京地判平成28.11.18	
コンビニエンスストア	契約締結上の過失の主張がなされたが認められなかった。

東京地判平成29.4.27	
店舗	親子関係があったために賃料が低額であった。親子関係が悪化したからといって増額請求をすることは信義則違反または権利濫用となる。

東京地判平成29.10.13	
27室の賃貸住宅のサブリース	死亡事故（共用部からの転落による死亡事故）により減額となっていた賃料を増額するとの請求が否定された。

資料編　第32条の裁判例（借家―賃料増減額）

第32条の裁判例（借家―賃料増減額）

東京地判平成30.8.30	
住居	周辺地における公示地価は約15.1%ないし18.8%上昇しているもの、これがそのまま賃料に反映されるものではないうえ、かえって、建物の底地の固定資産評価額は約2.7%の上昇にとどまっている。

東京地判令和元.5.15	
平成24年3月建築10階建て、延床面積3万坪超の大型オフィスビル、7階～10階	「賃料等を維持することが著しく不相当と認められる場合」に賃料を改定することができる旨の特約がある。現行賃料と本件鑑定による同日時点の適正な賃料との差異は、約10.9%である。この差異は、決して小さなものとは言い難いが、認定事実記載の経緯、特にテナントの入居状況が不良であったところ被告の入居によりこれが改善され、こうした経過の中で「著しく」などの字句が加えられて上記要件が加重されていることに照らすと、上記差異の程度は、いまだ本件特約にいう「賃料等を維持することが著しく不相当であると認められる場合」に当たるとまではいえない。

東京地判令和元.9.17	
渋谷区の表参道エリア、4階建ての商業ビルの2階部分、美容室	現行賃料が86万5,620円であるのに対し、本件貸室の平成29年11月18日時点の適正賃料は91万6,755円であり、現行賃料との差は5万1,135円、率にして約5.9%にとどまるから、この程度の差であれば、現行賃料が不相当になったとまでは認められない。

東京地判令和元.10.25乙	
工場・営業所	直近の賃料は判決による。Xは特殊な当事者関係（親子会社における経済的支援）の解消に伴う賃料の増額を主張したが、前訴において審理判断済みと判断された。

名古屋地判令和元.12.26	
賃貸アパートのサブリース	価格時点での適正継続賃料は、現行の一括賃貸料を下回る増額を否定。減額合意前の賃料に増額するとのXの主張は否定された。

東京地判令和2.3.23乙			
東京都豊島区、ホテル	増額否定	…	ホテルの一括貸し
平成14年1月分～	470万円	増額請求は平成28年4月	

東京地判令和2.9.3			
神奈川県茅ヶ崎市の商業エリアの中心地、昭和62年7月建築6階建物、JR駅から320m、店舗	増額否定	…	私的鑑定の結果は認められなかった
平成27年10月分～	64万8,149円	増額請求は平成31年1月	

東京地判令和2.10.9			
東京都新宿区、駅至近に位置する、昭和55年9月建築、5階建店舗ビル、中華料理店	増額否定	…	平成28年8月に約2割の賃料増額、私的鑑定の結果は認められなかった
平成28年8月～　30万円		増額請求は平成30年10月	
東京地判令和3.1.18甲			増額請求以降の事情は考慮されない
東京都港区	増額否定	…	
平成29年4月　40万8,900円		増額請求は平成30年11月7日	
東京地判令和3.12.27			X鑑定（46万8,602円）があったが、直近合意時点の賃料が市場賃料と大幅にかい離していることを理由として、利回り法及びスライド法を採用せず、差額配分法のみによったX鑑定は信用できないとされた
昭和46年建築のビル、事務所倉庫	増額否定	…	
平成28年5月～　32万円		増額請求は令和2年5月	
東京地判令和4.1.19乙			
事務所店舗	増額否定	…	
平成29年11月～　事務所10万1,852円、店舗11万1,111円		増額請求は令和元年11月	
東京地判令和4.3.3			再開発組合の裁定（都市再開発法102条4項）がなされ、協議が成立したものとみなされた
東京都品川区、再開発によるビルの一室、飲食店	増額否定	…	
令和元年11月～　35万3,700円（都市計画法の裁定による）		増額請求は令和2年8月	
東京地判令和4.4.7			原告の提出する事例は時点が異なり、賃料の推移は判然としない。近傍同種の建物に係る賃料も不明である
東京都中央区、ビルの3階の一室、事務所	増額否定	…	
平成24年7月～　18万1,000円		増額請求は平成28年8月	

第32条の裁判例（借家―賃料増減額）

東京地判令和4.4.28甲			
東京都千代田区、地下鉄半蔵門線駅徒歩1分、幅員33ｍの道路に接面、平成16年2月建築、13階建建物（3階以上は住宅）の2階、歯科診療所	増額否定	…	賃貸人の管理義務違反や説明義務違反を主張していたが、否定された
平成24年9月～　36万8,000円		増額請求は平成30年7月	

東京地判令和4.8.5			
運送会社の従業員寮を兼ねた営業所	増額否定	…	賃貸人の地位が承継されたが、前の賃貸人との間で特約（不増額特約）があった
平成22年3月～　25万円		増額請求は令和3年4月	

○賃料減額を否定された事例

大阪高判平成17.10.25	
商業施設	賃貸人と賃借人の関係は共同事業者であり、賃借人から賃貸人への支払いは賃貸借における賃料ではなく分配金であるから借地借家法の適用がないとの主張は否定された。

東京高判平成24.7.19	
高層ビルの事務所	前回契約更新時に約15％の賃料減額改定がされてから2年の契約期間中の減額請求であった。

東京高判平成27.9.9	
ホテル	共同事業であることが考慮された。

東京高判令和3.11.4			
東京都新宿区、ホテル	減額否定	…	有名学校法人とホテルの賃貸借。前訴でも減額請求が否定された
平成11年6月～　6,696万円、平成14年4月～7,499万5,200円、平成21年4月～　8,999万4,240円		減額請求は平成30年12月 原審の東京地判令和3.9.7については、渡辺晋「不動産鑑定59巻9号」31頁、住宅新報出版で解説した。	

東京地判平成18.6.14	
飲食店	積算法による試算賃料は大きく下落していたが、比準法、スライド法による試算賃料は現行賃料を極めてわずかに下回るにすぎなかった。

千葉地判平成20.5.26	
住宅	県住宅供給公社が借上契約により空室保証をしていた。
東京地判平成21.11.27乙	
店舗	
東京地判平成22.1.22乙	
事務所	サブリース
東京地判平成22.10.20	
東京都中野区、賃貸アパート	賃料決定の当初から賃料が不相当であったとしても、それのみでは、賃料減額請求の理由とはならない。
東京地判平成23.1.21乙	
事務所	賃貸借契約が締結されてから1年も経過しない時点の減額請求であったことが考慮された。
東京地判平成24.10.26	
東京都江東区有明、大型倉庫	倉庫を区分し、複数の転借人に転貸している。
東京地判平成25.6.14甲	
中国語学校	共益費の減額請求否定
東京地判平成25.8.29	
スーパーマーケット	Yの収益予想を前提とする経営判断に基づいて行われた提案によって合意された直近合意賃料が、Yの引き受けたリスクの範囲を超えているとはいえない。
東京地判平成26.6.9	
パチンコ店	定期建物賃貸借の契約期間中の減額請求。
東京地判平成26.8.27	
複合商業施設内のラーメン店	Xは同じ複合商業施設内でスーパーマーケットを経営
東京地判平成26.10.20	
スーパーマーケット	定期建物賃貸借であって、特約により減額請求権が排除されていた。
東京地判平成27.1.29	
居酒屋	借地借家法32条に基づく減額請求は否定されたが、民法611条に基づく減額請求は肯定された。

資料編 第32条の裁判例（借家―賃料増減額）

第32条の裁判例（借家—賃料増減額）

東京地判平成27.2.12乙	
有料老人ホーム	直近合意時点から1年2か月後に減額請求。

東京地判平成27.7.9乙	
横浜市中区、弁護士法人	地価の変動のみを理由に賃料の不相当性を判断するのは不合理とされた。

東京地判平成28.9.9	
スタジオ	従前の合意賃料が客観的に高すぎるようになったことを基礎づける事情の変動については、合意更新、法定更新を問わず、最終の賃貸借契約更新が行われた時点以降に生じたものを考慮すべきである。

東京地判平成28.9.27	
ラーメン店	

東京地判平成30.3.2	
大型小売店舗	転貸借を目的とするマスターリース。転貸料を持分割合で按分することにより賃料が定められていた。

東京地判令和3.12.14甲			本人訴訟、同一マンションのほかの部屋の賃貸事例を根拠に減額請求をしたが、否定された
賃貸マンション	減額否定	…	
平成30年7月〜 29万8,000円		減額請求は令和2年4月	

東京地判令和4.1.31			賃借人は弁護士。現行賃料が不相当になったことの主張立証はない
東京都港区、弁護士事務所	減額否定	…	
平成29年2月〜 44万2,000円		減額請求は令和元年10月	

東京地判令和4.2.24			仲裁合意があったために、訴えが却下された
シェアオフィス、オフィス利用契約。賃貸人は全世界で事業展開を実施している巨大多国籍企業、賃借人は人材派遣会社	減額否定	…	
令和元年12月〜 790万9,000円		減額請求は令和3年4月	

東京地判令和4.2.15			賃料減額請求をしたこと自体が否定された
バー店舗営業	減額否定	…	
平成30年10月〜 58万2,000円		減額請求は令和2年6月	

東京地判令和4.10.13			
関西地方臨海部の複合施設内、パチンコ店舗	減額否定	…	X鑑定があったが採用されなかった
平成24年10月〜 1,590万円		減額請求は令和2年5月	

○賃料増額・減額をいずれも否定された事例

東京地判平成18.9.7	
ホテル	従前の合意賃料の額が、近傍類似の賃料(相場賃料)等と差があることをもって、直ちに賃料増減額請求権を行使し得るものでない。
東京地判平成21.9.25	
事務所	マスターリース(サブリース)。
東京地判平成23.2.24甲	
住宅	礼金支払条項(契約時に賃料の2月分相当額の礼金を支払うとする条項)が消費者契約法10条により無効とされた。
東京地判平成29.1.24	
小料理店	賃料増減額についての根拠となる資料が示されていなかった。
東京地判平成29.10.12乙	
東京都心部、大規模商業店舗	直近の賃料も判決による。

東京地判令和3.2.17			
JR京浜東北根岸線・京急本線を最寄り駅とする商業地域、駅150m、カラオケ店舗	増額減額いずれも否定	差とスの中庸値を比較考量して等しく尊重、利は参考	利は土地価格の変動がそのまま賃料に反映されるが、実際には賃料の遅行性・粘着性により基礎価格の変動と賃料の推移は必ずしも一致しないことが多いため、信頼性は低い
平成26年11月〜 432万円		増額請求は平成30年10月、減額請求は令和元年7月	

東京地判令和3.3.29甲			
茨城県守谷市、平成19年6月建築、4階建大規模SC	増額減額いずれも否定	差・スを重視、利・賃を参考	10年間賃料を据え置く特約が付されていた
平成19年6月27日〜 7,766万6,160円		減額請求は平成29年9月1日、増額請求は平成30年2月16日	

第32条の裁判例（借家─賃料増減額）

東京地判令和3.9.30乙			令和元年9月に賃料について66万円として更新する旨の合意がされている。令和元年12月12日にした賃料増額請求は放棄したとされた
小田急線駅前商店街、居酒屋チェーン店店舗	増額減額いずれも否定	…	
平成27年5月〜　66万円			増額請求は令和2年1月、減額請求は令和2年1月
東京地判令和3.11.29乙			もとの賃貸人が賃借人店舗に勤務していたという事情があった
居酒屋店舗	増額減額いずれも否定	…	
平成26年6月〜　65万円			増額請求は令和元年6月、減額請求は令和2年5月

裁判例索引

裁判所	年月日	出典 ID	本書掲載頁
大判	明治36.11.16	大審院民事判決録9輯1254頁	16
大判	大正3.10.27	民録20輯818頁	88
大判	大正10.7.11	大審院民事判決録27輯1378頁	76
大判	大正15.10.12	大審院民事判例集5巻11号726頁	109
大判	昭和2.4.25	民集6巻182頁	147
大判	昭和6.5.23	法律新聞3290号17頁	291
大判	昭和7.6.2	大審院民事判例集11巻13号1309頁	106、112
東京控訴院判	昭和9.1.12	評論全集23巻59頁（民法）	184
東京控訴院判	昭和9.8.7	新聞3747号11頁	70
大判	昭和9.10.15	大審院民事判例集13巻1901頁	37
大判	昭和11.5.26	大審院民事判例集15巻12号998頁	113
大判	昭和12.2.2	大審院民事判例集16巻205頁	278、279
東京控訴院判	昭和12.4.19	法律評論全集26巻民法526頁、法律新聞4125号5頁	186
大判	昭和13.10.1甲	大審院民事判例集 17巻1937頁	80
大判	昭和13.10.1乙	大審院民事判例集 17巻1818頁	81
大判	昭和15.11.27	大審院民事判例集 19巻2110頁	10
大判	昭和17.5.12	大審院民事判例集21巻10号533頁	112
東京地判	昭和24.12.23	1949WLJPCA12236001	234
最判	昭和25.2.14	判タ2号46頁	208
最判	昭和25.5.2	判タ3号47頁	199
名古屋地判	昭和25.5.4	下民集1巻5号678頁	234
最判	昭和25.6.16	判タ4号44頁	208
東京高判	昭和26.1.29	高民集4巻3号39頁	215
東京地判	昭和26.6.26	下民集2巻6号818頁	215、217
大阪地判	昭和26.6.26	判タ16号57頁	10、11
東京高判	昭和26.6.30	高民集4巻9号291頁	190
最判	昭和26.9.14	判タ15号54頁	208
大阪地判	昭和27.1.10	下民集3巻1号1頁	200
最判	昭和27.1.18	民集6巻1号1頁	203
東京地判	昭和27.2.13	下民集3巻2号191頁	208、239
岐阜地判	昭和27.3.24	下民集3巻3号396頁	187

資料編

裁判例索引

裁判例索引

裁判所	年月日	出典 ID	本書掲載頁
最判	昭和27.10.7	民集 6 巻 9 号772頁	212
最判	昭和27.12.26	判タ27号51頁	208
佐賀地判	昭和28.3.7	下民集 4 巻 3 号348頁	231
最判	昭和28.4.9	判例時報 1 号 7 頁	210
最判	昭和28.5.7	判タ31号61頁	233
東京地判	昭和28.6.23	下民集 3 巻 3 号396頁	8
東京高判	昭和28.9.22	東高時報 4 巻 4 号130頁	294
最判	昭和28.9.25	判時12号11頁	147
最判	昭和29.1.14	判タ38号51頁	281
最判	昭和29.1.22	判タ38号126頁	208
最判	昭和29.3.9	判タ40号15頁	210
最判	昭和29.3.11	民集 8 巻 3 号672頁	277、278、279
大阪高判	昭和29.4.23	高民集 7 巻 3 号338頁	194
最判	昭和29.6.11	判タ41号31頁	109
最判	昭和29.7.20	判タ45号26頁	120、187
大阪高判	昭和29.7.20	判時37号17頁	147
東京高判	昭和29.9.9	下民集 5 巻 9 号1464頁	199
最判	昭和29.11.16	判タ45号31頁	194
東京高判	昭和30.1.24	東高時報 6 巻 1 号11頁	238
最判	昭和30.2.18	判タ130号58頁	192
最判	昭和30.4.5	判時50号12頁	111、237
大阪高判	昭和30.5.30	判時57号 8 頁	68
東京高判	昭和31.3.22	下民集 7 巻 3 号721頁	279
大阪高判	昭和31.5.21	判時84号 9 頁	191
東京高判	昭和31.5.30	下民集 7 巻 5 号1391頁	71
最判	昭和31.6.19	民集10巻 6 号665頁	178
東京高判	昭和31.9.28	東高時報 7 巻 9 号211頁	194
神戸地判	昭和31.10.3	下民集 7 巻10号2806頁	231
最判	昭和31.10.9	民集10巻10号1252頁	233
最判	昭和31.11.16	判タ66号55頁	194
最判	昭和32.2.7	判タ68号85頁	185
最判	昭和32.3.28	判タ70号60頁	55
東京地判	昭和32.3.29	判時115号11頁	54
最判	昭和32.4.2	集民26号 1 頁	194
最判	昭和32.6.6	判タ72号58頁	233

裁判所	年月日	出典 ID	本書掲載頁
東京地判	昭和32. 7 .18	判時129号30頁	284
最判	昭和32. 7 .30	民集11巻 7 号1386頁	184、185
最判	昭和32. 9 . 3	民集11巻 9 号1467頁	254
最判	昭和32.11.15	判タ77号29頁	184
最判	昭和32.12. 3	民集11巻13号2018頁	218
東京地判	昭和33. 1 .23	判時140号14頁	71
最判	昭和33. 3 .13	民集12巻 3 号524頁	280
最判	昭和33. 4 . 8	民集12巻 5 号689頁	122
最判	昭和33.10.14	判時165号26頁	277、279
最判	昭和33.11.27	民集12巻15号3300頁	120、184
最判	昭和34. 2 .19	判時177号19頁	210
山口地判	昭和34. 4 .20	判時189号23頁	72
東京地判	昭和34. 7 .30	下民集10巻 7 号1576頁	71
大分地判	昭和34. 9 .11	下民集10巻1933号	8
東京地判	昭和35. 1 .29	判時227号28頁	52
最判	昭和35. 2 . 9	民集14巻 1 号108頁	104、109
最判	昭和35. 4 .26	判時223号19頁	218
最判	昭和35. 5 .19	民集14巻 7 号1145頁	234
大阪地判	昭和35. 6 .29	判時245号30頁	249
東京高判	昭和35.10.29	民集15巻 7 号1795頁	184
東京高判	昭和35.11.21	下民集11巻11号2513頁	233
最判	昭和35.12.20	判時247号19頁	112、113
仙台高判	昭和36. 2 .27	判時260号17頁	109
最判	昭和36. 2 .28	判時252号12頁	112
最判	昭和36. 7 . 6	民集15巻 7 号1777頁	184、185
東京地判	昭和36. 7 . 8	判時273号21頁	213
松山地判	昭和36. 9 .14	下民集12巻 9 号2292頁	230、231
最判	昭和36.10.10	民集15巻 9 号2294頁	322、323
最判	昭和36.11. 7 甲	民集15巻10号2425頁	205
最判	昭和36.11. 7 乙	判時280号38頁	254
東京地判	昭和36.12. 4	判時287号16頁	8
最判	昭和37. 2 . 1	集民58号441頁	284
最判	昭和37. 2 . 6	判時288号21頁	184、185
最判	昭和37. 3 .29	民集16巻 3 号662頁	284
最判	昭和37. 5 .18	集民60号741頁	194
最判	昭和37. 6 . 6	判時308号20頁	49

資料編

裁判例索引

裁判例索引

裁判所	年月日	出典ID	本書掲載頁
最判	昭和37. 7 . 19	民集16巻 8 号1566頁	38
最判	昭和37. 8 . 28	集民62号297頁	194
大阪高判	昭和37. 9 . 20	ジュリスト265号判例カード17	8
最判	昭和37.12.25	判タ148号88頁	290
最判	昭和38. 2 . 21	判時331号23頁	288
最判	昭和38. 3 . 1	判時338号23頁	215
東京高判	昭和38. 4 . 11	東高時報14巻 4 号78頁	194
最判	昭和38. 4 . 23	民集17巻 3 号536頁	106、288
東京高判	昭和38. 5 . 6	東高時報14巻 5 号117頁	68
長野地判	昭和38. 5 . 8	判タ147号120頁	233
最判	昭和38.11.28	判時360号27頁	70
最判	昭和39. 1 . 30	集民71号557頁	56
最判	昭和39. 2 . 4	判タ160号66頁	117
最判	昭和39. 5 . 23	集民73号569頁	104、109
大阪地判	昭和39. 5 . 30	判タ165号155頁	215
札幌高決	昭和39. 6 . 19	判時390号36頁	59
最判	昭和39. 6 . 26	判タ164号87頁	121
最判	昭和39. 8 . 28	判時384号30頁	241
最判	昭和39.10.13	判時393号32頁	80
東京地判	昭和39.10.16	判時397号37頁	41
横浜地判	昭和39.10.28	判タ170号242頁	194
最判	昭和39.11.19	民集18巻1900頁	4
最判	昭和39.11.20	判時395号21頁	77
灘簡決	昭和39.12. 4	下民集15巻12号2875頁	232
最判	昭和39.12.11	判時398号21頁	118、147
岐阜地判	昭和40. 3 . 8	判時406号65頁	72
大阪高判	昭和40. 3 . 15	判時412号47頁	216
最判	昭和40. 3 . 17	判時403号11頁	80
横浜地判	昭和40. 3 . 19	判タ175号171頁	234
東京高判	昭和40. 4 . 2	下民集16巻 4 号589頁	74
東京高判	昭和40. 4 . 13	東高時報16巻 4 号71頁	71
札幌地判	昭和40. 4 . 26	判タ176号191頁	109
最判	昭和40. 5 . 4	判タ179号120頁	154
東京地判	昭和40. 6 . 15	判タ176号222頁	237
最判	昭和40. 6 . 29	判時414号 6 頁	83

裁判所	年月日	出典 ID	本書掲載頁
最判	昭和40．7．2	判時420号30頁	74
東京高判	昭和40．7．8	下民集16巻7号1193頁	230
横浜地裁川崎支部判	昭和41．3．2	判タ191号181頁	279
最判	昭和41．4．5	集民83号27頁	291
最判	昭和41．4．21	民集20巻4号720頁	134
最判	昭和41．4．27	判時443号16頁	82
東京地判	昭和41．5．19	判時460号57頁	203
最判	昭和41.10.27	判タ199号127頁	323
最判	昭和41.11.10	判時472号44頁	210
東京地判	昭和41.11.11	判タ202号181頁	233
最判	昭和41.11.22	集民85号237頁	106
最判	昭和42．2．21	判タ205号87頁	290
東京地判	昭和42．4．14	判タ208号186頁	260
浦和地判	昭和42．4．25	金商74号7頁	72
最判	昭和42．4．28	判時484号51頁	290
最判	昭和42．5．2	判時491号53頁	241
最判	昭和42．6．2	判時488号62頁	191
最判	昭和42．7．6	判タ210号147頁	122
最判	昭和42．7．20	判タ210号150頁	114
最判	昭和42．9．14	判タ213号95頁	111、112
最判	昭和42．9．29	判時496号14頁	124
東京高判	昭和42．9．29	金法493号32頁	233
鳥取地決	昭和42.11.4	判タ213号226頁	137
最判	昭和42.12.5	判時503号36頁	9 、10
東京地判	昭和43．1．31	判時520号64頁	326
東京地判	昭和43．3．4	判タ218号217頁	148
最判	昭和43．3．28	判時518号50頁	183
東京地判	昭和43．4．26	判タ226号164頁	178
最判	昭和43．7．5	判時529号49頁	90、265
大阪地決	昭和43．7．10	判タ223号112頁	137
東京地判	昭和43．9．2	判タ227号208頁	147
最判	昭和43.11.21	判時542号51頁	231、234
名古屋地決	昭和43.11.28	判タ228号144頁	148、156
最判	昭和44．1．31	判時548号67頁	129
最判	昭和44．2．18	判時550号58頁	123
京都地判	昭和44．3．27	判時568号57頁	129

資料編

裁判例索引

裁判例索引

裁判所	年月日	出典ID	本書掲載頁
最判	昭和44. 4 .15甲	判時554号43頁	254
最判	昭和44. 4 .15乙	判時558号55頁	194
東京高判	昭和44. 4 .15	判タ238号225頁	178
最判	昭和44. 5 .20	判時559号42頁	70、72
最判	昭和44. 7 .31	判時568号46頁	183、184、185
最判	昭和44.10. 7	判時575号33頁	68
最判	昭和44.11.26	判時578号20頁	69
東京地決	昭和44.12.11	判タ242号284頁	137
最判	昭和44.12.23	判時584号66頁	81、83
東京地判	昭和45. 2 .10	判時603号63頁	239
東京地判	昭和45. 2 .13	判時613号77頁	270
最判	昭和45. 3 .24	判時593号37頁	30、69
最判	昭和45. 6 . 4	判時599号26頁	254
最判	昭和45. 7 .21	判時601号57頁	68、183、184
大阪地判	昭和45. 8 .31	判タ256号235頁	376
東京高判	昭和45. 9 .17	判タ257号235頁	148
東京地判	昭和46. 1 .25	判時633号81頁	73、235
京都地判	昭和46. 1 .28	判タ261号230頁	234
大阪地判	昭和46. 2 .26	判タ264号356頁	202
東京地判	昭和46. 3 .31	判時637号47頁	279
東京地判	昭和46. 4 .28	判タ265号157頁	53、54
最判	昭和46. 6 .17	判時645号75頁	208、222
東京高判	昭和46. 9 .30	判タ271号329頁	232
最判	昭和46.10.14	判時648号63頁	246
最判	昭和46.11.25	判時651号68頁	209、222
東京高判	昭和46.12.23	判タ275号313頁	235
最判	昭和47. 3 . 9	判時664号33頁	118
最判	昭和47. 3 .30	判時663号62頁	232
東京高判	昭和47. 3 .31	判時664号39頁	157
東京地判	昭和47. 4 .25	判時679号33頁	194
最判	昭和47. 5 .23	判時673号42頁	112
最判	昭和47. 6 .22	判時677号51頁	82
最判	昭和47. 6 .23	判時675号51頁	72
東京地判	昭和47. 7 .25甲	判タ286号338頁	8
東京地判	昭和47. 7 .25乙	判タ285号262頁	55
名古屋地判	昭和47.12.21	判時698号98頁	69

裁判所	年月日	出典 ID	本書掲載頁
最判	昭和48．9．7	判タ301号171頁	122
最判	昭和48.10.12	金法703号27頁	271
東京地判	昭和48.10.13	判時736号58頁	185
東京地判	昭和48.11.28	判時726号44頁	69
東京高判	昭和49．6．27	判時753号21頁	233
東京地判	昭和49．8．8	判タ315号280頁	193
最判	昭和49．9．2	判時758号45頁	203
最判	昭和49．9．20	集民112号583頁	56
東京地判	昭和49．9．30	下民集25巻9号781頁	56、351
東京地判	昭和50．1．29	判時785号89頁	238
最判	昭和50．2．13	判時772号19頁	80、84
東京高判	昭和50．2．18	判タ327号199頁	70
東京高判	昭和50．5．19	判時792号42頁	10
東京地判	昭和50．6．26	判時798号61頁	72
大阪地判	昭和50．8．13	判タ332号303頁	270
最判	昭和50．9．11	判時795号47頁	59
最判	昭和50.10．2	判時797号103頁	10
東京高判	昭和51．2．26	判時815号55頁	56、350
東京高判	昭和51．3．17	判時813号39頁	76
東京地判	昭和51．4．13	判時819号43頁	68
東京地判	昭和51．7．20	判時846号83頁	73
東京高判	昭和51．8．31	判タ344号202頁	217
東京地決	昭和51．9．24	判時861号95頁	148
最判	昭和51.10．1	判時835号63頁	45
東京高判	昭和51.10.28	判タ347号184頁	342
最判	昭和52．3．15	判時852号60頁	40
札幌高判	昭和52．4．21	訟月23巻4号686頁	195
最判	昭和52．6．20	金商535号48頁	120
東京高判	昭和52．6．20	判時862号27頁	54、70
最判	昭和52．9．27	金商537号41頁	82
江戸川簡判	昭和52．9．29	判時883号77頁	441
東京地判	昭和52.11．7	判タ365号285頁	72
東京地判	昭和52.11.11	判時902号79頁	186
東京地判	昭和52.12.15	判時916号60頁	11
最判	昭和52.12.19	判時877号41頁	71、178

裁判例索引

裁判所	年月日	出典ID	本書掲載頁
名古屋高判	昭和52.12.20	判時893号51頁	184
大阪地判	昭和53.1.25	判時897号85頁	324
大阪高判	昭和53.5.30	判時927号207頁	191、193
東京地判	昭和53.5.31	判タ371号109頁	53
最判	昭和53.9.7	判タ374号92頁	121
東京高判	昭和53.9.21	判時907号59頁	73
東京高判	昭和53.12.8	判タ378号101頁	342
最判	昭和54.1.19	判時919号59頁	260
東京地判	昭和54.9.3	判タ402号120頁	235
最判	昭和54.9.21	判タ399号116頁	114
東京地判	昭和54.10.29	判タ403号130頁	217
東京地判	昭和54.11.14	判タ416号163頁	155
東京高判	昭和54.12.11	判タ408号76頁	157
東京地判	昭和54.12.12	判時958号68頁	71
東京地判	昭和54.12.14	判時967号88頁	218
東京地判	昭和55.1.30	判タ415号126頁	11、340
東京地判	昭和55.1.31	判タ416号158頁	195、196、382
東京地判	昭和55.2.12	判時965号85頁	231、232、322
東京地判	昭和55.2.13	判タ422号113頁	376
東京地判	昭和55.4.4	判時982号130頁	49、187
東京高判	昭和55.4.14	判時966号37頁	376
東京地判	昭和55.4.16	判タ424号139頁	382
東京高判	昭和55.5.27	判タ419号100頁	45
最判	昭和55.5.30	判時971号48頁	236
東京地判	昭和55.6.4	判タ427号166頁	340
東京地判	昭和55.6.30	判タ431号117頁	218、391
大阪地判	昭和55.7.11	判タ426号182頁	200、376
東京高判	昭和55.8.4	判タ426号115頁	238
東京地判	昭和55.8.28	判時992号87頁	233
最判	昭和55.10.28	判タ429号93頁	106
東京地判	昭和55.11.1	判時1004号83頁	343
大阪高判	昭和55.11.14	判タ444号128頁	70
東京高判	昭和55.12.2	判タ437号131頁	342
東京高判	昭和56.1.29	判タ449号95頁	340
東京地判	昭和56.3.19	判タ444号161頁	159
最判	昭和56.4.20	判時1002号83頁	311

裁判所	年月日	出典 ID	本書掲載頁
東京高判	昭和56.6.2	判時1010号49頁	116
最判	昭和56.6.16	判時1009号54頁	53
東京地判	昭和56.7.10	判タ465号139頁	70
東京高決	昭和56.8.26	判時1016号70頁	154
東京高判	昭和56.9.30	判時1021号104頁	238
東京地判	昭和56.10.7	判時1035号89頁	210、376
東京地判	昭和56.10.20	判タ459号64頁	98
東京地判	昭和56.10.26	判時1030号55頁	376、392
東京地判	昭和56.10.30	判時1040号78頁	352
東京高判	昭和56.11.24	判タ462号80頁	340
東京地判	昭和56.11.24	判タ467号122頁	235
東京高判	昭和56.11.25	判タ460号96頁	342
東京地判	昭和56.11.27	判時1047号116頁	340
東京地判	昭和57.3.25	判タ478号86頁	69、73
東京地判	昭和57.6.25	判時1067号66頁	72
東京高判	昭和57.9.8	判タ482号90頁	10
東京高判	昭和57.12.22	判時1068号63頁	49、187
横浜地判	昭和57.12.24	判タ498号143頁	43、340
最判	昭和58.1.20	判時1073号63頁	52、286
東京地判	昭和58.3.9	判時1078号83頁	73
東京高判	昭和58.3.10	判タ497号120頁	56
最判	昭和58.3.24	判時1095号102頁	110、123
大阪地判	昭和58.5.31	判タ503号92頁	279
最判	昭和58.9.9	判時1092号59頁	10
名古屋高判	昭和58.9.28	判タ513号182頁	90
大阪高判	昭和58.9.30	判タ523号166頁	351
東京高判	昭和58.12.23	判時1105号53頁	46
横浜地判	昭和59.3.2	判時1136号116頁	382
最判	昭和59.4.20	判時1116号41頁	44、73
大阪地判	昭和59.5.30	判タ532号196頁	382
東京地判	昭和59.7.10	判時1159号130頁	341
東京地判	昭和59.9.27	ジュリスト853号39番	202
名古屋高裁 金沢支部決	昭和59.10.3	判タ545号148頁	136
東京高判	昭和59.11.8	判タ552号178頁	340
最判	昭和59.12.13	判時1141号58頁	236
東京地判	昭和59.12.21	判タ553号185頁	351

資料編

裁判例索引

495

裁判例索引

裁判所	年月日	出典 ID	本書掲載頁
東京地判	昭和59.12.26	判タ556号163頁	236
東京地判	昭和60. 2. 8	判時1186号81頁	377
京都地判	昭和60. 5.28	金商733号39頁	270
札幌高判	昭和60. 6. 6	判タ565号119頁	136
浦和地判	昭和60. 9.30	判時1179号103頁	163
京都地判	昭和60.10.11	金商745号41頁	8
東京高判	昭和60.11.14	判時1180号62頁	137
東京高判	昭和60.12.12	判時1182号85頁	391
東京地判	昭和61. 1.28	判時1208号95頁	341
東京高判	昭和61. 1.29	判時1183号88頁	257
東京地判	昭和61. 1.30	判タ677号100頁	193
東京地判	昭和61. 2.28	判時1215号69頁	377
大阪高決	昭和61. 3.17	判タ637号138頁	147、149、154
東京高判	昭和61. 4.28	金商748号31頁	351
東京地判	昭和61. 5.28	判時1233号85頁	405
東京高判	昭和61. 6.25	判時1201号89頁	90、265
東京地判	昭和61. 6.30	金商761号44頁	202
東京地判	昭和61. 7.22	判タ641号151頁	383
東京地判	昭和61. 9. 3	判タ628号207頁	465
東京地判	昭和61.10.15	判時1244号99頁	235
千葉地判	昭和61.10.27	判時1228号110頁	94
東京高判	昭和61.10.30	判時1214号70頁	186
東京地判	昭和61.12.26	判時1252号73頁	343
最判	昭和62. 2.13	判タ640号95頁	237
大阪地判	昭和62. 4.16	判時1286号119頁	98
横浜地判	昭和62. 4.20	判タ657号229頁	72
東京高判	昭和62. 5.11	金商779号33頁	236
新潟地判	昭和62. 5.26	判タ667号151頁	279
東京地判	昭和62. 6.16	判時1269号101頁	383
東京高判	昭和62. 6.29	判タ658号135頁	320
神戸地判	昭和62. 7.10	判タ647号186頁	70
大阪地判	昭和62.11.27	判タ680号170頁	225
横浜地判	昭和62.12.11	判時1289号99頁	94
横浜地判	昭和63. 2. 8	判時1294号106頁	341
東京地判	昭和63. 5.30	判時1300号73頁	53

裁判所	年月日	出典 ID	本書掲載頁
東京地判	昭和63. 5 . 31	判時1303号93頁	53、341
東京高判	昭和63. 6 . 23	金商809号36頁	233
東京地判	昭和63. 7 . 19	判時1291号87頁	383
東京地判	昭和63.10.25	判時1310号116頁	377
大阪地判	昭和63.10.31	判時1308号134頁	405
高松高判	昭和63.11. 9	判時1319号119頁	135
最判	平成元. 2 . 7	判時1319号102頁	82
東京地判	平成元. 3 . 6	判時1343号75頁	94
東京高判	平成元. 3 . 30	判タ735号110頁	404
東京地判	平成元. 5 . 25	判時1349号87頁	186
福岡地判	平成元. 6 . 7	判タ714号193頁	222
東京地判	平成元. 6 . 19	判タ713号192頁	216、380
東京地判	平成元. 7 . 4	判時1356号100頁	351
東京地判	平成元. 7 . 10	判時1356号106頁	401
千葉地判	平成元. 8 . 25	判時1361号106頁	232
東京地判	平成元. 8 . 28	判タ726号178頁	217、322、324
大阪高判	平成元. 8 . 29	判タ709号208頁	90、265
東京地判	平成元. 8 . 29	判時1348号96頁	98
東京地判	平成元. 9 . 14	判タ731号171頁	343
横浜地判	平成元. 9 . 25	判時1343号71頁	256
東京高判	平成元.11. 7	東高時報40巻 9 号123頁	156
東京高判	平成元.11.10	判タ752号231頁	135
大阪地判	平成元.12.25	判タ748号167頁	249
神戸地判	平成元.12.26	判時1358号125頁	98
東京地判	平成 2 . 1 . 19	判時1371号119頁	418
東京地判	平成 2 . 3 . 8	判時1372号110頁	377
大阪高判	平成 2 . 3 . 23	判時1356号93頁	149
東京地判	平成 2 . 4 . 25	判時1367号62頁	343
東京高判	平成 2 . 5 . 14	判時1350号63頁	222、404
東京地判	平成 2 . 5 . 31	判時1367号59頁	11
最判	平成 2 . 6 . 22	判タ737号79頁	236
東京地判	平成 2 . 6 . 27	判タ751号139頁	10
東京地判	平成 2 . 7 . 30	判時1385号75頁	236、380、430
東京地判	平成 2 . 9 . 10	判時1387号91頁	405
東京地判	平成 2 .11.29	判時1395号100頁	470

資料編

裁判例索引

裁判例索引

裁判所	年月日	出典ID	本書掲載頁
東京地判	平成2.12.25	判タ761号215頁	323
東京地判	平成3.1.14	判時1401号77頁	72、121
東京高判	平成3.1.28	判タ756号229頁	343
大阪地判	平成3.1.29	判時1414号91頁	238
東京地判	平成3.2.28	判タ765号209頁	392
最判	平成3.3.22	判時1397号3頁	211、222、418
東京地判	平成3.3.27	判時1392号104頁	185
東京地判	平成3.5.13	判タ1020号108頁	383
東京地判	平成3.5.30	判時1395号81頁	222、224、401
東京地判	平成3.6.20	判タ772号208頁	112、341
東京地判	平成3.6.24	金商897号36頁	246
東京高判	平成3.7.16	判タ779号272頁	219、222、405
東京地判	平成3.7.25	判時1416号98頁	222、324、401
東京地判	平成3.7.26	判タ778号220頁	418
東京地判	平成3.7.31甲	判タ774号195頁	70、73
東京地判	平成3.7.31乙	判時1416号94頁	325
東京地判	平成3.11.26	判時1443号128頁	377
東京地判	平成3.11.28	判時1430号97頁	11
最判	平成3.11.29	判時1443号52頁	254
大阪高判	平成3.12.10	判タ785号166頁	322、324、382
大阪高判	平成3.12.18	判タ775号171頁	135
最判	平成4.2.6	判時1443号56頁	193
福井地判	平成4.2.24	判タ831号54頁	94
東京地判	平成4.3.16	判タ811号223頁	249
東京地判	平成4.3.26	判時1449号112頁	392
横浜地判	平成4.5.8	判タ798号190頁	323
東京地判	平成4.5.29	判時1446号67頁	322、325
神戸地判	平成4.6.19	判時1451号141頁	196
東京地判	平成4.6.24	判タ807号239頁	343
名古屋地判	平成4.9.9	判タ805号154頁	325
東京地判	平成4.9.25	判タ825号258頁	218、383
東京地判	平成4.9.28	判時1467号72頁	11
東京高判	平成5.1.21	判タ871号229頁	322、324
東京地判	平成5.1.25	判タ814号224頁	138
最判	平成5.2.18	判時1456号96頁	94
東京地判	平成5.4.20	判時1483号59頁	257

裁判所	年月日	出典 ID	本書掲載頁
東京地判	平成 5 . 4 . 26	判時1483号74頁	279
東京高判	平成 5 . 5 . 14	判時1520号94頁	135
広島高判	平成 5 . 5 . 28	判タ857号180頁	10
東京地判	平成 5 . 6 . 3	判タ861号248頁	430
東京地判	平成 5 . 7 . 20	判タ862号271頁	230、322、325、377
東京地判	平成 5 . 7 . 28	判タ861号258頁	233
東京地判	平成 5 . 8 . 30	判時1504号97頁	270
東京地判	平成 5 . 9 . 8	判タ840号134頁	47
大阪地判	平成 5 . 9 . 13	判時1505号116頁	343
東京地判	平成 5 . 9 . 24	判時1496号105頁	185
最判	平成 5 .11. 26	集民170号679頁	89、249
東京高判	平成 5 .12. 20	判タ874号199頁	185、186
東京高判	平成 5 .12. 27	金法1397号44頁	380
千葉地判	平成 6 . 3 . 28	労働判例668号60頁	194
東京高判	平成 6 . 4 . 28	D1-Law28161388	234
最判	平成 6 . 6 . 7	判時1503号72頁	342
東京地判	平成 6 . 6 . 21	判タ853号224頁	202
東京地判	平成 6 . 7 . 6	判時1534号65頁	184
最判	平成 6 . 7 . 18	判時1540号38頁	284
東京地判	平成 6 . 8 . 25	判時1539号93頁	351
東京地判	平成 6 .10. 20	判時1559号61頁	258
最判	平成 6 .10. 25	民集48巻 7 号1303頁	56
東京地判	平成 6 .11. 28	判タ886号183頁	98
東京地判	平成 7 . 1 . 23	判時1557号113頁	270
東京地判	平成 7 . 1 . 24	判タ890号250頁	270
東京地判	平成 7 . 2 . 24	判タ902号101頁	351
最判	平成 7 . 6 . 29	判タ887号174頁	11
東京地判	平成 7 . 7 . 26	判時1552号71頁	19
東京地判	平成 7 . 8 . 28	判時1566号67頁	196
東京地判	平成 7 . 9 . 26	判タ914号177頁	54、351
東京地判	平成 7 .10. 16	判タ919号163頁	222
福岡高判	平成 7 .12. 5	判タ901号263頁	113
東京地判	平成 7 .12. 8	判タ918号142頁	46、47
最判	平成 7 .12. 15	判タ897号247頁	113、120
東京地判	平成 8 . 1 . 23	判タ922号224頁	215
東京地判	平成 8 . 3 . 15	判時1583号78頁	190

資料編

裁判例索引

裁判例索引

裁判所	年月日	出典 ID	本書掲載頁
東京地判	平成 8 . 5 . 20	判時1593号82頁	55、351
東京地判	平成 8 . 6 . 13	判時1595号87頁	270
最判	平成 8 . 7 . 12	判時1579号77頁	94、97、256
東京地判	平成 8 . 7 . 15	判時1596号81頁	358
東京地判	平成 8 . 7 . 29	判タ941号203頁	344
東京地判	平成 8 . 8 . 29	判時1606号53頁	73
東京地判	平成 8 . 9 . 26	判時1605号76頁	324
東京高判	平成 8 .11.13	判時1589号50頁	186
東京地判	平成 8 .11.19	判時1619号99頁	245
東京地判	平成 9 . 1 . 28	判タ942号146頁	236
東京高判	平成 9 . 1 . 30	判時1600号100頁	192
東京地判	平成 9 . 1 . 31	判タ952号220頁	270
東京地判	平成 9 . 2 . 24	判タ968号261頁	214、383
最判	平成 9 . 2 . 25	判時1599号69頁	284
東京地判	平成 9 . 6 . 26	判タ980号212頁	19、185
最判	平成 9 . 7 . 1	判時1614号63頁	83
東京地判	平成 9 . 9 . 29	判タ984号269頁	222、406
最判	平成 9 .11.13	判時1633号81頁	202、313
東京地判	平成10. 5 . 28	判時1663号112頁	258
東京地判	平成10. 5 . 29	判タ997号221頁	90、258
東京地判	平成10. 7 . 15	判タ1020号193頁	324
東京地判	平成10. 8 . 21	判タ1020号212頁	352
東京高判	平成10. 9 . 30	判時1677号71頁	222、405
東京地判	平成10.10.19	判タ1010号267頁	112、155
東京地判	平成11. 1 . 22	金法1594号102頁	401
東京地判	平成11. 6 . 30	判タ1056号213頁	246
東京高判	平成11.10. 6	金商1079号26頁	270
東京高判	平成11.12. 2	判タ1035号250頁	351
浦和地判	平成11.12.15	判時1721号108頁	377
東京高判	平成12. 3 . 23	判タ1037号226頁	418
東京地判	平成12. 4 . 14	金商1107号51頁	86
東京高判	平成12. 4 . 20	2000WLJPCA04200005	350
東京地判	平成12. 4 . 21	2000WLJPCA04210005	377
東京高判	平成12. 5 . 11	金商1098号27頁	79、84
東京地判	平成12. 5 . 30	2000WLJPCA05300013	202

裁判所	年月日	出典 ID	本書掲載頁
東京地判	平成12. 6 . 30	2000WLJPCA06300008	184、186
東京地判	平成12. 7 . 26	2000WLJPCA07260008	195
東京高決	平成12.10.27	判時1733号35頁	155
東京高判	平成13. 1 . 30	判タ1058号180頁	223
東京高決	平成13. 2 . 8	判タ1058号272頁	81
東京地判	平成13. 2 . 26	判タ1072号149頁	254
東京地判	平成13. 3 . 23	2001WLJPCA03230010	324
東京地判	平成13. 5 . 30	判タ1101号170頁	41
東京高判	平成13. 9 . 19	LLI【ID 番号】05620730	99
東京地判	平成13. 9 . 28	2001WLJPCA09280010	352
最決	平成13.11.21	判時1768号86頁	158
東京高判	平成13.11.26	判タ1123号165頁	110
名古屋地判	平成14. 2 . 22	LLI【ID 番号】05750405	418
東京高判	平成14. 4 . 3	2002WLJPCA04030002	8 、10
東京地判	平成14. 5 . 14	2002WLJPCA05149008	341
東京地判	平成14. 7 . 16	金法1673号54頁	232
東京地裁 八王子支部判	平成14. 9 . 4	2002WLJPCA09040006	149
東京高判	平成14. 9 . 11	判例集未登載	275
東京高判	平成14.10. 4	2002WLJPCA10040004	202
東京地判	平成14.11.27	LLI【ID 番号】05731070	352
東京地判	平成14.11.28	LLI【ID 番号】05731121	91
東京地判	平成14.12.19甲	LLI【ID 番号】05731506	392
東京地判	平成14.12.19乙	LLI【ID 番号】05731510	205、430
東京地判	平成14.12.25	LLI【ID 番号】05731641	256
東京地判	平成14.12.26	LLI【ID 番号】05731713	53
東京地判	平成14.12.27甲	LLI【ID 番号】05731791	406
東京地判	平成14.12.27乙	LLI【ID 番号】05731786	441
東京簡判	平成15. 5 . 27	LLI【ID 番号】05860046	203
最判	平成15. 6 . 12	判時1826号48頁	97、99、270
東京地判	平成15. 8 . 15	2003WLJPCA08150002	470
東京地判	平成15. 8 . 25	2003WLJPCA08250002	249
最判	平成15.10.21甲	判タ1140号75頁	220、272
最判	平成15.10.21乙	判時1844号37頁	220、247、269、270、272
最判	平成15.10.23	判タ1140号68頁	272、273
東京地判	平成15.11.25	2003WLJPCA11250001	341

資料編

裁判例索引

501

裁判例索引

裁判所	年月日	出典ID	本書掲載頁
東京地判	平成16.3.30	2004WLJPCA03300010	215、406
東京地判	平成16.4.23甲	2004WLJPCA04230014	418
東京地判	平成16.4.23乙	金法1742号40頁	430
最判	平成16.6.29	判時1868号52頁	270
最判	平成16.11.8	判時1883号52頁	269、273
東京高判	平成16.12.22	判タ1170号122頁	273
東京地判	平成17.2.3	LLI【ID番号】06030457	377
東京地判	平成17.2.21	LLI【ID番号】06030659	237、238
東京地判	平成17.2.28	LLI【ID番号】06030813	90、355
東京地判	平成17.3.8	LLI【ID番号】06030960	83
最判	平成17.3.10	判時1894号14頁	275
東京簡判	平成17.3.11	LLI【ID番号】06060059	235
東京地判	平成17.3.14甲	LLI【ID番号】06031033	8
東京地判	平成17.3.14乙	LLI【ID番号】06031032	224、401
東京地判	平成17.3.25	LLI【ID番号】06031262	418
東京地判	平成17.3.29	LLI【ID番号】06031342	246
東京地判	平成17.4.22	LLI【ID番号】06031613	383
東京地判	平成17.4.26	LLI【ID番号】06031673	270
東京高判	平成17.4.27	判タ1210号173頁	158
東京地判	平成17.4.27	LLI【ID番号】06031718	19、185、341
東京地判	平成17.5.18	LLI【ID番号】06031891	44
東京地判	平成17.5.19	LLI【ID番号】06031928	238
東京地判	平成17.5.31	LLI【ID番号】06032103	225、406
東京高判	平成17.6.29	判タ1203号182頁	123
東京地判	平成17.7.19	判時1918号22頁	156
東京地判	平成17.9.27	LLI【ID番号】06033527	344
東京地判	平成17.9.29	LLI【ID番号】06033592	441
東京地判	平成17.9.30	LLI【ID番号】06033652	406
東京地判	平成17.10.11	LLI【ID番号】06033755	418
東京地判	平成17.10.21	LLI【ID番号】06033889	344
大阪高判	平成17.10.25	金商1299号40頁	482
東京地判	平成17.10.31	LLI【ID番号】06034104	246
東京地判	平成17.11.30	LLI【ID番号】06034580	184、185
東京地判	平成17.12.14	LLI【ID番号】06034732	355
東京地判	平成18.1.18	LLI【ID番号】06130801	419
最判	平成18.1.19	判時1925号96頁	80

裁判所	年月日	出典 ID	本書掲載頁
東京地判	平成18.1.23	LLI【ID 番号】06130884	303
東京地判	平成18.2.6	LLI【ID 番号】06131143	246、266、441
東京地判	平成18.2.14	LLI【ID 番号】06131246	392
東京地判	平成18.3.27	LLI【ID 番号】06130432	246、431
東京地判	平成18.6.14	LLI【ID 番号】06132356	482
東京地判	平成18.6.15	LLI【ID 番号】06132378	392
東京地判	平成18.6.16	LLI【ID 番号】06132395	90、355
東京地判	平成18.6.19	LLI【ID 番号】06132420	191
東京地判	平成18.6.30	LLI【ID 番号】06132632	356
東京地判	平成18.7.11	LLI【ID 番号】06132732	317
東京地判	平成18.7.18	判時1961号68頁	123
東京地判	平成18.8.4	LLI【ID 番号】06133151	356
東京地判	平成18.8.25	LLI【ID 番号】06133249	318
東京地判	平成18.9.4	LLI【ID 番号】06133517	192
東京地判	平成18.9.7	LLI【ID 番号】06133558	250、485
東京地判	平成18.9.8	2006WLJPCA09080001	268、270、465
東京地判	平成18.9.26	LLI【ID 番号】06133854	263、266、431
東京地判	平成18.10.12	2006WLJPCA10120002	384
東京高判	平成18.10.12	金商1265号46頁	440
東京地判	平成18.10.25	LLI【ID 番号】06134283	246
東京地判	平成18.10.27	LLI【ID 番号】06134356	195
東京地判	平成18.11.2	LLI【ID 番号】06134490	258
東京地判	平成18.11.13	LLI【ID 番号】06134586	235、442
東京地判	平成18.11.20	LLI【ID 番号】06134688	384
東京地判	平成18.11.22	LLI【ID 番号】06134731	266、268、442
東京地判	平成18.11.28	LLI【ID 番号】06134808	96、256
東京高判	平成18.11.30	判タ1257号314頁	249
東京地判	平成18.12.12	LLI【ID 番号】06135031	266、442
東京地判	平成18.12.26	LLI【ID 番号】06135301	322、324
東京地判	平成19.1.23	2007WLJPCA01238013	471
東京地判	平成19.1.29	2007WLJPCA01298002	50
東京地判	平成19.2.1	2007WLJPCA02010002	266、268、442
東京地判	平成19.2.14	2007WLJPCA02148005	442
東京地判	平成19.3.7	2007WLJPCA03078003	406
東京地判	平成19.3.9	2007WLJPCA03098011	282、309、442
東京地判	平成19.3.29	2007WLJPCA03298025	46、47

資料編

裁判例索引

裁判例索引

裁判所	年月日	出典ID	本書掲載頁
横浜地判	平成19.3.30	金商1273号44頁	246、262
名古屋簡判	平成19.3.30	2007WLJPCA03309010	356
東京地判	平成19.4.3	2007WLJPCA04038004	95
東京地判	平成19.4.4	2007WLJPCA04068001	431
東京地判	平成19.4.17	2007WLJPCA04178012	401
東京地判	平成19.4.23	2007WLJPCA04238011	344
東京地判	平成19.4.25	2007WLJPCA04258020	202
東京地判	平成19.5.16	2007WLJPCA05168009	221
東京地判	平成19.5.24	2006WLJPCA05248001	202
東京地判	平成19.5.30	2007WLJPCA05308002	237
東京地判	平成19.6.12	LLI【ID番号】06232568	282
東京地判	平成19.6.21	2007WLJPCA06218006	442
東京地判	平成19.6.22	2007WLJPCA06228005	356
東京地判	平成19.6.26	2007WLJPCA06268012	401
東京地判	平成19.6.28甲	2007WLJPCA06288008	471
東京地判	平成19.6.28乙	2007WLJPCA06288026	471
東京地判	平成19.7.6	2007WLJPCA07068008	344
東京地判	平成19.7.25	2007WLJPCA07258007	312
東京地判	平成19.7.26甲	2007WLJPCA07268029	250
東京地判	平成19.7.26乙	2007WLJPCA07268028	250、275
東京地判	平成19.7.26丙	LLI【ID番号】06233295	202
広島地判	平成19.7.30	判時1997号112頁	246
東京地判	平成19.8.9	2007WLJPCA08098003	215、402
東京地判	平成19.8.27	2007WLJPCA08278014	246、268、443
東京地判	平成19.8.28	2007WLJPCA08288037	443
東京地判	平成19.8.29甲	LLI【ID番号】06233700	212、223、232、419
東京地判	平成19.8.29乙	2007WLJPCA08298015	419
東京地判	平成19.8.31	LLI【ID番号】06233767	356
東京地判	平成19.9.4	2007WLJPCA09048003	344
東京地判	平成19.9.5	2007WLJPCA09058008	55、344
東京高判	平成19.9.12	判時2027号19頁	440
東京地判	平成19.9.19	2007WLJPCA09198019	471
東京地判	平成19.9.20	2007WLJPCA09208019	10
東京地判	平成19.9.21	2007WLJPCA09218017	398
東京地判	平成19.9.26	2007WLJPCA09268018	249
東京地判	平成19.9.28	判タ1266号239頁	19

裁判所	年月日	出典ID	本書掲載頁
東京地判	平成19.10. 3	2007WLJPCA10038004	268、443
東京地判	平成19.10.16	2007WLJPCA10168008	365
東京地判	平成19.10.17	2007WLJPCA10178003	222、427
東京地判	平成19.10.18	2007WLJPCA10188013	356
東京地判	平成19.11.14	2007WLJPCA11148014	357
東京地判	平成19.11.21	2007WLJPCA11218010	272
最判	平成19.11.29甲	判タ1275号206頁	302
東京地判	平成19.11.29乙	2007WLJPCA11298016	169、357
東京地判	平成19.12. 3	LLI【ID番号】06235436	443
最決	平成19.12. 4甲	判時1996号32頁	151
最決	平成19.12. 4乙	判タ1262号80頁	157
東京地判	平成19.12. 7	2007WLJPCA12078008	221
東京地判	平成19.12.10	LLI【ID番号】06235527	443
東京地判	平成19.12.13	2007WLJPCA01238013	252
東京地判	平成19.12.14甲	2007WLJPCA12148008	431
東京地判	平成19.12.14乙	LLI【ID番号】L06235610	443
東京地判	平成19.12.20甲	2007WLJPCA12208013	8、191、193
東京地判	平成19.12.20乙	2007WLJPCA12208017	443
東京地判	平成19.12.26	2007WLJPCA12268037	384
東京地判	平成19.12.27	2007WLJPCA12278011	399
東京地判	平成20. 1 .18甲	2008WLJPCA01188016	214
東京地判	平成20. 1 .18乙	LLI【ID番号】06330165	407
東京地判	平成20. 1 .23	2008WLJPCA01238008	250
東京地判	平成20. 1 .29	2008WLJPCA01298024	91
東京地判	平成20. 2 .14	2008WLJPCA02148005	357
東京地判	平成20. 2 .15	2008WLJPCA02158010	232
東京地判	平成20. 2 .18	2008WLJPCA02188009	246
東京地判	平成20. 2 .27	2008WLJPCA02279034	183、184、185、186
最判	平成20. 2 .29	判時2003号51頁	89、252、253、269
東京地判	平成20. 3 .19	2008WLJPCA03198013	235、270
東京地判	平成20. 3 .24	2008WLJPCA03248011	11
東京地判	平成20. 3 .25	2008WLJPCA03258024	52、344
東京地判	平成20. 3 .28甲	2008WLJPCA03288019	357
東京地判	平成20. 3 .28乙	2008WLJPCA03288024	427
東京地判	平成20. 3 .28丙	2008WLJPCA03288022	46

資料編

裁判例索引

裁判例索引

裁判所	年月日	出典 ID	本書掲載頁
東京地判	平成20.4.9甲	LLI【ID 番号】06331097	47
東京地判	平成20.4.9乙	LLI【ID 番号】06331114	431
東京地判	平成20.4.22	2008WLJPCA04228020	231、273
東京地判	平成20.4.23	判タ1284号229頁	213、214、419
東京地判	平成20.4.25甲	LLI【ID 番号】06331249	47、53、344
東京地判	平成20.4.25乙	2008WLJPCA04258020	268、431
大阪高判	平成20.4.30	判タ1287号234頁	251、440
東京地判	平成20.5.9	LLI【ID 番号】06331325	466
東京地判	平成20.5.22	LLI【ID 番号】06331300	444
千葉地判	平成20.5.26	2008WLJPCA05269003	273、483
東京地判	平成20.5.28	2008WLJPCA05288014	466
東京地判	平成20.5.29	2008WLJPCA05298014	94、258
東京地判	平成20.5.30	2008WLJPCA05308020	222
東京地判	平成20.6.4	2008WLJPCA06048004	263、270、273
東京地判	平成20.6.11甲	2008WLJPCA06118001	344
東京地判	平成20.6.11乙	2008WLJPCA06118006	266、444
東京地判	平成20.6.20	2008WLJPCA06208010	299
東京地判	平成20.6.23	2008WLJPCA06238002	266、431
東京地判	平成20.6.24	2008WLJPCA06248006	273
東京地判	平成20.6.25	2008WLJPCA06258009	202
東京地判	平成20.6.30	判時 2020号86頁	192
東京地判	平成20.7.17	2008WLJPCA07178009	407
東京地判	平成20.7.18	LLI【ID 番号】06331747	214、217、232、377
東京地判	平成20.7.30	LLI【ID 番号】06331753	273
東京地判	平成20.7.31甲	2008WLJPCA07318016	202
東京地判	平成20.7.31乙	2008WLJPCA07318017	266、268、444
東京地判	平成20.7.31丙	2008WLJPCA07318004	407
東京地判	平成20.8.25	2008WLJPCA08258003	47
東京地判	平成20.8.28	2008WLJPCA08288008	216、419
東京地判	平成20.8.29甲	LLI【ID 番号】06332337	208、221
東京地判	平成20.8.29乙	2008WLJPCA08298006	195
東京地判	平成20.9.17	2008WLJPCA09178001	260
東京地判	平成20.9.24	2008WLJPCA09248030	195
東京地判	平成20.9.25	2008WLJPCA09258011	310
東京地判	平成20.10.9	2008WLJPCA10098007	97、258
東京地判	平成20.10.17	2008WLJPCA10178006	478

裁判所	年月日	出典 ID	本書掲載頁
東京地判	平成20.10.28	2008WLJPCA10288025	38
東京地判	平成20.10.31甲	2008WLJPCA10318006	268
東京地判	平成20.10.31乙	2008WLJPCA10318042	402
東京簡判	平成20.11.19	LLI【ID番号】06360037	238
東京地判	平成20.11.28	2008WLJPCA11288015	444
東京地判	平成20.12. 5	2008WLJPCA12058002	268、269、444
東京地判	平成20.12.15	2008WLJPCA12158010	222、407
東京地判	平成20.12.24甲	2008WLJPCA12248018	444
東京地判	平成20.12.24乙	2008WLJPCA12248022	306
東京地判	平成20.12.25甲	LLI【ID番号】06332566	47、99
東京地判	平成20.12.25乙	2008WLJPCA12258040	235
東京地判	平成20.12.26甲	2008WLJPCA12268020	344
東京地判	平成20.12.26乙	2008WLJPCA12268037	215、398
東京地判	平成21. 1.21甲	2009WLJPCA01218010	432
東京地判	平成21. 1.21乙	2009WLJPCA01218016	444
東京地判	平成21. 1.22	2009WLJPCA01228013	384
東京地判	平成21. 1.23	2009WLJPCA01238028	445
東京地判	平成21. 1.26	2009WLJPCA01268005	466
東京地判	平成21. 1.27	2009WLJPCA01278040	249、260
東京地判	平成21. 1.28甲	LLI【ID番号】06430046	384
東京地判	平成21. 1.28乙	2009WLJPCA01288029	257
東京地判	平成21. 1.30	2009WLJPCA01308053	432
東京地判	平成21. 2. 4	2009WLJPCA02048012	195
東京地判	平成21. 2.12	2009WLJPCA02128008	245
東京地判	平成21. 2.23	2009WLJPCA02238015	44
東京地判	平成21. 2.27	LLI【ID番号】06430095	11
東京地判	平成21. 3. 3	2009WLJPCA03038006	445
東京地判	平成21. 3. 5	2009WLJPCA03058017	392
東京地判	平成21. 3. 9	2009WLJPCA03098019	307
東京地判	平成21. 3.10	2009WLJPCA03108013	419
東京地判	平成21. 3.12	2009WLJPCA03128015	407
東京地判	平成21. 3.13	2009WLJPCA03138007	47、357
東京地判	平成21. 3.17	2009WLJPCA03178017	399
東京地判	平成21. 3.19	判時2054号98頁	306、307
東京地判	平成21. 3.23	2009WLJPCA03238029	407
東京地判	平成21. 3.24甲	2009WLJPCA03248028	384

資料編

裁判例索引

裁判例索引

裁判所	年月日	出典 ID	本書掲載頁
東京地判	平成21.3.24乙	2009WLJPCA03248015	392
東京地判	平成21.3.24丙	2009WLJPCA03248020	445
東京地判	平成21.3.25	2009WLJPCA03258022	432
東京地判	平成21.4.7	判タ1311号173頁	237
札幌地判	平成21.4.22	判タ1317号194頁	220、221
東京地判	平成21.4.23	2009WLJPCA04238019	52、345
東京地判	平成21.4.24甲	2009WLJPCA04248025	10
東京地判	平成21.4.24乙	2009WLJPCA04248020	263、466
東京地判	平成21.4.27甲	2009WLJPCA04278002	193
東京地判	平成21.4.27乙	2009WLJPCA04278007	432
東京地判	平成21.4.30	2009WLJPCA04308014	345、357
東京地判	平成21.5.7	2009WLJPCA05078001	37、352
東京地判	平成21.5.8	2009WLJPCA05088001	260
東京地判	平成21.5.15	2009WLJPCA05158005	37
東京地判	平成21.5.21	2009WLJPCA05218011	223、407
東京簡判	平成21.5.22	裁判所ウェブサイト	238
東京地判	平成21.5.25	2009WLJPCA05258012	7 、186
東京地判	平成21.5.26	2009WLJPCA05268038	408
東京地判	平成21.5.27甲	2009WLJPCA05278027	202
東京地判	平成21.5.27乙	2009WLJPCA05278021	238
東京地判	平成21.6.1	2009WLJPCA06018003	311
東京地判	平成21.6.2	2009WLJPCA06028002	263、471
東京地判	平成21.6.4	2009WLJPCA06048013	300
東京地判	平成21.6.12	2009WLJPCA06128007	248、264、432
東京地判	平成21.6.15甲	2009WLJPCA06158007	266、471
東京地判	平成21.6.15乙	2009WLJPCA06158012	393
東京地判	平成21.6.16	2009WLJPCA06168021	393
東京地判	平成21.6.23	2009WLJPCA06238014	408
東京地判	平成21.6.24甲	2009WLJPCA06248030	90
東京地判	平成21.6.24乙	2009WLJPCA06248021	408
東京地判	平成21.6.25	2009WLJPCA01238028	266、445
東京地判	平成21.6.30	2009WLJPCA06308010	43
東京地判	平成21.7.9甲	2009WLJPCA07098006	263、432
東京地判	平成21.7.9乙	2009WLJPCA07098018	268、378
東京地判	平成21.7.9丙	2009WLJPCA07098022	445
東京地判	平成21.7.23	2009WLJPCA07238012	471

裁判所	年月日	出典ID	本書掲載頁
東京地判	平成21.7.28甲	2009WLJPCA07288028	231
東京地判	平成21.7.28乙	2009WLJPCA07288023	221、312
東京地判	平成21.7.30	2009WLJPCA07308034	419
東京地判	平成21.7.31甲	2009WLJPCA07318004	19
東京地判	平成21.7.31乙	2009WLJPCA07318029	250
東京地判	平成21.8.24	2009WLJPCA08248004	267、268、432
東京地判	平成21.8.27	2009WLJPCA08278040	433
東京地判	平成21.8.28	2009WLJPCA08288044	378
東京地判	平成21.8.31	2009WLJPCA08318037	393
東京地判	平成21.9.11	2009WLJPCA09118001	378
東京地判	平成21.9.18	2009WLJPCA09188005	46
東京地判	平成21.9.24	LLI【ID番号】06430531	222、224、402
東京地判	平成21.9.25	2009WLJPCA09258015	485
東京地判	平成21.9.28	2009WLJPCA09288013	245
東京地判	平成21.10.7	2009WLJPCA10078011	175
東京地判	平成21.10.8	2009WLJPCA10088001	408
東京地判	平成21.10.23	2009WLJPCA10238012	47
東京地判	平成21.10.26	2009WLJPCA10268003	273
東京地判	平成21.10.28	2009WLJPCA10288030	472
東京地判	平成21.10.29	2009WLJPCA10298024	419
東京地判	平成21.11.9	2009WLJPCA11098003	433
東京地判	平成21.11.10	2009WLJPCA11108003	265、267、445
東京地判	平成21.11.12	2009WLJPCA11128005	399
東京地判	平成21.11.24甲	2009WLJPCA11248011	221
東京地判	平成21.11.24乙	2009WLJPCA11248007	265、266、267、446
東京地判	平成21.11.26甲	2009WLJPCA11268012	357
東京地判	平成21.11.26乙	2009WLJPCA11268019	446
東京地判	平成21.11.27甲	2009WLJPCA11278010	357
東京地判	平成21.11.27乙	2009WLJPCA11278003	446、483
東京地判	平成21.11.30	2009WLJPCA11308003	345
東京地判	平成21.12.3	2009WLJPCA12038004	446
東京地判	平成21.12.4	2009WLJPCA12048012	352
東京地判	平成21.12.7	2009WLJPCA12078005	17
東京地判	平成21.12.9	2009WLJPCA12098014	358
東京地判	平成21.12.16	2009WLJPCA12168031	384
東京地判	平成21.12.17	2009WLJPCA12178010	400

資料編

裁判例索引

裁判例索引

裁判所	年月日	出典ID	本書掲載頁
東京地判	平成21.12.22甲	2009WLJPCA12228004	408
東京地判	平成21.12.22乙	2009WLJPCA12228023	433
東京地判	平成22.1.18	2010WLJPCA01188008	358
東京地判	平成22.1.22甲	2010WLJPCA01228012	472
東京地判	平成22.1.22乙	2010WLJPCA01228014	483
東京簡判	平成22.1.25	2010WLJPCA01259003	279
東京地判	平成22.1.28甲	2010WLJPCA01288028	358
東京地判	平成22.1.28乙	2010WLJPCA01288023	17
東京地判	平成22.1.29	2010WLJPCA01298018	408
東京地判	平成22.2.9	2010WLJPCA02098017	358
東京地判	平成22.2.15	判タ1333号174頁	466
東京地判	平成22.2.17	2010WLJPCA02178003	446
東京地判	平成22.2.23	2010WLJPCA02238006	10、183
東京地判	平成22.2.24甲	2010WLJPCA02248009	345
東京地判	平成22.2.24乙	2010WLJPCA02248015	358
東京地判	平成22.2.24丙	LLI【ID番号】06530157	420
東京地判	平成22.3.9	2010WLJPCA03098010	446
東京地判	平成22.3.11	2010WLJPCA03118001	19
東京高判	平成22.3.16	判例集未登載	302
東京地判	平成22.3.17	2010WLJPCA03178008	214、218、384
東京地判	平成22.3.24	2010WLJPCA03248009	447
東京地判	平成22.3.25甲	2010WLJPCA03258017	420
東京地判	平成22.3.25乙	2010WLJPCA03258027	10、183
東京地判	平成22.3.29甲	2010WLJPCA03298036	408
東京地判	平成22.3.29乙	2010WLJPCA03298019	420
東京地判	平成22.3.29丙	2010WLJPCA03298017	312
東京地判	平成22.3.30	2010WLJPCA03308006	358
東京地判	平成22.3.31	2010WLJPCA03318010	393
東京地判	平成22.4.9	2010WLJPCA04098001	433
東京地判	平成22.4.13	2010WLJPCA04138007	223、420
東京地判	平成22.4.15	2010WLJPCA04158012	47
広島地判	平成22.4.22	金商1346号59頁	250、478
東京地判	平成22.4.26	2010WLJPCA04268004	235
東京地判	平成22.5.14甲	2010WLJPCA05148012	408
東京地判	平成22.5.14乙	2010WLJPCA05148018	447
東京地判	平成22.5.17甲	2010WLJPCA05178002	44

裁判所	年月日	出典ID	本書掲載頁
東京地判	平成22.5.17乙	2010WLJPCA05178009	358
東京地判	平成22.5.20	2010WLJPCA05208012	373、409
東京地判	平成22.5.28	判時 2089号112頁	420
東京地判	平成22.6.4	2010WLJPCA06048002	433
東京地判	平成22.6.29	2010WLJPCA06298008	43、345
東京地判	平成22.7.8	2010WLJPCA07088013	384
東京地判	平成22.7.9	2010WLJPCA07098005	478
最判	平成22.7.16	裁判所ウェブサイト	302
東京地判	平成22.7.21	2010WLJPCA07218010	220、225、402
東京地判	平成22.7.22	2010WLJPCA07228020	420
東京地判	平成22.7.26	2010WLJPCA07268012	402
東京地判	平成22.7.28甲	2010WLJPCA07288012	402
東京地判	平成22.7.28乙	2010WLJPCA07288005	420
東京地判	平成22.7.29	LLI【ID番号】06530402	385
東京地判	平成22.8.6	2010WLJPCA08068011	393
東京地判	平成22.8.9甲	2010WLJPCA08098003	402
東京地判	平成22.8.9乙	2010WLJPCA08098002	345
東京地判	平成22.8.25	2010WLJPCA08258011	252、433
東京地判	平成22.8.31	2010WLJPCA08318014	93
東京地判	平成22.9.1	LLI【ID番号】06530555	409
東京地判	平成22.9.2	2010WLJPCA09028003	47
東京地判	平成22.9.7	2010WLJPCA09078005	385
東京地判	平成22.9.21	2010WLJPCA09218011	341
東京地判	平成22.9.24	2010WLJPCA09298020	433
東京地判	平成22.9.28	2010WLJPCA09288016	433
東京地判	平成22.9.29甲	2010WLJPCA09298023	239、420
東京地判	平成22.9.29乙	2010WLJPCA09298012	323、324
東京地判	平成22.9.30	2010WLJPCA09308013	218、385
東京地判	平成22.10.4	2010WLJPCA10048013	52、345
東京地判	平成22.10.7	2010WLJPCA10078013	296、309
東京地判	平成22.10.20	2010WLJPCA10208008	250、483
東京地判	平成22.10.25	2010WLJPCA10258009	359
東京地判	平成22.10.29甲	2010WLJPCA10298029	245
東京地判	平成22.10.29乙	2010WLJPCA10298025	398
東京地判	平成22.10.29丙	2010WLJPCA10298008	375
東京地判	平成22.11.17	2010WLJPCA11178006	447

資料編

裁判例索引

裁判例索引

裁判所	年月日	出典ID	本書掲載頁
東京地判	平成22.11.18	2010WLJPCA11188022	472
東京地判	平成22.11.19	2010WLJPCA11198014	447
東京地判	平成22.11.25	2010WLJPCA11258004	403
東京地判	平成22.12.2	2010WLJPCA12028002	266、447
東京地判	平成22.12.3	2010WLJPCA12038004	447
東京地判	平成22.12.7	2010WLJPCA12078007	245、251、262、472
東京地判	平成22.12.14	2010WLJPCA12148008	231
東京地判	平成22.12.15	2010WLJPCA12158022	433
東京地判	平成22.12.17	2010WLJPCA12178007	409
東京地判	平成22.12.20	2010WLJPCA12208022	346
東京地判	平成22.12.27	2010WLJPCA12278010	409
東京地判	平成23.1.17	2011WLJPCA01178013	409
東京地判	平成23.1.18甲	2011WLJPCA01188004	409
東京地判	平成23.1.18乙	2011WLJPCA01188014	254、447
東京地判	平成23.1.21甲	2011WLJPCA01218021	375
東京地判	平成23.1.21乙	2011WLJPCA01218022	409、483
東京地判	平成23.1.25甲	2011WLJPCA01258022	260
東京地判	平成23.1.25乙	2011WLJPCA01258012	409
東京地判	平成23.1.27	2011WLJPCA01278001	268、448
東京地判	平成23.1.28	2011WLJPCA01288015	208、231
東京地判	平成23.2.1	2011WLJPCA02018003	346
東京地判	平成23.2.2	2011WLJPCA02028001	410
東京地判	平成23.2.8	2011WLJPCA02088001	304
東京地判	平成23.2.15	2011WLJPCA02158004	10
東京地判	平成23.2.22	2011WLJPCA02228016	427
東京地判	平成23.2.24甲	2011WLJPCA02248023	485
東京地判	平成23.2.24乙	2011WLJPCA02248011	393
京都地判	平成23.2.28	LLI【ID番号】06650115	263、434
東京地判	平成23.3.10甲	2011WLJPCA03108016	427
東京地判	平成23.3.10乙	2011WLJPCA03108015	346
東京地判	平成23.3.10丙	2011WLJPCA03108017	448
東京地判	平成23.3.10丁	2011WLJPCA03108001	46
東京地判	平成23.3.11	2011WLJPCA03118008	346
東京高判	平成23.3.16	金商1368号33頁	273
東京地判	平成23.3.25	2011WLJPCA03258011	359
東京地判	平成23.3.29	2011WLJPCA03298016	311

裁判所	年月日	出典 ID	本書掲載頁
東京地判	平成23. 3 . 30	2011WLJPCA03308003	234
東京地判	平成23. 4 . 5	2011WLJPCA04058003	147
東京地判	平成23. 4 . 8	2011WLJPCA04088001	341
東京地判	平成23. 4 .14甲	2011WLJPCA04148025	410
東京地判	平成23. 4 .14乙	2011WLJPCA04148016	235
東京地判	平成23. 4 .14丙	WLJPCA04148023	378
東京地判	平成23. 4 . 22	2011WLJPCA04228011	359
東京地判	平成23. 4 . 25	2011WLJPCA04258010	38
東京地判	平成23. 4 . 27	2011WLJPCA04278023	254、448
東京地判	平成23. 5 . 10	2011WLJPCA05108011	448
東京地判	平成23. 5 . 18	2011WLJPCA05188012	252、434
東京地判	平成23. 5 . 20	2011WLJPCA05208005	479
東京地判	平成23. 5 .24甲	2011WLJPCA05248010	271
東京地判	平成23. 5 .24乙	LLI【ID 番号】06630250	302
東京地判	平成23. 5 . 25	2011WLJPCA05258016	346
東京地判	平成23. 5 .27甲	2011WLJPCA05278012	472
東京地判	平成23. 5 .27乙	2011WLJPCA05278013	385
東京地判	平成23. 5 . 31	2011WLJPCA05318020	267、434
東京地判	平成23. 6 . 23	LLI【ID 番号】06630337	420
東京地判	平成23. 6 . 24	2011WLJPCA06248012	393
東京地判	平成23. 6 . 27	2011WLJPCA06278014	448
東京地判	平成23. 7 . 12	2011WLJPCA07128006	267、448
最判	平成23. 7 . 15	判時2135号38頁	235
東京地判	平成23. 7 .25甲	2011WLJPCA07258005	46
東京地判	平成23. 7 .25乙	2011WLJPCA07258016	448
東京地判	平成23. 8 . 4	2011WLJPCA08048002	113、342
東京地判	平成23. 8 . 10	LLI【ID 番号】06630453	427
東京地判	平成23. 8 . 22	2011WLJPCA08228008	19
東京地判	平成23. 8 . 31	2011WLJPCA08318015	359
東京地判	平成23. 9 . 6	2011WLJPCA09068010	241
東京地判	平成23. 9 . 13	2011WLJPCA09138007	223、224、421
東京地判	平成23. 9 . 21	2011WLJPCA09218011	359
東京地判	平成23.10.13	2011WLJPCA10138004	472
東京地判	平成23.10.17	2011WLJPCA10178008	449
東京地判	平成23.10.27	2011WLJPCA10278007	403
東京地判	平成23.11.11	2011WLJPCA11118013	359

資料編

裁判例索引

513

裁判例索引

裁判所	年月日	出典ID	本書掲載頁
東京地判	平成23.11.25甲	2011WLJPCA11258004	352
東京地判	平成23.11.25乙	2011WLJPCA11258026	473
東京地判	平成24.1.13	判時2146号65頁	70
東京地判	平成24.1.20甲	判時2153号49頁	221
東京地判	平成24.1.20乙	2012WLJPCA01208006	47
東京地判	平成24.1.26	LLI【ID番号】06730091	473
東京地判	平成24.2.13甲	2012WLJPCA02138003	19
東京地判	平成24.2.13乙	LLI【ID番号】06730162	359
東京地判	平成24.2.20	2012WLJPCA02208004	473
東京地判	平成24.3.15	LLI【ID番号】06730206	18、186
東京地判	平成24.3.23	判時2152号52頁	300、301、303
東京地判	平成24.4.17	2012WLJPCA04178009	410
東京地判	平成24.4.19甲	2012WLJPCA04198007	449
東京地判	平成24.4.19乙	2012WLJPCA04198015	449
東京地判	平成24.4.23	判時2174号53頁	256
東京地判	平成24.4.25	2012WLJPCA04258021	449
東京地判	平成24.4.26甲	2012WLJPCA04268017	449
東京地判	平成24.4.26乙	2012WLJPCA04268003	47
東京地判	平成24.5.17	LLI【ID番号】06730319	47
東京地判	平成24.5.23	2012WLJPCA05238004	99
京都地判	平成24.5.30	LLI【ID番号】06750274	17、19
東京地判	平成24.5.30	2012WLJPCA05308008	449
東京地判	平成24.7.10	2012WLJPCA07196004	262、271、473
東京高判	平成24.7.19	2012WLJPCA07196004	482
東京地判	平成24.8.1	2012WLJPCA08018002	346
東京地判	平成24.8.8	2012WLJPCA08088014	238、473
東京地判	平成24.8.10	2012WLJPCA08108007	10
東京地判	平成24.8.31	2012WLJPCA08318007	450
最判	平成24.9.13	民集66巻9号3263頁	300、301、302
東京地判	平成24.9.21	2012WLJPCA09218003	47
東京地判	平成24.9.27	LLI【ID番号】06730614	385
甲府地判	平成24.10.16	裁判所ウェブサイト	265、266、267、450
東京地判	平成24.10.19	2012WLJPCA10198006	40
東京地判	平成24.10.26	2012WLJPCA10268002	483
東京地判	平成24.10.31	2012WLJPCA10318011	147
東京地判	平成24.11.8	2012WLJPCA11088009	346

裁判所	年月日	出典 ID	本書掲載頁
東京地判	平成24.11.12	2012WLJPCA11128001	434
東京地判	平成24.11.15	2012WLJPCA11158013	31
東京地判	平成24.11.28	2012WLJPCA11288004	37
東京高判	平成24.11.28	判時2174号45頁	256
東京地判	平成24.11.30甲	2012WLJPCA11308025	46
東京地判	平成24.11.30乙	2012WLJPCA11308035	10
東京高判	平成24.12.12	2012WLJPCA12126002	391
東京地判	平成24.12.20	2012WLJPCA12208008	47
東京地判	平成25.1.16	D1−Law29023994	421
最判	平成25.1.22	判時2184号38頁	88
東京地判	平成25.1.23甲	LLI【ID 番号】06830197	305
東京地判	平成25.1.23乙	2013WLJPCA01238014	378
東京地判	平成25.1.23丙	D1−Law29024021	466
東京地判	平成25.1.25甲	2013WLJPCA01258008	56、352
東京地判	平成25.1.25乙	判時2184号57頁	427
東京地判	平成25.1.25丙	2013WLJPCA01258036	346
東京地判	平成25.2.8甲	2013WLJPCA02088005	47、359
東京地判	平成25.2.8乙	D1−Law29024357	410
東京地判	平成25.2.14	D1−Law29024259	474
東京地判	平成25.2.22甲	2013WLJPCA02228005	451
東京地判	平成25.2.22乙	2013WLJPCA02228015	46
東京地判	平成25.2.25	2013WLJPCA02258006	385
東京地判	平成25.3.14	判時2204号47頁	47、52、54、55、352
東京地判	平成25.3.21	2013WLJPCA03218006	221
東京地判	平成25.3.26	2013WLJPCA03268006	474
東京地裁立川支部判	平成25.3.28	2013WLJPCA03286004	378
東京地判	平成25.4.12	2013WLJPCA04128010	360
東京地判	平成25.4.16	2013WLJPCA04168005	410
東京地判	平成25.4.18	2013WLJPCA04188003	147
東京地判	平成25.4.19	2013WLJPCA04198004	282
東京地判	平成25.4.25	2013WLJPCA04258027	434
東京地判	平成25.4.26	2013WLJPCA04268032	466
東京地判	平成25.5.9	2013WLJPCA05098008	450
東京地判	平成25.5.14	2013WLJPCA05148011	46、347
東京地判	平成25.5.15	2013WLJPCA05158003	47、360

裁判例索引

裁判所	年月日	出典ID	本書掲載頁
東京地判	平成25.5.16	2013WLJPCA05168010	479
東京地判	平成25.5.21	2013WLJPCA05218010	347
東京地判	平成25.5.22	2013WLJPCA05228012	479
東京地判	平成25.6.5	2013WLJPCA06058009	410
東京地判	平成25.6.12	2013WLJPCA06128008	138
東京地判	平成25.6.14甲	2013WLJPCA06148020	246、483
東京地判	平成25.6.14乙	2013WLJPCA06148012	410
東京地判	平成25.6.17	2013WLJPCA06178001	150
東京地判	平成25.7.16	2013WLJPCA07168014	172
東京地判	平成25.7.22	2013WLJPCA07228004	474
広島高裁岡山支部判	平成25.8.2	2013WLJPCA08026002	210
東京地判	平成25.8.2	2013WLJPCA08028005	474
東京地判	平成25.8.8	2013WLJPCA08088011	154
東京地判	平成25.8.20	2013WLJPCA08208014	94
東京地判	平成25.8.28	2013WLJPCA08288006	450
東京地判	平成25.8.29	2013WLJPCA08298022	483
東京地判	平成25.9.10	2013WLJPCA09108017	232、385、450
東京地判	平成25.9.17甲	2013WLJPCA09178005	225、403
東京地判	平成25.9.17乙	2013WLJPCA09178016	210、231、380
東京地判	平成25.9.17丙	2013WLJPCA09178020	69、70、73
東京地判	平成25.9.24	2013WLJPCA09248014	450
東京地判	平成25.9.26	2013WLJPCA09268032	450
東京地判	平成25.10.10	LLI【ID番号】06830815	421
東京地判	平成25.10.17	2013WLJPCA10178006	347
東京地判	平成25.10.21	2013WLJPCA10218011	360
東京地判	平成25.10.29	2013WLJPCA10298023	360
東京地判	平成25.11.13	2013WLJPCA11138007	411
東京地判	平成25.11.27	2013WLJPCA11278004	450
東京地判	平成25.12.5	2013WLJPCA12058004	360
東京地判	平成25.12.11	2013WLJPCA12118010	421
東京地判	平成25.12.19	2013WLJPCA12198019	450
東京地判	平成25.12.24	判時100号76頁	385
東京地判	平成25.12.25	2013WLJPCA12258042	393
東京地判	平成26.1.27	2014WLJPCA01278026	474
東京地判	平成26.1.31	2014WLJPCA01318023	435
東京地判	平成26.2.7甲	2014WLJPCA02078014	109

裁判所	年月日	出典ID	本書掲載頁
東京地判	平成26.2.7乙	2014WLJPCA02078013	479
東京地判	平成26.2.26	2014WLJPCA02268033	360
東京地判	平成26.2.28甲	2014WLJPCA02288006	347
東京地判	平成26.2.28乙	2014WLJPCA02288029	378
東京地判	平成26.3.6	2014WLJPCA03068010	411
東京地判	平成26.3.7	2014WLJPCA03078010	451
東京地判	平成26.3.18	2014WLJPCA03188026	452
東京地判	平成26.3.25甲	2014WLJPCA03258024	347
東京地判	平成26.3.25乙	LLI【ID番号】06930288	394
東京地判	平成26.3.27	2014WLJPCA03278034	452
東京地判	平成26.4.14	2014WLJPCA04148012	70
東京地判	平成26.4.16	2014WLJPCA04168009	246、452
東京地判	平成26.4.17	2014WLJPCA04178004	411
東京地判	平成26.4.18	2014WLJPCA04188010	394
東京地判	平成26.4.23	2014WLJPCA04238008	452
東京地判	平成26.5.13	2014WLJPCA05138012	199、411
東京地判	平成26.5.14	2014WLJPCA05148005	421
東京地判	平成26.5.16	2014WLJPCA05168002	184
東京地判	平成26.5.29	判時　2236号113頁	195
東京地判	平成26.6.9	2015WLJPCA06098008	483
東京地判	平成26.6.13	2014WLJPCA06138010	452
東京地判	平成26.6.23	2014WLJPCA06238005	347
東京地判	平成26.7.1	LLI【ID番号】06930504	411
東京地判	平成26.7.30	2014WLJPCA07308013	386
東京地判	平成26.8.26	2014WLJPCA08268016	282
東京地判	平成26.8.27	2014WLJPCA08278017	483
東京地判	平成26.8.29	2014WLJPCA08298006	411
東京地判	平成26.9.4甲	2014WLJPCA09048015	452
東京地判	平成26.9.4乙	2014WLJPCA09048009	452
東京地判	平成26.9.9	2014WLJPCA09098010	360
東京地判	平成26.9.17	金商1455号48頁	229
最判	平成26.9.25	判時2238号14頁	254、255
東京地判	平成26.10.8甲	2014WLJPCA10088008	300、304
東京地判	平成26.10.8乙	2014WLJPCA10088017	428
東京地判	平成26.10.20	2014WLJPCA10208009	483
東京地判	平成26.10.30	2014WLJPCA10308018	361

裁判例索引

裁判所	年月日	出典ID	本書掲載頁
東京地判	平成26.11.4	2014WLJPCA11048008	347
東京地判	平成26.11.11	2014WLJPCA11118015	18、191
東京地判	平成26.11.12	2014WLJPCA11128010	421
東京地判	平成26.11.17	2014WLJPCA11178010	467
東京地判	平成26.11.20	2014WLJPCA11208017	315
東京地判	平成26.11.25	2014WLJPCA11258011	258
東京地判	平成26.11.27	2014WLJPCA11278020	361
東京地判	平成26.12.10	2014WLJPCA12108007	231、411
東京地判	平成26.12.16	2014WLJPCA12168009	347
東京地判	平成26.12.19	2014WLJPCA12198007	412
東京地判	平成27.1.15甲	2015WLJPCA01158014	361
東京地判	平成27.1.15乙	2015WLJPCA01158019	394
東京地判	平成27.1.20	2015WLJPCA01208021	300
東京地判	平成27.1.26	判時2256号60頁	249
東京地判	平成27.1.27	D1-Law29045308	353
東京地判	平成27.1.29	2015WLJPCA01298029	483
東京地判	平成27.1.30	2015WLJPCA01308012	412
東京地判	平成27.2.4	2015WLJPCA02048011	435
東京地判	平成27.2.5	判時2254号60頁	394
東京地判	平成27.2.12甲	2015WLJPCA02128011	394
東京地判	平成27.2.12乙	2015WLJPCA02128005	484
東京地判	平成27.2.24	2015WLJPCA02248013	299、307、314
東京地判	平成27.2.26	2015WLJPCA02268026	467
東京地判	平成27.2.27	2015WLJPCA02278015	403
熊本地判	平成27.3.3	判時　2274号32頁	200
東京地判	平成27.3.4	2015WLJPCA03048004	353
大阪地判	平成27.3.6	裁判所ウェブサイト	175、361
東京地判	平成27.3.6	2015WLJPCA03068001	412
東京地判	平成27.3.11	2015WLJPCA03118002	134
東京地判	平成27.3.18	2015WLJPCA03188034	245、248、249、453
東京地判	平成27.3.20	2015WLJPCA03208015	378
東京地判	平成27.4.22	2015WLJPCA04228005	453
東京地判	平成27.5.20	2015WLJPCA05208004	394、467
東京地判	平成27.5.25	2015WLJPCA05258008	11
東京地判	平成27.6.2	2015WLJPCA06028007	347
東京地判	平成27.6.9	2015WLJPCA06098008	311

裁判所	年月日	出典 ID	本書掲載頁
東京地判	平成27．6．16	2015WLJPCA06268008	361
東京地判	平成27．6．30	2015WLJPCA06308013	421
東京地判	平成27．7．9甲	2015WLJPCA07098010	474
東京地判	平成27．7．9乙	2015WLJPCA07098005	484
東京地判	平成27．7．16	2015WLJPCA07168010	222、386
東京地判	平成27．7．21	2015WLJPCA07218004	361
東京地判	平成27．7．28	2015WLJPCA07288009	412
東京地判	平成27．8．5	判時2291号79頁	221
東京地判	平成27．8．7甲	2015WLJPCA08078005	453
東京地判	平成27．8．7乙	2015WLJPCA08078014	453
福岡高判	平成27．8．27	判時2274号29頁	200、382
京都地裁宮津支部判	平成27．8．28	判時2283号84頁	361
東京地判	平成27．8．31	2015WLJPCA08318008	386
東京地判	平成27．9．7	2015WLJPCA09078004	53、348
東京地判	平成27．9．8甲	2015WLJPCA09088022	238
東京地判	平成27．9．8乙	2015WLJPCA09088032	6
東京高判	平成27．9．9	金法2050号62頁	482
東京地判	平成27．9．10甲	2015WLJPCA09108012	195
東京地判	平成27．9．10乙	2015WLJPCA09108027	348
東京地判	平成27．9．14	2015WLJPCA09148010	348
東京地判	平成27．9．15甲	2015WLJPCA09158022	10
東京地判	平成27．9．15乙	2015WLJPCA09158014	193
東京地判	平成27．9．17甲	2015WLJPCA09178015	399
東京地判	平成27．9．17乙	2015WLJPCA09178009	412
東京地判	平成27．9．18	2015WLJPCA09188005	239、412
東京地判	平成27．9．25	2015WLJPCA09258014	399
東京地判	平成27．9．29甲	2015WLJPCA09298041	453
東京地判	平成27．9．29乙	2015WLJPCA09298057	52、348、386
東京地判	平成27．9．29丙	2015WLJPCA09298022	325、386
東京地判	平成27．9．30	2015WLJPCA09308033	453
東京地判	平成27．11．5	2015WLJPCA10158014	362
東京地判	平成27．11．18	2015WLJPCA11188010	386
東京地判	平成27．11．24	2015WLJPCA11248015	454
大阪高判	平成27．12．11	金商1487号8頁	355
東京地判	平成27．12．16	2015WLJPCA12168024	386、403
東京地判	平成27．12．22	2015WLJPCA12228023	454

資料編

裁判例索引

裁判例索引

裁判所	年月日	出典 ID	本書掲載頁
東京地判	平成28．1．12	2016WLJPCA01128003	412
東京地判	平成28．1．14甲	2016WLJPCA01146020	7
東京地判	平成28．1．14乙	2016WLJPCA01146013	454
東京地判	平成28．1．19	2016WLJPCA01196014	454
東京地判	平成28．1．28	2016WLJPCA01286016	386
東京地判	平成28．2．3	2016WLJPCA02038005	195
東京地判	平成28．2．8	2016WLJPCA02088012	479
東京地判	平成28．2．9	2016WLJPCA02098017	342
東京地判	平成28．2．29	2016WLJPCA02298004	403
東京地判	平成28．3．8	D1−Law29017893	421
東京地判	平成28．3．11	2016WLJPCA03118015	386
東京地判	平成28．3．18	判時2318号31頁	413
東京地判	平成28．3．30	2016WLJPCA03308040	454
東京地判	平成28．4．8	2016WLJPCA04088010	387
東京地判	平成28．4．27	2016WLJPCA04278027	348
東京地判	平成28．5．12甲	2016WLJPCA05128011	387
東京地判	平成28．5．12乙	2016WLJPCA05128010	413
東京地判	平成28．5．16	2016WLJPCA05168005	479
東京地判	平成28．5．18	2016WLJPCA05188014	475
東京地判	平成28．5．19	2016WLJPCA05198020	362
東京地判	平成28．5．23	2016WLJPCA05238004	413
東京地判	平成28．5．31	2016WLJPCA05318025	362
東京地判	平成28．6．2	2016WLJPCA06028004	373
東京地判	平成28．7．4甲	2016WLJPCA07048003	223
東京地判	平成28．7．4乙	2016WLJPCA07048005	362
東京地判	平成28．7．11	2016WLJPCA07118010	398
東京地判	平成28．7．14	2016WLJPCA07148032	422
東京地判	平成28．7．26	2016WLJPCA07268008	387
東京地判	平成28．8．17甲	2016WLJPCA08178005	454
東京地判	平成28．8．17乙	2016WLJPCA08178007	479
東京地判	平成28．8．26甲	2016WLJPCA08268024	404
東京地判	平成28．8．26乙	2016WLJPCA08268021	413
東京地判	平成28．9．6	2016WLJPCA09068011	379
東京地判	平成28．9．9	2016WLJPCA09098026	484
東京地判	平成28．9．13	2016WLJPCA09138007	455
東京地判	平成28．9．15甲	2016WLJPCA09158014	373

裁判所	年月日	出典 ID	本書掲載頁
東京地判	平成28.9.15乙	2016WLJPCA09158017	467
東京地判	平成28.9.23	2016WLJPCA09238007	348
東京地判	平成28.9.27	2016WLJPCA09278007	484
東京地判	平成28.9.28	2016WLJPCA09288015	348
東京地判	平成28.9.29	2016WLJPCA09298033	362
東京地判	平成28.10.18	2016WLJPCA10188006	324
東京高判	平成28.10.19	判時2340号72頁	478
東京地判	平成28.10.24	2016WLJPCA10248011	362
東京地判	平成28.10.28	2016WLJPCA10288016	394
東京地判	平成28.11.8	2016WLJPCA11088008	362
東京地判	平成28.11.18	2016WLJPCA11188012	479
東京地判	平成28.11.22	2016WLJPCA11228003	192
東京地判	平成28.12.8甲	2016WLJPCA12088003	251、455
東京地判	平成28.12.8乙	2016WLJPCA12088015	387
神戸地判	平成28.12.8	2016WLJPCA12089006	379
東京地判	平成28.12.16	2016WLJPCA12168022	268、455
東京地判	平成28.12.20	2016WLJPCA12208012	394
東京地判	平成28.12.22	2016WLJPCA12228011	413
東京地判	平成29.1.12	D1-Law29038375	467
東京地判	平成29.1.17甲	2017WLJPCA01178006	363
東京地判	平成29.1.17乙	2017WLJPCA01178021	387
東京地判	平成29.1.17丙	2017WLJPCA01178014	422
東京地判	平成29.1.19	2017WLJPCA01198013	422
東京地判	平成29.1.23	D1-Law29038497	387
東京地判	平成29.1.24	2017WLJPCA01248013	485
東京地判	平成29.1.26	2017WLJPCA01268006	363
東京地判	平成29.2.14	2017WLJPCA02148014	404
東京地判	平成29.2.28	D1-Law29045716	475
東京地判	平成29.3.1	2017WLJPCA03018004	246、455
東京地判	平成29.3.6	D1-Law29046702	395
東京地判	平成29.3.9	2017WLJPCA03098014	363
東京地判	平成29.3.21	2017WLJPCA03218019	348
東京地判	平成29.3.24甲	2017WLJPCA03248018	192
東京地判	平成29.3.24乙	2017WLJPCA03248015	387
東京地判	平成29.3.27甲	D1-Law29046767	249、467
東京地判	平成29.3.27乙	D1-Law29046663	301

資料編

裁判例索引

裁判例索引

裁判所	年月日	出典 ID	本書掲載頁
東京地判	平成29．3．28甲	2017WLJPCA03288031	380
東京地判	平成29．3．28乙	2017WLJPCA03288017	387
東京地判	平成29．3．29	2017WLJPCA03298050	455
東京地判	平成29．3．31	2017WLJPCA03318016	435
東京地判	平成29．4．19	2017WLJPCA04196026	266、435
東京高判	平成29．4．26	D1−Law28254602	478
東京地判	平成29．4．27	2017WLJPCA04276032	479
東京地判	平成29．5．11甲	2017WLJPCA05118017	413
東京地判	平成29．5．11乙	2017WLJPCA05118012	422
東京地判	平成29．5．16	2017WLJPCA05168001	395
東京高決	平成29．5．17	D1−Law28261351	135
東京地判	平成29．5．19	2017WLJPCA05198007	428
東京地判	平成29．5．23	D1−Law29047139	194、379
東京地判	平成29．5．26	2017WLJPCA05268019	72
東京地判	平成29．5．29	2017WLJPCA05298015	395
東京地判	平成29．6．15	2017WLJPCA06158012	348
東京地判	平成29．7．7	2017WLJPCA07078007	395
東京地判	平成29．7．13	2017WLJPCA07138007	455
東京地判	平成29．7．18	2017WLJPCA07188006	413
東京地判	平成29．7．19	2017WLJPCA07198027	388
東京高判	平成29．8．3	D1−Law28253266	470
東京地判	平成29．9．8	2017WLJPCA09088021	456
東京高判	平成29．9．13	2017WLJPCA09136008	355
東京地判	平成29．10.11	2017WLJPCA10118006	467
東京地判	平成29．10.12甲	2017WLJPCA10128010	435
東京地判	平成29．10.12乙	金法2099号84頁	485
東京地判	平成29．10.13	2017WLJPCA10138017	479
東京地判	平成29．10.18	D1−Law29037761	349
東京地判	平成29．10.19	2017WLJPCA10198009	388
東京地判	平成29．10.30	2017WLJPCA10308018	233
東京高判	平成29．11.13	D1−Law28254753	343
東京地判	平成29．11.17	2017WLJPCA11178005	246、435
東京地判	平成29．11.22甲	2017WLJPCA11228018	309
東京地判	平成29．11.22乙	2017WLJPCA11228007	456
東京地判	平成29．11.24甲	2017WLJPCA11248019	363
東京地判	平成29．11.24乙	2017WLJPCA11248018	363

裁判所	年月日	出典ID	本書掲載頁
東京地判	平成29.11.27	2017WLJPCA11278010	260
東京地判	平成29.11.28	D1-Law29046154	388
東京地判	平成29.11.30	2017WLJPCA11308035	349
東京地判	平成29.12.1	2017WLJPCA12018023	475
東京地判	平成29.12.7	D1-Law29047554	436
東京地判	平成29.12.11	2017WLJPCA12118004	252、253
東京地判	平成29.12.12甲	D1-Law29047642	169
東京地判	平成29.12.12乙	2017WLJPCA12118004	468
東京地判	平成29.12.20	2017WLJPCA12208003	456
東京地判	平成29.12.25	D1-Law29047714	414
東京地判	平成29.12.26	D1-Law29047666	395
大阪地判	平成30.1.12	判タ1448号176頁	137
東京高判	平成30.1.18	D1-Law28260644	249、266、430
東京地判	平成30.1.26甲	2018WLJPCA01268016	422
東京地判	平成30.1.26乙	2018WLJPCA01268015	436
東京地判	平成30.2.2甲	2018WLJPCA02058010	388
東京地判	平成30.2.2乙	D1-Law29048384	388
東京地判	平成30.2.14甲	2018WLJPCA02148010	363
東京地判	平成30.2.14乙	2018WLJPCA02146012	388
東京地判	平成30.2.14丙	2018WLJPCA02148013	456
東京地判	平成30.2.16甲	2018WLJPCA02168007	380
東京地判	平成30.2.16乙	2018WLJPCA02168012	422
神戸地判	平成30.2.21	2018WLJPCA02216006	246、456
東京地判	平成30.2.21	D1-Law29048290	395
東京地判	平成30.2.22	2018WLJPCA02228020	422
東京地判	平成30.2.26	2018WLJPCA02268018	363
東京地判	平成30.2.27甲	2018WLJPCA02278008	260
東京地判	平成30.2.27乙	2018WLJPCA02278027	349
東京地判	平成30.2.28甲	2018WLJPCA02288006	46
東京地判	平成30.2.28乙	2018WLJPCA02288010	309
東京地判	平成30.3.2	2018WLJPCA03028008	484
東京地判	平成30.3.5	2018WLJPCA03058007	342
東京地判	平成30.3.7	2018WLJPCA03078006	414
東京地判	平成30.3.8	2018WLJPCA03088010	252、263、456
東京地判	平成30.3.9	2018WLJPCA03098006	349

資料編

裁判例索引

裁判例索引

裁判所	年月日	出典ID	本書掲載頁
東京地判	平成30.3.14	2018WLJPCA03148009	395
東京地判	平成30.3.15	2018WLJPCA03158013	400
東京地判	平成30.3.19	2018WLJPCA03198010	398
東京地判	平成30.3.20	2018WLJPCA03208028	475
東京地判	平成30.3.22甲	2018WLJPCA03228029	234
東京地判	平成30.3.22乙	2018WLJPCA03228011	457
東京地判	平成30.3.23	2018WLJPCA03238021	436
東京地判	平成30.3.29	D1-Law29049270	109
東京高判	平成30.3.29	2018WLJPCA03296015	382
東京地判	平成30.3.30	2018WLJPCA03308019	353
東京地判	平成30.4.9	D1-Law29048497	399
東京地判	平成30.4.13	2018WLJPCA04138014	364
東京地判	平成30.5.18	2018WLJPCA05188005	414
東京地判	平成30.5.23	2018WLJPCA05238006	414
東京地判	平成30.5.29甲	2018WLJPCA05298006	214、380
東京地判	平成30.5.29乙	2018WLJPCA05298009	221、381
東京高判	平成30.5.30	2018WLJPCA05306022	250、478
東京地判	平成30.5.30甲	2018WLJPCA05308009	423
東京地判	平成30.5.30乙	2018WLJPCA05308006	436
東京地判	平成30.6.11	2018WLJPCA06118003	423
東京地判	平成30.6.27	2018WLJPCA06278020	353
東京地判	平成30.6.28	2018WLJPCA06288022	307、309
大阪高判	平成30.6.28	D1-Law28263859	441
東京地判	平成30.7.3	2018WLJPCA07038003	364
東京地判	平成30.7.10	2018WLJPCA07108016	457
東京地判	平成30.7.20	2018WLJPCA07208019	388
東京地判	平成30.7.23	2018WLJPCA07238002	457
東京高判	平成30.7.25	D1-Law28264076	465
東京地判	平成30.8.3	2018WLJPCA08038003	364
東京地判	平成30.8.10	2018WLJPCA08108009	436
東京地判	平成30.8.21	2018WLJPCA08218004	364
東京地判	平成30.8.28	2018WLJPCA08288015	414
東京地判	平成30.8.30	2018WLJPCA08308008	480
東京地判	平成30.9.4	2018WLJPCA09048005	457
東京地判	平成30.9.7	2018WLJPCA09078004	428
東京地判	平成30.9.14	2018WLJPCA09148007	423

裁判所	年月日	出典 ID	本書掲載頁
東京地判	平成30.9.20	2018WLJPCA09208016	300
東京地判	平成30.9.28	2018WLJPCA09288009	395
東京地判	平成30.10.16	2018WLJPCA10168010	240
東京高決	平成30.10.24	判タ1464号40頁	151、152
東京地判	平成30.10.24	2018WLJPCA10248007	457
東京高判	平成30.10.31	金商1563号28頁	405
東京地判	平成30.11.1	2018WLJPCA11018009	395
東京地判	平成30.11.7	2018WLJPCA11078011	400
東京地判	平成30.11.9	2018WLJPCA11098007	216、217、379
東京地判	平成30.11.14	2018WLJPCA11148015	436、457
東京地判	平成30.11.30	2018WLJPCA11308021	252、436
東京地判	平成30.12.6	2018WLJPCA12068016	353
東京地判	平成30.12.12	2018WLJPCA12128005	423
東京地判	平成30.12.20	2018WLJPCA12208015	475
東京地判	平成31.1.15	2019WLJPCA01158010	353
東京地判	平成31.1.17	2019WLJPCA01178017	324
東京地判	平成31.1.21	2019WLJPCA01218010	388
東京地判	平成31.1.22	2019WLJPCA01228016	423
東京地判	平成31.1.29	2019WLJPCA01298025	389
東京地判	平成31.1.30甲	2019WLJPCA01308019	364
東京地判	平成31.1.30乙	2019WLJPCA01308011	457
東京地判	平成31.1.31	2019WLJPCA01318022	389
東京地判	平成31.2.13	2019WLJPCA02138014	191
東京高判	平成31.2.27	D1-Law28271687	250、251、478
東京地判	平成31.2.28甲	2019WLJPCA02288004	349
東京地判	平成31.2.28乙	2019WLJPCA02288027	364
東京地判	平成31.3.1	2019WLJPCA03018008	475
東京地判	平成31.3.26	2019WLJPCA03268020	266、468
東京地判	平成31.3.27甲	2019WLJPCA03278037	282
東京地判	平成31.3.27乙	2019WLJPCA03278028	414
東京地判	平成31.3.28	2019WLJPCA03288001	458
東京地判	平成31.4.25	2019WLJPCA04258006	364
大阪地判	令和元.5.13	2019WLJPCA05148015	202
東京地判	令和元.5.15	2019WLJPCA05158010	251、480
東京地判	令和元.5.20	2019WLJPCA05208001	414

資料編

裁判例索引

裁判例索引

裁判所	年月日	出典ID	本書掲載頁
東京地判	令和元.6.12	2019WLJPCA06128004	194、234、235
東京地判	令和元.6.24	2019WLJPCA06248003	246
東京地判	令和元.6.27甲	2019WLJPCA06278007	437
東京地判	令和元.6.27乙	2019WLJPCA06278021	396
東京地判	令和元.7.4	2019WLJPCA07048005	365
東京地判	令和元.7.5	2019WLJPCA07058001	396
東京地判	令和元.7.9	2019WLJPCA07098003	423
東京地判	令和元.7.11	2019WLJPCA07118004	365
神戸地判	令和元.7.12	裁判所ウェブサイト	191
東京高判	令和元.7.17	判タ1473号45頁	203
東京地判	令和元.7.18甲	2019WLJPCA07188032	365
東京地判	令和元.7.18乙	2019WLJPCA07188020	396
東京地判	令和元.8.6	2019WLJPCA08068012	18
東京地判	令和元.8.9	2019WLJPCA08098005	267、468
東京地判	令和元.8.27	2019WLJPCA08278012	365
東京地判	令和元.9.3	2019WLJPCA09038007	415
東京地判	令和元.9.9	2019WLJPCA09098008	458
東京地判	令和元.9.17	2019WLJPCA09178006	250、480
東京地判	令和元.9.19甲	2019WLJPCA09198017	365
東京地判	令和元.9.19乙	2019WLJPCA09198006	476
東京地判	令和元.9.24	2019WLJPCA09248018	216、217、379
東京地判	令和元.10.8	2019WLJPCA10088008	428
東京地判	令和元.10.25甲	2019WLJPCA10258025	45
東京地判	令和元.10.25乙	2019WLJPCA10258019	480
東京地判	令和元.10.28甲	2019WLJPCA10288008	396
東京地判	令和元.10.28乙	2019WLJPCA10288014	423
東京地判	令和元.10.29	2019WLJPCA10298015	44、47
東京地判	令和元.10.30	2019WLJPCA10308032	353
東京地判	令和元.10.31	2019WLJPCA10318019	437
東京地判	令和元.11.8	2019WLJPCA11088008	399
東京地判	令和元.11.18	2019WLJPCA11188007	424
東京地判	令和元.11.26	2019WLJPCA11268027	396
東京地判	令和元.11.28甲	2019WLJPCA11288025	46、365
東京地判	令和元.11.28乙	2019WLJPCA11288020	365
東京地判	令和元.12.4甲	2019WLJPCA12048008	428
東京地判	令和元.12.4乙	2019WLJPCA12048007	458

裁判所	年月日	出典ID	本書掲載頁
東京地判	令和元.12. 5	2019WLJPCA12058006	415
東京地判	令和元.12. 6甲	2019WLJPCA12068012	307
東京地判	令和元.12. 6乙	2019WLJPCA12068009	428
東京地判	令和元.12. 6丙	2019WLJPCA12068005	458
東京地判	令和元.12. 9	2019WLJPCA12098004	202
東京地判	令和元.12.12甲	2019WLJPCA12128015	349
東京地判	令和元.12.12乙	2019WLJPCA12128006	396
東京地判	令和元.12.12丙	2019WLJPCA12128011	424
東京地判	令和元.12.16	2019WLJPCA12168012	468
東京地判	令和元.12.18	2019WLJPCA12188002	458
東京地判	令和元.12.19甲	2019WLJPCA12198020	389
東京高判	令和元.12.19乙	2019WLJPCA12196019	441
東京地判	令和元.12.24甲	2019WLJPCA12248013	184
東京地判	令和元.12.24乙	2019WLJPCA12248020	263、459
東京地判	令和元.12.25	2019WLJPCA12258006	428
大阪高判	令和元.12.26	判タ1474号10頁	242
名古屋地判	令和元.12.26	D1-Law28280470	480
東京地判	令和2. 1.14	2020WLJPCA01148004	300
東京地判	令和2. 1.16	2020WLJPCA01168009	415
東京地判	令和2. 1.17甲	2020WLJPCA01178014	37、349
東京地判	令和2. 1.17乙	2020WLJPCA01178019	459
東京地判	令和2. 1.20甲	2020WLJPCA01208001	424
東京地判	令和2. 1.20乙	2020WLJPCA01208011	459
東京地判	令和2. 1.22	2020WLJPCA01228004	437
東京地判	令和2. 1.24	2020WLJPCA01248030	373
東京地判	令和2. 1.29甲	2020WLJPCA01298030	250、459
東京地判	令和2. 1.29乙	2020WLJPCA01298030	349
東京地判	令和2. 1.29丙	2020WLJPCA01298019	366
東京地判	令和2. 1.30	2020WLJPCA01308047	220、221、381
東京地判	令和2. 1.31甲	2020WLJPCA01318012	43
東京地判	令和2. 1.31乙	2020WLJPCA01318020	366
東京地判	令和2. 2. 6甲	2020WLJPCA02068013	55、349
東京地判	令和2. 2. 6乙	2020WLJPCA02068011	44
東京地判	令和2. 2. 7	2020WLJPCA02078005	239、400
東京地判	令和2. 2.12甲	2020WLJPCA02128013	254
東京地判	令和2. 2.12乙	2020WLJPCA02128014	366

資料編

裁判例索引

裁判例索引

裁判所	年月日	出典 ID	本書掲載頁
東京地判	令和2.2.18	2020WLJPCA02188010	215、424
東京地判	令和2.2.19	2020WLJPCA02198009	44、46
神戸地判	令和2.2.20	2020WLJPCA02206001	19
東京地判	令和2.2.20	2020WLJPCA02208017	366
東京地判	令和2.2.21甲	2020WLJPCA02218020	249、266、459
東京地判	令和2.2.21乙	2020WLJPCA02218008	353
岐阜地判	令和2.2.26	2020WLJPCA02266010	8、12
東京地判	令和2.2.26甲	2020WLJPCA02268023	366
東京地判	令和2.2.26乙	2020WLJPCA02268025	476
東京地判	令和2.3.6	2020WLJPCA03068009	268、437
東京地判	令和2.3.11	2020WLJPCA03118010	98、366
東京地判	令和2.3.12	2020WLJPCA03128016	415
東京地判	令和2.3.13甲	2020WLJPCA03138026	265、476
東京地判	令和2.3.13乙	2020WLJPCA03138021	396
東京地判	令和2.3.17	2020WLJPCA03178019	18
東京地判	令和2.3.18甲	2020WLJPCA03188023	254、459
東京地判	令和2.3.18乙	2020WLJPCA03188019	305
東京地判	令和2.3.23甲	2020WLJPCA03238007	460
東京地判	令和2.3.23乙	2020WLJPCA03238016	251、480
東京地判	令和2.3.24甲	2020WLJPCA03248019	404
東京地判	令和2.3.24乙	2020WLJPCA03248038	248
東京地判	令和2.3.27	2020WLJPCA03278038	55、350
東京地判	令和2.3.31	2020WLJPCA03318009	424
東京地判	令和2.5.27	2020WLJPCA05278010	396
東京地判	令和2.5.28	2020WLJPCA05288007	350
東京地判	令和2.6.4	2020WLJPCA06048003	400
東京地判	令和2.6.5	2020WLJPCA06058006	375
東京地判	令和2.6.8	2020WLJPCA06086001	424
東京地判	令和2.6.10	2020WLJPCA06108007	460
東京地判	令和2.6.23	2020WLJPCA06238011	460
東京地判	令和2.7.8	2020WLJPCA07088008	265、476
東京地判	令和2.7.9	2020WLJPCA07098009	249、460
東京地判	令和2.7.15	2020WLJPCA07158001	47、367
東京地判	令和2.7.17	2020WLJPCA07178003	262、468
東京高判	令和2.7.20	2020WLJPCA07206001	41
東京地判	令和2.7.30	2020WLJPCA07308011	252、460

裁判所	年月日	出典ID	本書掲載頁
東京地判	令和2.7.31	2020WLJPCA07318009	45
東京地判	令和2.8.31	2020WLJPCA08318005	214、389
東京地判	令和2.9.3	2020WLJPCA09038006	480
東京地判	令和2.9.4	2020WLJPCA09078005	263、367
東京地判	令和2.9.8	2020WLJPCA09088010	53、354
東京地判	令和2.9.11	2020WLJPCA09118004	91、367
東京地判	令和2.9.16	2020WLJPCA09168010	367
東京地判	令和2.9.23	2020WLJPCA09238017	367
東京地判	令和2.9.24	2020WLJPCA09248007	266、437
神戸地判	令和2.9.30	2020WLJPCA09306005	237
名古屋高裁金沢支部判	令和2.9.30	判時2500号61頁	10
東京地判	令和2.10.1	2020WLJPCA10018016	221、381
東京地判	令和2.10.7甲	2020WLJPCA10078007	367
東京地判	令和2.10.7乙	2020WLJPCA10078008	47、368
東京地判	令和2.10.9	2020WLJPCA10098014	254、481
東京地判	令和2.10.27	2020WLJPCA10278018	11
東京地判	令和2.10.29甲	2020WLJPCA10298022	368
東京地判	令和2.10.29乙	2020WLJPCA10298013	98、437
東京地判	令和2.10.30	2020WLJPCA10308007	264、437
東京地判	令和2.11.5甲	2020WLJPCA11058010	438
東京地判	令和2.11.5乙	2020WLJPCA11058004	45、373
東京地判	令和2.11.10	2020WLJPCA11108008	368
東京地判	令和2.11.12	2020WLJPCA11128017	476
東京地判	令和2.11.13	2020WLJPCA11138007	91、368
東京地判	令和2.11.25	2020WLJPCA11258008	262、460
東京地判	令和2.11.26	2020WLJPCA11268033	266、460
東京地判	令和2.12.1	2020WLJPCA12018007	236、476
東京地判	令和2.12.3	2020WLJPCA12038010	262、266、267、438
東京地判	令和2.12.4	2020WLJPCA12048010	216、389
東京地判	令和2.12.9	2020WLJPCA12098002	258
東京地判	令和2.12.10	2020WLJPCA12108014	224、415
東京地判	令和2.12.15甲	2020WLJPCA12158008	350
東京地判	令和2.12.15乙	2020WLJPCA12158017	221、397
東京地判	令和2.12.18	2020WLJPCA12188013	342
東京地判	令和2.12.23	2020WLJPCA12238010	113
東京地判	令和2.12.24	2020WLJPCA12248009	314

資料編

裁判例索引

裁判例索引

裁判所	年月日	出典 ID	本書掲載頁
東京地判	令和 2 . 12 . 25	2020WLJPCA12258011	221、231、397
東京地判	令和 3 . 1 . 13	2021WLJPCA01136006	304
東京地判	令和 3 . 1 . 15	2021WLJPCA01158026	263、266、461
東京地判	令和 3 . 1 . 18甲	2021WLJPCA01188009	254、481
東京地判	令和 3 . 1 . 18乙	2021WLJPCA01188015	45
東京地判	令和 3 . 1 . 26	2021WLJPCA01268012	98
東京地判	令和 3 . 1 . 28	2021WLJPCA01288022	214、381
東京地判	令和 3 . 2 . 4	2021WLJPCA02048002	270、461
東京地判	令和 3 . 2 . 9	2021WLJPCA02098003	217、221、397
東京地判	令和 3 . 2 . 10	2021WLJPCA02108012	210
東京地判	令和 3 . 2 . 16	2021WLJPCA02168017	222、389
東京地判	令和 3 . 2 . 17	2021WLJPCA02178028	266、485
東京地判	令和 3 . 2 . 19	2021WLJPCA02198003	438
東京地判	令和 3 . 2 . 26	2021WLJPCA02268024	469
東京地判	令和 3 . 3 . 4	2021WLJPCA03048022	373
東京地判	令和 3 . 3 . 12	2021WLJPCA03128013	214、389
東京地判	令和 3 . 3 . 19	2021WLJPCA03198008	368
東京地判	令和 3 . 3 . 23	2021WLJPCA03238014	236
東京地判	令和 3 . 3 . 24	2021WLJPCA03248035	461
東京地判	令和 3 . 3 . 25甲	2021WLJPCA03258032	218、379
東京地判	令和 3 . 3 . 25乙	2021WLJPCA03258053	90、368
東京地判	令和 3 . 3 . 26甲	2021WLJPCA03268016	223、424
東京地判	令和 3 . 3 . 26乙	2021WLJPCA03268005	100、369
東京地判	令和 3 . 3 . 26丙	2021WLJPCA03268023	369
東京地判	令和 3 . 3 . 29甲	2021WLJPCA03298018	485
東京地判	令和 3 . 3 . 29乙	2021WLJPCA03298014	461
東京地判	令和 3 . 3 . 31	2021WLJPCA03318005	369
東京地判	令和 3 . 4 . 8甲	2021WLJPCA04088002	266、461
東京地判	令和 3 . 4 . 8乙	2021WLJPCA04088001	477
東京地判	令和 3 . 4 . 13甲	2021WLJPCA04148004	45
東京地判	令和 3 . 4 . 13乙	2021WLJPCA04138010	91、369
東京地判	令和 3 . 4 . 14	2021WLJPCA04148004	369
東京地判	令和 3 . 4 . 19	2021WLJPCA04198001	109
東京地判	令和 3 . 4 . 28	2021WLJPCA04288019	267、268、477
東京地判	令和 3 . 5 . 7	2021WLJPCA05078006	438
東京地判	令和 3 . 5 . 11	2021WLJPCA05118011	212、397

裁判所	年月日	出典 ID	本書掲載頁
東京高判	令和3．5．18	2021WLJPCA05186006	195、382
東京地判	令和3．5．19甲	2021WLJPCA05198020	400
東京地判	令和3．5．19乙	2021WLJPCA05198017	266、461
東京地判	令和3．5．20	2021WLJPCA05208019	220、221、381
東京地判	令和3．5．24	2021WLJPCA05248005	415
東京地判	令和3．5．27	2021WLJPCA05278015	369
東京地判	令和3．6．21	2021WLJPCA06218004	374
東京地判	令和3．6．23	2021WLJPCA06238018	195、381
東京地判	令和3．6．30	2021WLJPCA06308008	223、390
東京地判	令和3．7．1	2021WLJPCA07018011	89、369
東京地判	令和3．7．2	2021WLJPCA07028012	300
東京地判	令和3．7．14	2021WLJPCA07148017	247、425
東京地判	令和3．7．15	2021WLJPCA07158011	266、462
東京地判	令和3．7．16甲	2021WLJPCA07168023	425
東京地判	令和3．7．16乙	2021WLJPCA07168006	374
東京地判	令和3．7．19	2021WLJPCA07198010	469
東京地判	令和3．7．29	2021WLJPCA07298010	236、390
東京地判	令和3．7．30	2021WLJPCA07308025	425
東京地判	令和3．8．6	2021WLJPCA08068010	55、354
東京地判	令和3．8．10	2021WLJPCA08108015	375
東京地判	令和3．8．12	2021WLJPCA08128011	223、390
東京地判	令和3．8．18	2021WLJPCA08188007	425
東京地判	令和3．8．25	2021WLJPCA08258012	42
東京地判	令和3．8．31	2021WLJPCA08318009	239
東京地判	令和3．9．2	2021WLJPCA09028005	390
東京地判	令和3．9．6	2021WLJPCA09068002	89、370
東京地判	令和3．9．7甲	2021WLJPCA09078013	70
東京地判	令和3．9．7乙	2021WLJPCA09078008	260、374
東京地判	令和3．9．8	2021WLJPCA09088003	370
東京地判	令和3．9．14	2021WLJPCA09148007	374
東京地判	令和3．9．15	2021WLJPCA09158004	370
東京地判	令和3．9．16	2021WLJPCA09168006	314
東京地判	令和3．9．22甲	2021WLJPCA09228004	149
東京地判	令和3．9．22乙	2021WLJPCA09228006	89、253、462
東京地判	令和3．9．28甲	2021WLJPCA09288004	163
東京地判	令和3．9．28乙	2021WlJPCA09288018	89、253、374

資料編

裁判例索引

裁判例索引

裁判所	年月日	出典 ID	本書掲載頁
東京地判	令和 3 . 9 . 29	2021WLJPCA09298020	390
東京地判	令和 3 . 9 . 30甲	2021WLJPCA09308006	236
東京地判	令和 3 . 9 . 30乙	2021WLJPCA09308012	486
東京地判	令和 3 . 10. 1	2021WLJPCA10018014	462
東京地判	令和 3 . 10.12	2021WLJPCA10138008	438
東京地判	令和 3 . 10.14甲	2021WLJPCA10148023	425
東京地判	令和 3 . 10.14乙	2021WLJPCA10148004	370
東京地判	令和 3 . 10.15	2021WLJPCA10158014	314
東京地判	令和 3 . 10.18	2021WLJPCA10188003	425
東京地判	令和 3 . 10.19	2021WLJPCA10198006	469
東京地判	令和 3 . 10.20	2021WLJPCA10208005	397、469
東京地判	令和 3 . 10.21	2021WLJPCA10218015	462
東京地判	令和 3 . 10.28甲	2021WLJPCA10288006	262、462
東京地判	令和 3 . 10.28乙	2021WLJPCA10288012	149
東京地判	令和 3 . 10.29	2021WLJPCA10298031	463
東京高判	令和 3 . 11. 4	金商1338号13頁	482
東京地判	令和 3 . 11. 5	2021WLJPCA11058013	370
東京地判	令和 3 . 11. 9	2021WLJPCA11098008	225、415
東京地判	令和 3 . 11.11	2021WLJPCA11118010	89、253、374
東京地判	令和 3 . 11.19甲	2021WLJPCA11198010	89、374
東京地判	令和 3 . 11.19乙	2021WLJPCA11198005	354
東京地判	令和 3 . 11.24甲	2021WLJPCA11248025	477
東京地判	令和 3 . 11.24乙	2021WLJPCA11248022	370
東京地判	令和 3 . 11.25	2021WLJPCA11258030	266、463
東京地判	令和 3 . 11.29甲	2021WLJPCA11298009	45
東京地判	令和 3 . 11.29乙	2021WLJPCA11298012	486
東京地判	令和 3 . 11.30	2021WLJPCA11308034	195
東京地判	令和 3 . 12. 3	2021WLJPCA12038004	223、390
東京地判	令和 3 . 12. 6	2021WLJPCA12068005	199
東京地判	令和 3 . 12.14甲	2021WLJPCA12148013	484
東京地判	令和 3 . 12.14乙	2021WLJPCA12148003	426
東京地判	令和 3 . 12.15	2021WLJPCA12158012	426
東京地判	令和 3 . 12.23	2021WLJPCA12238046	301
東京地判	令和 3 . 12.24甲	2021WLJPCA12248002	426
東京地判	令和 3 . 12.24乙	2021WLJPCA12248037	89、371
東京地判	令和 3 . 12.27	2021WLJPCA12278008	481

裁判所	年月日	出典 ID	本書掲載頁
東京地判	令和 4．1．14	2022WLJPCA01148002	390
東京地判	令和 4．1．19甲	2022WLJPCA01198001	416
東京地判	令和 4．1．19乙	2022WLJPCA01198017	481
東京高判	令和 4．1．20甲	2022WLJPCA01206008	461
東京地判	令和 4．1．20乙	2022WLJPCA01208022	201
東京地判	令和 4．1．20丙	2022WLJPCA01208007	201
東京地判	令和 4．1．26	2022WLJPCA01268013	463
東京地判	令和 4．1．31	2022WLJPCA01318019	484
東京地判	令和 4．2．1	2022WLJPCA02018003	397
東京地判	令和 4．2．9甲	2022WLJPCA02098008	371
東京地判	令和 4．2．9乙	2022WLJPCA02098014	235
東京地判	令和 4．2．10	2022WLJPCA02108010	98、99、375
東京地判	令和 4．2．15	2022WLJPCA02158002	260、484
東京地判	令和 4．2．16甲	2022WLJPCA02168011	477
東京地判	令和 4．2．16乙	2022WLJPCA02168005	266、439
東京地判	令和 4．2．17	2022WLJPCA02178007	463
東京地判	令和 4．2．24	2022WLJPCA02248022	245、484
東京地判	令和 4．2．28甲	2022WLJPCA02288020	350、429
東京地判	令和 4．2．28乙	2022WLJPCA02288015	215
東京地判	令和 4．3．1	2022WLJPCA03018006	371
東京地判	令和 4．3．3	2022WLJPCA03038010	481
東京地判	令和 4．3．4	2022WLJPCA03048006	225、416
東京地判	令和 4．3．11甲	2022WLJPCA03118010	266、477
東京地判	令和 4．3．11乙	2022WLJPCA03118008	266、463
東京地判	令和 4．3．16甲	2022WLJPCA03168006	225、416
東京地判	令和 4．3．16乙	2022WLJPCA03168001	238
東京地判	令和 4．3．17	2022WLJPCA03178020	225、354
東京地判	令和 4．3．18	2022WLJPCA03186001	464
東京地判	令和 4．3．23	2022WLJPCA03238025	439
東京地判	令和 4．3．28甲	2022WLJPCA03288020	371
東京地判	令和 4．3．28乙	2022WLJPCA03288039	397
東京地判	令和 4．3．30	2022WLJPCA03308008	214、381
東京地判	令和 4．4．7	2022WLJPCA04078009	481
東京地判	令和 4．4．14	2022WLJPCA04148023	18
東京地判	令和 4．4．15	2022WLJPCA04158012	371
東京地判	令和 4．4．19甲	2022WLJPCA04198012	429

裁判例索引

裁判所	年月日	出典 ID	本書掲載頁
東京地判	令和4．4．19乙	2022WLJPCA04198006	371
東京地判	令和4．4．19丙	2022WLJPCA04198007	372
東京地判	令和4．4．20	2022WLJPCA04208013	404
東京地判	令和4．4．25	2022WLJPCA04258014	264、464
東京地判	令和4．4．27甲	2022WLJPCA04278004	17、379
東京地判	令和4．4．27乙	2022WLJPCA04278006	223、325、416
東京地判	令和4．4．28甲	2022WLJPCA04288022	482
東京地判	令和4．4．28乙	2022WLJPCA04288025	223、416
東京地判	令和4．5．19	2022WLJPCA05198006	372
東京地判	令和4．5．24甲	2022WLJPCA05248002	254、464
東京地判	令和4．5．24乙	2022WLJPCA05248014	213、400
東京地判	令和4．5．25	2022WLJPCA05258020	224、416
大阪高判	令和4．5．27	2022WLJPCA05276012	19
東京地判	令和4．5．31	2022WLJPCA05318032	417
東京地判	令和4．6．3	2022WLJPCA06038011	263、464
東京地判	令和4．6．6	2022WLJPCA06068008	380
東京地判	令和4．6．8	2022WLJPCA06088007	350
東京地判	令和4．6．10	2022WLJPCA06108007	464
東京地判	令和4．6．17	2022WLJPCA06178016	46
東京地判	令和4．6．27	2022WLJPCA06278004	224、417
東京地判	令和4．6．28	2022WLJPCA06288005	391
東京地判	令和4．6．29	2022WLJPCA06298006	372
東京地判	令和4．6．30甲	2022WLJPCA06308005	469
東京地判	令和4．6．30乙	2022WLJPCA06308031	391
東京地判	令和4．7．1	2022WLJPCA07018010	426
東京地判	令和4．7．5	2022WLJPCA07058014	470
東京地判	令和4．7．6	2022WLJPCA07068005	265、464
東京地判	令和4．7．8	2022WLJPCA07088006	248
東京地判	令和4．7．11	2022WLJPCA07118002	426
東京地判	令和4．7．19甲	2022WLJPCA07198019	44、372
東京地判	令和4．7．19乙	2022WLJPCA07198035	372
東京地判	令和4．7．20	2022WLJPCA07208010	225、417
東京地判	令和4．7．22	2022WLJPCA07228012	220
東京地判	令和4．7．28	2022WLJPCA07288010	429
東京地判	令和4．7．29甲	2022WLJPCA07298022	391
東京地判	令和4．7．29乙	2022WLJPCA07298005	477

裁判所	年月日	出典ID	本書掲載頁
東京地判	令和4.8.3	2022WLJPCA08038004	417
東京地判	令和4.8.5	2022WLJPCA08058003	269、482
東京地判	令和4.8.9	2022WLJPCA08098008	258
東京地判	令和4.8.25	2022WLJPCA08258025	465
東京地判	令和4.8.31	2022WLJPCA08318016	249、470
東京地判	令和4.9.9甲	2022WLJPCA09098005	478
東京地判	令和4.9.9乙	2022WLJPCA09098006	426
東京地判	令和4.9.12	2022WLJPCA09128003	249、439
東京地判	令和4.9.14	2022WLJPCA09148012	198
東京地判	令和4.9.15	2022WLJPCA09158023	268、465
東京地判	令和4.9.21	2022WLJPCA09218010	260
最判	令和4.9.22	2022WLJPCA09226004	461
東京地判	令和4.9.27	2022WLJPCA09278020	45、372
東京地判	令和4.9.28	2022WLJPCA09288011	439
東京地判	令和4.10.6	2022WLJPCA10068015	194
東京地判	令和4.10.12	2022WLJPCA10128015	305
東京地判	令和4.10.13	2022WLJPCA10138012	485
東京地判	令和4.10.14	2022WLJPCA10148018	223、391
東京地判	令和4.10.17	2022WLJPCA10178008	282、294
東京地判	令和4.10.19	2022WLJPCA10198004	210
東京地判	令和4.10.26	2022WLJPCA10268007	236
東京地判	令和4.10.27	2022WLJPCA10278022	439
東京地判	令和4.10.28	2022WLJPCA10288023	224、417
最決	令和4.11.22	2022WLJPCA11226009	19
東京地判	令和4.12.7	2022WLJPCA12078021	440
東京地判	令和4.12.16	2022WLJPCA12168007	88、99、372
東京地判	令和4.12.26	2022WLJPCA12268021	417
東京地判	令和5.1.17	2023WLJPCA01178013	440
東京地判	令和5.1.24	2023WLJPCA01248004	426
東京地判	令和5.1.25甲	2023WLJPCA01258004	440
東京地判	令和5.1.25乙	2023WLJPCA01258010	236
東京地判	令和5.1.31	2023WLJPCA01318009	470
東京地判	令和5.2.17	2023WLJPCA02178001	464
東京地判	令和5.2.22	2023WLJPCA02228006	398
東京地判	令和5.2.28	2023WLJPCA02288008	300、301、303
東京地判	令和5.4.27	2023WLJPCA04276009	427

資料編

裁判例索引

裁判例索引

裁判所	年月日	出典 ID	本書掲載頁
盛岡地判	令和5．7．21	2023WLJPCA07216007	325
東京地判	令和5．9．26	2023WLJPCA09266003	398
徳島地判	令和5．11．1	D1−Law28313589	246、373
東京地判	令和6．1．18	2024WLJPCA01186003	376

◇**著者略歴** ─────────────

渡辺　晋 (わたなべ　すすむ)

1956年、東京都生まれ。80年、一橋大学法学部卒業。

同年、三菱地所㈱入社。85年、三菱地所住宅販売㈱出向。

89年、司法試験合格。90年、三菱地所㈱退社。

92年、弁護士登録(第一東京弁護士会所属)。

現在、山下・渡辺法律事務所所属。

(元)最高裁判所司法研修所民事弁護教官、(元)司法試験考査委員

(現)マンション管理士試験委員

〔著書〕

『不動産登記請求訴訟』(令和6年7月29日、日本加除出版刊)

『フローチャートで分かる不動産の共有関係解消マニュアル』(令和5年4月25日、新日本法規出版刊)

『不動産最新判例100』(令和4年9月21日、日本加除出版刊)

『マンション標準管理規約の解説(4訂版)』(共著、令和4年2月23日、住宅新報出版刊)

『区分所有法の解説(7訂版)』(令和3年8月18日、住宅新報出版刊)

『民法の解説』(令和3年3月、住宅新報出版刊)

『土地賃貸借』(共著、令和2年9月、大成出版社刊)

『改訂版建物賃貸借』(平成31年8月、大成出版社刊)

『不動産取引における契約不適合責任と説明義務』(平成30年1月、大成出版社刊)

『わかりやすい住宅瑕疵担保履行法の解説』(平成20年9月、大成出版社刊)

『これ以上やさしく書けない不動産の証券化(2訂版)』(平成19年7月、PHP研究所刊)

『最新ビルマネジメントの法律実務』(平成18年3月、ぎょうせい刊)

●**本書へのお問合せ**

　本書の記述に関するお問合せは、**文書**にて下記連絡先にお寄せください。また、お問合せの受付後、回答をお送りするまでにはお時間をいただく場合がありますので、あらかじめご了承ください。

　なお、当編集部におきましては**記述内容をこえるお問合せや法律相談等は、一切受け付けておりません。**

［郵送先］　〒171-0014　東京都豊島区池袋２－38－１
　　　　　　㈱住宅新報出版
［ＦＡＸ］　03-5992-5253

電話によるお問合せは、受け付けておりません。

装　丁／㈱ローヤル企画

最新不動産の法律シリーズ

借地借家法の解説【５訂版】

平成22年４月16日　　初版発行
平成22年５月10日　　初版第２刷発行
平成25年３月29日　　改訂版発行
平成28年12月26日　　３訂版発行
令和３年４月30日　　４訂版発行
令和６年９月６日　　５訂版発行

　　著　者　　渡辺　晋
　　発行者　　馬場　栄一
　　発行所　　㈱住宅新報出版
　　　　　　　〒171－0014　東京都豊島区池袋２－38－１
　　　　　　　電話(03) 6388－0052
　　印刷所　　亜細亜印刷㈱

ⓒSusumu Watanabe 2024　　Printed in Japan　　〈禁・無断転載〉
ISBN978－4－910499－96－3　　C2030
　　　　　　　　落丁本・乱丁本はお取り替えいたします。